【 汉译现代西方学术名著导读·政治哲学编 】

丛书主编　阎孟伟　杨　谦

GONGPING YU ZHENGYI WENTI YANJIU

公平与正义问题研究

杨　谦　王桂艳　主编

广西人民出版社

图书在版编目（CIP）数据

公平与正义问题研究 / 杨谦，王桂艳主编.—南宁：
广西人民出版社，2018.1

（汉译现代西方学术名著导读 / 阎孟伟，杨谦主编.
政治哲学编）

ISBN 978-7-219-09227-9

Ⅰ.①公… Ⅱ.①杨… ②王… Ⅲ.①哲学－著作－
介绍－西方国家－现代 Ⅳ.①B1

中国版本图书馆CIP数据核字（2014）第289186号

总 策 划　温六零
项目统筹　白竹林　罗敏超
责任编辑　周月华
责任校对　覃结玲　罗　雯
装帧设计　李彦媛
印前制作　麦林书装

出版发行　广西人民出版社
社　　址　广西南宁市桂春路6号
邮　　编　530028
印　　刷　广西民族印刷包装集团有限公司
开　　本　787mm×1092mm　1/16
印　　张　21.75
字　　数　377千字
版　　次　2018年1月　第1版
印　　次　2018年1月　第1次印刷
书　　号　ISBN 978-7-219-09227-9
定　　价　43.00元

《汉译现代西方学术名著导读·政治哲学编》

编委会成员

总　序

陈晏清

　　改革开放以来，中国社会经历了日新月异的深刻变化，不仅在经济发展中取得了令世人瞩目的成就，在文化建设上也取得了长足的进步，其中一个突出的表现是哲学社会科学领域里越来越多的学者本着开放包容的精神，源源不断地将国外有代表性的学术著作（包括理论著作）翻译到中国来，这对于帮助国人开阔视野、活跃思想、学会用世界的眼光观察和思考中国问题起到了十分重要的作用。这种开放包容的精神也充分体现了我们的制度自信和理论自信。摆在读者面前的这套"汉译现代西方学术名著导读"丛书就是在这样的精神鼓舞下编辑出版的。

　　这套丛书计10卷约150种，内容主要涉及国外的政治哲学和社会理论，涵盖了20世纪20年代以来西方马克思主义诸流派的代表性著作、法兰克福学派各个发展时期领军人物的代表作、西方当代自由主义理论的代表作、西方当代社会哲学和历史哲学的重要理论著作。每本著作的导读都包括作者简介、写作背景、中心思想、分章导读、意义与影响五个部分，最后附上原著摘录（从该著作中精选出来的一些重要章节）。读者通过阅读这套丛书可以全景式地了解当代西方政治哲学和社会理论中的主要思潮和流派，更有助于从事政治哲学和社会理论研究的学者以及高校学生开阔学术视野、把握学术前沿。由于这套丛书所选取的主要是政治哲学和社会哲学方面的著作，因而读者也可以从中了解到现代西方社会在其发展中所面对的诸多重大现实问题，如政治的合法性问题、国家与社会的关系问题、公平正义问题、权利与权力的关系问题、意识形态问题、文化发展问题、生态问题等，有助于人们深入地认识 20 世纪以来西方社会发展的基本状况。

在我国，就哲学学科来说，政治哲学是目前较为活跃的研究领域。社会政治哲学在我国的兴起，不是几个学者的心血来潮，而是适应了中国社会大变革的理论需要。我国由改革开放和社会主义市场经济推动的社会转型，是社会的整体性变革或结构性变迁，各种各样的社会问题会从社会生活的各个领域产生，新的问题层出不穷。对于这些问题的理论解决，急需社会哲学和政治哲学的专门研究。中国的社会哲学、政治哲学应当着重研究中国的问题，这是毫无疑义的。2017 年 9 月 29 日，习近平总书记在中共中央政治局就当代世界马克思主义思潮及其影响进行第四十三次集体学习时强调，发展 21 世纪马克思主义、当代中国马克思主义，必须立足中国、放眼世界，保持与时俱进的理论品格，深刻认识马克思主义的时代意义和现实意义，锲而不舍推进马克思主义中国化、时代化、大众化，使马克思主义放射出更加灿烂的真理光芒。……对国外马克思主义研究新成果，我们要密切关注和研究，有分析、有鉴别，既不能采取一概排斥的态度，也不能搞全盘照搬①。

在当今的时代条件下，中国的事情同世界的事情是紧密关联的，实际上中国的许多问题已经上升为世界问题，观察和思考中国问题也必须有世界眼光。因此，我们应当学习外国的先进理论和文化，广泛地阅读当今国外的社会哲学、政治哲学著作，研究外国学者在理论探索中的经验和教训、长处和短处，有些可以引以为鉴，有些可以有选择、有批判地汲取。这对于深化我们的思考，推进我们的社会哲学、政治哲学的研究，以至推进我国的社会转型和现代化建设，都是有重要的积极意义的。当然，这套学术名著导读丛书主要是对学术名著及其作者做出概要性的介绍和评述，

---

① 习近平在中共中央政治局第四十三次集体学习时强调：深刻认识马克思主义时代意义和现实意义　继续推进马克思主义中国化时代化大众化 [N]. 人民日报，2017-09-30 (1).

这些初步的、粗浅的介绍显然不能代替学者们的专门研究,"导读"的意义重在一个"导"字,它的作用只是把读者引进西方社会政治哲学的门槛,但这对于吸引和推动学界和社会各界关心社会政治哲学的研究是有重要作用的。

最后,我还想特别强调一点。这套丛书选择的著作者,除很少量的作者,例如早期西方马克思主义的代表人物外,大多数是资产阶级的思想家、著作家。他们是在资本主义的制度前提下说话,是在资产阶级统治的政治框架内说话,这是他们无法摆脱的阶级局限性。从总体上看,他们的政治哲学、社会理论著作表达的是当代资本主义的意识形态,是当代资产阶级的价值观念、社会理想和政治诉求。因为同处于市场经济的条件下,中国和西方会遇到一些共同的问题,但在对于问题实质的把握和解决问题的立场与方式上则是有原则性的区别的。这是我们在阅读西方社会政治哲学理论著作以及介绍这些著作的读物时,必须保持的最基本的辨别力或判断力。如果丧失了这种判断力,我们就会在意识形态的较量中丧失主动权,有的人甚至成为错误思想的俘虏。

2017 年 10 月

(陈晏清,1938 年出生,1962 年毕业于中国人民大学哲学系,1985 年晋升为教授,1986 年任博士生导师,1992 年起享受国务院颁发的政府特殊津贴,1985 年至 1997 年任南开大学哲学系主任,1995 年至 2000 年任南开大学人文学院院长,1997 年任南开大学社会哲学研究所所长,现任南开大学当代中国问题研究院学术委员会主任、中国辩证唯物主义研究会顾问、中国人学学会顾问、天津市哲学学会名誉会长。主要的研究领域是马克思主义哲学基础理论、社会哲学、政治哲学。独著或合著的著作主要有《论自觉的能动性》《辩证的历史决定论》《现代唯物主义导引》《陈晏清文集》等,主编有"社会哲学研究"丛书。2012 年获南开大学荣誉教授称号和特别贡献奖。)

目 录 CONTENTS

一、《社会正义要素》

　　［英］伦纳德·霍布豪斯　　　　　　　　　　001

二、《论平等》

　　［法］皮埃尔·勒鲁　　　　　　　　　　　　027

三、《正义论》

　　［美］约翰·罗尔斯　　　　　　　　　　　　050

四、《无政府、国家与乌托邦》

　　［美］罗伯特·诺奇克　　　　　　　　　　　075

五、《平等与效率——重大抉择》

　　［美］阿瑟·奥肯　　　　　　　　　　　　　095

六、《政治的正义性——法和国家的批判哲学之基础》

　　［德］奥特弗利德·赫费　　　　　　　　　　112

七、《自由主义与正义的局限》

　　［美］迈克尔·J. 桑德尔　　　　　　　　　139

八、《正义诸领域：为多元主义与平等一辩》

　　［美］迈克尔·沃尔泽　　　　　　　　　　　160

九、《谁之正义？何种合理性？》

　　［美］阿拉斯戴尔·麦金太尔　　　　　　　　189

CONTENTS

十、《正义诸理论》
　　［英］布莱恩·巴里
215

十一、《社会正义原则》
　　［英］戴维·米勒
231

十二、《平等》
　　［美］亚历克斯·卡利尼克斯
251

十三、《作为公平的正义——正义新论》
　　［美］约翰·罗尔斯
270

十四、《至上的美德：平等的理论与实践》
　　［美］罗纳德·德沃金
290

十五、《社会正义论》
　　［英］布莱恩·巴利
315

后记
337

一、《社会正义要素》

[英] 伦纳德·霍布豪斯

孔兆政　译

吉林人民出版社，2006 年

───【作者简介】───────────────────────────

伦纳德·霍布豪斯（1864—1929），英国政治家、社会学家和哲学家，20世纪最具影响的现代自由主义思想家，英国新自由主义的主要代表。

1864 年 9 月 8 日霍布豪斯出生于英国伊瓦城的一个牧师家庭，1883 年进入牛津大学学习哲学，牛津大学毕业后 1887—1897 年留校任教；1887 年任默顿学院研究员；1887—1902 年担任《曼彻斯特卫报》的编辑；1903 年参与创立英国社会学会，1903—1905 年担任自由工会书记；1905—1907 年任《论坛报》政治编辑；1907 年受聘主持伦敦大学设立的马丁·怀特讲座，成为英国第一位社会学教授；1929 年 6 月 21 日卒于诺曼底的阿朗松。

霍布豪斯知识渊博，引用大量哲学、心理学、生物学、人类学、宗教学、伦理学和法律等方面的知识对当时英国流行的社会政治理论提出了质疑。他反对放任主义，认为个人潜力的充分发挥离不开某种程度的全面合作。他一生撰写了 16 部著作以及数以百计的论文、时评，写作范围涉及哲学、伦理学、政治学、社会学、人类学、心理学等诸多领域。在伦理学和哲学上，他对唯物主义进行了新的阐述。霍布豪斯与约翰·霍布森、托马斯·希尔·格林一同在新自由主义者中占有重要地位。霍布豪斯被认为是社会自由主义最早的支持者与领军人物、"新自由主义"理论家、英国"福利国家"理论的先驱。霍布豪斯的思想不但对英国的政治理论和社会学有着卓越的贡献，对于英国福利国家政策、凯恩斯主义、美国现代自由主义的形成也有着重要影响。

霍布豪斯的主要政治著作有《论劳工运动》（1893 年）、《思维的进化》（1901 年）、《民主与反动》（1904 年）、《道德的进化》（1906 年）、《自由主义》（1911 年）、《原始民族的物质文化和社会制度》（1915 年）、《形而上学的国家论》（1918 年）、《合乎理性的善》（1921 年）、《社会正义要素》（1922 年）、《社会发展》（1924 年）、《社会正义要素》（2006 年）。

——【写作背景】

19 世纪后期，英国工业的发展带来了一系列社会问题，比如人口拥挤、环境污染、社会秩序混乱、居住和卫生条件低下、社会教育和道德水平恶劣、社会犯罪率上升等，尤其是贫富分化的加剧加深了无产阶级和资产阶级之间的矛盾，加之 19 世纪 70 年代英国经济危机的影响，英国资产阶级在经济和政治上的统治地位日益受到严重的威胁。其所推行的一系列政策不仅受到来自无产阶级思想家和下层人民群众的批判，而且也受到了来自资产阶级内部的批判，英国这一资产阶级国家正面临着合法性危机。

为了维护国家在国际竞争中的不败地位，以及在社会和整个经济与政治生活中的统治，防止工人阶级的反抗，英国统治阶级加强了政府权威。一方面，英国政府加强了对社会的统一管理和控制，自由资本主义时代由公众自由参与的"公众领域"也日益处在政府的控制之下。另一方面，为了缓和社会阶级矛盾，英国政府在选举上进一步降低了财产权的限制，政治权利开始扩展到全体男性公民身上，工人阶级也开始有了选举权，民众也可以通过其他渠道来表达自己的意志。加强国家的干预与政府的权威，扩大资产阶级民主，构成了 19 世纪末英国政治生活的主要特征。受此影响，19 世纪末英国自由主义运动大大衰落了。

为了谋求新的出路，英国自由主义开始尝试从传统自由主义向新自由主义的转变。在这方面，它的奠基者托马斯·希尔·格林（1836—1882）在坚持英国自由主义传统的基础上，提出了国家干预的新理论。格林政治理论的突出特点就是在自由主义的框架内重新协调个人和国家、个人和集体的关系。他理论的目标是既要保障国家干预的合理性，又能保障个人自由的实现。霍布豪斯认为格林既坚持了个人的自由，又坚持了个人之间的互助。格林的"共同善"思想被霍布豪斯运用到了对社会的解释上。霍布豪斯也将社会看成是一种道德的联合，自由是一种自我发展的权利。霍布豪斯一方面强调个人自由的重要性，另一方面也主张个人与社会的有机关系以及国家干预的合理性。

正是在这样的背景下，霍布豪斯的思想深深烙上了时代的烙印，吸收了同时代以及前时代思想家的思想，用"共同善"与和谐思想作为自己的理论支点，提出了自由需要由法律来保障、要求国家的适度干预等观点，提出了具有时代特征的自由社会主义思想。

——【中心思想】————————————————————

全书除序言和后记外，分成 11 章，总共 15 万字。第一章：伦理和社会哲学。第二章：权利和义务。第三章：自由——（一）道德自由。第四章：自由（续）——（二）社会的和政治的自由。第五章：正义和平等。第六章：个人正义。第七章：劳务的报偿。第八章：财产和经济组织。第九章：财富的社会的和个人的因素。第十章：产业组织。第十一章：民主。

该书的核心议题主要有：

第一，在研究和分析英国政治和社会问题的基础上重新阐述了自由主义思想。

到了 19 世纪后半期，随着资本主义本身的发展，出现了越来越多的社会政治问题，原有的政治思想无法解释这些现象，时代呼唤新的理论，新自由主义思潮应运而生，并出现了一批重要的思想家及著作。在这些思想家中，霍布豪斯丰富和发展了社会和谐思想，将社会和谐原则寓于其政治思想中，使其成为他思想的核心内容，极大地丰富和发展了英国新自由主义学说。作者认为，既不能像传统自由主义那样过分强调个人而贬低共同体，也不能像集权主义者那样过分强调共同体而贬低个人，而是应该看到，个体的自由和善离不开共同体的自由和善，反过来说也是一样，因此，个人与共同体之间不应当是对立与冲突的关系，而是相辅相成的和谐关系。

第二，围绕和谐原理展开了对政治哲学核心问题的探讨，提供了一系列新观点。

霍布豪斯承接其在《合乎理性的善》一书中的诸多观点，对政治哲学的一些基本问题进行了探讨。霍布豪斯认为：任何一种政治思想、政治制度的设计背后都有一种价值精神指引，这种精神就是一种伦理原则。"社会正义"作为一种伦理原则就是精神知识增长的条件和精神生活的原则的总和。该书围绕和谐原理展开了对这类条件的阐述。在作者看来，只有把权利与义务、自由、正义、平等和民主等这些正义问题置于和谐原理之下才是正当的。例如他认为，和谐与无政府状态和专制相对立，自由应以和谐为基础，权利和义务是社会福利或和谐生活的条件，民主蕴含着自由、平等和共同体原则，如此等等。该书通过对这些命题的分析和讨论，为和谐作为观念之理论层面与现实层面合理表现形态的理解和建构提供了一个新的理论思考维度。

——【分章导读】

第一章　伦理和社会哲学　本章作者主要阐述了伦理原则。在这一章的开始霍布豪斯就告诉我们：任何一种政治思想、政治制度的设计背后都有一种价值精神指引，这种精神就是一种伦理原则。因此，本章作者主要阐述了伦理原则，具体内容包括社会政治与伦理的关系、功利主义者"最大幸福原理"的得与失以及作者所倡导的和谐原理。

霍布豪斯认为，制度不是目的而是手段。他说："各种社会制度和政治制度本身并不是目的，它们是社会生活的器官，是好是坏，要根据它们所蕴含的精神来判定。社会的理想不是在求索一种完善而没有变化的制度性的乌托邦形态，而是在探求一种精神生活的知识，以及这种知识的无限制的和谐增长所需要的永无断绝的动力。"[①] 精神知识增长的条件和精神生活的原则的总和就是"社会正义"。该书的任务就是阐述这类条件，将它们展现为一个一贯的整体。至于这些条件在什么样的制度中能最好地实现则是另外的问题。也就是说，该书主要关心的不是应用而是原则，不是制度本身而是制度为之服务的目的。作者还认为，政治必须从属于伦理。所以，政治改革需要一个合理的伦理基础，做到这一点就能使改革顺利进行，否则就会陷入混乱和导致暴力横行。

那么，什么样的原则或是伦理原则应当成为我们社会发展和改革的基础和目标呢？作者阐述了自己的和谐原理。霍布豪斯首先批判了功利主义关于善是全体快乐的观点。霍布豪斯认为，边沁学派的功利主义最大的优点是明确公开地承认政治从属于伦理。按照功利主义的"最大幸福原理"，判断一种行为（包括制度设计以及其他政治行为）是否是善，就在于该行为是否能促进受这种行为影响的人们的最大可能多数人最大可能的幸福。也就是说，一

---

① 霍布豪斯. 社会正义要素 [M]. 孔兆政，译. 长春：吉林人民出版社，2006：1.

种行为，如果能促进受这种行为影响人们的最大可能多数人的最大可能的幸福，就是善的。一切是非的问题都要参照这个准则。霍布豪斯指出，边沁学派的错误在于将幸福和快乐等同，以及对于动机的不恰当分析。作者分析道：边沁所说的幸福是指快乐和无痛苦，但是快乐"通常是指一种偶然的、个别的状态，其强烈或倦怠随场合而不同，但它的强度并不依赖任何永久性的条件"①；而幸福则是一种稳定的关系，在其中我们能感觉到一种深沉而确信的满足。这种满足至少需要两个条件：一是我们应处于和平状态，二是我们的生活要寄托于我们自身以外的一些目标。可见，外在于我们自身的目标是幸福所必不可少的，因而边沁主义的错误就在于把幸福看作为纯粹的和唯一的目标，而将其他的一切事物贬低为手段。作者说："我们在某件事情上是幸福的，这件事情必定有其值得珍视的地方。如果将这件事的内在价值去掉，我们的幸福便会立刻变成一种幻想。"② 可见，作为一种生活的法则，功利主义原则显然应当是利他的，也就是说，在于促成我们的外在目标的完满和实现按其本质来说的理想化。但边沁主义者由于将外在的目标降低为手段，所以他们得出了利己主义的功利主义的荒谬结论。

其次，在对功利主义者的观点进行批判分析后，霍布豪斯分析了善与和谐之间的关系，提出了善是我们追求的目标。"善就是情感、行为和经验之间的一种和谐。"③ "在通常的欲望中，我们所看到的是情感、行为和经验三者的和谐体。由经验引发一种情感，再由这种情感推动和维持在同样的经验中产生的行为的进程，然后再由这种情感去坚持或更新经验。有关的各个要素循环往复，在活动上相互维系，这种相互支持的关系，就是所谓的和谐。"④

再次，霍布豪斯认为，和谐是与混乱状态和压制相对立的。在任何一种情况下，建立在压制之上的秩序都不是和谐的。就个人来说，我们的内心有一种先天的且不能从根本上消除的不好的冲动，我们可以尽力减少其负面影响，但是不能采取简单压制的办法，否则就会造成永久的不和谐；对于那些能够被引导到与其他需求相协调的冲动，更不能简单压制，否则就会造成一种"不必要的不和谐"，这样的原则同样也适用于社会关系。在作者看来，"社会的发展和人格的发展一样，在一个协调运转的体系中，不是一部分人而

---

① 霍布豪斯. 社会正义要素 [M]. 孔兆政，译. 长春：吉林人民出版社，2006：4.
② 霍布豪斯. 社会正义要素 [M]. 孔兆政，译. 长春：吉林人民出版社，2006：4.
③ 霍布豪斯. 社会正义要素 [M]. 孔兆政，译. 长春：吉林人民出版社，2006：7.
④ 霍布豪斯. 社会正义要素 [M]. 孔兆政，译. 长春：吉林人民出版社，2006：6.

是所有人们的根本需要都能有适当的表达"①。鉴于以上分析，作者认为，达到和谐是合理努力的目标。他反驳了对实现这一目标持悲观态度者的两个理由，认为如果我们能找到一种使各种冲突和谐相处的方法，加之人类不断发展的力量，我们就可以通过克服无穷的困难而无限地接近理想。

第二章　权利和义务　在阐明了上述的和谐原理之后，这一章霍布豪斯分析了共同善与个人之善的关系、权利与义务的关系、权利与道德和社会福利的关系以及权力的表面冲突等问题。

霍布豪斯首先批判了与和谐状态相对立的两种社会学说：片面的集体主义和片面的个人主义。针对片面的集体主义将共同体生活看作为与构成共同体的各个人的生活在性质上不同而且更为优良的事物，根据和谐原理，霍布豪斯认为合理的集体生活应当是有一种共同目标，"集体成就和集体目标，其价值是由它与男人和女人们的各种实际生活关系来决定的，这是正确的。能完善个人的生活，并能在更大范围内达致更高和谐的，在集体生活中就是合理的。而假装超然于个人的自私生活，事实上也是为野心、自私、权力欲等个人的卑鄙动机所驱使，并将这些毒素注入到共同体精神中，使可能会改善人类生活的最好的力量也趋于腐化的，在集体生活中就是不合理的"②。因此，按照和谐原理，片面的集体主义不能很好地处理集体的和谐和个人的和谐问题。因而，从长久和谐的要求来看，片面的集体主义是不可取的。从根本上说，共同体的善不能与个人的善对立。

霍布豪斯认为当我们反对片面地提升国家时同样容易陷入片面的个人主义。霍布豪斯认为在社会学中，这种片面的个人主义的最强有力的表达就是自然权利学说，他简要叙述了这种观点产生的方式。他说："自然法（The Law of Nature）最初代表了设计一种合理的法律体系的系统的努力，这种法律体系以普遍的责任为基础，宣称拥有比任何国家制度更高的权威。因此，斯多葛学派的法学家在改良罗马法律，使奴隶制度人性化，清除罗马家庭制度早期的凶残等方面应用这种学说，产生了良好的效果。在 17 和 18 世纪，这种学说被用来作为对专制的抑制，对民主的呼吁，以及克服国际无政府状态的方法。"③ 作者以洛克的契约论为例进行了分析，当洛克认为"自然状态"是一种人们群聚在一起但没有政府组织的状态时，暗含了"自然"这个词的

---

① 霍布豪斯. 社会正义要素 [M]. 孔兆政, 译. 长春：吉林人民出版社，2006：9.
② 霍布豪斯. 社会正义要素 [M]. 孔兆政, 译. 长春：吉林人民出版社，2006：16.
③ 霍布豪斯. 社会正义要素 [M]. 孔兆政, 译. 长春：吉林人民出版社，2006：18-19.

真正的逻辑危险和社会契约的概念，因为以抽象开端最危险的是容易抽象过渡。"在这里，文明统治下的国民，一跃成了毫无社会关系的孤立的个人。进行了这样的演绎之后，个人就被赋予了权利，权利被认为是超然于共同善之上而不是用来维护共同善的，权利甚至与义务相分离，因为义务暗含着社会关系。"① 契约论者也承认义务是社会性的，但是他们认为权利是纯属个人的。实际上，权利和义务都是社会性的。

在批判了片面的个人主义导致权利与义务分离的弊端之后，霍布豪斯展开了他自己的权利和义务理论。首先，他认为权利和义务或责任是相对应的："权利是一个关于责任的术语。权利是其所有者应享有的一些东西，因而是对他人所施加的一种限制，不管是通过克制、赞同，还是积极地支持。"② 因此，在自然状态中，一个人有做他想做的任何事情的权利，这个命题是没有意义的。"权利包含了一种道德关系，并不完全单纯是所有者一方的事务。因此，人类的权利不是社会的先决条件，而是在社会生活中发生和存在的。"③ 作者还认为，权利和义务是社会福利的条件，也就是说是一种和谐生活的条件。权利和义务的一般规则是社会福利通常所必需的。总的来看，特定的权利和义务，是在一定场合，为社会福利所不可缺少的事物。对于这种福利，共同体中的每个成员都处于双重关系中。因而权利和义务是建立在同一伦理基础之上的。广而言之，"凡是共同体生活所必需的任何因素，可以说都有其权利。所有的法人人格——家庭、自治市、公司、工会（trade union），都可以成为权利的主体。我们甚至可以说各项功能，至少各项功能的代表者，都各有其权利"④。最后，共同体本身也可以说享有权利。归纳起来说，"认可一种权利就是在假定共同体中的行为是以共同善为目标而组织起来的"⑤。

其次，霍布豪斯认为权利和义务是一种和谐生活的条件，是构成社会福利的要素。霍布豪斯认为："不同的权利和义务是建立在共同福利的不同要素上的。如果正确地加以限定，各种权利和义务必定可以形成一个和谐的体系。但是这种状态是不容易达到的。没有人敢说能够确切知道在所有情境中共同福利的所有条件。"⑥ 这样，从表面看来，各种权利和各种义务可能是彼此冲

① 霍布豪斯. 社会正义要素 [M]. 孔兆政，译. 长春：吉林人民出版社，2006：19.
② 霍布豪斯. 社会正义要素 [M]. 孔兆政，译. 长春：吉林人民出版社，2006：19.
③ 霍布豪斯. 社会正义要素 [M]. 孔兆政，译. 长春：吉林人民出版社，2006：20.
④ 霍布豪斯. 社会正义要素 [M]. 孔兆政，译. 长春：吉林人民出版社，2006：22.
⑤ 霍布豪斯. 社会正义要素 [M]. 孔兆政，译. 长春：吉林人民出版社，2006：22.
⑥ 霍布豪斯. 社会正义要素 [M]. 孔兆政，译. 长春：吉林人民出版社，2006：22.

突的。这时候，我们应当避免两个谬误，"第一个谬误是将某些规则订立为绝对的原则。这通常是在将生活中的一种关系凌驾于所有其他关系之上，就是将部分置于整体之上"①。第二个谬误是，认为所有的权力均从属于共同福利，也就是说共同福利的权利才是最高的规则，而这应当成为任何特定情况的检测标准。这两个谬误简单说来就是，前者主张用整体中的一部分统治其他部分，后者主张用整体本身统治所有部分。在作者看来两者都是错误的，恰当的方式就是进行综合。共同体以这样或那样的方式，综合各种影响，形成一些规则，规定在一定关系中或一定情形下所产生的权利和义务，这些规则只考虑一种关系，所以就这种关系来说，这些规则好像是正当而合理的。当然根据和谐原理，可以进行不断地调整。

再次，霍布豪斯认为，权利是从社会福利中获取权威。霍布豪斯认为，在要求权之间发生冲突时，政治家运用综合表现其智慧，使每种要求权的实质均得到保存，而其精神则通过关系转变为共同善。理论不能给政治家提供先验的方法，但可以判断其方法是否得当。所以，"权利和义务，是由其对整个和谐生活的贡献来决定的。这种决定一般要受到伦理原则在人类过去经验总和中的应用的影响。……对于所有进步的政治家，对于任何时代的人民的聪明领导人来说，和谐的一般原理可以说是非常简要而概括的规则。可以用它来应付你所面临的不和谐"②。

第三章　自由——（一）道德自由　这一章，作者在澄清了人们对自由的通常理解及其模糊之处后，在和谐原理的指导下，提出了自己对自由的看法。

通常人们认为自由就是不断地摆脱束缚，最后达到彻底的、无条件的普遍自由。作者认为，这一看法仍然是有待澄清的。首先，自由一词有着更广的而且好像是十分合理的用法。他列举了客观世界的两种看似自由的情况，一种是类似"自由落体运动"的自由，这种自由实际上还是受外力作用的，如自由落体运动是受地心引力作用的；另一种是类似钟表这样的自由，钟表上紧发条之后如果没有外力影响指针可以自由运动，这是一种"内在决定的自由"。在这种情况下，"自由是指由内部因素来决定，和外部束缚的不存在。这种自由只在和宇宙隔绝的体系中，或在物质宇宙中，总体上不受非物质因

① 霍布豪斯. 社会正义要素 [M]. 孔兆政，译. 长春：吉林人民出版社，2006：23.
② 霍布豪斯. 社会正义要素 [M]. 孔兆政，译. 长春：吉林人民出版社，2006：26.

素影响时，才是绝对或纯粹的。在其他的情况下，自由总是不完整的或相对
的。它是摆脱某些特定约束的自由，或是在某些特定方面所能获得的自由"①。
可见，不受外部约束而能自决这种意义上的自由，其存在实际上是超出人类
生活的范围的。

人们所追求的自由同样也是对约束的摆脱。但是人的自由可以分为外部
自由和内部自由两部分，作者首先分析了人的内部自由。通常认为，意志的
无条件决断、意志对其他内心要素的强制就是内在自由。作者不同意这样的
观点，他认为：按照和谐原理，人只有内部生活和谐时才有自由，而从和谐
的本性可以看出，纯粹以意志压制冲动或者情感是难以实现内部和谐的。一
方面，各种情感和冲动要控制粗野表现；另一方面，意志也并不与冲动相对
立。相反，只有在情感和冲动的不断运动中意志才能扩大其权力。所以，"生
活就是这样由和谐而非由压抑统一起来的，在这个原则扩充所及之处，自内
部看来，生活总体上就是自由的"②。因此，意志独断并不是真正的自由。

作者进一步分析道，意志自由指不受决定的说法本身在伦理上是不能成
立的。一般认为，意志自由意味着它不但能够自由地做出决定，而且还能随
意地取消决定，它不但不受内在和外在因素的约束，甚至也不受自己的过去
的限制，它每时每刻都是新的。作者从两个方面反驳了意志自由论者的这种
观点。(1) 意志自由论者在论证意志自由时毁灭了它打算解放的对象，因为
它们破坏了意志的连续性，这样就没有了需要遵循的意志，意志成了虚无的
东西，它被无数的突发的行为所取代，我们看到的只是杂乱无章的行为，而
不是意志。(2) 意志自由论者的两个论据可以用来反驳他们自己的观点。第
一个是由义务而来的论据。自由意志论者认为，如果意志不自由（包括受它
的过去的影响），那么个人就没有需要承担的义务。霍布豪斯反驳说，如果意
志自由到没有连续性，那么当下的意志也同样没有理由为过去的意志承担义
务。这样也就取消了义务。第二个论据诉诸直接的内省。内省的结果就是认
为每次选择都是意志当下做出的决定，不受任何因素的影响。作者反驳说，
内省可能不能充分证明潜意识中存在的、影响意志决断的某种连续性，但是
可以通过对"我"一词的使用在总体上证明连续的意识的存在。"'我'如果
有某种含义，就是指经历过去到现在的一段时间的同一存在。在使用'我'

---

① 霍布豪斯. 社会正义要素 [M]. 孔兆政，译. 长春：吉林人民出版社，2006：33.
② 霍布豪斯. 社会正义要素 [M]. 孔兆政，译. 长春：吉林人民出版社，2006：34 - 35.

字时，意识暗含着我已经成为现在的我。"①

所以，道德自由就是意志在人的内部和谐这种条件下的自决，它包含着自我的连续性，因此和在每次选择行动中需要与过去隔绝的所谓自由的概念是不相容的。但是道德自由也包含着相关因素的因果趋势的决定，只知道过去事实而不了解心智所期盼实现的各种价值的知识，是不能预测这种决定的。

第四章　自由——（二）社会的和政治的自由　作者在上一章中探讨了人的内部自由，也就是道德自由，本章将探讨人的外部自由，也就是人在共同体中的自由，以及共同体本身的自由。

作者首先探讨了共同体内部的自由。显而易见，当个人受外部权力的强制时，他就是不自由的。但是这种外部权力有不同的两种，即专断的权力（arbitrary power）和规则的权力（regular power）。包括风俗、习惯、制度和法律等的规则的权力是受法律约束和保护的，而专断的权力则是个人任意行为的权力。在作者看来，仅仅从专断的权力中解放出来，并不一定就实现了真正的自由——即使是在一种法令完备的法制"乌托邦"中，还必须考虑法律以及一般意义上的规则本身是否是自由的。理想的状况是，如果共同体以及它的内部互相紧密联系着的成员之间都达到绝对和谐的时候，共同体本身和它内部的成员才是绝对自由的。因此，现实中的共同体及其内部成员的自由程度取决于这种和谐的程度。在理想的和谐状态中，外在的约束就消失了，取而代之的只有善良意志和自愿的服从。但是在现实生活中，由于人的本性的不完备性，合理的约束是必要的。因此，保障自由的一项重要举措就是设定恰当的约束。在现实中，自由的具体体现就是权利，对自由的限定也就是对权利的限定。一般而言，一项权利就是一项自由。但是根据共同善的原则，个人的自由应被全体的权利所限制。另一方面，作为整体的共同体也有它的权利，个人自由也受它的限制，所以自由的体系也就是权利的体系，反过来说也一样。在这个权利的总体中，约束制度是自由制度的基础。

作者认为，自由是建立在社会联系的精神性质和共同善的理性特征上的。就个人来说，善存在于人格发展的某种形式中，可以说，人格的完成是个人唯一具有永久性的善，这种善是通过意志对行为的发动和坚持以及由此而对理智和情感发生作用来实现的。这一原理也适用于共同善，有与共同善本质上体现为精神的特性，所以它是通过人们的智力发展和思想情感交流等共同

———————

① 霍布豪斯. 社会正义要素 [M]. 孔兆政，译. 长春：吉林人民出版社，2006：37.

促成的。另一方面，自由也可说是精神发展的条件，因此，自由不仅是一种社会理想，也为个体精神和共同体精神的发展提供空间。

作者接着探讨了政治自由的问题。在作者看来，政治自由权不仅仅意味着享有投票权，还暗含着通过投票权实施一种政治教育，而这种教育的开端就在于承认新享有投票权的人不仅仅是被动的臣民而是积极的公民，在参与公共生活的过程中，他们不仅享有利益，而且也应当履行相应的职能。霍布豪斯说："自由在政治方面最能明白表现它本质的，是社会意志的教育。共同体是否自由，与以意志代替强制力作为社会关系基础的程度是相对应的，而在所有个人的和团体的欲望的差别之上，作为合作的坚实基础的根本和谐，也根据这种程度而建立。"① 社会和谐的表现之一就是自由的实现，而自由的实现则意味着精神丰富而充分地发展，因而也就是对外在束缚的克服。

第五章 正义和平等 在这一章中作者主要讨论了什么是平等、什么是正义以及二者的关系。作者首先讨论了什么是平等。在作者看来，为大家所熟知的"人们生而平等"这个原则指的不是人们具有同样的才能和内在的能力，而是指所有人都有平等的权利。作者摈弃了"天赋平等"说和纯粹的"权利平等"说，而采用了这样一种观点，即如果从人类的共性出发，人们在一些基本的权利上是平等的，包括享有和进入特定关系的权利，以及对这些权利进行公正维护的权利。还有一种对待平等的方法，就是从人类的差异性出发，而将平等视为一种调整，在此调整中人们之间的差别构成相应的不同待遇的基础，这时候的平等就不是绝对量的平等，而是比例的平等。作者赞同亚里士多德的意见，即当平等而以不平等来对待，不平等而以平等来对待时，不正义就产生了。反过来说，正义应当是指平等地对待平等，不平等地对待不平等。

作者认为，分配正义主要是一种比例平等。它或指根据应得进行的权利的平等分配（作者在此以劳动与报酬为例进行了探讨——报酬应以个人主观努力为主还是应以客观结果为主，或同时兼顾这二者），或指按照需要进行的平等分配（作者探讨了没有劳动能力者的应得问题以及人们需求的层次问题）。也就是，"要求权的依据或是需要，或是应得。从一种观点看是同等的需要要求同等的满足，而从另一种观点看则是同等的应得要求同等的满足"②。

---

① 霍布豪斯. 社会正义要素 [M]. 孔兆政, 译. 长春：吉林人民出版社，2006：63.
② 霍布豪斯. 社会正义要素 [M]. 孔兆政, 译. 长春：吉林人民出版社，2006：77.

霍布豪斯说，上述关于平等的原则都是从一个人的权利依附于他的人格这一共同原则出发的。接着，作者探讨了法律中所主张的平等概念。从伦理上来说，法律本身有正义与非正义之别，它将不同的权利不正当地赋予了不同的人，但是，就其每一条文都是对一般的陈述而言，它体现了平等。特别是在现代国家，"法律不仅公平地应用它的规则，而且在制定它的规则时，通常认为某些基本权利和义务属于所有人，而不管其社会地位、年龄、性别、种族，甚至公民身份"①。既然法律规则与平等有这样的关系，那么法律与正义的关系就是：正义是指建立于共同善之上的规则的公平适用。

作者认为，平等与正义都是和谐原理的要素，牺牲一个阶级以求另一个阶级的发展，或牺牲个人以求社会的发展，都是不符合和谐原理的。有一种观点认为："正义是产生最大善的分配；而最大善存在于最充分的发展中；如果从整体来看，一种更大的发展，只有通过损害或消灭共同体的一些成员才能实现时，那么这些成员就必须被损害或消灭。"② 霍布豪斯反驳了这种社会达尔文主义。他认为，这种说法的错误在于以抽象的发展而不是以和谐的发展作为价值的标准，真正说来，不论一个人的人格如何发展，它真正值得赞美的地方必定在于，它的发展在整体上不阻碍而是促进其他人的人格发展。当然这是理想状态，现实中难免有这样的冲突，但是这不是说我们应该放弃这样的主张，而是应该做出某种调整，尽力促其实现，即使难免损及一些人的利益。

　　第六章　个人正义　这一章作者主要探讨了惩罚正义的问题。作者认为，惩罚正义的要义就在于使意志受到自然的教育与训练。与无生命之物或无理智之生命的行为不同，人的行为在本质上是受意志影响的行为。受意志影响的行为的特点是：行为者既能知道行为的目标或原因，也能预测到行为的后果，而且在事后还能回溯到此前的行为，对其做出思考和评价。所以，有意志的行为者必须为其行为负责，实际上就是意志在为自己指导的行为负责。这是惩罚正义存在的第一个条件。第二个条件是，意志是综合塑造的结果，也就是说它本身是可塑造的，"是各种基本趋向的综合"③，既有先天的因素，也受后天环境的影响。即便如此，对行为的原因不能无穷追溯到这些不确定的东西，只能止于意志本身，也就是作为行为主体的个人。这就是惩罚正义

① 霍布豪斯. 社会正义要素［M］. 孔兆政，译. 长春：吉林人民出版社，2006：79.
② 霍布豪斯. 社会正义要素［M］. 孔兆政，译. 长春：吉林人民出版社，2006：86.
③ 霍布豪斯. 社会正义要素［M］. 孔兆政，译. 长春：吉林人民出版社，2006：94.

的对象。第三个条件是，每个人的行为都不是只影响到自身，而是会扩展开来，不仅影响到所在的共同体，而且还会影响到其他个体，所以，为了使个体意志及其行为能融入共同体的和谐，必须对个体行为进行矫正，也就是进行惩罚。惩罚正义就是对意志的真正伦理的训练，使其"认识——就是立刻理解与感觉——我们的行为与共同善的关系，就是意志的真正的伦理训练"①。

作者认为，惩罚正义的最后根据就是和谐原理，以及作为它的推论的平等参与权利和义务。在实施惩罚正义时，需要注意两层关系，一是将惩罚视为个人应受的事物，二是将惩罚视为社会应给出的事物。就第一层关系而言，简单说来就是好人应当配享幸福或善。在第二层关系中，社会给予的原则是适当维持各种职能。为了满足正义的各个要求，共同体和其内部成员之间必须有一种相互作用，以协调个人利益和共同利益，而这一功能是通过报酬来执行的。

第七章　劳务的报偿　这一章作者主要讨论了交换正义的问题。作者认为，现实中的每次交换并不是一种一次性的、独立的交易行为，而是一系列行动中的一个环节，要判断这一系列交易行为是否公平，首先应当考察作为这些交易得以实现的中介的价值标准本身。每次具体交易中的价值标准往往是不同的，但是在一系列交换行为中应当有某种稳定性，这种稳定性如果符合以下四项原则，那么经济领域中的正义就可以通过等价交换来实。这四项原则是：第一，依据需求的缓急程度进行供给；第二，没有无功用的财富，也就是说，财富必须是要么对个人有用要么对共同体有用，不能创造闲置无用甚至有害的财富；第三，要设置最低报酬，该报酬不仅仅是维持工作者生存的底线，而且应当是使其能够正常生活的基本条件，包括抚养后代等；第四，劳动者主观努力的每一次增加，不管是由于工作变得更加艰辛还是由于劳动者变得更加勤劳，都应该相应地增加报酬。在这四项原则下进行交易的总体形成的价值标准，就是正义的，因而经济行为本身也就是正义的，可以把这些看作是霍布豪斯的经济伦理思想。

上述原则实际上都是以个人利益与共同体利益的可协调为基础的，但是，如果个人利益与共同体利益不能进行充分协调时，个人的报酬也应按照其工作的价值而增加。这实际上就是财富在单个个体和共同体之间如何分配才是恰当的。有一种特殊情况就是，假设共同体是愚蠢而平庸的国家，这时候大

---

① 霍布豪斯. 社会正义要素 [M]. 孔兆政，译. 长春：吉林人民出版社，2006：96.

部分财富被个别特别优秀的人掌握就比被这样的国家掌握更有利于共同体。因为如果被国家掌握，就有可能因为发动战争等给共同体带来灭顶之灾；但是如果被少数人掌握，他最多就是个利己主义者，对整体的损害不会太大，何况不是所有人都是十足的利己主义者，他们会多多少少做对共同体有益的事情。作者认为："这时私人利益应自行维护，而特别是有能的人应该能够自行发展，只要他们一直在为他们所做的付出代价，即他们的进步是通过良好的社会劳务，不是通过无益的或有害的活动，这对共同善本身而言，是较为有利的。"①

显而易见，报酬与价值应当是成比例的。对于同种性质的劳务来说，可以简单地按产量付酬；但是对不同种类的劳务的报酬的确定，要么按照其对共同体的贡献大小，要么按照稀有程度，这两个因素共同构成了某种劳务的价值尺度。但是还有一个限定条件，由于我们的目的是协调各种真正的需求，所以我们应当注意这样一种现象，即当收入超过功能维持的必需点时，就会出现回报递减的情形。另一方面，如果价值超过了一定的度，那么它的同等量的增加对共同善的贡献并不比较小基础上的同等量的增加对共同善的贡献更大。在这个限度内，按价值大小进行比例付酬就是经济正义的一个准则。"承认这个准则，是正义原则应用于社会组织的理想上的最重要的事情。因为承认这个准则，自由交易制度才能成为可能……它是彻底的社会主义与寻求共同体和个人和谐的'社会自由主义'的分界线。"②

第八章　财产和经济组织　作者探讨了财产的本质，一般财产和私有财产的特性差异，财产与自由、权力的关系以及财产分配的目的或功能等问题。

作者首先讨论财产权问题，他实际上是在完整的财产权和实质的财产权这两个概念之间做出了区分。完整的财产权是一个总体，是所有者能对某一物品由于其各种用途以及其他原因而提出的各种主张和要求权的总和。但是在现实中，这些权力不可能都得到现实，其中必有一些是受限制的。所以，实质的财产权就是指大家所公认的对某一物品的支配权。这种权利在正常状况下是独享的、排他的。除了个人财产外，还有共同财产，它是由某种特定的权力行使支配权的财产。按照这种界定，作者认为，和财产权对立的不是社会主义的所有权，因为社会主义不是废除所有的财产权而是只废除私人财

---

① 霍布豪斯. 社会正义要素 ［M］. 孔兆政，译. 长春：吉林人民出版社，2006：110 - 111.
② 霍布豪斯. 社会正义要素 ［M］. 孔兆政，译. 长春：吉林人民出版社，2006：112.

产权。因此，在探讨财产的功能时，必须分清财产的性质以及其他与财产有关的要素。

在作者看来，财产在和谐社会中起着非常重要的作用，也就是说它执行某种功能。首先，财产意味着对某一物品享有法定的支配权，这样就可以防止纷争和乱用。由于现实中的自由都体现为一种权利，所以财产权作为一种权利，它本身也就体现着一种自由。可见，财产是自由的基础。但是，支配权虽然体现了一种自由，但也附带着义务和责任，首先是所有者必须对行驶这种权利的后果负责，其次是对支配权的享有以该权利的对象的存在为条件。这一点尤其适用于国家，就是说国家必须谋求可持续发展。财产是权力的基础，这是财产的第二个功能。在经济社会中，能够在人们之间起实质作用的就是财产，一个人对另一个人的影响的大小取决于他享有财产权的物品的多寡以及该物品在社会关系中的作用大小。所以，"这种权力的大小，部分随财产的性质，部分随所有权的分配而变化。如果财产是重要和有限的，所有权就会包含部分的或完全的垄断，对许多人的生活会有一种巨大和根本性的控制权力，无论所有权是在私人手中还是在公众手中，这种情形都是真实的"①。这就要求我们注意两个方面的问题，一是要防止由于财产过于集中而导致的权力膨胀；二是为了防止因人身依附而导致的自由，必须使个人保有一定的财产。

作者认为，要实现与权力相协调的普遍的经济自由，财产分配应当满足两个条件，一是使个人获得自由，二是使社会获得权力。在作者看来，像自耕农和个体经营这样的个人主义生产方式在高度工业化的社会中会慢慢减弱，而真正符合现实条件的方式就是将经济的自由表达作为一种社会职能，并使其依赖于社会管理。"按照这种方法，作为经济权力的财产最终应属于自治的共同体，而个人也有财产指导他个人的生活——与有形物品的规定使用和有限享有不同。"② 这样，就契合了个人生活方面的自由是个人应有的要素；另一方面，产业的最后支配权必须控制在共同体手中，这就使共同体或社会也具有了权力。

第九章 财富的社会的和个人的因素 作者讨论了对财富的要求权与要求者的职能的关系、社会的财富和非社会的财富的本质以及财富创造方法的

---

① 霍布豪斯. 社会正义要素 [M]. 孔兆政, 译. 长春: 吉林人民出版社, 2006: 125.
② 霍布豪斯. 社会正义要素 [M]. 孔兆政, 译. 长春: 吉林人民出版社, 2006: 126.

社会性和非社会性的区别问题。

作者认为，共同体之所以需要财富是由于两个原因。第一，如果共同体执行了某功能，那么它就应当得到某种回报；如果没有这种回报，就会影响它执行某种职能。第二，就个人范围内来说，那些不能归于个人的财富应当归于共同体。因为在作者看来，现存的财富既不能简单地归于个人的创造，也不能简单地归于社会的创造，而是有其他的来源，例如自然资源和遗产。由于对财产的要求权要么是出于需求，要么是出于执行某种职能，但对于自然资源和遗产的要求权，没有人能提出合理的依据，也就是说每个人都有同等的参与权，在这种情况下，唯有共同体才享有对这些财物的要求权。

作者区分了财富的社会性因素和非社会性因素。他指出，和纯粹的经济学不同，在伦理学视野中，财富的生产是否有利于社会是一个根本性的问题。在和谐原理指导下以及在实现共同善的条件下，财富的生产与消费都应当受财富有利于个人健康发展和促进公共生活这个原则的限制，这样的财富才算得上是"社会的财富"。相反，不受这一原则限制的财富，也就是说它只对个人有利而对社会有害，甚至对个人也有害的财富，就是非社会的财富，非社会的财富没有正当性。不仅财富有社会的和非社会的之别，而且创造财富的方法也有社会的和非社会的之别。在作者看来，借助非社会性手段创造的财富，例如通过投机等方式增加的利润，虽然可以看成个人的财富，但是对共同体来说并没有使财富得到实质的增加，所以对于这种财富，除非它有益于社会的性能如优良组织，否则就应利用社会征税的办法来加以取消。

第十章　产业组织　作者分析了产业管理由私人企业承担的合理性的条件，探讨了国营（或市营）、行会或消费者合作的各种社会管理方法，并指出，无论如何进行经营管理，工作条件的控制权必须交给一个中立的团体。

作者首先反驳了反对私人经营的观点，阐述了私人经营的合理性的条件。他认为，在伦理上，反对私人经营生产主要有两个理由：一是认为管理活动通过这种方式所获得的报酬是不规则，也是不平等的，因为机会的成分不能被排除出去；二是认为追求私人利润是一种卑下的动机。作者对第一个理由的反驳是：首先，由于机会或运气而得的报酬实际上是一种风险补偿，也是对自由的报偿，而且当一切不合法的盈利手段被禁止后，这种报偿也将是社会的一种收获。其次，过度的利润可以通过税收加以抑制，而且利润作为管理的报酬虽然不如固定薪资那样规律和整齐，但这些品质在产业的一定范围内是需要的，私人经营也相应地具有社会价值。作者对第二个理由的反驳是：

第一，并非所有人都有服务社会的高尚动机，但是社会应当给予他们追求个人发展的机会；第二，私人享受获利的机会但也同时承担着特殊的风险和义务，他的活动由于包含着他对活动结果的预测而表现为一种自由；第三，即使牟利是卑下的动机，但是避免损失的压力至少是有价值的经济防卫，这项防卫，如果损益分散于全共同体，是不一定有充分力量实现的。所以结论是，当盈利的非法因素被排除，产业管理由私人企业承担是有其合理性的。

作者认为，虽然私营产业有它的优点，但是当产业的社会经营具有明显的伦理价值时，私人经营的优势就消失了，这时，应当以适当的社会经营方式代替私人经营。作者分析了社会经营通常具有的三种方式：第一，国营或市营；第二，行会经营；第三，消费者合作的经营方式。作者认为，公共服务的市营大体上是成功的，但是市营的适用范围也是有限的。在行会经营中，行会将行使真实的和有效的民主控制权，产业自治就是由生产者组织的团体控制生产。行会之间还可能组成一个"代表大会"，其中包括消费者团体的代表，他们一起约定一些东西。虽如此，作者认为行会还是一种垄断制度，而且反对将其神圣化，而消费者合作经营也有利弊。

作者认为，无论如何进行经营管理，工作条件的控制权必须交给一个中立的团体。因此，理想的产业组织应该具有这样的特点，"在其中不劳而获的财富应属于共同体；私人工作的普遍的、基本的条件和报酬应由法律来规定，应由劳资协会根据各个行业的情形而进行彻底地整顿、发展、扩充和改良；产业管理应当交给消费者和生产者的联合组织，至于应市营、合作社经营，还是私营，则应根据产业的性质和组织实现目的的相对效率而定，各种组织通过这些目的验证自身的能力"[①]。总而言之，在选择经营和管理方式时，应该听从效果的经验的指导。

第十一章 民主 作者论述了民主的本质与实施时面临的困难，多数决定规则的必要性，民主与民族、主权的关系，社会职能学说与对人类社会进行调整的权力，最终权力的精神性而非法律性特征等问题。

作者认为，简单来说，民主就是生活在共同体中的人们的同等自由。共同生活本身的自由在于每个人都能积极地为共同体做贡献，每个人的意愿都能够得到表达，但是这种表达不是杂乱无章的各行其是，而是应当协调有序地进行，政治民主的任务就是如何实现这一目标。通常采用的办法就是保障

---

① 霍布豪斯. 社会正义要素 [M]. 孔兆政，译. 长春：吉林人民出版社，2006：146.

每个人的自由发言权和投票权。作者认为，这种简单的理论设计在实施过程中存在着一些不足。首先，让每个成员都平等参与每件事情的讨论这样的"大民主"在规模庞大的高级组织（例如政府）中是行不通的。因为政府的每项决议都是互相关联着的，决议、政策之间的相互关系和相互影响是十分复杂的，几乎没有人能够有足够的知识来洞察这一切，所以即便让民众参与讨论，那也是暂时的和偶然的。在现代国家，古代理想的直接民主是行不通的，所以大都实行代议制，民众只是每隔几年通过一次投票决定谁来执掌权力。其次，由直接民主所产生的决议往往都会包含很大的情感成分，缺乏理性的深思熟虑的考量，因而是不稳定甚至是有害的，古代雅典的民主制和法国大革命的教训就是最好的例子。所以问题就在于，如何既能保障民众自由意志的表达，又能形成有益于共同善的决议。

虽然直接民主或多数民主有各种缺陷，但是在现代社会多数民主是一种普遍的经验，只要存在一种真正的共同体意识，多数民主就不但是可行的，而且是最不坏的一种，是一种必要的恶。其必要性就在于：首先，现代民主制具有流动性，也就是说作为多数的不是固定的一批人，而是在轮流替换，这样就会避免产生一些人（多数派）奴役另一些人（少数派）的现象；其次，多数民主除了体现自由平等外，还体现了一种综合原则，或共同体原则，这一原则是精神性的，它虽然不见于成文法规，但的确是存在和起作用的。

以上讨论的是民主在单纯共同体内部的实施问题，但是如果涉及多民族的共同体以及国家主权时，民主又会面临困境。就民族关系来说，即使实行在参政权上完全平等意义上的民主，生活在共同体中的少数民族始终只会是少数，所以可能会永久处在被统治的地位。作者的见解就是，培养一种共同体意识，来作为民主制的精神条件。霍布豪斯说："任何可行的民主政治，都需要有某种共同体意识。如果没有这种意识，民主政治将难以生存。"[①] 其次，国家主权的概念进一步加深了民主实施的困难。作者认为，民主理论在某种形式上接受了传统的主权观念，当然也有修改，神、国王这些传统的"统治者"或权威被替换成了现代社会的人民，人民成了自身的主宰者，显然，卢梭是"人民主权"学说的主要代表。但是也有潘恩、美国立宪主义者等与此对立的学说。不过在作者看来，主权学说赖以建立的现实条件已经不存在了。

---

① 霍布豪斯. 社会正义要素 [M]. 孔兆政，译. 长春：吉林人民出版社，2006：154.

首先，在现代民主共同体中，由固定的个人或团体长期或永久行使绝对权力的情形已经变得不真实了。在个人、团体、全体民众以及各种公共机构之中，没有哪一个享有直接的、绝对的权力，也就是说，各种权力最终都是受限制的。其次，主权概念实际上暗含着赋予政治组织的权力以至上性。霍布斯为了克服人在自然状态下导致的混乱和纷争，设想出了国家这个"利维坦"，对人的自然状态进行强制组织，使其进入某种秩序状态，这实际上就是抬高了政治组织权。霍布豪斯反驳说，政治组织权虽有其正当之处，但是也不能将之绝对化，因为很多领域——产业的、宗教的、道德的——本身越出了政治疆界，而且这些领域本身的自治机关或表达机关，应当得到和政治机关同样的尊重。

最后，作者回到了他的和谐原理：任何政治观念都以促进"共同善"为根本目的，民主真正的价值也就在于为达到这种目标而执行相应的功能。不管是个人权利还是国家主权，其正当性都在于促进"共同善"。由于最后的共同体就是人类本身，所以国家主权不应当像以往那样具有绝对性——这与实现人类共同体的和谐和促进"共同善"是相违背的，而是应当为"共同善"执行某种特定的功能。国与国之间打开壁垒，走向联合，组成国际联盟，以实现人类"共同善"为目的，在全世界范围内执行某种调节功能。

【意义与影响】

第一，作为一本西方政治哲学的经典著作，该书对西方的政治实践产生了重要影响。

作为新自由主义思想的重要代表，霍布豪斯的思想对当代资本主义的发展和资产阶级政治思想的发展都产生了重要影响。他所支持和倡导的新自由主义理论在 20 世纪 30—60 年代的欧美国家占据主导地位，对这些国家的政治实践产生了重要影响。霍布豪斯重申的自由主义原则和提出的适合新时代需要的政治主张，为自由主义思想的转型奠定了重要的作用，并最终适应了社会变化，推动了英国自由主义政治理论在 20 世纪的进一步传播和发展，并于 20 世纪初开始，成为英国官方政策的重要基础。霍布豪斯的新自由主义理论对传统的自由主义的困境进行了修正和超越，实现了自由主义思想史发展的重大转折。

第二，该书围绕和谐原理展开的探讨，为人们理解和建构个人自由与社会和谐之间的关系搭建了桥梁。

霍布豪斯的贡献在于，把 19 世纪以"社会福利""妇女平等""人民代表制""公民投票权"等名义提出的所有民主要求纳入到了自由主义思想当中。霍布豪斯继承和发挥了格林关于"共同善"的思想，提出人与社会之间的"有机"关系和"社会和谐"的观点。

霍布豪斯提出的和谐原理对我们当下构建社会主义和谐社会具有重要的借鉴意义。中国目前在社会转型期提出了构建和谐社会，利益分化是正常的，但是应当同时既照顾到个人利益，也要照顾到集体乃至国家的利益，二者不可偏废。

第三，该书提出的许多观点虽然提高了社会和国家的地位，但最终没有触及个人主义的核心。

该书的主要观点是在承认资本主义制度的基础上提出的，具有非批判性质，霍布豪斯并不打算对这一制度进行彻底的改变，而只是满足于局部的改良。另外，霍布豪斯的思想从根本上也没有离开传统自由主义的阵地，霍布豪斯提出的很多政治哲学概念，如权利概念、财产概念以及自由概念等，既没有在这些概念的政治性质和社会性质之间做出区分，也没有从批判现存市民社会的角度对这些概念做出解释，而只是把现实社会当作理所应当的东西自然而然地接受下来了，并没有对导致其缺陷的根本原因进行探究。因此，资本主义制度本身不可克服的矛盾以及自由主义理论本身的缺陷，就决定了他的理论具有不可避免的局限性。

── 【原著摘录】 ──────────────────────

第一章　伦理和社会哲学 P1－13

P7－8　脱离情感的理性并不是我们的社会行为的基础，而作为我们社会行为基础的情感体系（system of feeling）才是合理的。

P8　只有在这种冲突能被克服的地方，这种关系才能合理地最终被称之为善。

和谐并不同于建立在纯粹的压制之上的秩序，这是不能不清楚地知道的。我们往往将个人道德等同于自我克制，将优良政府等同于维持秩序。但在任何一种情况下，建立在压制之上的秩序都不是和谐的。

P9　总而言之，这样的压制就是不和谐，其惟一的正当理由是：当一些东西强加给我们，而我们又不知道如何契合于我们寻求保护的局部和谐时，才可以用。和谐是一个创造原则，其作用不是破坏而是改进。

第二章　权利和义务 P14－30

P14　和谐有两个对立面——压制和混乱状态——所以建立在和谐之上的社会学说也有两个对立面，一是片面的集体主义，一是片面的个人主义。片面的集体主义将共同体生活看作为与构成共同体的各个人的生活在性质上不同而且更为优良的事物。

P16　总而言之，集体成就和集体目标，其价值是由它与男人和女人们的各种实际生活关系来决定的，这是正确的。能完善个人的生活，并能在更大范围内达致更高和谐的，在集体生活中就是合理的。

P19　因为以抽象开端——略去我们所知道的事物的一些因素——最危险的是容易抽象过度，在这里，文明统治下的国民，一跃成了毫无社会关系的孤立的个人。进行了这样的演绎之后，个人就被赋予了权利，权利被认为是超然于共同善之上而不是用来维护共同善的，权利甚至与义务相分离，因为义务暗含着社会关系。

P20　权利包含了一种道德关系，并不完全单纯是所有者一方的事务。因此，人类的权利不是社会的先决条件，而是在社会生活中发生和存在的。

P21　因此，权利和义务是社会福利的条件，或者如我们对社会福利所做的界定，是一种和谐的生活的条件。权利和义务的一般规则是社会福利通常所必需的。总的看来，特定的权利或义务，是在一定场合，为社会福利所不可缺少的事物。

P22　不同的权利和义务是建立在共同福利的不同要素上的。如果正确地加以限定，各种权利和义务必定可以形成一个和谐的体系。但是这种状态是不容易达到的。没有人敢说能够确切知道在所有情境中共同福利的所有条件。

P24　所以权利和义务并不是从外部来限制共同善的条件。在变动的生活境遇和人们错综的关系中，权利和义务是共同善的组成部分。

P26　权利和义务，是由其对整个和谐生活的贡献来决定的。这种决定一般要受到伦理原则在人类过去经验总和中的应用的影响。……对于所有进步的政治家，对于任何时代的人民的聪明领导人来说，和谐的一般原理可以说是非常简要而概括的规则。可以用它来应付你所面临的不和谐。

第三章　自由——（一）道德自由 P31－39

P33　这样，我们就得出了物质世界的积极自由观（Positive conception of freedom），这个积极自由观与消极自由观正相对应。自由是指由内部因素来决定的，和外部束缚的不存在。这种自由只在和宇宙隔绝的体系中，或在物质宇宙中，总体上不受非物质事物影响时，才是绝对或纯粹的。在其他的情况下，自由总是不完整的或相对的。它是摆脱某些特定约束的自由，或是在某些特定方面所能获得的自由。

P38　道德自由就是上面所界定的自决。它包含着自我的连续，因此和在每次选择行动中需要与过去隔绝的自由概念是不相容的。

第四章　自由——（二）社会的和政治的自由 P40－70

P40　人常被趋于自身之外的目标的各种冲动和情感所支配，因此，人的道德自由是与其内在的和谐程度相对应的。

P41　作为一个整体的共同体和所有它的密切相互影响的个体成员，如果它们的性质是绝对和谐的，那么他们也将是绝对自由的，正如一个人内部的所有的因素都和谐时，他才是内在自由的一样。

P44　因此，一般说来，我的权利就是我的自由，共同体保护我的权利，也就是在保障我的自由，反过来说，共同体允许或自行侵犯我的权利，就是在此限度内允许或自行侵犯我的自由。

P47　自由是建立在社会联系的精神性质和共同善的理性特征上的。

P49　关于和谐的状况，我们认为有两种非常不同的约束。一种是一个人要受信仰的约束。……另一种约束是反抗的个人没有进行这样的重建或改造。

P51　因此，我们应制止任何对权利的侵犯，无论是用武力、欺诈的侵犯，还是利用有利条件的侵犯。

P55　在公共权利方面，很少有人反对共同体应有保护它自己的权利。也很少有人否认，为了共同福利，共同体必须拥有一些权力以制定和执行法律和规章。

P57　我们决不能以尊重自由的原因，而不去阻止对共同福利条件的任何明确的侵犯。

P59　更概括地说，自由是社会和谐的结果和原因。如在开始所指出的，它是结果，是因为混乱状态和压制的秩序都同样包含着意志的挫败，只有当意志自发地趋于彼此和谐时，各种意志才完全自由。它是原因，是因为和谐在最广的意义上是一种精神成就，就是在合作的统一中心智能力的自律所达到的成就，而这种自律就是自由。

P62　政治自由权（political liberty），经常被人认为是对个人其他权利的保障，而由于分享这种自由的人数很多，所以它对个人的权利的保障其实很少。

第五章　正义和平等 P71—93

P71　"所有人都生来是平等的"这个著名的原则有两种可能的意义。它可能是指人类是生而被赋有同等的才能或内在的能力。这是与事实相悖的说法。另一方面，它指所有人都有平等的权利，这种说法至少是值得研究的伦理原则。事实上，这是法国制宪会议（French Constituent Assembly）的说法，制宪会议著名的宣言说："在权利方面，所有人都生来是自由和平等的。只有在公共利用上面才显出差别。"

P73—74　迄今为止，我们一直以人类的共性为出发点，而以差别为衍生的事物。此外还有一种对待平等的方法，这种方法以差别为出发点，将平等视为一种必要的调整，在此调整中人们之间的差别（不管在哪方面）构成相应的不同待遇的基础。这种"平等"主义不是绝对量的平等，而是比例的平等（equality of proportion）。……正义是人们和应分配给他们的"事物"的比例平等。这里的"事物"可以是职位、名誉、身份、钱财或人类所意欲的任何目的物。这种事物的分配，不是平等分配，而是应按照相关人们的一些品质、品格或成就的比例进行分配。……这种品质可以是出身、等级或职位或（在亚里士多德所说的寡头政治中）财产。这种品质又可以仅仅是自由人的身份（如在希腊的民主政治中），在这里比例规则就不适用了，代替的是绝对的或"算术"平等（arithmetic equality）。最后，根据亚里士多德的看法，这种品质也可以是美德（merit）。分配正义的平等，对亚里士多德来说，就是美德与权利的比例平等。

P81　因而尽管各种规则的适用都是公平的，它们所设定的处理也有很大的差异，根据我们的界定，如果这种差异大体上是促成共同善的，那么它也是正义的。

P86　一种善——不是偶然的或在个人的复杂环境中产生的，而是普遍的和必不可少的——与另一种善相冲突。这种说法和我们的原则正相反，我们认为，不论一个人的人格如何发展，它真正值得赞美的地方必定在于，它的发展在整体上不阻碍而是促进其他人的人格发展。

第六章　个人正义 P94—101

P100　因此，总体上说，将应得视为正义核心的见解，并没有走向极端。正义的根本是和谐法则的普及。和谐必须扩充到它所能扩充的所有人，这包括所有具有良善意志的人。从这里得出一条规则：即好的服务需要合作、互利，以及共同善与私人的善的和谐。

第七章　劳务的报偿 P102－119

P104　上面所揭示的正义的一般原则是：同等需求应受同等供给，但以适当维持这种需求所需的职能为前提，后一句可解释为包含职能执行者的私人利益与共同体利益的和谐。这些是价值标准应当符合的经济组织的正义原则。

P112　按照与所做工作的价值比例付酬是经济正义的一个准则。承认这个准则，是正义原则应用于社会组织的理想上的最重要的事情。因为承认这个准则，自由交易制度才成为可能——如果不以同等价值，自由交易是不能发生的——否认这一点，无异于承认共产组织的产业制度。因此，它是彻底的社会主义（socialism）与寻求共同体和个人和谐的"社会自由主义"（Social Liberalism）的分界线。

P113　正义是伦理中的普遍原则，这有两层含义。第一，正义意味着无论人们的关系扩充到那里，每一种善或恶的主体都有要求为善的权利。由于这个权利是相互的，所以在永恒的共同体中唯有这种权利才是真正的善，只有这种善才能融入协调各人与全体的善的活动总体。这个含义又将我们引到我们的原则的第二层含义，即这种协调是一种制度，其中的每一元素所应获得的由普遍理由（universal grounds）决定，而普遍理由是与它和作为一个整体的制度的关系相一致的。这些理由的选择与它们相互关系的决定是正义的特定的功能。每个人（确实地说是每个元素）在制度内有他的需求。凡没有失去资格的每个人都有其功能。正义必须协调彼此的需要，并协调功能与需求。关于需求，正义通过同等需求给予同等供给，影响着协调，但要视这种供给与功能的关系如何而定。关于功能，正义所维持的功能，是按轻重的次序最能满足一般需要的，功能的价值由它们对这个目的的效用和完成它们功能的难易程度来决定，而正义通过按照与其工作价值的比例给予报酬，协调着每一个执行功能者的需求和共同体的需求。最后，对于功能缺失或功能失效，正义则进行救治和预防，将不可避免的不和谐减至最低限度。

P113　在这个方面，每个人和每种功能，只要能够协调的，就必须加以平等考虑，以制定协调的方案，在这个意义上，平等是正义的基础。

第八章　财产和经济组织 P120－128

P120　公共的和私人的慈善排除在外的话，财富的分配，如我们所商讨的，将完全依据所贡献的劳务。在现存的所有文明制度中，财富的实际分配主要依据财产。

第九章 财富的社会的和个人的因素 P129-140

P130 现存的所有财富既不是由个人的也不是由社会的生产力所直接创造的。

P135 不仅财富有社会的和非社会的区别，而且创造财富的方法也有社会的和非社会的不同。

P138 以公共盈余来满足所有的工薪阶层和所有公民的特定需求，这种方法有许多可取的理由。

第十章 产业组织 P141-147

P141 在伦理上，反对在社会控制之下从事私人牟利的生产主要有两个理由。第一个是认为管理活动通过这种方式所获得的报酬是不规则，也是不平等的。……第二个反对私人利润的理由是认为这是一种卑下的动机。

第十一章 民主 P148-166

P148-149 人在社会中的自由，并不是绝对的。它常受其他人的同等要求权所限制。自由可以说有两个方面。一方面，自由是不受相互侵犯的自决的权利——这种权利不仅为个人，也为阶级、团体所拥有，或者概括地说，这种权利为共同体中的任何一个或每一个因素所拥有。另一方面，自由是个人（和社会中的每一个因素）对共同生活的积极贡献。在第二种意义上，如果每个因素都被唤起为共同生活做贡献时，共同生活就是自由的，而且，只有在各因素都能被共同体所聆听和感觉到时，才能形成决议。这并不意味着每个人都能各行其是。如果没有一种先天协调的神力，各行其是会陷入混乱状态。而是在说，在某种程度上应重视每个独立的意志。至于如何达到这个目的，这是政治民主经常存在而未能解决的问题。

P159 主权的全部观念到此融合为两种形式的约束，而社会哲学的首要责任就是区分这两种约束——权力的约束和道德义务的约束。

【参考文献】

[1] 伦纳德·霍布豪斯. 社会正义要素 [M]. 孔兆政，译. 长春：吉林人民出版社，2006.

[2] 罗纳德·H. 奇尔科特. 比较政治学理论：新范式的探索 [M]. 高铦，潘世强，译. 北京：社会科学文献出版社，1998.

[3] 靳安广. 自由意味着平等：霍布豪斯自由思想述评 [J]. 南都学坛，2011 (3).

［4］殷叙彝."自由社会主义"和"社会自由主义"：论霍布豪斯的新自由主义［J］.当代世界与社会主义，2005（3）.

［5］赫伯特·斯宾塞.社会静力学［M］.张雄武，译.北京：商务印书馆，1996.

［6］钭利珍.冲突现实中的和谐理想：霍布豪斯的社会和谐思想研究［J］.浙江学刊，2010（1）.

［7］王能昌.论和谐社会的利益表达与分配机制：以霍布豪斯的社会和谐理论为视角［J］.南昌大学学报（人文社会科学版），2010（5）.

二、《论平等》

[法] 皮埃尔·勒鲁

王允道　译

商务印书馆，1988 年

——【作者简介】————

　　皮埃尔·勒鲁（1797—1871），19 世纪法国著名的哲学家、小资产阶级空想社会主义者。勒鲁出生于巴黎附近的一个工匠家庭，由于早年丧父而辍学。在当瓦工和排字工人期间，勒鲁阅读了大量空想社会主义者和法国启蒙思想家的著作，尤其是卢梭的著作，深受卢梭的自由、平等思想的影响。1824 年勒鲁与杜布瓦一起创办了《环球报》，宣传自己的主张；1825 年，勒鲁因发表题为《手工业者的解放》的评论性文章而引起了圣西门的注意，后与圣西门相识并开始接受圣西门的学说；1830 年 10 月，勒鲁把《环球报》变成了圣西门主义者的机关报并积极宣传圣西门的学说；1831 年，因圣西门主义者内部出现了分歧，勒鲁与巴扎尔等人脱离了圣西门学派，开始着手完善自己的社会主义思想体系；1838 年，勒鲁出版了《论平等》；在 1848 年二月革命中勒鲁坚决站在共和国一边，后被选为国民议会议员；1849 年他又被选为立法议会议员；1851 年，路易·波拿巴发动政变后，勒鲁被迫举家流亡英国；1869 年，法国政府实行大赦，勒鲁回到巴黎；1871 年 4 月，勒鲁与世长辞。

　　19 世纪 30 年代到 40 年代是勒鲁创作的高峰时期。在这个时期，他陆续出版了《百科全书评论》《新百科全书》《独立评论》《社会评论》等著作。勒鲁深受卢梭的自由、平等思想的影响，是圣西门的一位著名弟子，他既反对圣西门派的"绝对社会主义",也反对七月王朝时期盛行的"绝对个人主义",试图确立自由的或称共和社会主义的学说。勒鲁的社会主义学说在七月王朝时期的工人和知识分子当中产生了较大的影响。

——【写作背景】——

开始于 18 世纪英国的工业革命引起了社会的全面变革,工厂制度的建立挤垮了工场和手工业作坊,资本主义生产制度逐渐取得统治地位。工厂的建立促使大量工人进入工厂成为机器的奴隶,他们工作乏味单调,生活环境简陋恶劣,越来越贫穷。这种凄惨情景并非英国独有。在整个欧洲大陆,工业革命的巨大进步总伴以社会底层人民的苦难。在法国,拿破仑战争结束后工业革命缓慢开展起来。然而,工业起步晚和国内体制的弊端使法国工业的发展程度远不如英国,而工业革命的负面效果却与法国的封建残余相结合造成了丝毫不亚于英国的不平等现象,富人锦衣玉食,穷人却过着食不果腹的生活。

皮埃尔·勒鲁恰恰生活在这样一个剧烈转变的时代,法国古典文化的熏陶使他具有了悲天悯人的情怀,现实生活中随处可见的不平等给他以巨大的刺激,促使他去探寻社会不平等的根源。到了 1793 年正处于雅各宾派革命民主专政时期,这时的平等思想达到了大革命时期资产阶级思想的顶峰,平等已成为法兰西共和国的灵魂。勒鲁始终坚信平等的信条是可以通过人们的努力实现的。为了能改变社会存在的种种不合理状况,建立一个平等的社会,勒鲁写下了《论平等》一书来反映当时小资产阶级和早期无产者要求改变现状的愿望和对当时社会的不满,同时主张采取社会改良的道路,通过社会不断进步来实现平等,建立宗教社会主义社会。

——【中心思想】——

《论平等》是勒鲁主编的《新百科全书》的一个词条,但可以看作是一部专著,全书 20 多万字,发表于 1838 年。该书分为序言、第一部分、第二部分,共 19 章内容。作者用历史与现实社会结合的方法,以基督教三位一体的学说,围绕平等问题,从历史到现实作了系统考察和论述。

首先,平等乃正义的核心价值所在,正义的实质就是平等[①]。作者从社会

---

① 皮埃尔·勒鲁. 论平等 [M]. 王允道,译. 北京:商务印书馆,1988:43.

现象出发，天才性地分析了法国大革命的产物——平等、自由、博爱三者之间相互联系、不可分割的关系，认为自由是人的生存权利，博爱是人的本性所充满的感情，平等是兄弟般的相亲相爱，互相帮助，其中平等是社会的基础。在此基础上，该书说明了在现代社会中不平等现象仍然存在并且在资产阶级革命以后并没有达到所预想的目标，由此作者展开了对虚伪的资产阶级平等观的彻底批判，指出了现今社会的罪恶就是来自平等原则与其对立面的斗争，并区别了平等在理想与现实之间的巨大差异，彰显了平等思想的永恒光辉。

其次，在对社会现状分析并得出结论以后，作者转向过去的时代。勒鲁认为从柏拉图到亚里士多德，以及法国启蒙运动的重要代表人物孟德斯鸠等政治哲学家，都只懂得将事实上升为权利，而在他们的相关论著，不管是柏拉图的《理想国》，还是亚里士多德的《政治学》，都论证过古代社会不存在平等。由此，作者从耶稣、基督教、摩西立法以及埃塞尼人的圣体逾越节等宗教方面的制度和规定来探讨这种在宗教体系下存在的平等。

最后，作者对过去的普遍规律做了总结，由此也得出了作者所希望采取的措施及所希望建立的平等社会。

——【分章导读】————————————————

序言 在序言里作者说明了本书写作的基本内容及原因。"我在本书中所要论证的内容是，现在的社会，无论从哪一方面看，除了平等的信条外，再没有别的基础。但这并不妨碍我们认为：不平等仍然占统治地位。"① 勒鲁说明了写作该书的原因是，他认为自古以来的思想者们都在思索平等，平等无处不在，它不是一部分人或某一国家、某一城邦的平等，而是全人类的平等，要真正实现平等，必须继承先辈的平等观并在大众中加以传播。在序言中勒鲁肯定了卢梭对人类平等方面做出的卓越贡献，他指出："卢梭的全部著作就在于认识到人类的灵魂高于人类的条件。"他认为，除了卢梭外，那些标榜着人生而平等的自然权利思想家都只是站在"资本特权"的平等战线上。因此，勒鲁延续了卢梭的精神，继续探讨关于人类不平等的原因，并揭露诡辩者的真实面目。他说："我要写我支持奴隶反对主人，我支持弱者反对强者，我支持穷人反对富人，我支持地球上正在受苦的一切，反对利用现有的不平等，

---

① 皮埃尔·勒鲁. 论平等 [M]. 王允道，译. 北京：商务印书馆，1988：5.

滥用创世主所赠与的一切。"①

第一部分　现在　在这部分中作者从三个方面论述了自己的平等思想。

第一章　法国革命恰当地把政治归结为这三个词：自由、平等、博爱
在这一章中作者主要说明了自由、平等、博爱三者之间是合三而一的关系。

作为开篇，勒鲁从法国大革命写起，他指出法国大革命的口号——自由、平等、博爱，恰当地揭示了人类所有政治活动的终极目标是为了达到这三种普世价值观在人间的最终实现，这三个词已经代表了人类社会繁衍发展几千年的最高文明成果，是人类智慧的结晶。这三个词已经足以带给人类以永恒的幸福。三个词加起来，代表着科学的最高成就，而平等在其中占据了中心的地位。

首先，在肯定法国人在革命中提出的自由、平等、博爱口号的基础上，作者认为三者是紧密联系在一起的。"人在他一生的全部行动中都是合三而一的，这就是说知觉—感情—认识同时并存，因而在政治上必须对人的本性的这三方面的每一方面都有一个相应的词。""与人的形而上学中的知觉一词相应的政治术语是自由；与感情一词相应的是博爱；与认识一词相应的是平等。"② 这种对应揭示了深刻的社会内容：自由是人的生存权，博爱是人的本性所充满的感情，平等是兄弟般的相亲相爱和互相帮助。勒鲁对这三个词汇进行了解释："自由，就是有权行动。所以政治的目的首先就是在人类中实现自由。使人自由，就是使人生存，换言之，就是使人能表现自己。缺乏自由，那只能是虚无死亡；不自由，则是不准生存"③，"博爱的意思是：人的本性在他的全部活动中充满感情。……如果没有博爱，或者尚未表露博爱，人的本性也就不存在"④，"平等是自然万物的萌芽，它出现在不平等之前，但它将会推翻不平等，取代不平等"⑤。在自由、平等、博爱三者中，他强调平等占主导地位。勒鲁认为，平等是自由和博爱的基础，如果人们不能平等相处，就不能实现人人自由。不过，三者也是统一的，"每个公民所具有的信条就是平等，自我表现和行动的动机就是自由；正确行动的道德准则就是人类博爱"⑥。

其次，勒鲁看到了资产阶级自由平等的虚伪性，他指出平等在法国革命

---

① 皮埃尔·勒鲁. 论平等 [M]. 王允道，译. 北京：商务印书馆，1988：9.
② 皮埃尔·勒鲁. 论平等 [M]. 王允道，译. 北京：商务印书馆，1988：11.
③ 皮埃尔·勒鲁. 论平等 [M]. 王允道，译. 北京：商务印书馆，1988：12.
④ 皮埃尔·勒鲁. 论平等 [M]. 王允道，译. 北京：商务印书馆，1988：12-13.
⑤ 皮埃尔·勒鲁. 论平等 [M]. 王允道，译. 北京：商务印书馆，1988：14.
⑥ 皮埃尔·勒鲁. 论平等 [M]. 王允道，译. 北京：商务印书馆，1988：16.

中根本就没有得到实质的改变。作者把平等理解为以兄弟般的情谊相亲相爱，是对法国人革命历史进程进行反思的结果。然而，勒鲁看到虽然大革命充斥着平等的欢呼，但是第三等级的分裂和相互仇视使得革命在尘埃落定之后，整个法国社会并没有得到实质意义上的改变，在平等的光辉原则之下，是阳光下随处可见的悲惨的不平等现象。同时，掌权的法国资产阶级却认为平等这门攻击专制主义的大炮已经完成了它的历史使命，因此应该送到博物馆去，对无产阶级提出的新的平等要求，他们感到十分恼怒和反感，同时还进行曲解。勒鲁对此十分不满，他指出："有人枉费心机试图否定或者贬低我刚才对于我们先辈的格言所赋予的哲学意义。他们解释这个格言所采用的卑劣和肮脏手法在人类进步的敌人身上是屡见不鲜的。"一些卑鄙下流的家伙借口这三个词而"生活放纵"，使"法兰西在举起这面旗帜的同时会使自己受到玷污；而且，在经受这场浩劫和充满失望的感受之后，除了确信平等是一种幻想外，就几乎一无所获了"。勒鲁看出了资产阶级自由平等的虚幻性，指出：在革命后的法国社会里，"在作为事实的平等和作为原则的平等之间，存在着如孟德斯鸠所说的'天壤之别'"[①]。今天这个口号虽然在建筑物和旗帜上已被抹掉，但勒鲁对以平等为核心所组合的这一政治口号给予了高度评价，认为它是永恒真理的表现形式之一。"人们可以抹掉它，人们可以嘲笑它，但它决不会因遭人践踏而被真正抹掉，或受到损害；因为它是正确的，它是神圣的，它代表人们追求的理想，它象征神圣的未来，它已在理论原则上占据了优势，它终将也有一天在客观事实上赢得胜利，它是磨灭不了的，它是永存的。"[②]

第二章　平等是一种原则，一种信条　作者主要阐述了平等是一种原则和信条，无所不在的观点。作者说："如果说，我再一次相信自由，这是因为我相信平等；我之所以设想一个人人自由，并像兄弟一般相处的政治社会，则是由于我设想了一个由人类平等的信条所统治着的社会。"[③] 这种信条体现在不同的方面。首先，在国家范围内体现为法律。作者指出平等是一种象征，"对于这个象征，我们先辈的理解与上述的理解是不同的。这一象征中的每一个词代表一种原则，即一种信条，一道命令。象征中的平等一词不是说我们试图创立一个全体公民人人平等的共和国，而是说平等是一种神圣的法律，

① 皮埃尔·勒鲁. 论平等［M］. 王允道，译. 北京：商务印书馆，1988：20.
② 皮埃尔·勒鲁. 论平等［M］. 王允道，译. 北京：商务印书馆，1988：18.
③ 皮埃尔·勒鲁. 论平等［M］. 王允道，译. 北京：商务印书馆，1988：15.

一种先于所有法律的法律，一种派生出各种法律的法律"[①]。平等不代表一个可见的共和国，而是人人平等的法律。平等的法律先于一切法律而存在，并由它派生出了各种法律，只要人类忠实遵守平等的信条，幸福的社会制度便迟早会出现，然而在终极平等的美好社会实现以前，人类社会必然充满了拥护平等与反对平等的两种势力的斗争。在某些情况下，邪恶的势力可能会占据上风，人类历史已经无数次上演了这种局面，那么人类该如何应对呢？悲惨的牺牲将不可避免，他们在过去已经发生了，因此无法再改变，因为人类无法改变过去。人类当前需要做的，是集合一切正义的力量，为将作为一种原则与信条的平等变成人间的可以看得见的惠及众生的平等而斗争。并且人类历史的发展已经表明，平等的力量必将越来越强大，直到取得最终的永恒的胜利。

第三章　这项原则今天已被公认为司法准则　作者认为司法准则代表着正义的感情，代表着神圣的信仰。勒鲁认为平等的实现需要司法体系的建立，勒鲁相信平等原则会逐渐在公民意识中得到普及并由此来建立国家的立法，保障人们的平等权。但我们必须面对的现实是，人类中间一直存在着一部分人，他们坐拥巨大的利益，而这些利益建立在更多人的利益被剥夺的基础上。因此他们不愿意看到平等的实现。然而，平等原则的客观存在是不容否认的，且其正确性很少受到质疑，即使是那些希望它并不存在的人。这使我们能够根据这一正确原则建立若干有利于多数人的社会规则，从而使得公民在刑法、政法、民法等各个方面实现渐进的平等。作者认为奴隶制和封建制十分荒谬且不合理。作为一个人，不仅拥有人人同等的特征，而且享有人人同等的权利。勒鲁十分赞赏现在的司法准则，他指出，"不管受害者是谁，也不管罪犯是什么人，对不法行为和犯罪的刑罚应该一视同仁"，"如果今天一位王子杀害了一个平民，并用几块巴黎铸造的钱币去赎他的罪过，你们就会认为这是错误的"[②]。"对于一个富翁的偷窃行为（当你们惩罚他的时候），和一个穷人的偷窃行为，你们却以同样的刑罚。难道你们看不出穷人身上的负担要比富翁重一千倍吗？"

作者认为无论如何，司法准则代表着正义的感情，代表着神圣的信仰。尽管它在人间的实现看起来仍然遥远，但是它已经体现在所有完美无缺的智

---

① 皮埃尔·勒鲁. 论平等 [M]. 王允道，译. 北京：商务印书馆，1988：20.
② 皮埃尔·勒鲁. 论平等 [M]. 王允道，译. 北京：商务印书馆，1988：21.

者身上，并在一定程度上产生了影响。如果不是这些智者推动的进步，我们人类社会的存在将毫无意义。

第四章　当今社会，从某方面观察，除此原则外，别无其他基础　勒鲁提出了一个发展中平等的一般命题——平等是社会的唯一基础，也即社会制度运行的唯一价值原理。在对法国大革命后的社会运行进行分析后，作者以实证的方法从公民平等的角度出发提出了平等是社会的唯一基础这一命题。勒鲁认为在欧洲大部分社会，公民平等不仅在现实中已经确立，而且在法律上也已经颁布。勒鲁根据法国社会的现状从七个方面对资产阶级的虚伪的平等观进行了批判。第一，国家处于世界范围内，要维护国家的统一和主权的完整，国家需要拥有自己的独立的军队作为护身符。第二，国家制定法律并进行管理。第三，在国家的经济领域，到处充斥着所谓的自由竞争的平等口号，而实际上也仅仅是有名无实的空洞说教罢了。所以说，"真正的竞争并不存在，因为只有一小撮人占有劳动工具，其他人不得不在悲惨的情况下沦为工业奴隶。一些人是土地、机器和一切生产资料的主人，而这些生产资料是全体人民的才智在以往各个世纪中创造的，或者是一天一天不断地发现的"①。第四，在刑法中的平等原则下的不平等事实。在法兰西的历史数据中显示：那些穷苦阶级只要一犯罪就会落入法网或者宪兵的手中而被关进监狱、送进苦役劳改所和断头台。而"出众的外交家，为了金钱而叛变，出卖了他们祖国的利益；诚实的人民议员为了他们的地位出卖了他们在议会里的选票；各种不同身份的谨慎的官员利用他们的职权进行投机倒把；勇敢的将军们贪污士兵的给养；虔诚的传教士和神圣的主教滥用宗教的威严捞取遗产，类似这样的一群群小偷惯窃真是数不胜数"②。刑法上的平等如同今天我们所了解的那样，只是用来掩盖和隐藏可悲的不平等。第五，平等在公民的契约和合同中的调节功能，以及对它们最终实现的保证，如果穷人和富人的契约和合同得以很好地履行，这当然是最理想的状态。第六，关于平等观念在思想自由、创作自由、宗教信仰自由上的体现与遮蔽。第七，平等原则还调节着公民之间的私人关系以及不同程度上涉及友谊和爱情的一系列关系③。

在批判的基础上，勒鲁认为是否把平等作为社会的重要的基础，是一个关系到"生死存亡"的关键问题。平等作为一种口号，不能仅在法律中颁布，

① 皮埃尔·勒鲁. 论平等 [M]. 王允道，译. 北京：商务印书馆，1988：27.
② 皮埃尔·勒鲁. 论平等 [M]. 王允道，译. 北京：商务印书馆，1988：31.
③ 皮埃尔·勒鲁. 论平等 [M]. 王允道，译. 北京：商务印书馆，1988：25-45.

要在革命中实施，废除富人的世袭，废除贵族教育，废除"使人类的一半仍处于紧闭之中的这种等级制度"的社会。他指出，当今"司法是一个瞎眼的波吕斐摩斯（希腊独眼巨神，以食人肉为生。传说宇利斯在海上漂流，来到西西里岛，误入他的洞穴，一部分人被他吞掉。宇利斯设法用酒把他灌醉，又用烧烫的铁钎戳瞎了他的独眼，他才与其他的幸存者脱险逃生），一个畸形的、粗野的希腊独眼巨人；富人，受他们彬彬有礼和天真可爱的神色的庇护，可以免受打击，就像宇利斯及其伙伴从地洞里逃出来时躲避在羊群的白色羊毛下面一样"①。在这种司法下，"诚实的人民议员为了他们的地位出卖了他们在议会里的选票；各种不同身份的谨慎的官员利用他们的职权进行投机倒把；勇敢的将军们贪污士兵的给养；虔诚的传教士和神圣的主教滥用宗教的威严捞取遗产，类似这样的一群群小偷惯窃真是数不胜数"②。勒鲁认为平等应是一种原则和信条，是一种司法准则，因此，不应只是少数人的平等。

勒鲁极力倡导种族平等、民族平等。他指出不能因为黑奴"是夏姆（Cham，系《圣经·创世纪》里的人物，是诺亚的儿子，他成为埃及人、埃塞俄比亚人、蒙马里人的祖先）人种"，而有人"是雅弗（Japhet，系《圣经》里代表的族长，他是诺亚的儿子，后成为印欧语系里各国人民的祖先）人种"而区别对待③，因为肤色的差别不能证实奴隶制的正确。不能因为"当一些人不是我们的手足同胞，而受到种种暴行侵犯时，我们就完全熟视无睹"④。由此勒鲁得出结论："今天从人道思想出发，承认每个人单就作为人的资格而言，可享有某些权利；但是也可以反过来说，每个人都有可能具有和其他任何人同样的权利。由此我们必然得出第二个结论，即如果我们还无法真正行使这种权利的话，如果我们还太愚昧、太堕落、太贫困，以致无法在地球上组织人类平等的话，那么这种平等仍然比我们所有的民族、我们所有的政体、我们所有的机构更优越，更高超。"⑤

在这一章作者还探讨了妇女也同样拥有平等权的问题。勒鲁指出，把夏娃解说成是从亚当的肋骨下生出来的，并从亚当造就女人的这一观念出发，认为妇女应从属于男人，从而认定两性不平等和妇女的奴役地位，恰恰说明，

① 皮埃尔·勒鲁. 论平等 [M]. 王允道，译. 北京：商务印书馆，1988：29.
② 皮埃尔·勒鲁. 论平等 [M]. 王允道，译. 北京：商务印书馆，1988：31.
③ 皮埃尔·勒鲁. 论平等 [M]. 王允道，译. 北京：商务印书馆，1988：24 - 25.
④ 皮埃尔·勒鲁. 论平等 [M]. 王允道，译. 北京：商务印书馆，1988：23.
⑤ 皮埃尔·勒鲁. 论平等 [M]. 王允道，译. 北京：商务印书馆，1988：25.

夏娃在男人身边才智绽放，与男人平起平坐。因为男人和女人不是两个不同的个体，而是一个个体的两个方面，爱情使其彼此契合和联系。首先是一对男女，然后才是单身男人和单身女人。男女理应组成一对，他们是一对的两个部分。

第五章　现在社会的罪恶来自这个原则与其对立面的斗争　勒鲁深信在与不平等的斗争中，人类终将实现平等。勒鲁在从各个角度审视了整个人类社会之后，宣称人类的希望在于平等的神圣原则与在这个原则之下的随处可见的罪恶的斗争。虽然人人都能感觉到或接触到平等，但都只是假象，得到的是不平等。为了获取平等，人们必须经历并忍受不平等。在三个领域——社会领域、感情领域、知识领域，平等这一正义力量与不平等的邪恶力量一直在进行激烈的斗争。就如同人一样，在人们的心里，追求平等，在现实生活中，遭受不平等。

正是有了不平等，我们才更加渴求内心中追寻的平等。人类社会的历史已经表明，尽管平等的原则在多数的斗争中失败了，但是从古至今，我们可以肯定的是，力量的天平一直在虽然缓慢但却坚定地向平等的原则倾斜，人类应保持信心。"平等不只是人们眼前的事实，不只是刑法、民法面前的平等事实；平等在成为事实之前也是一种概念，一种信仰。它已经引起和取得了某些结果，它必将会取得其他的结果。"①

第六章　对第一部分的结论　作者总结道："就迄今人们的智慧所能揭示的大自然范畴而言，人与人是平等的，而且无论如何，这个原则的合理的结果必将出现。"②

第二部分　过去　这部分作者论证了这样一个问题：平等的存在其实就包含在过去中。

第一章　要确立政治权利的基础，必须达到人类平等，在此以前则没有权利可言　这一章作者说明了人类平等是确立政治权利的基础。作者对公民平等与人的平等之间的关系提出疑问，认为两者或许是互不依赖的。他认为唯一真实的是平等是一项原则，一种信仰，一个观念，而"足以构成信仰、原则、学说的最普遍的一个观念，就是人类平等观念，而公民平等只是一种特殊情况，可以说是一种必然结果"。

---

① 皮埃尔·勒鲁. 论平等［M］. 王允道，译. 北京：商务印书馆，1988：65.
② 皮埃尔·勒鲁. 论平等［M］. 王允道，译. 北京：商务印书馆，1988：66.

勒鲁认为，古代人所理解的平等不是人类的平等，而是使极少数人享受平等，是带有一定阶级色彩的，强调了权利的特性，因而只能称为公民平等。这种平等表达出城邦赋予人们的权利，容易造成城邦之间的战争。同时也强化了有权利的人与无权利的人之间的矛盾，激化不同阶级之间的冲突。而他所强调的是全人类的平等，人人平等。两者具有根本的区别。勒鲁所指的平等，是适用于一般人的与国家、种族相关的所有人，包括异邦人、印度人、黑人等的平等，也是适用于单个国家的现今现实的公民社会。人类平等观念都是一个构成信仰、原则、学说的普遍观念，这种平等观念才能赋予人们政治权利。因此，在第一章的最后作者总结道："要确立政治权利的基础，必须达到人类平等；在此以前则没有权利可言。"[1]

第二章 一切政治学家，从亚里士多德直至孟德斯鸠，都只懂得把事实上升为权利 勒鲁认为社会权利缺乏基础。因为人类对于平等的信仰一旦被取消，所有的国家就会成为霍布斯笔下丧失理智的激情和敌对利益的冲突，在那里只有专制主义才能建立起一种制度。在作者看来人类平等的信仰一旦被取消，城邦的平等就变成了事实。作者认为亚里士多德粗暴地否定了人类的平等。虽然作者十分敬仰他们的艺术和科学，但是，作者向空想主义者和学者们提出了这样的问题：什么是人的权利？社会建立在什么基础上？而对于这样的问题他们无法回答，勒鲁由此得出他们并没有认识人类平等。

第三章 古代不存在平等。亚里士多德的《政治学》所作的论证 作者认为，如果一部分人的平等必须以另一部分人的不平等为代价，这便永远不能称之为平等。他据此指出亚里士多德的关于那个时代平等的存在的论证是一种错误。勒鲁指出了亚里士多德维护奴隶制，鼓吹天赋奴隶论，在《政治学》里所作的伪证。勒鲁认为亚里士多德不加区别地接受君主制、贵族制和民主制，并将这些制度视为合法，这一点本身就建立在不平等的基础上。勒鲁分析到，第一，亚里士多德只强调城邦内的平等，这样的平等是受限制的平等，它失去了普遍性，不可能成为一种原则，只能变成一种利害关系，外邦人、敌人若要进入城邦，需要经过受奴役、当奴隶、被解放几个阶段，因而引起种种革命。第二，亚里士多德认为一个自由人拥有 39 个奴隶是一种正常且合法的现象，这也体现出平等的阶级性。

第四章 古代不存在平等的新论证，柏拉图的《理想国》 勒鲁分析了

---

[1] 皮埃尔·勒鲁. 论平等 [M]. 王允道，译. 北京：商务印书馆，1988：72.

柏拉图《理想国》中包含的不平等。在《理想国》中，柏拉图设想过三种社会等级：行政长官、士兵、劳动者。对于第三等级，柏拉图认为，他们受军队士兵看守和控制，必然处于奴隶状态而受人鄙视。据此勒鲁认为："柏拉图在他那《理想国》里有两种倾向，也可以说像雅吕斯在古代的象征一样具有两种面貌。他既看着过去，又看到未来；也可以说他既留恋着古老的东方，但同时又向往着正在诞生的西方；他像僧侣一样主张等级制度，但又赞成平等主义；他宣扬等级制，但又鼓吹消灭等级。"①

作者用平静而理性的目光注视已被人类公认的古代伟大人物的著作和观点。他以柏拉图为例论证了尽管柏拉图为人类开启了智慧之门，但真正的探求却依然要靠后人完成。

第五章　在平等观念上对柏拉图和亚里士多德进行的比较　在这章中勒鲁借《理想国》与《政治学》论证了原始社会不存在平等，平等观念自产生起就始终成为人类所追求的目标。因为平等观念的产生来源于不平等的出现。勒鲁对柏拉图的思想做了进一步的分析："他思想的实质就寓于他对优等阶层所发表的见解之中：我要重申，他所认识和热爱的全人类就是这个社会等级。"② 作者特别阐述的是柏拉图在《理想国》第五卷中的观点"迄今使人惊惧万状"。因为人类平等权利被他糟蹋得令人害怕，柏拉图甚至赞成用立法强迫打胎，准许弃婴，溺死婴儿，建造公共棚舍，让孩子一出生立刻送到这里来抚养，使所有母亲再也认不出自己的孩子，以隐藏坏臣民的孩子甚至其他人的畸形孩子，以示平等。"柏拉图把全部注意力集中在优越等级上，这使他通过发挥聪明才智看清楚了一切，但他在人道方面却丧失了某些东西，而这些东西被亚里士多德重新拾了起来，这是亚里士多德的高明之处。亚里士多德不像他的老师那样只注意少数人，因而比他更赞成共和主义，对奴隶更富有人道精神，更主张某些平等。"③ 作者认为，两位伟人的根本不同在于一个是通过他的天才造成的错误形式感觉到了真理，他的思想比他的观念更加深刻。而另一个恰巧相反，他的思想形式符合他的思想实质。在勒鲁看来这些思想家的共同症结在于缺乏平等的信仰，而古希腊城邦制度因缺乏平等的信仰也必然是一个没有权利丧失原则的社会。他通过在平等观念上对柏拉图和亚里士多德进行比较，指出平等要求人人享有一切权利而不是一部分人享有

---

①　皮埃尔·勒鲁. 论平等 [M]. 王允道，译. 北京：商务印书馆，1988：105.
②　皮埃尔·勒鲁. 论平等 [M]. 王允道，译. 北京：商务印书馆，1988：111.
③　皮埃尔·勒鲁. 论平等 [M]. 王允道，译. 北京：商务印书馆，1988：112.

平等的权利，因此必须区分两种关于人的原则，即一种是人类平等，另一种则是某一部分人或某一等级的平等。以此为出发点，勒鲁指出"古人不懂得人的平等"。

勒鲁从法律的角度提出了平等的问题："凡杀害自家奴隶的人，只要洗涤他心灵上的罪恶就行了。若出于愤怒杀死了他家奴隶，他将给奴隶的主人赔偿损失。"① 这本身就是承认现实的不平等，是缺乏平等信仰的体现。

第六章　在柏拉图和亚里士多德之后，人类需要取得的进步能使哲学产生新的发展成为可能。这是从柏拉图直到耶稣基督这段历史时期内，人类在缺乏新思想的光芒和其他理想的条件下跨出的一步　作者写出了他的真正思想：要建立一个宗教社会主义社会。勒鲁说："在柏拉图和亚里士多德之后，人类需要取得的进步能使哲学产生新的发展成为可能。这是从柏拉图直到耶稣基督这段历史时期内，人类在缺乏新思想的光芒和其他理想的条件下跨出的一步。"② 他认为要改变现实不平等，高扬平等旗帜，必须重视弱势群众，建立宗教社会主义社会。作者把耶稣尊为最崇高的革命者，他说："耶稣事业的全部荣誉应归功于他自己。我们应当承认，如果撇开人们关于基督曾在东方说过的一切，那么耶稣将要对西方说的一切则全是新的。"③

第七章　耶稣是社会等级的摧毁人　在这章中，作者仍然延续上一章的思想。他认为："耶稣是西方的菩萨，是社会等级的摧毁人。十八个世纪后苏醒了的世界对他做出反响，把他尊为最崇高的革命者，法兰西革命承认他为革命的准则和源泉。他是体现博爱精神的立法者，他一边期待着平等的实现，一边来到世界传播人类统一的学说。"④ 勒鲁认为基督教是从古代城邦遍及到每一个人的东西，耶稣的牺牲和"用自己的圣体体现了这一标志，这一平等的象征，并使之臻于完美"。在《福音书》中，"由耶稣制定和执行的计划赋予古老共和国的平等标志以深刻的意义"，"而古老共和国里公民平等的标志是什么呢？公共用膳"⑤。

第八章　连接耶稣和先于他的西方立法者的纽带。耶稣继承了古代立法者的精神，但赋予他们的思想以新的适用范围　作者认为，人类应该继承耶

---

① 皮埃尔·勒鲁. 论平等 [M]. 王允道，译. 北京：商务印书馆，1988：115.
② 皮埃尔·勒鲁. 论平等 [M]. 王允道，译. 北京：商务印书馆，1988：118.
③ 皮埃尔·勒鲁. 论平等 [M]. 王允道，译. 北京：商务印书馆，1988：123.
④ 皮埃尔·勒鲁. 论平等 [M]. 王允道，译. 北京：商务印书馆，1988：125.
⑤ 皮埃尔·勒鲁. 论平等 [M]. 王允道，译. 北京：商务印书馆，1988：125.

稣的伟大的立法，那将是人类进步的基础，是我们赖以出发的基点。作者认为，罗马共和国在经历五百年的岁月后，逐步进入了专制时代，在那个时代西方世界是极其混乱的状况，虽然等级制消灭了，然而它在原则上和事实上却没有遭到破坏。虽然奴隶制消灭了，但它在原则上和事实上也并没有被消灭。而在那个最黑暗的时代，耶稣制定了人类社会最伟大的法律：《福音书》。但是，它并不是什么史无前例的东西，它只是在它之前的立法的继续、翻版和发展，虽然从另一种观点来看，也就是从取消等级制度这方面来看，它和以前的立法具有根本的区别。

第九章　基督教从古代城邦遍及到每一个人　作者指出了"平等之餐"即来源于古代社会的"公共用膳"。作者认为基督教在备受压迫的艰难环境中存活下来，并在几个世纪中成为西方文明的代表，其精神上的内在力量即是对平等的认同，对兄弟世界的追求，无论西方的实践如何背离了这些信条，毫无疑问的是基督精神是西方崛起的精神源泉。而当基督教诞生在罗马帝国统治下的耶路撒冷时，他所宣扬的平等思想其实正是对古代城邦平等思想的传承和放大，如耶稣所坚持的"平等之餐"即来源于古代社会的"公共用膳"。

第十章　平等之餐，虽只局限于社会等级，却是西方所有古代立法的精神基础和时间基础　对于这种真理的阐述：一、通过拉西第蒙的斐迪西；二、通过克里特岛的安德里；三、通过意大利古代人民多列安族的小亚细亚部分人民以及迦太基海泰里人的公共用膳；四、通过毕达哥拉斯的修士院；五、通过埃及士兵和传教士的共同生活。作者阐述了"平等之餐"的意义。勒鲁对这种"公共用膳"赞不绝口，认为这种"平等之餐"（友爱餐）是基督立法的根本。勒鲁以极大的热情上溯历史，考察"公共用膳"的传统。他通过"（1）拉西第蒙的斐迪西，（2）克里特岛的安德里，（3）意大利古代人民多列安族的小亚细亚部分人民以及迦太基海泰里人的公共用膳，（4）毕达哥拉斯的修士院，（5）埃及士兵和传教士的共同生活"等，赞扬"平等之餐"虽然只局限于社会的等级，却是西方古代立法精神的基础和时间的基础。因为它不是普通的吃饭，而是平等人的精神共同体的象征，它代表了平等人之间的博爱，体现着平等的思想。第一，"平等之餐"不只是物质上的享受，也是一种神圣的仪式。因此，在公共盛餐上一个斯巴达公民取得一席之地，就是莱库古的全部立法精神所在。第二，莱库古为消除贫困和财富的差别，在平等人中实行平分土地。他说服斯巴达人把全部土地归公，将拉科尼亚的田地分成三份，并分配给农村居民；同时，把斯巴达领域内的田地分成九千份，分配给同等数量的公民。

第十一章　通过摩西立法来证明同一条真理。反映在摩西法律中的逾越节与反映在米诺王和莱库古法律中的斐迪西具有相同的意义　作者用了很大的篇幅来阐述埃及的摩西立法以及反映在摩西法律中的逾越节和三人宗教节，并称之为编造社会主义的典型。因为其中有典型的平等、博爱特征。第一，当时埃及的所有居民被划分为三种阶级：教士、士兵、庄稼人和手工艺者。前两者以共同体的方式生活。教士们过着一种简单、贫困的生活，抛弃了个人的财产。军人等阶级，在某种程度上也是一样。勒鲁描述道：早期的埃及的等级制在资源分配上基本是平等的，不太可能有太大的贫富分化。第二，逾越节在摩西法律里是犹太人法规的标志，即平等人法规的标志。每年春天一月初十，所有犹太人都要过逾越节，吃指定的东西。这其中的目的是为了把犹太人从埃及人的社会环境中分出来，使他们信另一种教，让犹太人像兄弟般地团结在一起。第三，摩西没办法用一种制度来医治个人主义和不平等。这种制度就是安息日、安息年和五十年节，安息日、安息年和五十年节使人民在劳动之后，看到彼此之间的平等。因为犹太人是散居民族，各自管理自己的孩子，仆人和奴隶生活在生活的最底层，但每七天、每七年，每七个七年，所有人都停止劳动，这时，人们又变得相互平等了。

第十二章　埃塞尼人的圣体逾越节证实了同样的真理　作者在这一章主要论述分析并研究埃塞尼人的圣体逾越节具有十分重大的意义。勒鲁说："从我们刚才对于犹太教逾越节的解释去看耶稣的圣体圣事，这中间毋须再走很多的路程。摩西立法实际上通向埃塞尼教派；换句话说，我们认为发展了的摩西法典成为埃塞尼教，而埃塞尼教又直接同基督教靠近。从摩西立法经由埃塞尼教再过渡到耶稣立法，或者换一种方式，用符号和信号来说明，从逾越节经由我乐意称之为埃塞尼人的圣体逾越节的形式，过渡到圣体圣事，具有十分重大的意义，值得我们加以分析研究。如果不了解这种过渡，那么就难以理解耶稣对于摩西法典实行的变革；如果不了解这种过渡，同样我们就会忽略基督教圣体圣事和逾越节，以及犹太教安息日之间的紧密联系。"①

第十三章　对第二部分的结论　作者总结归纳为：第一，法国的革命可归结为这三个神圣的词——自由、平等、博爱；第二，平等是一条原则，一

① 皮埃尔·勒鲁. 论平等［M］. 王允道，译. 北京：商务印书馆，1988：172.

条信条；第三，平等已经成为司法准则；第四，平等是当今社会的唯一基础；第五，现代社会的罪恶来自这个原则与其对立面的斗争。总之尽管不平等的现象仍然大量存在，但是看到人类几千年来的进步，作者仍然满怀信心。"我们深信人类早先的生活包含着平等的萌芽。一切伟大的宗教，一切伟大的哲学，一切伟大的立法，都包含着这种萌芽。"① 勒鲁认为古代人所谓的平等乃是公民平等，是伪平等。而他所指称的平等是人人平等，是一个可以实现的事实。由此，勒鲁回到开篇所说，人类平等首先以个体形式即自由表现出来，通过摧毁等级阶层之后，人类平等又以感情的色彩即博爱表现出来。勒鲁将自由—博爱—平等作了这样的比喻："自由相应于西方的童年，博爱相应于它的青年，而平等相应于它的壮年。"② 他认为在经历了自由、博爱阶段后，自由—博爱—平等三位一体的人人平等社会成为可能。

结论或过去的普遍规律 在结论中作者阐述了平等一词的内涵。

第一章 不平等的三种可能或等级阶层 勒鲁认为世界范围内，不平等的社会终将过去，将来的平等社会终会来临。他采用了莱辛的观点，认为在人类最终会达到平等阶段之前必须先经历三种可能的不平等：家庭等级制度、国家等级制度、所有制等级制度。因此，尽管不平等的现象仍然大量存在，但是勒鲁意识到："我们如今处于两个世界之间，处于一个正在终止的奴隶制的不平等世界和另一个正在诞生的平等世界之间。"③

第二章 对社会等级一词的释义 作者解释了社会等级一词。"家庭等级或等级家庭，是指错误地扩大了的家庭对于人的天赋自由的限制。"④ "国家的等级，或等级国家，是指错误地扩大了的城邦或国家对于人的天赋自由的限制。""财产等级或等级财产，是指错误地扩大了的财产对于人的天赋自由的限制。"⑤

第三章 等级阶层的人 作者相信，人们最终会懂得他们有权获得一切，各个等级最后会变成一个等级，即人类到那时，平等最终会实现。他满怀信心地写道："诞生的等级制、国家等级制、财产等级制在我们的周围已经成了废墟。至少可以说，人类的理想已经超过了他们。"⑥

---

① 皮埃尔·勒鲁. 论平等［M］. 王允道，译. 北京：商务印书馆，1988：240.
② 皮埃尔·勒鲁. 论平等［M］. 王允道，译. 北京：商务印书馆，1988：243.
③ 皮埃尔·勒鲁. 论平等［M］. 王允道，译. 北京：商务印书馆，1988：246.
④ 皮埃尔·勒鲁. 论平等［M］. 王允道，译. 北京：商务印书馆，1988：247.
⑤ 皮埃尔·勒鲁. 论平等［M］. 王允道，译. 北京：商务印书馆，1988：248.
⑥ 皮埃尔·勒鲁. 论平等［M］. 王允道，译. 北京：商务印书馆，1988：252.

第四章　新一代人　作者揭示了平等的内涵。作者给出了新一代人的含义。作者所说的新一代人即现代人，是从内心深处接受了基督教和哲学的教诲的人。勒鲁认为现代人的观念里应该没有等级观念，在他们身上有一种新的感觉，是这种感觉创立了平等。在此基础上勒鲁揭示了平等的内涵："平等这个词概括了人类迄今为止所取得的一切进步，也可以说它概括了人类过去的一切生活。从这个意义上说，它代表着人类已经走过的全部历程的结果、目的和最终的事业。"

【意义与影响】

第一，该书是较早论述平等观的一本空想社会主义代表作，书中对平等观的阐述具有极高的理想价值。该书在平等问题上的突出贡献是对自由、平等、博爱三者进行了详细的解释，并且把这三者从整体上进行了考察。作者的平等观将自由、平等、博爱三者视为三位一体，这不仅是资产阶级打出的一面旗帜，而且也促进了科学社会主义在欧洲的传播和发展。

第二，该书中的思想在实践层面能带来实际效用的提议并不多。

作为空想社会主义的代表作之一，虽然勒鲁的思想可能给后来的思想家或者思想流派带来某种程度的影响，但勒鲁在该书中所论述的平等思想，对于法国资本主义社会的揭露和批判及有关克服不平等问题的设想主要反映了当时小资产阶级和早期无产者对现实社会地位的不满情绪和要求改变现状的愿望。这些论述与圣西门等空想社会主义者一样，都具有乌托邦的特性。而且由于作者的小资产阶级设想的局限性，又使勒鲁将实现平等愿望指向天国并希望建立宗教社会主义社会，抛弃了实践着的人这一主体，这就决定了勒鲁的平等理想是一种乌托邦，缺乏现实的社会基础。

【原著摘录】

序言 P1－10

P5　不，事情并非如此。平等的信条可以实现，并且一定会实现。然而它只有在我们的心灵和我们的智慧取得进步的条件下才能实现。这一平等信条是由我们的先辈传给我们的一笔不完善的遗产，现在该由我们把它传下去，而且要比我们接受它时更加光彩夺目，揭示得更加深刻。这信条就是出自我们过去的道德生活，我们应该使它以更加丰富的内容传给未来。因为存在的一切，反映在它的连贯性表现中，都是相互关联的。莱布尼茨说得好：产生于过去的现在，孕育着伟大的未来。

P8　从卢梭起，科学之所以取得进步，法国革命之所以宣告了人类的平等，人类的传统如今之所以能更好地得到理解，基督教以及以往得到了释义的全部宗教之所以只要向我们提供武器，这一切多亏了他。

第一部分　现在 P11—67

第一章　法国革命恰当地把政治归结为这三个词：自由、平等、博爱 P11—18

P15　如果说，我再一次相信自由，这是因为我相信平等；我之所以设想一个人人自由，并像兄弟一般相处的政治社会，则是由于我设想了一个由人类平等的信条所统治着的社会。事实上，如果人们不能平等相处，又怎么能宣布人人自由呢？如果人们既不能平等，又没有自由，他们又怎么能以兄弟般的情谊相亲相爱呢？

第二章　平等是一种原则，一种信条 P19—20

P20　象征中的平等一词不是说我们试图创立一个全体公民人人平等的共和国，而是说平等是一种神圣的法律，一种先于所有法律的法律，一种派生出各种法律的法律。

第三章　这项原则今天已被公认为司法准则 P21—25

P24　什么都不能战胜你们对正义的感情，这种感情并非其他，而是对人类平等的信仰。

第四章　当今社会，从某方面观察，除此原则外，别无其他基础 P25—58

P25　凡是不愿看见人类平等原则的人，至少应当承认存在着一种公民平等的原则。我理解的公民平等是公民在刑法、政法、民法各个方面的平等。

第五章　现在社会的罪恶来自这个原则与其对立面的斗争 P58—65

P59　在与行动相对应的社会领域里（政治权利和公民权利，即包括政治立法本身的旧时的临时权力、工商业规则、公民的和军事的等级制度、民法、刑事法和刑法），到处实行了平等，如今任何其他原则都已不合时宜：凡符合平等的事情必然是正确和合理的，违法平等的事情则是不正确的和荒谬的。

P63　在我们身上存在着两种人：一个是未来的人，另一个是过去的人；一个是平等法律的人，另一个是奴役法律的人。

第六章　对第一部分的结论 P65—67

P66　就迄今人们的智慧所能揭示的大自然范畴而言，人与人是平等的，而且无论如何，这个原则的合理的结果必将会出现。

第二部分　过去 P68-244

第一章　要确立政治权利的基础，必须达到人类平等，在此以前则没有权利可言 P68-72

P68　平等是一项原则，一种信仰，一个观念，这是关于社会和人类问题的并在今天人类思想上已经形成的唯一真实、正确、合理的原则。

第二章　一切政治学家，从亚里士多德直至孟德斯鸠，都只懂得把事实上升为权利 P72-75

P72-73　诚然，我认为社会权利直到现在仍缺乏基础，人类对于平等的信仰一旦被取消，任何国家都成了霍布斯所说的那种样子：到处发生丧失理智的激情和敌对利益的冲突，在那里唯有专制主义，即某种权力，某种统治[霍布斯根据谐音称之为政权（imperium）]才能建立起一种制度。我认为，人类平等的信仰一旦被取消，城邦的平等则成了一个简单的事实，它可以存在，也可以不存在，不过，如果它存在的话，那么它除了它自身存在以外，已经丧失了其他任何存在的价值。

第三章　古代不存在平等。亚里士多德的《政治学》所作的论证 P75-81

P75　人与人之间的平等，公民之间的平等，这是一个概念的两个不同侧面。如果在概念上把这两个不可分割的侧面割裂开来，那就等于是扼杀这一概念。假如你们只要求在城邦内实现平等，这样的平等就受到了限制，失去了普遍性，就不成其为原则，而变为一种利害关系。这就不再是平等了，因为这既是平等，又是不平等。一部分人享有权利，另一部分人却没有权利，这是一种特权制度，这样就确立了人的两种截然不同的种类和状况，并由此会派生出一系列别的种类和状况，它必然形成城邦内外人们之间的等级和差异，城邦外的人丧失一切权利，城邦内的人却能享受一切权利。

P76　对于人们追求的这种"平等"，究竟应该如何理解呢？这不是人们追求的真正的平等，而只是跟上层人的竞争，对下层人的统治。平等如此受到限制，实际上它成为一种没有价值的概念，它只能适用于人类的孩提时代。事物发生如此演变的那个世纪并不是一个平等的世纪，而是只有少数人获得自由的世纪。所谓自由，也不过是名为平等，实际上追求的却是一种个人的自私自利的权利而已。

第四章　古代不存在平等的新论证。柏拉图的《理想国》P81-110

P81　撇开学者，让我们请教空想主义者。亚里士多德这位注重事实的人，他只能向我们披露他写作时代的现实，古代的现实，如战争、对抗、奴役；但在把这些事实理论化的同时，他只能推绎出我们现在所见到的这种学说，即由他以才智出众为名所乔装打扮过的强权学说。这种学说，与其说比霍布斯的学说更不道德，不如说正是霍布斯的学说，它简直使人毛骨悚然。

P94　人们称之为社会的总体或集体，它之所以真正能存在，只是因为这总体反映在个别人的身上，也反映在真正生存的人的身上。没有人就不成其为社会。因此问题不单是根据三部分适当的比例去组成一个共和国，而且是出于造就一个人的目的去根据三部分适当比例组成共和国，并且，这个人也是和共和国一样，以三部分的适当比例组成。总之，社会或共和国只是由人以他自己的模式创造的一个环境，以便能在其中生活和正常地发展。

P98　柏拉图出于他对社会理想的需要而扼杀了人。……他的理想国只是在表面上建立起来，它只有表面上的完美，只是表面上代表正义。它缺少某种东西，即缺少灵魂，缺少统一性。

第五章　在平等观念上对柏拉图和亚里士多德进行的比较 P111－118

P113　亚里士多德，虽然也和他的老师一样，以智慧为原则，认为应该根据一个人的智慧高低来决定他是否处于受支配地位，但他承认所有自由人在某种程度上的平等；在他看来，社会是一种组合，它的成员以为众人谋利益为共同原则。

第六章　在柏拉图和亚里士多德之后，人类需要取得的进步能使哲学产生新的发展成为可能。这是从柏拉图直到耶稣基督这段历史时期内，人类在缺乏新思想的光芒和其他理想的条件下跨出的一步 P118－124

P118　我们相信，他们既然不懂得人权，也就无法懂得公民权；换句话说，既然他们粗暴地践踏了奴隶间的人类平等，他们对于城邦的平等则就缺乏真正的观念。

第七章　耶稣是社会等级的摧毁人 P125－128

P125　从某种程度上说，人们只要看到《福音书》中的这一点就行了：由耶稣制定和执行的计划赋予古老共和国的平等标志以深刻的意义；如此构思的《福音书》不能不为人们所敬佩。

第八章　连接耶稣和先于他的西方立法者的纽带。耶稣继承了古代立法者的精神，但赋予他们的思想以新的适用范围 P129－132

P129　当人们看到罗马在经历了五百年的共和国之后过渡到专制政权，除了特权阶层的反抗以外，没有遇到任何阻碍；当人们想到这种反抗只是一种没有借助于法律的事实上的反抗，想到这一切由于没有任何一种哲学思想的指导，而只能局限于盲目的斗争、交战、放逐和残杀；当人们看到在塔西陀的历史著作里，达拉西亚人、索拉尼斯人、赛纳克人等在一位暴君的命令下丧生，他们就像舞台上的斗士那样泰然自若，堂堂正正地死去，既不抗议又不申诉，似乎这种暴君制是很合法的，似乎法律根本就不应该占上风，人们就越来越相信这个真理：古代人缺乏对人类平等的认识，因此，他们也就不认识法律。

第九章　基督教从古代城邦遍及到每一个人 P133

P133　我首先要论证我的第一个命题，即公共用膳曾是西方所有古代立法的临时性精神基础。尔后我将论证我的第二个命题，即耶稣创建的法规和他前辈们制订的法规之间的相似之处。

第十章　平等之餐，虽只局限于社会等级，却是西方所有古代立法的精神基础和时间基础。对于这种真理的阐述：一、通过拉西第蒙的斐迪西；二、通过克里特岛的安德里；三、通过意大利古代人民多列安族的小亚细亚部分人民以及迦太基海泰里人的公共用膳；四、通过毕达哥拉斯的修士院；五、通过埃及士兵和传教士的共同生活。P134－155

P134－135　大家听说过斯巴达的公共用膳；但几乎都对此持有两种错误的观念。首先人们以为这正是斯巴达的一种特殊法规。人们以孟德斯鸠的方式把斯巴达看成为某种陌生、奇特、古代独一无二的立法。孟德斯鸠说："当你们从莱库古传记里看到他为拉西第蒙人制定购奇特的法律时，你们便仿佛是在读《栖瓦楠布人的历史》。"（《论法的精神》第四章第六节）这些法律，对于斯巴达人来说，并非如人们想象的那样奇怪，那样特殊；例如公共用膳，则是平等人的精神共同体的象征，以及他们临时共同体的支柱。我们将会看到，这在所有的古代城邦中比比皆是。其次，人们以为这种用膳仅仅是吃饭而已，即只是物质上的生活方式，家庭经济的安排之类的东西而已；这实在是一个很大的错误；这种用膳之所以具有共同性，乃是因为立法的精神代表着共同体，换句话说，代表着平等人之间的博爱。

P147　根据亚里士多德引证的事实，我们再来研究他对公共用膳的个人看法，以及他希望这种制度在一个模范城中的应用。他是非常重视这一方面的。他认为通过公共教育和公共用膳有可能把真正人类社会具有的统一性和共同体特点贯穿到国家内部。亚里士多德据理批评柏拉图《理想国》中苏格拉底把人和社会看作绝对一样的东西的观点，他同时确信公民和国家的协调一致将会是令人满意的，如果教育和就餐实行公费制度的话。他说："在拉西第蒙，在克里特岛，立法者在实行公共用膳的基础上建立共同体方面表现出非常的才智。"亚里士多德承认这种法规，因此在他的模范城邦规划中，制定了这一方面的法律："一般说来，人们认为建立公共用膳制度完全适用于任何组织得完善的国家。我也同意这种看法。但是所有公民必须毫无例外地参加公共用膳；若要穷人们支付由法律规定的一份餐费，而且还需要负担他们家属的所有其他开支，那末事情就难办了。神圣信仰的费用又是城邦的一项公共负担。因此要把土地分成两份，一份归公众，另一份归个人。第一份再分成两小份，以便同时维持祭祠的开支和公共用膳的费用。至于第二份，也可以再分，让每位公民，同时占有边境和城邦四郊的土地，他就同时注视着这两处的防卫工作。这种分配本身较为公允，它保证了公民的平等和对付共同敌人的团结一致。"（第四卷第九章）

第十一章　通过摩西立法来证明同一条真理。反映在摩西法律中的逾越节与反映在米诺王和莱库古法律中的斐迪西具有相同的意义 P155－172

P159　但是什么叫作民族？一种民族可能建立在平等基础上，或者建立在不平等基础上。我们懂得，米诺王和莱库古的希腊斐迪西的目的就是为了解决第二个问题。就是说不仅为了建立一种民族（或等级社会），而且是为了在平等的基础上建立一种民族。犹太人的逾越节是否具有同样的性质？初看上去肯定不是，如果孤立地从逾越节本身去考虑的话；但是如果把它和摩西的另一种节日制度例如安息日、安息年和五十年节进行对比的话，肯定地说：是。

第十二章　埃塞尼人的圣体逾越节证实了同样的真理 P172－239

P196　一切事物的基础：爱上帝，爱美德，爱人类。

第十三章　对第二部分的结论 P239－244

P240－241　而过去部分完全证实了我们在现在部分中发现的真理。我们深信人类早先的生活包含着平等的萌芽。一切伟大的宗教，一切伟大的哲学，一切伟大的立法，都包含着这种萌芽。本著作第二部分的总目标则是为此提供明显的、确实的证据。宗教的深刻意义，可以说是单一的、永恒的、一致的，但在连续的各阶段上，又有多种多样的启示，这可以从我们对一些文本进行对照和评注中明显地表现出来。宗教从本质上说是人类的团结，而平等是它的一个侧面。

如果平等在一个时期的发展和在另一个时期的发展具有同一进程的话，那就谈不上什么进步。然而进步，不论其主因是什么，则是人类的法则。我们对于过去的全部研究应该使我们证实如下两个方面：一方面是平等的萌芽总是存在着的；另一方面是这种萌芽过去从来不曾发展到像今天这样理想。

但是我要重申，永恒的启示体现在一切伟大的宗教之中，它始终声称维护人类平等。

P244　于是人类拥有三个不同的词，虽然它们相互包涵在一起。实际上，地球上要么既不存在法权也不存在宗教，要么今天连自由都无所谓了；——也不再有博爱；因为基督主义的博爱只能实现不平等和施舍而已了——也不再有平等：因为不能实现自由和博爱的平等，只能是虚幻的平等，它决不能满足人类的本性，正像今天它所显示的那样。

如今的公式是完整的，它期待着一种解决办法；它既是三位又是一体：自由—博爱—平等。至于我们这些来自于过去的人们，又几乎从流逝的现在中显露出来，我们正面临着将要实现这三个词的未来。

结论或过去的普遍规律 P245－256

第一章　不平等的三种可能或等级阶层 P245－246

P246　人类要到达平等阶段，必须先经历三种可能的不平等：

1. 家庭等级制度，

2. 国家等级制度，

3. 所有制等级制度。

第二章　对社会等级一词的释义 P246－249

P247－248　我所理解的家庭等级或等级家庭，是指错误地扩大了的家庭对于人的天赋自由的限制。

我所理解的国家的等级，或等级国家，是指错误地扩大了的城邦或国家对于人的天赋自由的限制。

我所理解的财产等级或等级财产，是指错误地扩大了的财产对于人的天赋自由的限制。

人类的本性产生三样东西：家庭、国家、财产。

这三样东西为人类本性所固有，就其自身来说是好的，但是它已经变坏了，并给人类造成了不幸。

其结果是给人类带来三种奴役形式。

迄今为止的一切人类社会都同时受到这三种奴隶制形式的损害，虽然程度各不相同。

第三章　等级阶层的人 P249－252

P252　诞生的等级制、国家等级制、财产等级制在我们的周围已经成了废墟。至少可以说，人类的理想已经超过了它们。

第四章　新一代人 P253－256

P256　平等这个词概括了人类迄今为止所取得的一切进步，也可以说它概括了人类过去的一切生活。从这个意义上说，它代表着人类已经走过的全部历程的结果、目的和最终的事业。

── **【参考文献】**─────────────────

［1］罗伯特·达尔. 论政治平等［M］. 上海：上海世纪出版集团，2010.

［2］周仲秋. 平等观念的历程［M］. 海口：海南出版社. 2002.

［3］喻名峰，毕金华. 论皮埃尔·勒鲁的平等观［J］. 湖南大众传媒职业技术学院学报，2001（2）.

三、《正义论》

[美] 约翰·罗尔斯

何怀宏，何包钢，廖申白　译

中国社会科学出版社，1988 年

────【作者简介】────────────────

约翰·罗尔斯（1921—2002），1921 年 2 月 21 日出生于与首都华盛顿邻近的美国马里兰州巴尔的摩一个富裕家庭，父亲威廉·李（1883—1946）是一位成功的税务律师及宪法专家，并积极参与美国政治。母亲安娜·埃布尔·罗尔斯（Anna Abell Rawls）出生于一个德国家庭，是一位活跃的女性主义者，参加过文德尔·威尔基的总统竞选班子。母亲致力于对妇女平等权利的追求，深深影响了罗尔斯，使他逐渐产生后来在《正义论》中的自由、平等观念。罗尔斯自小体弱多病，两个弟弟更先后受他传染而病逝。这段经历对他一生有难以磨灭的影响，他的口吃可能亦因受此打击而加剧。

罗尔斯 1950 年获普林斯顿大学博士学位，先后执教于普林斯顿大学、康奈尔大学、麻省理工学院和哈佛大学，担任过美国政治与社会哲学家协会主席以及美国哲学协会东部地区主席，并荣获 1999 年度美国国家人文科学奖章。罗尔斯的哲学捍卫了洛克、卢梭和康德所开创的社会契约传统，复活了人们对于系统政治理论的兴趣，其核心信念是政治权利与基本公民自由的神圣性。

罗尔斯一生治学极为严谨，他常在作品付梓之前花费几个月，甚至几年时间，数易其稿，斟酌推敲其措辞用语来清晰地表达自己的思想。罗尔斯于

1951 年发表了其成名作《适用于伦理学的一种决定程序纲要》。不过，其基本观念的确立是通过《正义即公平》（1958 年），后来先后写了《宪法自由权与正义概念》（1963 年）、《正义感》（1963 年）、《非暴力抵抗》（1966 年）、《分配的正义》（1967 年）等。1969 年至 1978 年，在斯坦福的高级研究中心罗尔斯完成了对全书的整理和加工。之后，促使罗尔斯发表一篇又一篇的论文来完善自己论证的原因是他为了反驳不断来自各方面的批评和挑战，这样一个过程也使得《正义论》一书显得非常晦涩难懂。罗尔斯凭借他的缜密的理论成果，奠定了他 20 世纪最重要的政治哲学家的地位，被西方学者 H. S. 理查德逊在 1999 年出版的《罗尔斯哲学：罗尔斯正义理论的发展与概要》的《导言》中推崇为"我们这个时代卓越的政治哲学家"。1971 年《正义论》出版后，罗尔斯还相继出版了《政治自由主义》（1993 年，修订版 1996 年）、《论文集》（1999 年）、《万民法》（1999 年）、《道德哲学讲演录》（2000 年）、《作为公平的正义——正义新论》（2001 年）。

——【写作背景】——

作者酝酿和写作《正义论》时，美国正处在一个动荡不安的年代。20 世纪 50 年代，美国外有朝鲜战争，内有麦卡锡掀起的反共浪潮等。到 60 年代，美国接连暴露出各种社会问题，在涉外的方面有古巴导弹危机、越南战争；在国内出现民权及黑人解放运动、新左派及嬉皮运动、反越战运动等，校园学生运动、贫困现象也成为令人瞩目的问题。首先，国内社会的动乱说明美国已有的道德价值观念和社会价值（如实用主义和直觉主义）观念难以适应新的形势，新的价值观念的寻求已迫在眉睫。这个时期的很多年轻人不愿意服兵役，但法律规定 26 岁以下的男青年有服兵役的义务。国防部不募征学业成绩优良的学生，于是，学业成绩好的学生可以免除服兵役的义务。更有一些家庭富裕或有较好社会背景的学生，通过人情、贿赂，也可以逃避兵役。这样，到战场上去的只能是弱势群体的子女或弱势青年。此事对罗尔斯触动很大，他强烈抗议这种丑恶的社会现象，并在理论中做了大量的反映，社会最不利者理论、非暴力反抗理论、良心拒绝理论、战争正义思想等，均与这样的社会背景和罗尔斯个人的经历有着千丝万缕的关系。罗尔斯的《正义论》就是在这种背景下问世的，因此，回答西方社会遇到的各种问题就成了这部著作必须完成的任务。该书探讨了平等自由、公平的机会、分配份额、差异原则和代际正义等问题，并以一种理论的方式提出了一些解决问题的建议或希望。

二战后西方经济增长的黄金时期暂时缓和并掩盖了西方制度中的内在矛盾和问题，但是进入 60 年代后，无处不在的动荡和危机，迫使美国人严重质疑社会制度的合理性。他们急需一种新的理论来解释与解决各种社会问题，建立起一种新的社会信仰。基于对现实问题的回应，美国以及西方社会爆发了一场新保守主义与自由主义的论战。平等与自由的观念在现代社会中被视为两个并不那么协调的价值，虽然自由已成为西方现代思想的最高主题，但就当代的发展状况来看，新保守主义认为，自由主义已成为一种落伍而肤浅的意识形态，根本不足以应付时代挑战。面对如此的现实境遇，《正义论》作为对新保守主义的理论反应，透过严谨的论证，对启蒙运动以来的两个极为重要的政治价值即自由与平等进行了反思。这种反思一方面契合了传统政治哲学的精神；另一方面又充分利用当代社会科学的新概念，系统地论证出了一套自由主义的政治原则，显示出了自由主义传统仍有足够的理论资源，并能建构一个更为公正理想的社会。

——【中心思想】

该书实际上是一本论文集，40 余万字，全书共分 3 编 9 章 87 节。第一部分《理论》编论述了罗尔斯关于正义的基本理论、主要概念和范畴、基本出发点；第二部分《制度》编论述了正义原则如何运用于社会制度，涉及人们社会生活的具体层面，这里较为详尽地反映出作者高度思辨的正义观的社会和实践意义，以及相对应的解决方案；第三部分《目的》编涉及理性、价值、目的、善等伦理价值问题，特别是社会稳定性的伦理基础。罗尔斯由此而设计了人们相互奉献福祉、公正、和谐、稳定的理想王国。就篇幅而言，每一部分各占全书的三分之一。就结构来论，虽然主要的道德论证集中在第一部分，但三部分间是紧密联系在一起的，并且基本原理、制度应用与目的考察三者合起来构成了一个全面而精致的正义论体系。该书以社会的基本结构为研究对象，构建了一个组织良好的关于社会正义的完整体系。

第一，对社会制度的正义安排做了最为缜密的哲理化论证，实现了两个重大转折。

《正义论》展示了罗尔斯精心阐述的严密而条理一贯的理论体系。该书在政治哲学上重新采用社会契约论和自然法学说，全面论述了自己"作为公平的正义"的基本理论，并对功利主义做了相当深刻而全面的批评。在《正义论》中，罗尔斯把主要精力和篇幅放在构造整个理论体系上。在论证的过程中作者借助的思想工具有反思的平衡、原初状态和无知之幕。罗尔斯正义理论逻辑展开表现在三个层次，从传统的"社会契约"思想引申出"原初状态"这一概念，并通过原初状态对两个正义原则进行证明，因此，原初状态是罗尔斯正义论的逻辑起点。公平正义是罗尔斯正义论的主题，"作为公平的正义"，其基本含义有二：其一是前提的公平，即这种正义原则是在一种公平的原初状态中被一致同意的；其二是目标的公平，即这种正义原则所指向的是一种公平的契约，所产生的是一个公平的结果。而公平的正义的核心是两个正义原则，正义原则的最大特点，是一方面强调个人权利的优先性，容许公民有极大的自由，追求自己的人生理想，另一方面重视社会资源的平等分配。罗尔斯从这三个层面对正义理论做了最为缜密的哲理化论证。罗尔斯关于社会正义的完整体系的论证实现了两个重大转折：一是实现了从实证主义和相对主义向规范理论的复归，从而使西方的自由主义传统得以承续和弘扬；二是实现了从"功利主义"向"社会契约论"的回归，强调了个人权利对于福利总量的优先性、正义对于功利的优先性。

第二，将自由与平等相融合，构造出一个符合正义的良序社会。

20世纪60年代之后的美国等西方社会爆发了一场新保守主义与自由主义的论战。新保守主义坚持自由是西方社会的核心价值，认为过分强调平等会妨碍自由的实现；自由主义者则过分强调平等，这样会给社会造成危机，而且侵害了人的自由。罗尔斯力图协调平等与自由两者。该书中"作为公平的正义"理论的最大特点是一方面突出了自由，强调个人权利的优先性，容许公民有极大的自由，追求自己的人生理想；另一方面又突出平等，重视社会资源的平等分配。不过，作者总的倾向是强调平等。

在罗尔斯看来，社会就是一个自由与平等的公民之间为了相互利益的合作体系。"由于社会合作使所有人都能过一种比他们各自努力、单独生存所能过的生活更好的生活，就存在一种利益的一致；又由于人们谁也不会对怎样分配他们的合作所产生的较大利益无动于衷（因为为追求他们的目的，每个人都想要较大而非较小的份额），主要就存在利益的冲突。"① 因此，《正义论》的主题，就是寻找一套合理的符合制度正义的分配原则以协调人们的合作达

① 约翰·罗尔斯. 正义论［M］. 何怀宏，何包钢，廖申白，译. 北京：中国社会科学出版社，1988：121.

到解决可能出现的目的冲突。当然，社会合作不是一场优胜劣汰的零和游戏，而是每个被视为自由平等的参与者都能从中得益的公平合作体系。这样一个合作体系，就是罗尔斯所称的"良序的社会"。该书阐述了一个良序社会的特点："（1）每个人都接受、也知道别人接受同样的正义原则；（2）基本的社会制度普遍地满足、也普遍为人所知地满足这些原则。"①

该书中所反复论述的两个正义原则既突出了公民在秩序良好的社会中应当享受的基本平等及其理论含义，同时又对如何处理经济与社会差别提出了独特的理论标准，并对正义理论的伦理基础作了颇有新意的论证。

──【分章导读】────────────────────────────────

第一编　理论　在本编中作者主要提出并论证了两个社会正义原则，以及与之相伴随的优先性规则。

第一章　作为公平的正义　在这一章中作者对正义进行了简明扼要的概述，阐述了关于正义论的基本观点。作者从正义的作用和主题入手，介绍了正义理论的主要思想。他首先描述了正义的作用。罗尔斯指出："正义是社会制度的首要价值，正像真理是思想体系的首要价值一样。一种理论，无论它多么精致和简洁，只要它不真实，就必须加以拒绝或修正；同样，某些法律和制度，不管它们如何有效率和有条理，只要它们不正义，就必须加以改造或废除。"② 这句话说明了公平正义的重要性，也就是说，正义与真理的价值是相提并论的，作者提出了作为人类活动的首要价值，正义和真理是绝不妥协的。其次，作者提及的是正义的主题：社会基本结构──即用来分配公民的基本权利和义务、划分由社会合作产生的利益和负担的主要制度。这也是作者在这一篇所要阐述的主要问题。

为了确立正义理论的主要观念，作者主要整合了霍布斯、洛克、卢梭和康德的契约论，并批判了西方占统治地位的功利主义，主张用正义原则代替功利主义，提炼出他的新契约论。罗尔斯对正义问题的处理是以洛克、卢梭和康德的社会契约论为基础的，他这样说："我的目的是要提出一种正义观，这种正义观进一步概括人们所熟悉的社会契约理论（比方说：在洛克、卢梭

──────────────

① 约翰·罗尔斯. 正义论［M］. 何怀宏，何包钢，廖申白，译. 北京：中国社会科学出版社，1988：3.

② 约翰·罗尔斯. 正义论［M］. 何怀宏，何包钢，廖申白，译. 北京：中国社会科学出版社，1988：1.

所、康德那里发现的契约论)，使之上升到一个更高的抽象水平。"罗尔斯谈到正义观的设计"要把握这样一条指导线索：适用于社会基本结构的正义原则正是原初契约的目标。这些原则是那些想促进他们自己的利益的自由和有理性的人们将在一种平等的最初状态中接受的，以此来确定他们联合的基本条件。这些原则将调节所有进一步的契约，指定各种可行的社会合作和政府形式。这种看待正义原则的方式我将称之为作为公平的正义（Justice as Fairness）"①。

作者在引入了古典功利主义与直觉主义概念的基础上，通过分析对比提出了优先问题的解决方案，并在最后提出了关于道德理论的几点看法。

第二章　正义的原则　本章是对正义原则内容的阐述。在第二章罗尔斯的目的就是讨论用于制度的两个正义原则和几个用于个人的原则，解释它们的意义。罗尔斯首先把他的正义理论划分为两个主要部分："（1）一种最初状态的解释和一种可用于其间的选择的各种原则的概述；（2）一种对实际上要采用哪个原则的论证。"②　而"作为公平的正义"的两大原则是："第一个原则：每个人对与其他人所拥有的最广泛的基本自由体系相容的类似自由体系都应有一种平等的权利。第二个原则：社会的和经济的不平等应这样安排，使它们被合理的期望适合于每一个人的利益；并且依系于地位和职务向所有人开放。"③　在罗尔斯看来，正义总是意味着平等，他的两个正义原则都贯彻了平等的价值取向。第一个原则是通过平等的自由权利来落实平等，第二个原则主要是为了解决社会经济领域中的平等分配，其主要目的在于尽可能地改变市场经济条件下处于最不利地位的群体的处境，从分配制度上保障处于最不利地位的人获得尽可能多的分配。但罗尔斯认为第一个原则优于第二个原则，因为，人们只有首先决定一种社会制度是否合乎正义，然后才能决定个人的道德准则，决定个人须承担的义务和职责。

在罗尔斯看来，正义的两个原则不是等量齐观的，而是按照"词典式"的先后顺序安排的，第一个正义原则优于第二个正义原则，自由只能为了自由的理由而被限制。第二个原则中的公平机会优于差别原则，只有在充分满

① 约翰·罗尔斯. 正义论 [M]. 何怀宏，何包钢，廖申白，译. 北京：中国社会科学出版社，1988：9.

② 约翰·罗尔斯. 正义论 [M]. 何怀宏，何包钢，廖申白，译. 北京：中国社会科学出版社，1988：50.

③ 约翰·罗尔斯. 正义论 [M]. 何怀宏，何包钢，廖申白，译. 北京：中国社会科学出版社，1988：56.

足前一个原则的情况下才能考虑后一个原则。首先，第一个优先原则说的是自由的优先性，即平等自由的原则对第二个原则的优先。第二个优先原则是正义对效率和福利的优先。在第二个原则中，机会均等优于财富和收入不平等的合理限制。正义的社会必须保证公民有公平竞争机会，这是公民自由平等权利的必然要求，不能人为地限制。这有两种情况：一种是机会的不平等必须扩展那些机会较少者的机会；另一种是过高的储存率最终必须能减轻承受这一重负的人的负担。作者认为，一个正义的社会制度，不能以牺牲一部分人的利益来增加另一部分人的利益，而是在社会的竞争和分配中保护弱者的利益。也就是说，公平合理分配的基点不是社会的平均值或大多数，而是"对处于最不利地位上的人最有利"。

第三章　原初状态　本章是对正义原则提供的契约论证明。罗尔斯认为他的作为公平的正义理论的得出有一个前提需要说明，即社会契约是如何产生的。这就必须有一个理性的假设，作者把这个假设环境叫作"原初状态"。"原初状态""是一种其间所达到的任何契约都是公平的状态，是一种各方在其中都是作为道德人的平等代表、选择的结果不受偶然因素或社会力量的相对平衡所决定的状态。这样，作为公平的正义从一开始就能使用纯粹程序正义的概念"①。这一状态相当于自然状态在卢梭、洛克等人思想体系中的地位。

在"原初状态"中，所有各方都是道德的主体，都受到平等的待遇，它们选择的结果不取决于偶然事件，也不取决于社会力量的相对平衡。但是原初状态不足以达成正义的首要原则，还需要设定一些其他条件，包括（一）正义的环境。罗尔斯认为在正义环境中，人类有合作可能而冲突又需要制度安排。正义的环境可以被描述为这样一种正常条件：在那里，人类的合作是可能和必需的。这些条件可以分成两类。首先，存在着使人类合作有可能和有必要的客观环境。……主观的条件涉及合作的主体，即在一起工作的人们的有关方面。这样，一方面各方都有大致相近的需求和利益（或以各种方式补充的需求和利益），以使相互有利的合作在他们中间成为可能；另一方面他们又都有他们自己的生活计划。（二）正当观念的形式限制。原初状态中的人们还得接受某些限制，这样他们才能有效地确定和选择原则。（三）"无知之幕"。在"无知之幕"状态下的各方不知道的事实或情况包括："首先，没有

---

　　① 约翰·罗尔斯. 正义论［M］. 何怀宏，何包钢，廖申白，译. 北京：中国社会科学出版社，1988：115.

人知道他在社会中的地位，他的阶级出身，他也不知道他的天生资质和自然能力的程度，不知道他的理智和力量等情形。其次，也没有人知道他的善的观念，他的合理生活计划的特殊性，甚至不知道他的心理特征：像讨厌冒险、乐观或悲观的气质。再次，我假定各方不知道这一社会的经济或政治状况，或者它能达到的文明和文化水平。处在原初状态中的人们也没有任何有关他们属于什么世代的信息。"① 各方"可能知道的唯一特殊事实，就是他们的社会在受着正义环境的制约及其所具有的任何含义"。"他们知道有关人类社会的一般事实，他们理解政治事务和经济理论原则，知道社会组织的基础和人的心理学法则。"② 罗尔斯认为这样就足以保证任何人都无法设计出有利于自己的特殊原则，对道德原则的选择因而是不偏袒的、公正的，从而就是正义原则可以接受的基础。（四）推理的合理性。"原初状态"的方法要取得成功，还需要有一个条件，即处在"原初状态"的人是有理性的。这样的人会为了增加他们的利益站在"原始的平等地位"上规定他们可能接受的原则。

罗尔斯认为正义原则正是在这种"无知之幕"的后面选择出来的。在"无知之幕"的掩盖下，人们会按"最大最小值"的规则来选择制度安排。所谓"最大最小值"规则，就是使选择方案的最坏结果优于其他任何可选方案的最坏结果。这不同于理想主义的规则。在解释了"合乎最少受惠者的最大利益"的过程中，作者认为要做两件理论上的工作：（1）怎样鉴定最少受惠者的地位？（2）怎样衡量人们的利益，或者说合法期望的水平？对于（1），作者认为，每个人都占有两种单位，一是平等公民的地位，二是在收入和财富分配中的地位。这样来确定最少受惠者可通过选择某一特定社会地位。至于对于人们的合法期望水平的衡量，罗尔斯认为期望即等于基本社会善的指标，这些基本的社会善包括自由和机会，收入和财富以及自尊的基础。

作者认为，在这样的条件下，人们可能形成的正义观念，便是"作为公平的正义"。通过以上四方面的条件，罗尔斯确定了原初状态的基本属性，由此演绎出了正义原则。罗尔斯的"作为公平的正义"就是一种社会结构正义。那么如何确定社会的基本结构？或者说它应该接受怎样的具体正义原则的指导？

---

① 约翰·罗尔斯. 正义论［M］. 何怀宏，何包钢，廖申白，译. 北京：中国社会科学出版社，1988：131.

② 约翰·罗尔斯. 正义论［M］. 何怀宏，何包钢，廖申白，译. 北京：中国社会科学出版社，1988：132.

第二编 制度 这一编作者通过描述一种满足两个正义原则的社会基本结构和考察两个正义原则所带来的义务和职责来展示两个正义原则的内容。在罗尔斯看来，如果不考察两个正义原则是怎样应用于制度和适应于我们目前所考虑的正义判断，不考虑它们是怎样根植于人类思想感情之中和联系于我们的目标的，正义论就不能算是完全的。因此，作者分三章对此进行了论证。

第四章 平等的自由 这一章作者讨论了第一个正义原则的实际应用，主要涉及社会政治领域的正义问题。罗尔斯花费较多的精力与笔墨去描绘如何使正义原则演化为具体的制度，包括政治制度正义（或宪法正义）、经济制度正义（或分配正义）和个人正义，其中政治正义和经济正义合称社会正义。罗尔斯提出了"四个阶段的顺序"：（1）原初状态。在这一阶段，人们共同选择出两个正义原则作为社会基本结构的指导性原则。一旦正义原则被选择，各方面即回到他们的社会地位并据此来评判社会制度。（2）立宪会议。各方按照正义原则，召开一个立宪会议，以确定政治结构的正义并制定出一部宪法。（3）立法阶段。在正义原则和宪法的指导下，立法代表们制定出社会的、政治的、经济的法律。（4）法律的实施。一方面，法官和行政人员把制定的规范运用于具体的案件；另一方面，公民们普遍地遵守规范。这种"政治正义具有两个方面。首先，正义的宪法应是一种满足平等自由要求的正义程序；第二，正义的宪法应该这样构成：即在所有可行的正义安排中，它比任何其他安排更可能产生出一种正义的和有效的立法制度"[①]。而实现这一正义的原则是平等的参与原则，即要求所有的公民都应有平等的权利来参与立宪过程和决定其结果。

第五章 分配的份额 罗尔斯讨论了第二个正义原则应用的制度安排，主要涉及经济领域的正义问题。为了指明西方社会改良的方向，作者试图描述在现代国家的背景下满足第二个原则要求的制度安排，罗尔斯集中讨论了社会经济制度。首先解释了政治经济方面的正义概念，然后，作者进一步评论了经济体系，尤其重点谈了自由市场与私有制并没有必然联系，而是与社会主义相容的。

罗尔斯具体地假设了在自由市场的背景中一个能够确保经济利益分配的

---

① 约翰·罗尔斯. 正义论［M］. 何怀宏，何包钢，廖申白，译. 北京：中国社会科学出版社，1988：211.

正义的制度。"在建立这些背景制度时，可以设想政府被分为四个部门，每个部门由负责维系某些社会和经济条件的机构及其活动所组成"①：（一）配给部门。负责保持价格体系具有切实的竞争能力。（二）稳定部门。负责实现合理充分的就业，使想工作者均能找到工作，促进职业的自由选择。（三）转让部门。负责确保一定的福利水平，尤其是保障社会最不利者对社会基本善的需求的权利。（四）分配部门。负责通过税收和对财产权的必要调整来维持分配份额的一种恰当正义。这里面又涉及两个方面：一个方面是遗产税和赠予税的征收，另一个方面是用来提高正义所要求的财政收入的税收体系。通过四个部门的宏观调节，实现社会财富分配中的公正。

之后，罗尔斯转到代际正义和储存困难问题，即每一代要为后面的世代储存多少。他反对时间的偏爱，因为"在社会的情形中，纯粹时间偏爱是不合理的：它意味着（在不考虑将来的更为常见的情况里）现在活着的人利用他们在时间上的位置来谋取他们自己的利益"②。所以纯粹的时间偏好不能成为不同时间的各世代对地球资源分配不公平的理由。因此，他的代际正义的核心就是意欲寻求不计时间地同意一种在一个社会的全部历史过程中公正地对待所有世代的方式。作者强调代际的公平，罗尔斯认为储存原则的理念是后代的公平，而非后代的富裕。罗尔斯为储存率提出了一个上限，反对功利主义可能要求的过高的积累率，并在这个问题上进一步论证了正义对于利益和效率的优先性。之后，作者试图说明，它对分配份额的阐述能够解释正义的常识性准则的从属地位，认为这些准则不能提高到第一原则水平。罗尔斯还区分了合法期望与道德应得：前者指的是可以由某些先天道德原则证成的应得；后者指的则是建立在特定政治—社会规则之上的应得。他反对一切利益均应按道德价值来分配的常识性观点，认为道德价值被当作分配正义的标准是不合适的：必须抛弃道德应得，转而采认合法期望观念。

第六章 义务与职责 本章讨论了用于个人的道德原则，即由两个正义原则带来的义务与职责。罗尔斯讨论了用于个人的道德原则，包括个人的自然义务和职责两方面。职责是制度规范所确定并要求施加于人的，它的实现需要两个条件：自然义务是与职责有别的一种道德要求，职责专指来自公平

① 约翰·罗尔斯. 正义论［M］. 何怀宏，何包钢，廖申白，译. 北京：中国社会科学出版社，1988：266.

② 约翰·罗尔斯. 正义论［M］. 何怀宏，何包钢，廖申白，译. 北京：中国社会科学出版社，1988：285.

原则的道德要求，而其他道德要求被称为自然义务。在罗尔斯看来，最重要的自然义务是支持和发展正义制度的义务。该义务有两部分："第一，当正义制度存在并适用于我们时，我们必须服从正义制度并在正义制度中尽我们的一份职责。"第二，"当正义制度不存在时，我们必须帮助建立正义制度，至少在对我们来说代价不很大就能做到这一点的时候要如此"①。

随后罗尔斯还考察了：（1）在原初状态中适用于个人的自然义务和职责的原则，他认为："这些原则是在原初状态中将选择的原则。正是这些准则和我们所掌握的关于环境的相关事实一起，决定着我们的职责和义务，并挑选出可作为道德理由的事实。"②（2）选择这些原则的理由和在稳定社会合作方面的作用。（3）这些原则在宪法框架内对于政治义务和职责的理论意义，特别是联系多数裁决规则和服从不正义法律的理由解释了"非暴力反抗"和"良心拒绝"以及它们在稳定一个接近正义的民主制度中的作用，这两个问题实际上已属于部分服从的非理想理论的范围。罗尔斯主要是想通过概述一种"非暴力反抗"的理论来阐明自然义务和职责原则的内容。罗尔斯关于"非暴力反抗"理论分为三个部分：定义、证明和作用。"非暴力反抗"指的是一种公开的、非暴力的、既是按照良心的又是政治性的对抗法律的行为，其目的通常是为了使政府的法律或政策发生一种改变。通过这种方式的行动，我们诉诸共同体多数人的正义感，宣称按照我们所考虑的观点，自由和平等的人们之间的社会合作原则没有受到尊重。"良心的拒绝就是或多或少地不服从直接法令或行政命令。它是一种拒绝，因为命令是针对我们而发的，而且如果境况具有这种性质，我们是否接受他就是为当局所知的。"③ 二是证明它在哪些条件下是正当的。三是阐述它在稳定宪法制度方面的作用。他所说的"非暴力反抗"只适用于一种具有民主政治形式的社会，而不适用于其他社会。罗尔斯最后说道：如果正当的公民不服从看上去威胁了公民的和谐生活，那么责任不在抗议者那里，而在那些滥用权威和权力的人身上，那些滥用恰恰证明了这种反抗的合法性。

———————————

　　① 约翰·罗尔斯. 正义论［M］. 何怀宏，何包钢，廖申白，译. 北京：中国社会科学出版社，1988：322-323.

　　② 约翰·罗尔斯. 正义论［M］. 何怀宏，何包钢，廖申白，译. 北京：中国社会科学出版社，1988：337.

　　③ 约翰·罗尔斯. 正义论［M］. 何怀宏，何包钢，廖申白，译. 北京：中国社会科学出版社，1988：357.

　　第三编　目的　在这一编中，作者的主要目的是解决"公平的正义"理论的稳定性和正义与善的一致性关系，解释社会地位各种价值和正义的善。

　　第七章　作为合理性的善　作者提出了一种比原初状态中所有的善理论更细、更充分的善理论。

　　作者认为一个人的善是由在合理有利的环境下他的合理的生活计划决定的。为了在他的"公平的正义"理论中保证正当对善的优先性，罗尔斯区分了两种善的理论：善的弱理论和善的强理论。罗尔斯的善理念的发展经过了善的弱理论和善的强理论两个阶段。善的弱理论的目的"在于保障论证正义原则所必需的基本善前提。一俟这一理论完成了，一俟基本善得到了说明，我们便可以自由地在进一步发展的善理论中使用正义原则，我把这种进一步发展的善理论称为善的强理论"①。作者首先假设了在简单情况下善的各个阶段的定义和道德上的中立性，然后罗尔斯转到善概念的形式合理的生活计划问题。作者认为善概念的形式就是符合四个原则的生活计划，因而是合理的。具体地说，这四个原则的合理性分别是：计算原则、审慎原则、时间原则和责任原则。罗尔斯关于善的定义实际上是纯粹形式上的，然而又确有某些被普遍追求的人类的善。不过，罗尔斯的善概念是内容和形式的统一，善概念的内容主要指亚里士多德主义原则下的动机，有一般含义和直觉含义两种。一般含义是："如其他条件相同，人们总是以运用他们已经获得的能力（天赋的或从教育获得的能力）为享受，而这一享受又提高他们的已经获得的能力并使其具有更复杂的形式。"②直觉含义是："在这里直觉的观念是人们通过变得能更熟练地做某些事情而获得更大的快乐，而且在两件他们能做得同样好的活动中，他们更愿选择需要做更复杂更微妙的区分的更大技能的活动。"③人们从实现他们的先天或者后天的能力的活动中得到享受，而且这种能力实现得越复杂，得到的享受也就越大。罗尔斯合理生活计划的形式与亚氏原则的内容之整合，就形成了比较完整的善理念。接着，作者考察了应用于个人的善的定义和道德价值。然后，他用作为合理性的善理论考察了自尊。罗尔斯说："作为公平的正义总是给予自尊以比给予别的原则的更多的支持，这一

---

　　①　约翰·罗尔斯. 正义论 [M]. 何怀宏，何包钢，廖申白，译. 北京：中国社会科学出版社，1988：382.

　　②　约翰·罗尔斯. 正义论 [M]. 何怀宏，何包钢，廖申白，译. 北京：中国社会科学出版社，1988：413.

　　③　约翰·罗尔斯. 正义论 [M]. 何怀宏，何包钢，廖申白，译. 北京：中国社会科学出版社，1988：413.

事实是原初状态各方之所以接受这一原则的强烈原因。""我已在许多场合提到，也许最为重要的基本善是自尊的善。我们必须说明，作为合理性的善观念解释了这种情况的原因。我们可以指出自尊（或自重）所具有的两个方面。首先，如在前面指出过的，它包括一个人对他自己的价值的感觉，以及他的善概念，他的生活计划值得努力去实现这样一个确定的信念。第二，就自尊总是在个人能力之内而言，自尊包含着对自己实现自己的意图的能力的自信。"① 在最后一节中，罗尔斯谈到了在他的正义论中正当与善的几点区别：第一个区别是"正义原则（在更广泛的意义上即是正当原则）是处于原初状态的人们愿意选择的原则，而合理选择的原则和审慎的合理性的标准则完全不是被选择的"②。这里，正义原则代表了正当观念，合理选择原则和审慎原则代表了善观念。第二个区别："一般地说，个人的关于他们的善的观念在许多重大的方面相互区别将是一件好事，而对正当的观念来说就不是这样。"③从这些区别中罗尔斯又引申出了契约论与功利主义之间的区别。

第八章　正义感　这一章罗尔斯主要讨论了稳定性问题。稳定性问题包括两个层次：一是秩序良好社会的成员是如何获得一种正义感的。所谓正义感就是"按照正义原则的要求行动的强烈的通常有效的欲望"。而所谓的"一个组织良好的社会是一个被设计来发展它的成员们的善并由一个公开的正义观念有效地调节着的社会……这个事实意味着它的成员们有一种按照正义原则的要求行动的强烈的通常有效的欲望。由于一个组织良好的社会是持久的，它的正义观念就可能是稳定的，就是说，当制度（按照这个观念的规定）公正时，那些参与着这些社会安排的人们就获得一种相应的正义感和努力维护这种制度的欲望"④。对一个组织良好的社会，罗尔斯把它定义为是一个旨在推进其成员的利益、有效地被一种公开的正义观管理的社会。

之后罗尔斯又简要评论了稳定性的意义，他认为稳定性问题是由于一个公正的合作系统可能不平衡，可能较不稳定而产生出来的。从原初状态的观

① 约翰·罗尔斯. 正义论［M］. 何怀宏，何包钢，廖申白，译. 北京：中国社会科学出版社，1988：427.

② 约翰·罗尔斯. 正义论［M］. 何怀宏，何包钢，廖申白，译. 北京：中国社会科学出版社，1988：434.

③ 约翰·罗尔斯. 正义论［M］. 何怀宏，何包钢，廖申白，译. 北京：中国社会科学出版社，1988：435.

④ 约翰·罗尔斯. 正义论［M］. 何怀宏，何包钢，廖申白，译. 北京：中国社会科学出版社，1988：440-441.

点看，正义的那些原则在整体上是合理的。然而在日常生活中，一个人只要愿意，就常常可以利用他人的合作努力为自己获得更大的利益。罗尔斯认为，稳定性绝非可有可无，而是所有正义理论必须重视的一个道德考虑。罗尔斯强调："无论一种正义观念在其他方面多么吸引人，如果它的道德心理学原则使它不能在人们身上产生出必要的按照它去行动的欲望，那么它就是有严重缺陷的。"① 稳定性的重要地位，在这里似乎相当明显了。

接着罗尔斯讨论了保证社会基本结构处于一种稳定的正义状态所必需的道德情感的过程。在解释社会成员的道德发展过程时，作者把这一发展过程诉诸到背景制度的正义之中，罗尔斯认为只有先有了正义背景制度，才会有在这种正义制度下的人的道德发展阶段。"这些法则（或倾向）中最明显的特点是它们的表述都诉诸一种公正的制度背景，并且在后两个法则中这种背景还是公认的……正义感归根结底是一种接受并希望遵循道德观点，至少是为正义原则规定的道德观点的确定倾向。"② 之后罗尔斯还追溯了道德学习和培养的两种传统理论，一是经验主义传统，另一个是理性主义的传统，然后描绘了在一个组织良好的社会中可能出现的道德发展过程：包括权威的道德、社团的道德、原则的道德。经过三个发展阶段，一个人就形成了有效的正义感。作者还探讨了道德情感的某些特点、道德态度与自然态度之间的联系和从道德发展三阶段概括出来的道德心理学的三个法则。作者认为道德心理学的法则可以表达为一种互惠的倾向，它关涉人之为人的本性。因此，如果没有这种倾向，富有成果的社会合作或许会变得不可能，也将会变得十分脆弱，而那些最稳定的正义观念，可能就是建立在这些以德报德倾向之上。由于这些正义观念具有最稳定的性质，那些相应的正义感也就是最稳固的。由于以德报德的倾向，道德正义感从其萌芽到形成，都蕴含了道德正义论的稳定性和持久性。在强调这些法则的互惠性质和"公平的正义"理论与别的正义观的稳定性方面的优劣后，在本章最后一节中，作者讨论了平等的基础即人都有一种善的观念，有一种正义感。

第九章　正义的善　在这一章作者仍然讨论稳定性问题，主要是其第二个方面，即作为公平的正义和作为合理性的善是否一致的问题。

---

① 约翰·罗尔斯. 正义论［M］. 何怀宏，何包钢，廖申白，译. 北京：中国社会科学出版社，1988：442.

② 约翰·罗尔斯. 正义论［M］. 何怀宏，何包钢，廖申白，译. 北京：中国社会科学出版社，1988：477 - 478.

作者认为在一个符合两个原则的组织良好之社会中，一个人的合理生活计划将巩固和支持他的正义感，而组织良好的社会的理性的人是自律的。"自律的行为是根据我们作为自由平等的理性存在物将会同意的、我们现在应当这样去理解的原则而做出的行为。同时，这些原则又是客观的。它们是这样一些原则：一旦我们获得了恰当的一般观点，我们将会要求每个人（包括我们自己）都遵循这些原则。"[①] 根据此，作者首先讨论了自律与正当和正义判断的客观性，罗尔斯认为两者是相容的。在罗尔斯看来正当与善的一致性很大程度上取决于组织良好的社会是否是一个共同体的善，是否是所有人的目的。罗尔斯认为秩序良好的社会之所以令人神往，主要是它是自律的社会联合，另外还在于该社会消除了妒忌产生的可能性。罗尔斯还批评了认为现代的平等运动是一种妒忌的表现的观点。当然，这种避免嫉妒产生是需要"背景制度"即正义的社会制度的，"在一个组织良好的社会中，由社会肯定的每个人的平等公民地位保障着人们的自尊，物质财富的分配则小心地和纯粹程序的正义的观念保持一致。当然，这是以必要的背景制度为条件的，这种制度限制着不平等的范围以便使可原谅的妒忌不致产生"[②]。

之后，作者通过作为合理的善的观念和道德心理学的法则进一步论证了自由优先性的根据。罗尔斯认为并不存在一个可根据它做出我们所有决定的根本目标，因为快乐主义没有成功地规定一个合理的支配性目的。不过，尽管如此，一个合理的生活计划仍是可以通过由善的充分理论确定的审慎的合理性来选择的。接着罗尔斯根据前面的论据，总结性地阐述了对决定稳定性来说关键的正义感与善观念的统一性问题。作者认为不是善优先于正当，而应是正当优先于快乐；正当不是善的手段，而是善的目的。正当和正义的优先性克服了善的不确定性的问题。罗尔斯说："正义原则却提出一些多少明确的社会目标和限制。一旦我们实现了某种结构的制度，我们就在它的安排允许的界限内自由地决定和追求我们的善。"[③] 在作者看来，支配性目的属于快乐主义、幸福论及其他目的论的，道德正义论规定：在两个原则的限制下，个人的善概念可以自由发展，不存在哪一种善概念是绝对的、合理的、起支

① 约翰·罗尔斯. 正义论 [M]. 何怀宏，何包钢，廖申白，译. 北京：中国社会科学出版社，1988：503.

② 约翰·罗尔斯. 正义论 [M]. 何怀宏，何包钢，廖申白，译. 北京：中国社会科学出版社，1988：532.

③ 约翰·罗尔斯. 正义论 [M]. 何怀宏，何包钢，廖申白，译. 北京：中国社会科学出版社，1988：553.

配作用的。

——【意义与影响】————————————————

第一，该书的出版引起了世界各国思想界的极大重视，成为思想界几十年来反复研读的名著。

罗尔斯的《正义论》自 1971 年问世后，不仅在美国产生了深远的影响，而且迅速传播至全世界，引起各国思想界的重视，掀起了一股研究罗尔斯的热潮。20 世纪 70 年代以来，全世界每年有数百人将他的思想作为自己的学位论文题目或研究课题，有几十部甚至上百部研究他的专著用各种语言出版，许多大学里的哲学、政治学、法律学等有关学科都把它列为最重要的必读书之一，很多大学还开设了专门讲解这本书的课程。报章杂志上还发表了许多评论性的文章，出版了一些专门性的评论文集，同时还召开了讨论这本书的具有一定规模的学术讨论会。而且美国政治哲学乃至公共哲学的发展趋势和演进语境无不与罗尔斯及其著作有着重大的关联性，因而可以毫不夸张地说，学术界出现了一种"罗尔斯产业"的学术景观。

《正义论》如今已经翻译成 27 种文字——包括被翻译成的欧洲的所有主要文字——仅英文原版的发行量就高达 25 万册，非常畅销。在亚洲被译成中文、日文和朝鲜文，在我国的印数也达到了几万册。1999 年 12 月美国《哲学论坛》发表的一份对美加两国 5000 名哲学教师进行调查的问卷报告，结果表明在 20 世纪前 20 名哲学家和 27 本哲学著作中，罗尔斯与其《正义论》排名第 3，仅次于维特根斯坦的《哲学研究》和海德格尔的《存在与时间》[①]。

第二，该书是一本复活政治哲学的扛鼎之作，对政治哲学的发展具有根本性的贡献。

政治哲学的探讨从古希腊就开始了，但在 20 世纪上半叶，政治哲学和政治理论的发展一度陷入了沉寂和衰退期，《正义论》的问世为政治哲学的发展注入了新的方法和思想资源，使得政治哲学成为当代西方哲学中最活跃、最引人注目的领域，标志着政治哲学和政治理论的全面复兴。

《正义论》的出版推进了政治哲学的自我理解，它使整个政治哲学的发展发生了从由古典自由主义的自由主题到新自由主义的平等为主题的根本性的理论转向，正义以及与之相关的自由、权利、平等等概念也成了当代西方政

————————————————

① 黄颂杰. 20 世纪西方哲学经典及其学术影响［J］. 哲学动态，2002（2）.

治哲学的核心概念。40 年来，西方关于社会正义、分配公平、政治自由等问题的探讨，很大程度上都是对这本书的回应。正是平等和自由这一关系的紧张争论构成了政治哲学演进和发展的动力，而且这些论争几乎触及了政治哲学上所有重要的问题。可以说，该书是一本复活政治哲学的扛鼎之作，是当代政治哲学的分水岭，是第二次世界大战后政治哲学最伟大的成就和划时代的理论成果。

第三，该书的出版引发了各种派别参与当代政治哲学的争论。

《正义论》问世后引发了激烈的学术论争，一时间异彩纷呈的理论派别，社群主义、效益主义、马克思主义、女性主义、国际正义理论以至自由主义内部等，都对此书做出了不同的诠释及批判，累积的文献也汗牛充栋。自由主义内部有诺奇克、德沃金等人的质疑，社群主义者对其批评的有桑德尔、麦金太尔、沃尔泽等，分析马克思主义者有柯亨、埃尔斯特、罗默等。所有这些争论都加深了人们对正义理论的理解和把握，后来者总可以从中找到不同资源去发展新的观点。因此学术界从看问题的方式，议题的设定以至方法论，都很难不受它的影响，从而产生了大量的学术文献。

第四，该书中所提出的"作为公平的正义"思想对于我国和谐社会的建构具有一定的借鉴和启迪意义。

罗尔斯政治哲学的建立和发展离不开对现实世界政治实践的认识和思考，特别是美国战后政治现实和政治实践直接激发了罗尔斯的思考动机。罗尔斯热衷于对正义理论的论证，绝非出于纯学术的偏好，而是敏锐地把握了现实社会生活对政治哲学提出的新问题。罗尔斯关于自由、平等、公平机会、差别对待等思想的阐述直接反映社会现象、影响社会正义的原则，是对当时西方国家社会现实的深刻反思。

第五，用"阿基米德点"建构的正义理论导致了其致命的创伤。

纵观罗尔斯的正义理论，他认为一种完美的正义观可以改革社会体制，他用观念变革现实的信仰，几乎没有提及人们的物质生活方式和生产方式的决定作用，这是罗尔斯正义理论的致命创伤。而且罗尔斯犯了自由主义者的一个通病，即认可公民政治权利的优先性，而没有充分意识到由于社会和经济的不平等而产生的使平等权利的施行在效果上将趋于更大的不平等的问题。罗尔斯的正义理论既不要求取消财产的私有制，也不要求改变现存的社会秩序，因而不可能真正解决现实的问题。正如桑德尔在《自由主义和正义的局限》一书中所说："罗尔斯一方面坚持了康德式的义务论；另一方面又要试图把其理论基础由先验唯心论改造为经验论，这种企图并未成功。因为这两个目标无法结合在一起，阿基米德点终究毁于一连串矛盾之中。"①

（1）从原初状立场的角色来看：作为正义论的理论基础的"无知之幕"是一种没有历史存在根基的理论预设。作者的理论代表了自由主义发展的方向，罗尔斯并没有从人的本性、人的价值和意义等方面来推导社会制度的正义原则，而是通过翻新社会契约论来达到自己的目的。

（2）从两个正义原则之间的关系看：罗尔斯缺乏对正义动机理论的分析，企图用理想的道德设计来建构现实的民主政治基础。正义理论的产生需要有客观物质条件，它不可能凭空产生，如果没有成熟的社会条件，正义观的改革也就无从说起。

（3）虽然体系完整，但有些概念支离破碎。在该书中罗尔斯实现了整个体系的平衡，也涉足诸多领域，但对有些非常重要的问题并没有进行深入的研究，为了弥补这些缺陷，罗尔斯在 1993 年出版的《政治自由主义》和 2001 年出版的《作为公平的正义——正义新论》中都专门进行了细密的阐述。

──【原著摘录】────────────────────────

序言 P1-7

P1-2　在现代道德哲学的许多理论中，占优势的一直是某种形式的功利主义……而那些批评他们的人则常常站在一种狭窄得多的立场上……但我相信，他们并没有建立起一种能与之抗衡的实用和系统的道德观。

P3　我相信测试一种正义理论的重要办法，就是看它能在什么程度上把条理和系统引入我们对一个宽广领域的问题的判断之中。

第一编　理论 P1-184

第一章　作为公平的正义 P1-49

P1-2　每个人都拥有一种基于正义的不可侵犯性，这种不可侵犯性即使以社会整体利益之名也不能逾越。因此，正义否认为了一些人分享更大利益而剥夺另一些人的自由是正当的，不承认许多人享受的较大利益能绰绰有余地补偿强加于少数人的牺牲。所以，在一个正义的社会里，平等的公民自由是确定不移的，由正义所保障的权利决不受制于政治的交易或社会利益的

─────────────────

① 迈克尔·J.桑德尔.自由主义和正义的局限［M］.万俊人，等译.南京：译林出版社，2001：50.

权衡。

P21　个人的原则是要尽可能地推进他自己的福利，满足他自己的欲望体系，同样，社会的原则也是尽可能地推进群体的福利，最大程度地实现包括它的所有成员的欲望的总的欲望体系。

P27　我现在要述及的第三个对照是：功利主义是一种目的论的理论，而作为公平的正义却不是这样。

P31　直觉主义理论有两个特征：首先，它们是由一批最初原则构成的，这些最初原则可能是冲突的，在某些特殊情况下给出相反的指示；其次，它们不包括任何可以衡量那些原则的明确方法和更优先的规则，我们只是靠直觉，靠那种在我们看来是最接近正确的东西来衡量。

P47　我希望强调，正义观只是一种理论，一种有关道德情感（重复一个十八世纪的题目）的理论，它旨在建立指导我们的道德能力，或更确切地说，指导我们的正义感的原则。

第二章　正义的原则 P50－112

P91　正如我所强调的，正义的主要问题是社会的基本结构，其理由是它的影响是极其深刻和广泛并自始至终。

P103　在迄今为止的讨论中，我考虑了应用于制度，或更准确地说，应用于社会基本结构的原则。然而，很清楚，另一种类型的原则也必须选择，因为一种完善的正当理论也包括对于个人的原则。……此外，人们还需要有关国际法的原则，当然还有在原则冲突时进行衡量的优先规则。

第三章　原初状态 P113－184

P132　无知之幕的概念引起了一些困难。有些人可能反对说：排除几乎所有的特殊信息会使人难于把握原初状态的含义。那么，观察一下，仅仅通过按照适当限制进行的推理，一个或较多的人在任何时候都能进入这种状态，或者更准确地说，激发起对这一假设状态的沉思，对我们可能是很有帮助的。在论证一种正义观时，我们必须确信它是处于被允许的选择对象之中和满足了规定的形式限制的。只有在若我们处于此种无知之幕中提出支持它的论点也是合理的情况下，我们才能提出支持它的论点。假定原则被所有人遵守，对原则的评价就必须通过它们的被公开承认和普遍应用的一般结果来进行。说某种正义观将在原初状态中被选择就等于说：满足了某些条件和限制的合理慎思将达到某种结论。若必要的话，对这一点可提出更一般的论据……

P144　我们记得：作为公平的正义的一般观念要求平等地分配所有的基

本善，除非一种不平等的分配将有利于每一个人。对这些善的交换没有做出任何限制，因此，一种较少的自由能够从较多的社会和经济利益得到补偿。

P171 这样，一种正义观的恰当特征就是：它应当公开地表示人们的相互尊重。他们即以这种方式保证了一种自我价值感。两个正义原则正符合这一目的。因为当社会遵循这些原则时，每个人的利益都被包括在一种互利互惠的结构中，这种在人人努力的制度中的公开肯定支持着人们的自尊。平等自由的确立和差别原则的实行必定会产生这种效果。

第二编 制度 P185－380
第四章 平等的自由 P185－248

P187－188 显然，任何可行的政治程序都可能产生一种不正义的结果。事实上，任何程序的政治规则方案都不能保证不制定非正义的法规。在宪政或任何形式的政权中，完善的程序正义的理想都不可能实现。能达到的最佳方案只是一种不完善的程序正义。

P192 我在大多数地方将联系宪法和法律的限制来讨论自由。在这些情形中，自由是制度的某种结构，是规定种种权利和义务的某种公开的规范体系。我们把自由置于这种背景中，它就常常具有上述三方面的形式……

P193 因此，虽然平等的自由可能受到限制，但这些限制服从于由平等自由的意义和两个正义原则的系列次序所表达的某些标准。我们立即可以看出存在着两种与第一原则发生冲突的方式。一种方式是当某一阶级的人比其他阶级的人具有较大的自由时，自由是不平等的；另一种方式是自由没有像它所应该有的那样广泛。

P196 现在看来，良心的平等自由似乎是原初状态中人能够接受的唯一原则。他们不能让自由冒风险，不能允许占统治地位的宗教、道德学说随心所欲地迫害或压制其他学说。

P202 任何人都同意，良心自由要因公共秩序和安全的共同利益而受到限制。这种限制自身可以很容易地从契约观点中推演出来。首先，接受这种限制并不意味着公共利益在任何意义上都优越于道德的和宗教的利益；同时，接受这种限制也不要求政府把宗教事务看成是无足轻重的东西，或者当哲学信仰和国家事务发生冲突时，政府就可以要求压制哲学信仰的权利。

P225 法治和自由显然具有紧密的联系。对于这一点，我们通过对一个法律体系的观念以及它与作为规则的正义所规定的准则的紧密联系的考察就可以看到。一个法律体系是一系列强制性的公开规则。提出这些规则是为了调整理性人的行为并为社会合作提供某种框架。当这些规则是正义的时,他们就建立了合法期望的基础。它们构成了人们相互信赖以及当他们的期望没有实现时就可直接提出反对的基础。

第五章 分配的份额 P249—321

P252 作为公平的正义可以说不受现存的需要和利益的支配。它为对社会制度的评判建立了一个阿基米德支点,而没有诉诸先验根据。社会发展的长期目标的主要方面已被确定,而不管现在成员的特殊愿望和需求是什么。既然制度要孕育正义美德并遏制与正义美德不相容的愿望和抱负,那么一个理想的正义观就被规定了。

P254 人们也许认为:一致性的假设是理想主义政治哲学的一个特征。但正像在契约观点中被使用过的那样,在一致同意的假设中,并没有专属于理想主义的东西。这个条件是原初状态的程序观念的一个部分,它代表了对论证的一种约束。

P265 分配正义的主要问题是社会体系的选择。两个正义原则被运用于社会基本结构,并调节其主要制度联结为一个体系方式。现在,正如我们所看到的,作为公平的正义的观念要运用纯粹程序的正义的概念来解决特殊境况中的偶然性问题。社会制度应当这样设计,以便事情无论变得怎样,作为结果的分配都是正义的。

P292 第一个原则

每个人对与所有人所拥有的最广泛平等的基本自由体系相容的类似自由体系都应有一种平等的权利。

第二个原则

社会和经济的不平等应这样安排,使它们在与正义的储存原则一致的情况下,适合于最少受惠者的最大利益;并且依系于在机会公平平等的条件下职务和地位向所有人开放。

第六章 义务和职责 P322—380

P332 我们决不应该忘记:公平原则具有两个部分:一部分阐述我们怎样通过自愿地做各种事情来承担职责,另一部分提出了所涉及的制度要符合正义的条件(即使不是完全的正义,至少也是在某种环境里可以合理指望的正义)。后一个部分的目的在于确保仅当某些背景条件被满足时才产生各种职责。默认甚至同意明显的不正义制度不会产生职责。人们一般都同意:强迫做出的诺言从一开始就是无效的。同样,不正义的社会安排本身就是一种强迫，甚至是一种暴力，对它们的同意并不具有约束力。这个条件的理由在于原初状态中的各方将会坚持它。

P339－340 一般来说，正如一种现存宪法所规定的立法的合法性并不构成承认他的一种充足理由一样，一个法律的不正义也不是不服从他的充足理由。当社会基本结构由现状判断是相当正义时，只要不正义法律不超出某种界限，我们就要承认它们具有约束性。在试图确定这些界限时，我们接触到了政治义务和政治职责的深层问题。这里的困难部分在于在这些情形中各种原则是冲突的事实。某些原则劝告我们服从，而其他原则则指示我们走其他的路。这样，我们就必须根据一种适当的优先性的观念来衡量政治义务和政治职责的各种要求。

P373 相反，我想强调关于非暴力反抗的宪法理论只依赖于一种正义观。我甚至在这个基础上解释公开性和非暴力性的特征。这同样适用于对良心拒绝的解释，虽然良心的拒绝要求对契约论的进一步说明。在这方面，我没有提到不同于政治原则的其他原则，一些宗教或和平主义的观念不是很重要。虽然非暴力反抗者经常出于这些信念而行动，但是把这些观点和非暴力反抗联系起来是不必要的。因为这种形式的政治行为可以理解为一种诉诸共同体的正义感的方式，一种诉诸平等人中间已确认的合作原则的方式。作为一种对公民生活的道德基础的诉诸，它是一种政治行为而不是宗教行为。

第三编 目的 P381－575

第七章 作为合理性的善 P381－439

P384－385 如果正义感永远是一种善，他对那些人们就肯定是一种善。而如果在弱理论的范围内具备一种正义感的确是一种善这一点得到证明，那么人们就能够指望一个组织良好的社会具有足够的稳定性。这个社会不仅会产生出自我支持的道德态度，而且从那些在估价自己境况时无须正义约束便能抱有道德态度的有理性的人们的观点来看，这些道德态度也是值得向往的。

P423 一个组织良好的社会的有代表性的成员将发现他希望其他人也具有那些基本德行，特别是具有一种正义感。他的合理的生活计划是和正当的约束性条件相一致的，同时他必然会要求其他人也接受这些限制。

P435－436 一个组织良好的社会的成员们要求具有各自不同的计划是合理的。其理由是显而易见的。人们有各种各样的天分和能力，这些天分与能力的总量不可能在一个人或一组人身上实现。所以我们不仅从我们的发达的爱好所构成的得到补足的本性中得益，而且从彼此的活动中得到快乐。……

第八章　正义感 P440－499

P446－447　道德学习并不是提供失去的动机，而是我们内在理性和情感能力按照它们的自然倾向的一种自由发展。一旦理智力量成熟，一旦人们开始承认他们在社会中的地位并能够考虑他人的观点，他们就能够正确评价订立公平的社会合作条件的互利性。

P449　道德发展系列中的第一个阶段我将称之为权威的道德。尽管这个阶段的道德的某些方面由于一些特殊的原因会保留到后面一些道德发展阶段上，我们能在其本来形态上加以考察的权威道德乃是儿童的道德。

P454　道德发展的第二个阶段是社团的道德。这个阶段涉及着依赖于交往的范围广泛的各种例子，甚至包括了作为一个整体的国家共同体。

P461　一种正义感至少以两种方式表现出来。首先，它引导我们接受适用于我们的、我们和我们的伙伴们已经从中得益的那些公正制度。……其次，正义感产生出一种为建立公正的制度（或至少是不反对），以及当正义要求时为改革现存制度而工作的愿望。

P472　在这些陈述中我强调了两个主要之点。首先，道德态度不应根据特有感觉和行为表现——即使它们是存在着的——来确认。道德情感需要做某种解释。因而第二，道德态度和对特定的道德德行的承认联系在一起，而规定着这些德行的原则被用来说明与之相应的情感。解释着不同感情的那些判断通过对它们加以解释时援引的种种标准而相互区别开来。负罪和羞耻，自责和悔恨，义愤和不满，每一个都诉诸属于道德的不同部分的那些原则，或从相反的观点援引它们。

P496　我已经说过，规定着道德人格的最低要求所涉及的是一种能力而不是它的实现。一个具有这种能力的人，不论其能力是否得到了发展，都应当得到正义原则的充分保护。

第九章　正义的善 P500－575

P515－516　我们看到，道德德行是人的美德和特性，这些美德与特性因其自身原因就值得赞赏或在活动中表现得令人赏心悦目，因而是人们可以合理地要求于自己并相互要求的，显而易见，这些美德在一个组织良好的社会中会充分表现出来。……由此可见，集体活动是人类繁荣兴旺的突出形式。

P564　我们首先可以说，在一个组织良好的社会中，作一个好人（而且具体地说具有一种有效的正义感）对一个人的确是一种善；其次可以说，这种形式的社会是一个好社会。第一个论断来自一致性，第二个论断之所以成立，是由于一个组织良好的社会具有人们可以合理地要求于一个社会的那些性质。所以，它满足正义的原则，这些原则从原初状态的观点来看在总体上是合理的；而且，从个人观点来看，肯定公认的正义观念使之成为一个人的生活计划中的调节因素这样一种欲望，是符合合理选择原则的。

【参考文献】

[1] 约翰·罗尔斯. 正义论 [M]. 何怀宏，何包钢，廖申白，译. 北京：中国社会科学出版社，1988.

[2] 罗伯特·诺奇克. 无政府、国家与乌托邦 [M]. 姚大志，译. 北京：中国社会科学出版社，2008.

[3] 尤尔根·哈贝马斯. 包容他者 [M]. 曹卫东，译. 上海：上海人民出版社，2002.

[4] 戴维·米勒. 社会正义原则 [M]. 应奇，译. 南京：江苏人民出版社，2008.

[5] 姚大志. 罗尔斯 [M]. 长春：长春出版社，2011.

[6] 姚大志. 何谓正义：当代西方政治哲学研究 [M]. 北京：人民出版社，2007.

[7] 姚大志. 当代西方政治哲学 [M]. 北京：北京大学出版社，2011.

[8] 何怀宏. 公平的正义：解读罗尔斯《正义论》[M]. 济南：山东人民出版社，2002.

[9] 何怀宏. 契约伦理与社会正义 [M]. 北京：中国人民大学出版社，1993.

[10] 万俊人. 政治哲学的视野 [M]. 郑州：郑州大学出版社，2008.

[11] 龚群. 罗尔斯政治哲学 [M]. 北京：商务印书馆，2006.

[12] 应奇. 罗尔斯 [M]. 台北：生智文化事业有限公司，1999.

[13] 万俊人. 正义理念的伦理表达与政治建构 [A] // 万俊人. 罗尔斯读本 [C]. 北京：中央编译出版社，2006.

[14] 何怀宏. 寻求共识：从《正义论》到《政治自由主义》[J]. 读书，1996 (6).

[15] 袁久红. 论西方马克思主义对罗尔斯正义论的批判 [J]. 学海，2002 (2).

［16］万俊人. 论正义之为社会制度的第一美德［J］. 哲学研究，2009（2）.

［17］周保松. 契约、公平与社会正义：罗尔斯《正义论》修订版评介［A］. 罗尔斯研究，2012（12）.

［18］应奇. 后《正义论》时期罗尔斯思想的发展［J］，浙江大学学报（人文社会科学版），1998，12（3）.

四、《无政府、国家与乌托邦》

［美］罗伯特·诺奇克

姚大志　译

中国社会科学出版社，2008 年

──【作者简介】────

罗伯特·诺奇克（1938—2002），20 世纪最杰出的哲学家、伦理学家之一，当代新自由主义极其重要的代表人物，生前是哈佛大学教授。诺奇克1938 年 11 月 16 日出生于纽约的布鲁克林区，父亲是俄罗斯犹太移民、企业家。诺奇克 20 世纪 50 年代后进入哥伦比亚大学攻读哲学，后进入普林斯顿大学读研究生，1963 年获博士学位。诺奇克曾在普林斯顿大学和洛克菲勒大学短暂任教，1965 年转到哈佛大学任教，1967 年还不到 30 岁就升为哈佛大学正教授，并曾担任哲学系主任。罗伯特·诺奇克对政治哲学、决策论和知识论都做出了重要的贡献。在经过长达 7 年与胃癌坚强的抗争后，诺奇克于2002 年 1 月 23 日凌晨病逝，享年 63 岁。他的遗体被埋葬于剑桥附近的奥本山公墓。

青年时代的诺奇克曾是激进的左翼学生，在哥伦比亚大学习期间，他参加了"社会主义党"青年支部，还创建了左翼组织"工业民主学生联盟"的地方分会——一个在 1968 年学生运动时颇为激进的组织①。直到在普林斯顿撰写博士论文的时期，由于受到弗里德里希·哈耶克（Friedrich A. von

---

① 周保松：苏格拉底式的一生——纪念诺奇克［N］. 二十一世纪，2002（4）.

Hayek）及米尔顿·弗里德曼等人思想的影响，他才第一次深入接触到那些为资本主义辩护的观点，也因此陷入了剧烈的内心冲突。他坦言："愈加深入探讨，它们显得愈有说服力。过了一段时间，我想：'好，这些论证都是对的，资本主义是最好的制度，可是只有坏人才会如此想。'"① 最终他从一名激进的左翼青年转变成为一位自由主义思想家。诺奇克是一位极善于提出理论挑战的人物，在哈佛30多年的教学生涯中，他始终拒绝重复自己教过的课程，他把自己的一生都奉献给了最具挑战性和创造力的人类思想事业。

诺奇克一生中获得过很多荣誉。其中一项是美国心理协会于1998年授予他的"总统奖"，这项奖称他为"在世的最睿智、最富创新精神的哲学家之一"②。不过，他受到的对他的学术成就的最大奖赏无疑是1974年在他36岁时出版的《无政府、国家与乌托邦》一书。此书是诺奇克社会政治伦理哲学的代表作。1998年，诺奇克因为"不仅对于当代哲学具有重要影响，而且以其观念超越了他所在的学科，乃至于学术的真实而深刻的影响"而获得约瑟夫·佩里格雷诺（Joseph Pellegrino）驻校教授职务荣誉，在他之前总共只有17位哈佛大学的教授获此殊荣。随后，他又主持了《哈佛哲学评论》杂志，很快便跻身于当代一流哲学家的行列。诺奇克一生中的著述涉及多个领域，主要著作有《无政府、国家与乌托邦》（1974年）、《哲学解释》（1981年）、《生命之检验》（1989年）、《个人选择的规范分析》（1990年）、《理性的本质》（1993年）、《苏格拉底的困惑》（1997年）、《恒常：客观世界的结构》（2001年）等。

──【写作背景】────────────────────────────

自第二次世界大战结束以来，西方各国开始朝福利国家的目标前进，一直到20世纪60年代末，西方各国经历了一段辉煌的社会发展时期，罗尔斯的《正义论》是这一历史时代的完美的哲学表达。到了20世纪80年代，以美国里根总统和英国撒切尔首相的上台为标志，西方的政治思想潮流发生了变化，保守主义开始流行。这种保守主义的主题依然是自由主义，这种政治潮流思想的当代代表人物罗伯特·诺奇克受到罗尔斯正义理论的启发，于1974年发表了他的代表作——《无政府、国家与乌托邦》。该书针对罗尔斯的

① 周保松：苏格拉底式的一生——纪念诺奇克［N］. 二十一世纪，2002（4）.
② 迈克尔·H. 莱斯诺夫. 二十世纪政治哲学家［M］. 冯克利，译. 北京：商务印书馆，2001：326.

"公平正义理论"，反其道而行之，指出资本主义国家的政府应当是自由市场经济的"守夜人"，只有这种"最小国家"，才能充分保障和尊重个人的财产、权利和选择自由和道德自决。该书强调"权利在先"，无论任何人、群体或者国家都不可以对个人所拥有的各种具体的权利进行侵犯。诺奇克坚持"自由至上"原则，并为此提出了对应的论证系统。

如何解决自由与平等这对矛盾是当代西方社会正义理论的主题。罗尔斯的《正义论》主张通过区分两个领域来调和自由与平等的矛盾。1974 年，诺奇克《无政府、国家与乌托邦》一书的出版是对罗尔斯《正义论》的强力回应，这意味着自由与平等的争论在罗尔斯与诺奇克之间展开。虽然他们都是当代西方自由主义的重要代表人物，但他们的核心观点却存在对立。诺奇克认为罗尔斯试图以在价值上追求平等来消除了人际间自然差别以有利于社会少数最小受惠者，这是对社会强者权利的侵犯。因为人在自然禀赋的不平等既不能说是道德的，也不能说是不道德的。而且，人不能以结果平等与否来决定人的拥有与所得是否正当与合法。该书强调了不仅社会的基本制度要符合正义，而且人的行为也要符合正义。

——【中心思想】

本书是对罗尔斯《正义论》的批评和回应。全书除前言、致谢和索引外，分成 3 部分共 10 章，全书约 38 万字。第一部分《自然状态理论，或如何自然而然地追溯出国家》，在批评无政府主义时为最低限度国家提供了辩护，包含第一至第六章的内容。第二部分为《超越最弱意义的国家?》，阐述了任何更多功能的国家都无法得到辩护。在此诺奇克阐述了一种正义的资格理论，并批评了罗尔斯的平等主义的分配正义理论，用第七章到第九章论述。第三部分为《乌托邦》，即第十章转向了乌托邦理论，认为最低限度国家恰恰是乌托邦传统中合理的因素。主要内容有：

第一，围绕"个人权利"，从道德的角度重申了古典自由主义"守夜人"的国家理论。

诺奇克在书中紧紧围绕"个人权利"这个核心概念，从道德的角度发展出一个具有内在逻辑的政治哲学的理论体系。全书共分三个部分：第一部分《自然状态理论，或如何自然地追溯出国家》，主要是讨论国家的起源及其必要性问题。诺奇克指出国家的形成，源自自然状态（state of nature）中个人权利的维护，他认为在自然状态中，如果由个人自己来保护自己的权利，存在着种种不便之处，国家就是在解决这诸多不便的过程中形成的。他证明了一种"最低限度的国家"可以以一种不侵犯个人权利的方式从无政府状态中自然而然地产生，并且他认为一种最弱意义、最少管事的国家也能够在道德上得到证明。第二部分《超越最弱意义的国家》，讨论国家的功能是否在道德上合法。这一部分进一步探讨国家是否还能管更多的事，比防止暴力、偷窃、欺诈和强制履行契约等更多的事情。在此，诺奇克得出的结论是否定的，即国家不能管更多的事，而只能到此为止。他证明了"功能更多"的国家必侵犯个人的权利，是不正当的。第三部分《乌托邦》，讨论国家的理想及其可欲性问题，其最终衡量标准也是作为道德边际约束的个人权利。这一部分相对篇幅较小，主要探讨了"最低限度的国家"的魅力，他称之为"乌托邦结构"——亦即最弱意义的国家，他证明了这种最弱意义的国家是"权利的理想国"，同时也是乌托邦，而乌托邦是可行的、令人振奋和鼓舞的，拥有美好的前景。

诺奇克的这些思想为当代捍卫以私有制为基础的市场经济提供了一个严格的道德哲学和政治哲学论证体系。

第二，以权利正义论挑战罗尔斯的分配正义论，确立了政治哲学的一种全新范式。

《无政府、国家与乌托邦》一书作为对《正义论》的批评和回应，作者对罗尔斯所提出的新契约论的正义原则进行了反驳。罗尔斯所提出的两个正义原则是：（一）每个人对与其他人所拥有的最广泛的基本自由体系相容的类似自由体系都应有一种平等的权利。（二）社会的和经济的不平等应这样安排，使它们适合于最少受惠者的最大利益；依系于在机会公平平等的条件下职务和地位向所有人开放。诺奇克并不反对罗尔斯的基本自由及其优先性的原则，而是反对其"差别原则"，认为这一原则严重损害自由，侵犯个人的权利，因为"个人拥有权利，而且有一些事情是任何人或任何群体都不能对他们做的（否则就会侵犯他们的权利）。这些权利是如此重要和广泛，以致它们提出了国家及其官员能够做什么的问题"①，诺奇克认为对个人权利的任何侵犯，无论来自个人、社会还是国家，都是不正义的。

诺奇克认为两个正义原则不应该是分配的正义，而应该是关于持有的正

① 罗伯特·诺奇克. 无政府、国家和乌托邦［M］. 姚大志，译. 北京：中国社会科学出版社，2008：1.

义，关于持有的正义的一般纲领是："如果一个人根据获取和转让的正义原则或者根据不正义的矫正原则（由头两个原则所规定的）对其持有是有资格的，那么他的持有就是正义的；如果每一个人的持有都是正义的，那么持有的总体（分配）就是正义的。"① 这个纲领是由三个原则组成：第一，关于持有的获取原则。这一正义原则主要解决的是"对无主物的占有"的合法性问题。"它包含这样一些问题：无主物如何变成有主的，什么样的过程使无主物变成有主的，在这种过程中什么东西能被持有，通过一种特殊的过程能被持有的范围是什么。"第二，关于持有的转让正义原则。这一原则主要解决"通过什么过程一个人可以将其持有转让给另一个人？一个人可以怎样从持有它的另一个人那里获取一个持有物"②。诺奇克强调，持有只有从一个人转移到另一个人是自愿的时候，它才是正当的。第三，关于持有的矫正的正义原则。这一原则就是对最初获得和转让中的不正义的纠正，因为并非所有实际状态都依赖于持有正义的两个原则才产生出来，获取正义原则和转让正义原则，许多财产是以不正义的方式获得的，所以需要"矫正原则"来加以纠正。

在该书中诺奇克反对任何模式化的经济利益分配方式，设定了个人权利的绝对性和神圣性，重构了洛克式古典自然法的"资格理论"。

──【分章导读】────────────────

第一部分　自然状态理论，或如何自然而然地追溯出国家　对部分作者探讨了最弱意义的国家是否有必要并有可能以不违反个人权利的方式从中产生的问题。对这一问题诺奇克得出的结论是肯定的，他认为一种最弱意义、最少管事的国家是能够在道德上得到证明的。本部分包含第一至第六章共六章内容，分三个大部分论述。

第一章　为什么要探讨自然状态理论　这一章诺奇克首先回答了为什么研究自然状态理论是如此重要的理由，以及为什么认为这种理论将会是内容丰富的理由。诺奇克回答说："政治哲学的基本问题是：任何国家是否应该存在。为什么不是无政府呢？"因此，从无政府的"自然状态"开始是恰当的。无政府主义者坚持认为："如果没有国家我们会生活得更好；任何国家都必然

① 罗伯特·诺奇克. 无政府、国家和乌托邦 [M]. 姚大志，译. 北京：中国社会科学出版社，2008：183 - 184.

② 罗伯特·诺奇克. 无政府、国家和乌托邦 [M]. 姚大志，译. 北京：中国社会科学出版社，2008：180.

侵犯人们的道德权利，从而本质上都是不道德的。"诺奇克认真对待了无政府主义的主张，并设想如果能从一种人们有理由期望的最好的无政府状态开始，并且能够表明："国家甚至将会比这种最好的无政府状态更加优越，是在现实中能够期望的最好的东西……那么这就为国家的存在提供了一种理论基础，就为国家提供了正当的辩护。"① 诺奇克通过论证得出结论：某一种形式的组织最弱意义上的国家并不需要违反任何道德原则而存在。

第二章　自然状态　这一章作者详细阐述了自然状态，解释了保护性社团、支配性的保护性社团和看不见的手等几个问题。

诺奇克首先分析了有关洛克的自然状态问题。在洛克的自然状态中，个人处于一种完善的自由状态，在其中，自然法要求"任何人都不应该侵犯另一个人的生命、健康、自由和财产"。但也有种种不便：由私人和个人来强行执行自己的权利会导致世代争斗，导致无休止的报复行动和索要赔偿，而且个人也可能缺少力量来保护自己的权利。这时候，由个人组成的群体可以形成相互保护的社团，即私人保护机构，而将所有侦查、拘捕、罪行的司法判决、惩罚和索取赔偿的功能都移交给私人保护机构。随着竞争，很快出现了支配性的保护性社团。"由于自发群体、相互保护的社团、劳动分工、市场压力、规模经济和合理自利的压力，从无政府状态中，产生出某种非常类似于一个最低限度的国家（minimal state）或一群拥有明确地理界线的最低限度的国家的东西。"② 这样一个支配性的保护性社团与国家有何不同？在回答这个问题之前，诺奇克先区分了"看不见的手的解释"和"隐蔽的手的解释"，在前者中，"那些看起来是人们有意设计的东西，并不是由任何人的意图所产生的"；而在后者中，那些看起来纯粹是一对互不相关的事实，则是个人或群体有意设计的产物。支配的保护性社团却似乎不同于最低限度的国家，至少在两个方面有所不同：（1）国家声称保有境内对强力的垄断权，而保护性机构则并没有做出这样的宣告，它看起来也不具有做出这种宣告的道德合法性。因而保护性机构缺少垄断因素。（2）在国家中，生活在地理界线内的每个人都得到了或有资格得到保护，而保护性社团却只保护那些付钱购买保护的人，因为有不同等级的保护可供购买。

---

① 罗伯特·诺奇克. 无政府、国家和乌托邦［M］. 姚大志，译. 北京：中国社会科学出版社，2008：5.

② 罗伯特·诺奇克. 无政府、国家和乌托邦［M］. 姚大志，译. 北京：中国社会科学出版社，2008：20.

第三章 道德约束和国家 这一章作者从三个方面讨论了道德约束与国家的关系。

第一，诺奇克说在守夜人式的最低限度国家和私人的保护性社团制度之间，存在着一种社会安排叫作超低限度的国家：它"保持着对所有强力适用的垄断权，从而排除了私人（或机构）对侵害进行报复和索取赔偿。但是，它只向那些购买了它的保护和强制保险的人提供保护和强制服务。没有向这个垄断机构付钱以得到保护契约的人们则得不到保护"①。而最低限度国家就等于超低限度国家加上一个明显再分配的、由税收支持的、所有人享有的代金券制度，用以支付从超低限度国家购买保险。诺奇克的这个区分是从道德上辩护最低限度国家的一个步骤。

第二，道德约束与道德目标。诺奇克认为，可以用两种方式看待权利（right）：或者纳入道德目标，或者把权利当作对行为的边界约束。与把权利纳入一种目的状态相对应，人们可以把这种权利当作对采取行动的边际约束。之所以采取边际约束是因为这样反映了其根本的一种康德式的原则：个人不仅仅是手段，也是目的；不经过他们的同意，不能被牺牲或被用来达到其他的目的。个人的权利是神圣不可侵犯的。为什么不能主张：为了生活的整体利益而使得一些人来承受一些代价呢？诺奇克这样说："并不存在拥有利益的社会实体，这种社会实体能够为了自己的利益而承受某些牺牲。存在的只是个体的人。"②"存在着不同的个人，他们拥有各别的生命，所以任何人都不可以为了他人而被牺牲，这是一个根本的理念。这个根本理念是道德边界约束之存在的基础……也导向一种禁止侵害别人的极端自由主义的（libertarian）边界约束。"③

第三，约束与动物。诺奇克进一步考虑了边界约束的位置和含义。人基于什么理由才具有不可侵犯的权利？那么动物是否也能享有不可侵犯的权利呢？涉及动物的时候，或许常识会推荐一种"对动物的功利主义和对人的康德主义"的混合方案。对于功利主义者，我们可以说："只要快乐、痛苦、幸福等体验（以及对于这些体验的能力）是与道德相关的，那么动物就必须在

---

① 罗伯特·诺奇克. 无政府、国家和乌托邦［M］. 姚大志，译. 北京：中国社会科学出版社，2008：32.

② 罗伯特·诺奇克. 无政府、国家和乌托邦［M］. 姚大志，译. 北京：中国社会科学出版社，2008：39.

③ 罗伯特·诺奇克. 无政府、国家和乌托邦［M］. 姚大志，译. 北京：中国社会科学出版社，2008：40.

它们拥有这些能力和体验的范围内被纳入道德的考虑。"通过体验机的例子，诺奇克认为，我们想望的东西是在于实在的接触中过我们自己的生活。体验机把我们限制在一个人造的世界之内，在这个世界里，没有比人造事物更深刻或更重要的东西。

第四，约束的根据是什么？一个人的特征——正是由于这些特征别人才在对待他的方式上受到约束——本身必须是有价值的特征。道德约束关涉到的个人特性的备选答案是：感觉和自我意识，理性，自由意志，道德主体，灵魂。除掉最后一项，诺奇克猜测，这些因素和"按照所选择的某种整体观念来调节和指导其生活的能力"合在一起，可以构成对生活的意义的一种理解："一个人按照某种整体计划塑造其生活，就是以一种方式来赋予他的生活以意义；一个人只有拥有如此塑造其生活的能力，才能够拥有富有意义的生活或者为富有意义的生活而努力奋斗。"① 这是诺奇克最基本的道德哲学观念。

第四章　禁止、赔偿和冒险　作者在这一章回答了这样一个问题：在国家不要求个人掌握的权利总量之外的东西的情况下，怎样以这种方式来解释一个国家呢？为了回答这一问题，诺奇克广泛地运用了两个概念：危险和补偿。诺奇克的观点是，在保护性服务的一个自由市场中，个人会面临一些来自令人可疑的防卫机构的危险性活动。正如我们看到的，他认为人民应当有一种公正和可靠的程序性"权利"。现在，危险本身必须是一种主观的东西。"厌恶危险"因人而异，就像在保险市场上可以看到的。但诺奇克将"害怕"这一心理事实融入了一种个人的危险之中，这就使得危险变得更具主观性了。正是因为这一点，诺奇克才主张"禁止"某些个体（即保护性机构）确实有权进行的危险性活动是合法的。不过，这里的关键原则是：人们应该为其被禁止的某些风险行为而得到赔偿。只有对那些其权利因而受到伤害的人进行补偿（这一补偿应足以恢复到其受到禁止之前的状况）才是合法的。

第五章　国家　在这一章作者论述了国家的产生问题。在绕了那么大一个圈子做了些理论准备之后，诺奇克回到了支配的保护机构如何对待独立者的问题，即国家产生的问题。诺奇克从程序的角度展开论述，他认为，独立者私人执行权利和正义可能是高度风险，不管他的程序在一个具体情况中是否起了作用，他都给别人带来了危险，"他的程序（与其他程序相比）包含了

---

① 罗伯特·诺奇克. 无政府、国家和乌托邦［M］. 姚大志，译. 北京：中国社会科学出版社，2008：61.

惩罚无辜者或过重惩罚有罪者的更高风险，或者是因为大家不知道他的程序是不是具有风险"①。那么禁止如何进行呢？诺奇克认为关键在于程序性权利即罪行的公共证明和确认犯罪的程序的选择。"每一个个人都确实拥有要求获得公共的信息或他可以得到的信息的权利。这些信息足以表明将用于他的正义程序是可靠的和公平的。"② 而且个人拥有抵制不正义程序的权利。同时，任何人都没有权利使用相对不可靠的程序。

诺奇克把国家的正当合理性定位在"守夜人"的角色上。"最低限度国家"的合法性职责仅限于"承担制止暴力、盗窃、诈骗和契约的履行等十分有限的职能"，国家不管在什么情况下都不能从事任何经济再分配的活动。任何政府如果拥有比守夜人更多的权力的话，则它一定会侵犯到公民个人的自然权利，并因此违反了道德原则。诺奇克的结论是：支配性的保护性社团在一个地域内满足了成为国家的两个关键的必要条件，它对该地域内的强力使用拥有必需的垄断权，以及它保护该地域内所有人的权利，即使这种普遍的保护只能以一种"再分配"的方式来提供③。这种解释是一种看不见的手的解释。

第六章 关于国家之论证的进一步思考 诺奇克在这一章探讨了"最弱意义的国家"问题。所谓"最弱意义的国家"也就是一种管事最少的国家，最低限度的国家。诺奇克首先用这种国家来反对个人主义的无政府主义者，认为这种最弱意义的国家处在他们的攻击之外——即处在国家侵犯了个人的权利的攻击之外。诺奇克倡导的"最低限度的国家"在很大程度上与罗尔斯的公平正义原则针锋相对。诺奇克的论证起始于洛克的自然状态学说和权利学说，但他并没有遵循着洛克的模式，而是设想在由个人自己所保护的权利有诸多不便的情况下，必有提供权利保护的机构出现。这样的保护机构彼此竞争，最后的结果可能只会剩下少数保护能力强的机构。诺奇克认为剩下的两个强势机构有三种情况：一种是两个保护机构彼此争斗，在这种情况下赢的一方逐渐将输的那一方的客户吸引过来，使输方最终被淘汰；第二种是这两个机构是分属不同区域的强势机构，此时，委托人将会移居到将自身加以

① 罗伯特·诺奇克. 无政府、国家和乌托邦［M］. 姚大志，译. 北京：中国社会科学出版社，2008：105.

② 罗伯特·诺奇克. 无政府、国家和乌托邦［M］. 姚大志，译. 北京：中国社会科学出版社，2008：121.

③ 罗伯特·诺奇克. 无政府、国家和乌托邦［M］. 姚大志，译. 北京：中国社会科学出版社，2008：134.

委托的那个保护机构所在的区域之内，形成在一个地理区域之内有一个保护机构的情况；第三种是这两个保护机构长久争斗不见高下，于是，它们同意设立一个仲裁者，并让仲裁者拥有最后的决定权。这样一来就形成了一个唯一的强势机构。总之，不论是上述三种的哪种情况，最终都将形成一个向生活在某一个地理区域中的人们提供服务的仲裁者。这一仲裁机构就是最低限度国家的雏形。

第二部分　超越最弱意义的国家　在这一部分诺奇克进一步探讨国家是否还能管更多的事，即管比防止暴力、偷窃、欺诈和强制履行契约更多的事情，在此，诺奇克得出的结论是否定的，即国家不能管更多的事，而只能到此为止，再管就要侵犯到个人的权利，因而在道德上就是不可证明的。

第七章　分配的正义　这是本书中唯一分节的一章，在本章中他提出了从分配正义角度为更多功能国家辩护的方案。诺奇克认为："最低限度的国家是能够得到证明的最多功能的国家，任何更多功能的国家都会侵犯人们的权利。"① 诺奇克用"持有的正义"（justice in holdings）取代了罗尔斯的分配正义（distributive justice）。

诺奇克对罗尔斯的分配正义理论进行了批判。诺奇克认为《正义论》很伟大，可以承接密尔的理论，但是对于需要分配的是社会合作产生的利益总额呢，还是因为社会合作导致的利益增加值呢？这一问题罗尔斯没有区分，诺奇克认为其实资格理论就够了，没有再分配的容身之地。诺奇克先提出自己的资格理论（entitlement theory）："如果一个人根据获取和转让的正义原则或根据不正义的矫正原则（由头两个原则所规定的）对其持有是有资格的，那么他的持有就是正义的；如果每一个人的持有都是正义的，那么持有的总体（分配）就是正义的。"② 持有正义由三个论题组成：持有的原初获取，持有的转让，对持有的不正义的矫正。诺奇克的资格理论是一种历史的、非模式的原则（历史的资格决定随后的分配之正当，一切取决于"它是如何发生的"）；而他所反对的是最终状态的原则或模式化原则，以某种自然的维度或标准，如功绩、福利、效用等来衡量分配。资格理论与各种模式处于随机关

---

① 罗伯特·诺奇克. 无政府、国家和乌托邦［M］. 姚大志，译. 北京：中国社会科学出版社，2008：179.
② 罗伯特·诺奇克. 无政府、国家和乌托邦［M］. 姚大志，译. 北京：中国社会科学出版社，2008：183 - 184.

系中，其口号是"从愿给者得来，按被选者给去"①。

除此之外，诺奇克对罗尔斯的批评还涉及几个方面：第一，"合作条件和差别原则"。诺奇克指责说，在原初状态下的个人为何会选择一种关注群体而非关注个人的原则。并且，差别原则虽然能赢得禀赋更差者的自愿合作，却没有理由赢得禀赋更优者的自愿合作。罗尔斯在禀赋更差者和禀赋更优者之间采取了偏袒前者的立场。

第二，社会合作引出来的、集中分配的是合作所增加的利益还是全部利益，社会合作何以可能等，这实际是批评罗尔斯分配正义论的一个重要理论前提。诺奇克说，无知之幕本来就与历史原则相排斥，把社会合作的利益当成了不知道从哪儿来的社会馅饼。罗尔斯的原初状态不包括丝毫的资格原则，而"如果任何一种这样的基本历史—资格观点是正确的，那么罗尔斯的理论就不是正确的"②。在"宏观与微观"的小节中，诺奇克质疑了罗尔斯的正义原则只适用于宏观的、社会的基本结构的假定。这种假定是没有道理的。

第三，诺奇克分析天资问题。如何处理天赋与分配的关系，解决它对于平等主义的目标是至关重要的，因为，天赋差别是一事实，由此产生出的利益不平等也将是人类生活中的一种自然倾向，而平等即是一种目标、一种理想，对这一理想是否能提出足够的论据，证明人为的中止或干预上述产生差别的自然倾向是合理和正当的呢？罗尔斯之所以拒绝"自然的自由体系"，是因为它允许分配受道德上任意的因素即天资或自然禀赋的不恰当影响。但在把自然禀赋完全归属于外部因素的时候，其实是清除了人的自主选择和自主行为等因素。但这种贬低人的自主和自我责任的做法与罗尔斯倡导的人的尊严却背道而驰。罗尔斯的正面理由是：自然禀赋和天资是不应得的，从道德上看是任意的。但这只有无理由地预设平等为不证自明的原理，并且"一种事实从道德观点看是任意的"这种讲法也模棱两可，可以意味着"对于这个事实成为这个样子，没有任何道德理由；或者，对于这个事实成为这个样子，既没有道德意义，也没有道德后果"。就后一种意义而言，理性、选择能力和天资都不是道德上任意的。

① 罗伯特·诺奇克. 无政府、国家和乌托邦 [M]. 姚大志，译. 北京：中国社会科学出版社，2008：192.

② 罗伯特·诺奇克. 无政府、国家和乌托邦 [M]. 姚大志，译. 北京：中国社会科学出版社，2008：273.

第八章 平等、嫉妒和剥削等等 在这一章诺奇克主要讨论了关于平等、嫉妒和剥削三个问题。诺奇克认为物质条件的较大平等虽然是合法的，但很少得到证明，他倡导持有正义。持有正义的权利观念不以任何赞成平等或任何别的全面结果或模式的命题为前提。人们不能够径直认定必须把平等放进任何正义理论。对平等的论据是令人惊奇的缺乏的，而这种平等会与一种非总体和非模式的持有正义观的根本思想发生冲突。

他认为嫉妒的产生跟自尊很有关系，嫉妒是因为在某些重要方面，得分低的人在得分高的人面前感到自卑。而自尊则以有差别的特性为基础。诺奇克说，拉平绝非好方法，"社会为了避免自尊出现大范围的差别，最有希望的方法是使可供比较的方面不具有共同的权重，相反，应该有各种各样的不同方面和不同权重"①。也就是说，做一个街头流浪乞丐，应该让自己流浪得很酷很有尊严，而不是去想着均贫富。

关于剥削，诺奇克认为："马克思的剥削是对经济学缺乏了解的人们的剥削。"② 也就是说没有掌握生产资料的观点在某个时期内可能是真实的，但在我们的社会里，劳动阶层的大部分人现在都有自己的私人现金储备，工会每年也握有大量的现金储备。这些工人能够等待，能够投资。但这些钱没有用来建立工人自治的工厂，激进分子和社会民主论者不大力推行工人自治企业。介入某种联系的权利并不是一种与任何人建立这种联系的权利，甚至不是一种与任何想要或愿意进入此种联系的人建立这种联系的权利，而只能说是一种与任何有权介入它的人建立这种联系的权利。

第九章 民主过程 在这一章中诺奇克讲述了最低限度国家如何变成民主国家的问题。

在前面的章节中，诺奇克证明了最弱意义上的国家，否定了个人主义的无政府主义者的反对意见，说明了所有支持一个功能更多或更有权力的国家的重要道德论据都是不恰当的。在这一章中诺奇克试图在资格理论框架内继续讲述现代民主国家形成的故事：最低限度国家是如何变成民主国家的。每个人都拥有权利，他们把权利打包分类、出售、交易，最后的局面是，社会变成了一个股东大会，每个人对任何事情都拥有微不足道的权利，而国家则

---

① 罗伯特·诺奇克. 无政府、国家和乌托邦 [M]. 姚大志，译. 北京：中国社会科学出版社，2008：295.

② 罗伯特·诺奇克. 无政府、国家和乌托邦 [M]. 姚大志，译. 北京：中国社会科学出版社，2008：314.

对公民拥有巨大的权力。这就是民主制度。

第三部分　乌托邦　这部分的篇幅相对较小，回答了"如何能让大家都生活在一个对自己最理想的社会中，又不侵犯到个人的权利"的问题。

第十章　一种乌托邦的框架　在探讨了最低限度的国家的必要性和更多功能国家的非法性后，诺奇克提出乌托邦结构的方案——即"最弱意义的国家"，这种乌托邦的框架试图表明，最低限度国家是值得向往的，是能够容纳种种乌托邦想象和追求的框架的。"在某种严格的意义上，乌托邦必须对我们所有人都是最好的；对我们每一个人来说，它是可想象的最好世界。"[1] 首先在模型中设想这样的一个世界所需要满足的条件：任何居民都无法想象另外一个更愿意居住的世界，虽然他们有想象和移民的权利。与这种模型相对的是各种各样的共同体，所以这样一种乌托邦是一个框架："乌托邦将由各种乌托邦构成，在这些共同体中，人们在不同的制度下面过着不同的生活。"[2] 有一些思路和理由支持框架：人们是不同的，也是复杂的。"乌托邦是各种乌托邦的框架，是这样一个场所，人们有权在理想的共同体中自愿地联合起来，去努力追求和实现他们关于美好生活的梦想，但是在这里，任何人都不能把自己的乌托邦梦想强加给别人。"[3] 因为人们所追求的美好社会的诸条件，放在一起经常是矛盾的。不可能同时地，也不可能连续地实现所有社会和政治的善，这正是人类状况中一个令人遗憾的事实。既然不可能有一个符合所有人愿望的最完善、最圆满的世界，那就转而设想所有可能世界中的最好世界，这就是诺奇克描述的乌托邦框架，全书就是为了证明最低限度国家就是一种人类乌托邦的框架。

──**【意义与影响】**──────────────────────────

第一，该书复活了古典自由主义的基本理念，奠定了当代自由主义学术讨论核心义本的地位。

《无政府、国家与乌托邦》是战后出现的一部论述自由至上政治思想最重

---

① 罗伯特·诺奇克. 无政府、国家和乌托邦［M］. 姚大志，译. 北京：中国社会科学出版社，2008：356.

② 罗伯特·诺奇克. 无政府、国家和乌托邦［M］. 姚大志，译. 北京：中国社会科学出版社，2008：373.

③ 罗伯特·诺奇克. 无政府、国家和乌托邦［M］. 姚大志，译. 北京：中国社会科学出版社，2008：373 - 374.

要的著作①。作为当代自由主义的经典著作之一，此书的出版使得被许多人不看好的自由主义重新充满活力。在该书中，与古典自由主义的先驱洛克一样，诺奇克从自然法和社会契约的思想出发，令人信服地分三步论证了只有最低限度的国家才是道德上正当的国家。诺奇克认为国家只能作用于属于个人权利之外的活动空间，而不是个人享受国家权力之外的活动空间；个人拥有绝对的权利，这种权利的边界，没有经过权利的所有者的自由同意，是任何国家权力都不能任意逾越的。诺奇克继承了从洛克到哈耶克和弗里德曼等自由主义思想家的传统，重申古典自由主义的"守夜人"的国家理论。

第二，该书确立了一种全新的政治哲学范式，拓展了正义问题的议题。

1971 年罗尔斯《正义论》的发表使政治哲学变成众人关注的焦点，然而，诺奇克这部著作的出版却以一种具有挑战性和独创性的魄力对已有的政治哲学理论形成了一种颠覆性的质疑，因而成为继《正义论》之后出现的最重要的政治哲学名著。有学者这样评价：他所提出的政治哲学观点具有惊人、有力而且不妥协的独创性。自从这部著作出版以来，几乎每一本出版的关于正义、财产或政治义务的著作都包括对他的著作的讨论，或者至少提到他的这本著作。

第三，该书扣住了时代脉搏，对人类思想事业做出了巨大贡献。

如何解决自由与平等的矛盾是当代西方社会正义理论的主题，展望当今时代，我们对个人的权利与自由愈来愈重视，对于人类自由与平等发展的问题的思考是难以绕开诺奇克的这本具有争议性的名著的。与罗尔斯关于康德道德哲学的规范性研究不同，诺奇克一直把自己的研究重点放在如何用恰当的道德理论去说明我们面对的生活和世界，他以自由思想家的姿态自由而洒脱地走在思想自由的时代前沿，并极其成功地实现了学术探讨与政治关怀的有机结合，因此，可以恰当地把诺奇克的这本书称之为一本社会政治伦理学著作。此书在出版的隔年便获得美国国家图书奖"卡巴图书奖"，这是美国哲学界最高的学术荣誉之一。1988 年新版的《不列颠百科全书》把这部书作为近年来最重要的理论成果之一予以专门介绍。此书还被《泰晤士报文学增刊》选入二战之后最有影响的 100 部著作，已经被翻译为 10 种语言出版。纽约大学哲学系教授，著名哲学和伦理学家内格尔将诺奇克列为在 100 年以后，能够仍然被人们所阅读的 20 世纪下半叶的两位哲学家之一（另一位是罗尔斯）。

---

① 诺曼·巴里. 古典自由主义与自由至上主义 [M]. 竺乾威，译. 上海人民出版社，1999：143.

第四，该书指出了罗尔斯等社会正义论者关于"分配正义"理论的致命之处，但仍然没有摆脱放任自由主义。

任何理论都有理论本身的解释力和范围，在一定范围内理论本身拥有强大的解释力和说服力，而一旦超出这一范围就会遇到自身的局限性和自身设置的困境。诺奇克既不接受社会契约论的假想前提，也不承认功利主义等任何一种模式化的分配正义原则，而是想从个人自由权利这一最基本的立论前提出发来摆脱其他关于"分配正义"的局限。然而，他的这种以历史形成的个人持有权利和个人自由为根本出发点的正义理论在权利理论的建构进程中不可避免地构成了其理论的困境和内在悖论，而且仍然是对自亚当·斯密以来放任自由主义的直接继承和发展。其"最弱意义的国家"和个人权利自由都具有内在的困境。而且"最弱意义的国家"理论并没有跳出古典自由主义理论，仍然是在维护私有制。

──【原著摘录】────────────────────

前言 P1－3

P1　我们关于国家的主要结论是：能够得到证明的是一种最低限度的国家（minimal state），其功能仅限于保护人们免于暴力、偷窃、欺诈以及强制履行契约等等；任何更多功能的国家都会侵犯人们的权利，都会强迫人们去做某些事情，从而也都无法得到证明；这种最低限度的国家既是令人鼓舞的，也是正当的。有两点值得注意：国家不可以使用强制手段迫使某些公民援助其他公民，也不可以使用强制手段禁止人们追求自己的利益和自我保护。

P3　本书的要旨是它的特殊论证。此外，我还可以进一步提示后面所要讨论的内容。既然我以关于个人权利的强力表述为开端，所以我应该严肃地对待这种无政府主义者的主张，即国家在领土范围之内维持其使用强力的垄断权和保护每一个人的过程中，必定侵犯个人的权利，从而在本质上就是不道德的。与这种主张相反，我提出，国家能够从无政府（犹如洛克所说的自然状态）中产生出来，其过程也无须侵犯任何人的权利，即使没有人有意于此或试图使它产生。

第一部分　自然状态理论，或如何自然而然地追溯出国家 P3－178

第一章　为什么要探讨自然状态理论 P3－10

P3　在探讨国家应该如何加以组织之前，政治哲学的基本问题是：任何国家是否应该存在。为什么不是无政府呢？如果无政府主义是理论是有道理的，从而意味着对政治哲学的整个主题釜底抽薪，那么从检验作为一种理论选择的无政府主义来开始政治哲学就是非常合适的。那些觉得无政府主义并非没有吸引力的人们，将会认为政治哲学也许就在这里终结了。

P5　如果没有国家我们会生活得更好，而且声称任何国家都必然侵犯人们的道德权利，从而本质上都是不道德的。

P5　如果人们能够表明，国家甚至将会比这种最好的无政府状态更加优越，是在现实中能够期望的最好的东西……那么这就为国家的存在提供了一种理论基础，就为国家提供了正当的辩护。

第二章　自然状态 P11—31

P14　一个相互保护的社团可以实行不干预政策来处理其成员的内部冲突。但是，这种政策会造成该社团内部不和，也可能导致形成一些小团体，而这些小团体相互争斗，就会引起社团的崩溃。

P20　由于自发群体、相互保护的社团、劳动分工、市场压力、规模经济和合理自利的压力，从无政府状态中，产生出某种非常类似于一个最低限度的国家（minimal state）或一群拥有明确地理界线的最低限度的国家的东西。

第三章　道德约束和国家 P32—64

P37　个人是目的，而不仅仅是手段；没有他们的同意，他们不能被牺牲或被用来达到其他的目的。个人是神圣不可侵犯的。

P39　边界约束表达了他人的神圣不可侵犯性。但是，为什么一个人不可以为了更大的社会利益侵犯人们呢？就个人而言，我们每一个人有时愿意为了更大的利益或避免更大的伤害而经受某些痛苦或牺牲……那么为什么不能同样主张，为了社会的整体利益，一些人应承受一些代价以使其他人们获得更多的好处？但是，并不存在拥有利益的社会实体，这种社会实体能够为了自己的利益而承受某些牺牲。存在的只是个体的人，具有他们自己个别生命的不同的个体的人。为了其他人的利益而利用其中的一个人，就是利用他而使别人得到好处，仅此而已。所发生的事情是，对他做了某些事情，却是为了别人的缘故。谈论社会整体利益就把这个问题掩盖起来了。

P40　存在着不同的个人，他们拥有各别的生命，所以任何人都不可以为了他人而被牺牲，这是一个根本的理念。这个根本理念是道德边界约束之存在的基础，但我相信，它也导向一种禁止侵害别人的极端自由主义的（libertarian）边界约束。

P61 一个人按照某种整体计划塑造其生活，就是以一种方式来赋予他的生活以意义；一个人只有拥有如此塑造其生活的能力，才能拥有富有意义的生活或者为富有意义的生活而努力奋斗。

第四章 禁止、赔偿和冒险 P65－104

P84 一种制度只要给予赔偿就允许越界，表明它把人用作手段；知道他们被如此利用，知道他们的计划和期望容易遭到武断的阻挠，这就要求人们付出的代价；某些伤害可能是无法赔偿的；对于那些可赔偿的伤害，一个行为主体如何能够知道这种实际的赔偿不会超出他的能力。

第五章 国家 P105－141

P105 如果存在着许多容易做出错误惩罚的独立者，那么其概率累加起来就会产生一种涉及所有人的危险处境。这样，其他人就有权利形成一个群体，来禁止所有这样的行为。但是这种禁止如何进行？他们要禁止每一个单独进行并不会引起恐惧的行为吗？在自然状态中，他们能够基于什么程序从全体行为中挑选出一些来加以禁止，以及什么东西赋予他们以这样做的权利？任何保护性社团都没有这种权利，无论它处于什么样的统治地位。因为保护性社团的合法权利仅仅是个人权利的总和，而这些个人权利是其成员或委托人转让给该社团的。没有任何新的权利和权力产生出来；社团的每一种权利都可以毫无剩余地分解为这些个人权利，而这些个人权利是自然状态中单独行动的不同个人所拥有的。

P107 在自然状态中，任何个人都可能出于自身利益的考虑而拒绝参加有可能达成全体一致的契约：例如，建立国家的协议。一个人能够从这样的一致协议中得到的任何东西，他都能够从分别的双边协议中得到。任何真正需要近于一致的契约，任何本质上共同达成的契约，无论某个特定个人是否参与其中，都会达到它的目的；所以，一个人尽力使自己不参与其中，这是符合他的利益的。

第六章 关于国家之论证的进一步思考 P142－178

P168 只有当一个机构实际上行使禁止的权利的时候，即禁止他人为强行正义使用其不可靠的程序，这才是它成为事实上的国家。我们对这种禁止所做的理论说明，依赖于人们在知识信息方面的无知、不确定和缺乏。在某些情况下，人们不知道某个人是否从事了某种行为，而且确认此事的程序在可靠性和公平性方面也差别很大。

第二部分　超越最弱意义的国家 P179－354

第七章　分配的正义 P179－278

P181　如果一种分配通过合法手段产生于另一种正义的分配，那么它就是正义的。

P186－187　如果一种分配原则规定分配随着某种自然维度、自然维度的权重总合或自然维度的词典式序列而变化，那么让我们把这种分配原则称为模式化的（patherned）。

P190　必须承认，假如人们对把自己的持有转让给别人所提供的理由总是非理性的和任意的，那么我们就会感觉到这种不安。……如果资格体系之正义下的大多数转让都有其发生的理由，那么我们在坚持这种资格体系时就会感到更欣慰一些。这并不必然意味着，所有人对于他们所收到的持有都是应得的。它只不过意味着：某个人把一个持有物转让给这个人而非那个人，这是有意图的或有目的的，我们通常能够明白，转让者想到了他正在得到什么，他想到了他正在提供服务的原因，他想到了他正试图达到的目的，等等。既然在一个资本主义社会里，人们通常是按照他们认为这些人会使自己受益多少而把其持有转让给别人的，所以这种由个人交易和转让构成的整体结构在很大程度上就是有理由的和可理解的。

P193　如果人们有资格来处理他们（在 D1 中）对之拥有资格的资源，那么这不是也包括他们有资格把它给予威尔特·张伯伦，或者同他进行交换？

P195　这种社会主义社会将不得不禁止赞成交易的成年人之间的资本主义行为。

P196　这种说法不现实地预先假设了："（1）所有人都非常想维持这种模式（那些不这样想象的人会接受'再教育'或被迫进行'自我批评'吗?）;（2）每个人对于他自己的行为以及其他人正在从事的行为都能得到足够的信息，以发现他的哪些行为将打乱这种模式；以及（3）这些不同的、远隔千山万水的人们能够协调他们的行为以保持同这种模式相吻合。"

P201　模式化的分配正义原则的倡导者只关注确定谁应得到什么的标准，他们只愿意考虑那种支持某些人应该拥有某些东西的理由，以及那种支持总体持有图景的理由。无论给予是不是比接受更好，模式化原则的倡导者都完全忽视了给予。在考虑物品、收入以及其他东西的分配不公时，他们的理论是接受者的正义理论，他们完全忽视了一个人拥有把某种东西给予某人的权利。

P218 《正义论》是政治哲学和道德哲学领域一部有力的、深刻的、精致的、内容广泛的、系统的著作，起码自约翰·斯图尔特·密尔（Johan Stuart Mill）以来，还没有见到可以与之匹敌的作品。它是各种发人深省的思想之源泉，而这些思想被整合进一种优美的整体。现在，政治哲学家们或者必须在罗尔斯的理论框架内工作，或者必须解释不这样做的理由。

第八章 平等、嫉妒和剥削等等 P279-329

P312 在一个社会主义社会，在极其缺乏做出投资和生产决定之能力的情况下，如果这个社会的统治者敢于完全按照工人工作的"社会必要"劳动时间之多少来支付给他们报酬，那么这会令人十分惊讶！

P314 消除掉大部分支撑着马克思主义经济学理论的科学动机。人们最终会产生这种观点，马克思的剥削是对经济学缺乏了解的人们的剥削。

P314 一个人的行为是否是自愿的，取决于限制他选择的东西是什么。如果是自然的事实，那么这种行为就是自愿的。（我可以自愿地步行到某个地方，尽管我更愿意能自己飞到那里。）其他人的行为为一个人可以得到的机会设置了限制。这是否使一个人的行为成为不自愿的，取决于这些其他人是否有权利这样做。

P315 所有其他人的选择和行为没有为 Z 提供某种其他选择。（关于做什么工作，他可以有各种选择。）Z 是自愿地选择工作吗？……如果从 A 到 Y 所有人的行为都是自愿的，并在其权利范围之内，那么 Z 的选择就确实是自愿的。……其他人自愿地从事选择，并在自己的权利范围内采取行动，而没有为一个人提供一种更令人满意的选择对象，这一事实并没有使他的选择成为不自愿的，尽管他是在各种不同程度的、令人不快的选择对象中进行选择。

第九章 民主过程 P330-354

P352 既然一种从正义过程产生出来但又不包含任何个人同意的结构不会含有对他们权利的限制，或者不会包含他们并不拥有的权利，所以就我们所关心的权利而言，这种结构更接近个人权利的出发点。

第三部分 乌托邦 P355-400
第十章 一种乌托邦的框架 P355-400

P397 任何个人都可以约定使自己接受任何特殊的约束，而且也都可以利用这种自愿的框架约定自己不受它的约束。

──【参考文献】────────────────────

[1] 罗尔斯. 正义论 [M]. 何怀宏，何包钢，廖申白，译. 北京：中国社会科学出版社，1988.

[2] 罗尔斯. 政治自由主义（增订版）[M]. 万俊人，译. 南京：译林出版社，2011.

[3] 罗尔斯. 作为公平的正义：正义新论 [M]. 姚大志，译. 北京：中国社会科学出版社，2011.

[4] 姚大志. 当代西方政治哲学 [M]. 北京：北京大学出版社，2011.

[5] 俞可平. 社群主义 [M]. 北京：中国社会科学出版社，1998.

[6] 龚群. 当代西方道德论与功利主义研究 [M]. 北京：中国人民大学出版社，2002.

[7] 徐友渔. 当代西方正义论争论中的柯亨 [J]. 云南大学学报（社会科学版），2011（1）.

[8] 龚群. 诺奇克与罗尔斯比较：一种个人权利论 [J]. 教学与研究，2005（4）.

[9] 姚大志. 反契约论：评诺奇克的新自由主义 [J]. 哲学研究，1997（9）.

[10] 徐友渔. 关于自由和平等的当代思考 [J]. 云南大学学报（社会科学版），2003（6）.

[11] RAWLS. A Theory of Justice Cambridge [M]. MA：The Belknap Press of Harvard University Press，1971.

[12] NOZICK. Anarchy，State，and Utopia [M]. New York：Basic Books，1974.

[13] WOLFF. Robert Nozick：Property，Justice and the Minimal State [M]. Cambridge：Polity Press，1991.

五、《平等与效率——重大抉择》

[美] 阿瑟·奥肯

王奔洲 等译

华夏出版社，1999 年

——【作者简介】——

阿瑟·奥肯（1928—1980），当代美国知名经济学家，是美国战后最富有创造性的经济政策制定者之一。1928 年生于美国新泽西州的泽西城，1949 年毕业于哥伦比亚大学，获得文学学士学位，1956 年获得哥伦比亚大学经济学博士学位，后在耶鲁大学任教，讲授经济学，1963 年成为经济学教授。1961 年得到肯尼迪总统的垂青，作为幕僚在肯尼迪总统的经济顾问委员会（CEA）就职，历时两年；1964 年，又被聘为约翰逊总统经济顾问委员会成员，1968 年被任命为该委员会主席，时年 39 岁。自 1969 年约翰逊总统下台，奥肯便一直在布鲁金斯研究所任高级研究员，同时兼任一些大公司的经济顾问，1980 年卒于心脏病，终年 51 岁。

奥肯属于凯恩斯学派，一直研究宏观经济理论和经济预测理论，并且从事政策的制订和分析工作。在其职业生涯中的大部分时间里，他把聪明才智集中于那个根植在失业与通货膨胀之间抉择上的悬而未决的难题，并做出了卓越贡献。奥肯在理论上的主要贡献是分析了平等与效率的替换关系，并且率先提出潜在产出概念，随之发现了产出与失业之间的关系，提出了估算"可能产出额"的"奥肯定理"，又称"奥肯法则"。他所关心的问题很多，其中一个核心问题是能否寻求到这样一种方法：在控制通货膨胀的同时，不让成千上万的人失去工作。他信奉一种新的反通货膨胀政策，名为"以税收为基础的收入政策"。奥肯还以善于用简单的例证来阐明经济问题的要点而闻名。面对反对 1968 年增税的种种主张，他甚至以其 7 岁的不愿吃药的孩子的种种借口来加以类比。奥肯不止一次地表明，一个好的例子往往胜过 1000 个方程。奥肯的著作很多，主要有《繁荣政治经济学》（1971 年）、《平等与效率——重大抉择》（1975 年）、《可能的 GNP：它的测量方法及意义》（1977 年）、《价格与数量：一项宏观经济分析》（1981 年）、《不公平的市场：如何解决市场经济中的不平等》（1983 年）。

──【写作背景】────────────────────────────

在西方传统的经济理论中，对经济体制的评价通常都是将经济效率作为最重要的尺度。然而，随着西方资本主义发展过程中贫富两极分化现象的日益严重，关于资本主义制度是否真能保证平等的问题就成了人们怀疑和批评资本主义经济制度的焦点问题之一。由此，在相当长一段时间里，人们把平等和效率的关系看作是相互矛盾的——提高了效率必然会造成收入分配的不平等，而强调了平等又会影响效率。就效率与平等而言，要么选择前者，要么选择后者，二者必居其一，两者的交替是很难解决的。

就作者所在的美国，从一定意义上可以说，社会结构是双层次的。他们公开宣布对所有公民都一律平等，但其经济制度却是建立在收入被市场决定的基础上，由此产生了公民物质福利和生活水平上的巨大差别。不平等的收入和平等的权利之间混合的结果，造成了民主的资本主义经济原则和政治原则间的紧张关系。有些获得市场奖励的人，通过使用金钱来谋取额外的权利帮助，而这些权利本来就应该是平等分配的。对此类人来说，提前起跑就使得机会不再均等了。对在市场上那些受到惩罚的人来说，后果便是一定程度上的被人剥夺，这与人类尊严及相互尊重的民主价值观会发生冲突。有些经济政策，设计它们的目的是为了最大程度上减少那种既削弱了对生产的刺激又损害了经济效率的不平等的范围和数量。在这条道路的诸多岔口上，社会则面临着选择：或者是以效率为代价的稍微多一点平等，或者是以平等为代价的稍微多一点效率。按照经济学家习惯的用语来说，出现了效率与平等之间的抉择。为了在平等与效率中做出抉择，奥肯发表了自己的观点。在该书中，奥肯以超越经济领域的视角对平等与效率的关系及抉择问题进行价值分析和判断，从而形成了其颇具特色的抉择理论。自从 1969 年以来，作为布鲁津斯研究所的一个高级研究员，奥肯主要致力于那个根植在失业与通货膨胀之间的抉择上的悬而未决的难题。在这里，他暂时离开了主要的工作，把注意力转向他认为是更迫切、更普遍的抉择，这样做甚至有更大的风险。

【中心思想】

本书9万字，总共分4章：第一部分分析了权利和金钱，首先是对权利的特征、范围和存在的理由进行阐述，然后分析了金钱对权利的侵犯。第二部分讲述了市场经济的公平和效率问题，一如既往沿用经济学的理论阐述市场经济的效率问题，说明国家在市场经济中对权利和自由的侵犯。第三部分讲述的是经济福利分配过程中的收入和机会均等问题。第四部分阐述了在有效率的经济中增进平等。

阿瑟·奥肯在《平等与效率——重大抉择》一书中说：平等与效率间的抉择是"一种恐怕是更为困扰人心、更为普遍的抉择"，"而且它在社会政策的各个方面困扰着我们"[①]。因为这一抉择涉及权利、金钱、市场以及其他方方面面的问题，而又以权利、金钱、市场的关系为核心。该书以超越经济领域的视角对平等与效率的关系及抉择问题进行价值分析和判断，从而形成了其颇具特色的抉择理论：以"多元取向相统一"为抉择的出发点，以"效率优先，增进平等"为抉择方法，以"恰当的政府干预措施"为抉择的机制。该书集中讨论了市场经济条件下如何处理平等与效率的关系问题，核心思想是：市场经济是非常必要的，但是对市场也应该加以约束。在书中反复提到的这个双重主题，使奥肯既区别于激进派思想家，又区别于自由竞争的倡导者。前者要废除市场资本主义，而后者总是要扩大自由竞争的作用。

【分章导读】

第一章 权利与金钱 第一章作者集中讨论了资本主义社会的基本价值标准与金钱对其的侵犯。作者把市场评价为一个权力分散和有效率（奥肯在书中所讲的"效率，意味着从一个给定的投入量中获得最大的产出"，"所谓效率，即多多益善。但这个'多'须在人们所愿购买的范围内"[②]）的系统，它能激励和引导人们努力生产，能够促进实践与发明；他把市场也看作是个

①　阿瑟·奥肯. 平等与效率：重大抉择［M］. 王奔洲，等译. 北京：华夏出版社，1999：2.
②　阿瑟·奥肯. 平等与效率：重大抉择［M］. 王奔洲，等译. 北京：华夏出版社，1999：2.

人言论的保护者。然而他坚持其他各种价值必须得到保护，以免受到金钱尺度这个潜在暴君的侵犯。他坚持很多权利和权力不能用金钱来购买。论述了这些权利和权力的重要性，以及它们必须在市场干预下得到保护的问题。

奥肯开篇就讨论权利与金钱及市场状况，认为平等与效率的矛盾孕育在权利、市场、金钱三者之间的联系中。奥肯首先考察了资本主义民主，认为资本主义民主有双重的标准："一方面宣扬和追求一种平等主义的社会政治制度；另一方面，又刺激经济发展过程中的两极分化。这种平等与不平等的混合，时常给人矛盾甚至是虚伪的感觉。"[①] 因此，他认为平等与效率的抉择是当今社会最大的抉择，同时也是最困难的抉择。他说："我们无法在保留市场效率这块蛋糕的同时又平等地分享它。"[②] 这里实际上提出了如下几个问题：宣扬一种平等主义的社会政治制度是真实的还是虚伪的；如果追求的平等主义政治制度是真实的而不是虚伪的，那么为什么又要刺激经济发展过程中的两极分化；如果平等主义政治制度值得追求，而经济中的两极分化不希望出现，那么有没有可能既追求政治平等主义，又防止经济两极分化；如果既可以追求政治平等主义又可以防止经济两极分化，那么应该在什么样的制度框架内采取什么样的措施实现这些美好的目标呢？

为了回答这些问题，促进平等的发展，奥肯考察了整个美国的情况。他认为促进平等进一步发展，是依靠规定某些政治和社会的权利来实现的。这些权利被广泛和均等地分配，并有与市场彻底脱离的趋势。这些权利能影响经济的功能的同时，它们的运用反之又受到市场的影响。这些权利基本上处于政治学家的领域之中，而经济学家极少触及这个领域。但是现在，经济学家再也不能无视它们了。这种市场制度与不平等的相互关系，在同整个社会结构——包括那些平等已经高度发展的地方——的背景相比较中得到了证明。"一个既是民主的又是资本主义的社会，其制度有一种双层次的结构，这两个层次都需要研究。仅仅考察资本主义这一层时，是不包含诸如物质福利的分配等问题的。公众提高平等程度的各种努力，对一个主要以私人企业为基础的经济形成了某种影响深远的干预，这种干预是和市场所产生的各种结果混合在一起的，而且它是有代价的。"[③]

为了更清楚地阐述自己的观点，奥肯对权利进行了自己的界定，他所谓

① 阿瑟·奥肯. 平等与效率：重大抉择 [M]. 王奔洲，等译. 北京：华夏出版社，1999：1.
② 阿瑟·奥肯. 平等与效率：重大抉择 [M]. 王奔洲，等译. 北京：华夏出版社，1999：2.
③ 阿瑟·奥肯. 平等与效率：重大抉择 [M]. 王奔洲，等译. 北京：华夏出版社，1999：4.

的权利，指的是一种由国家从法律方面强力保障的平等的福利享有权。权利
在本质上是一种福利。我们需要设定可以免费得到（至少在法律上是如此的）
的福利，从而保障一个平等的领域。与此同时更是要设定一种必须要付出代
价而且以后方可获得的福利，从而保障一个竞争的领域。前一种福利的享有
可以称之为"权利"，后一种福利的享有可以称之为"个人财产权"，即产权。
他为权利的特征做了规定："与经济资产形成鲜明的对照，权利的显著特征是
它们的获得与行使无需任何货币费用。""其次，由于权利是广泛分配的，它
便无法遵守经济学家的比较利益原则，这一原则告诫人们，应专门去从事他
们能胜任愉快的职业。"①"第三个特征是它们的分配与各种刺激或奖励、处罚
不同。它不同于市场上的金钱或是其他方面非金钱的荣誉和奖励，额外的权
利和义务通常并不被引进社会的建设性事业中。"②"第四，权利的分配强调平
等，甚至不惜以公正和自由为代价。统一地对待人们不同的能力、兴趣和爱
好，至少，按某些标准来衡量便不是公正的。"③

　　在阐述了权利的特征后，奥肯提出了权利存在的理由。问题的难点在于
如何划分国家的、个人的、市场的权利范围，它们的界限怎么界定。奥肯认
为，确立权利根源于三个理由：自由主义、人道主义和多元主义。但这个权
利却面临着瓦解的力：第一种是政府的力量。第二种是来自于市场的消解权
利的力量。最可怕的消解权利的力量，则是政府的力量和"集体化经济"的
结合。在类似这样的经济中，市场被取缔了，政府代替了市场，政府的力量
没有了一个极其重要的约束因素。奥肯本人的看法是：市场经济对于保护政
治权利有很大帮助，用以与国家侵犯相抗衡。私人决策和私有制约束了政府
的巨大权力——更确切地说，是约束了政府决策人物之权力——及其由此而
来的侵犯权利范围之能力。

　　作者还论证了平等的意义及其实现条件，认为资本主义的基本价值是追
求人的平等权利，法律面前人人平等，但是金钱对平等权利的侵犯损害了基
本价值的实现。奥肯谈到了金钱对权利的侵犯的情况：第一，法律面前人人
实际上不平等。由于辩护费非常高昂，穷人打不起官司。"虽然一般认为法律
面前人人平等的原则是最神圣的权利之一，但它经常被亵渎。毫无疑问，法
律面前穷人不利的地位是多种原因造成的，譬如，良好的教育和信息有助于

① 阿瑟·奥肯. 平等与效率：重大抉择 [M]. 王奔洲，等译. 北京：华夏出版社，1999：6.
② 阿瑟·奥肯. 平等与效率：重大抉择 [M]. 王奔洲，等译. 北京：华夏出版社，1999：7.
③ 阿瑟·奥肯. 平等与效率：重大抉择 [M]. 王奔洲，等译. 北京：华夏出版社，1999：8.

富人在法律制度中取得充分有利的地位，并以此作为实现他们目标和野心的手段。"① 第二，金钱和政治权利：富人用钱贿赂政治决策者。第三，游说。作者认为对那些能显示出对特定政策关心到什么程度的人（或企业、工会以及团体机构）来说，游说是一种手段，是一项合法的——事实上是有价值的——对政治活动的投入。第四，金钱侵蚀权利的结果是造成了人们事实上的不平等。这是对自由的嘲弄。

第二章　市场状况　第二章奥肯评论了倾向于市场资本主义的各种观点。他解释了为什么拒绝把对贡献的奖励作为一个道德原则，同时又有限度地当作实用主义的必要手段而接受它。他比较了现行的混合资本主义所提供的和成熟的社会主义所能得到的平等以及自由，表明对社会主义计划各种优点的强烈质疑。"中央计划的社会主义国家已经证明，它们的实际国民生产总值能够生气勃勃地增长。然而这些成果在两个不同的方面对效率打了折扣。第一，非效率并没有使统计出来的实际国民生产总值下降，但在缺乏价格体系的情况之下，指导和评价工厂经理的重重困难使非效率上升了……第二个更为显著的例子是，产品体系追随于计划者的爱好，而不是消费者的爱好。甚至消费者导向性最强的中央计划人员对消费做出的反应，也不可能像资本主义自由竞争中由利润导向的总经理对消费者意愿所必须做出的反应那样可靠。"② 他认为："要评价现代工业社会中许多领域的自由问题更为困难，在那里虽然不是仅有私人所有制，但公共所有制却并不提供公共的接近机会。"③ 奥肯认为资本主义就是市场经济，他讨论了市场经济的三个方面，一是与自由的联系，二是公平的奖励，三是不同收入对提高效率的刺激。

奥肯认为："市场经济有助于保护政治权利，以抗衡国家的侵犯。私有制和私人决策约束了政府的权力——或更准确地说，约束了政府决策人物的权力——及由此而来的侵犯权利范围的能力。"奥肯以集体化经济为例，论述了没有市场制约的权利将会是什么样子："在经济彻底集体化的极端情形下，政治权利会受到严重的危害。如果政府直接指挥社会全部的生产资源，它就会禁止不同意见，强行一致，扼杀民主。"④ 奥肯分析了美国的经济制度，由于建立在自愿交换和生产资料私有制基础上，因此需要依靠金钱的奖赏和惩罚，

① 阿瑟·奥肯. 平等与效率：重大抉择 [M]. 王奔洲，等译. 北京：华夏出版社，1999：22.
② 阿瑟·奥肯. 平等与效率：重大抉择 [M]. 王奔洲，等译. 北京：华夏出版社，1999：53-54.
③ 阿瑟·奥肯. 平等与效率：重大抉择 [M]. 王奔洲，等译. 北京：华夏出版社，1999：36.
④ 阿瑟·奥肯. 平等与效率：重大抉择 [M]. 王奔洲，等译. 北京：华夏出版社，1999：37.

并由此产生收入与财富方面的不平均分配。同时，日常生活依赖于政治制度的各种强制性权力。国家运用这些权力，建立并保障市场上的权利，直接提供某些基本的服务，并间接地创造出信任、理解和有安全保障的环境，这种环境对企业的日常生产是性命攸关的。"社会禁止在许多社会性和政治性领域进行交易，与此同时，它又保护在市场上进行贸易、赚钱和花钱的选择自由。它规定公民有权利出售他们的劳动力和资本来获得收入，也有权利使用收入购买他人的产品和劳务。按照某些标准，市场上的这些权利体现了一种广泛而平均的权利，这种权利又使人们赚取了不平均的收入。然而，公民选择职业和往菜篮里挑选货物（至少超出了某些合理菜单的需要范围）的权利，是个人自由的基本要素。"①

那么，我们为什么要提出平等与效率的抉择的问题呢？奥肯认为，平等与效率之间有着此消彼长的错综复杂的交替关系，要真正做到平等（实现收入的均等化），必须要牺牲效率（实现资源的有效配置），而且要提高效率带来的后果就是扩大收入差距。他指出：在经济领域，"购买效率的代价，是收入和财富以及由此决定的社会地位和权利的不平等"②。反之，社会如果追求平等的目标，就必须对市场进行必要的干预，对生产和分配进行调节。奥肯还指出，市场制度所带来的收入差距也在很大程度上破坏了机会均等和权利平等，从而进一步影响了效率；在市场经济制度前提下，从某种程度上来讲，收入分配的根本依据是市场对个人付出劳动的评价体系和付酬制度。市场越是起作用，效率就会越高，收入则会越多，相应地，平等就要受到一定的损害。反而言之，实施有利于平等的收入均等化的政策，比如说，征收高额的累进所得税，结果是人们不愿加大工作量，遗产税太重，则人们对于储蓄失去了兴趣，积累率就会相对应地下降。这些都会最终导致效率受到很大损害。政府按照最低工作率给收入较低的劳动者补助，那么可以被认为是对不干活者或少干活者的不恰当不合理的鼓励，从而将引起更大的效率损失或者缺失，因而两者是鱼和熊掌不可兼得。

奥肯认为："收入分配的平等与权利分配的平等一样，会成为我们道德上的选择。对其代价和结果加以权衡，我倾向于收入上更多的平等而且是完全的、最好的平等。"③ 政府和产业私人所有制的问题与自由没有什么关系，而

---

① 阿瑟·奥肯. 平等与效率：重大抉择［M］. 王奔洲，等译. 北京：华夏出版社，1999：34.
② 阿瑟·奥肯. 平等与效率：重大抉择［M］. 王奔洲，等译. 北京：华夏出版社，1999：49.
③ 阿瑟·奥肯. 平等与效率：重大抉择［M］. 王奔洲，等译. 北京：华夏出版社，1999：45.

是更多地与效率有关。他同时指出，集体化制度只能以明显损害效率为代价，来取得关于平等的微小改进。在那些重视经验和改革，并且灵活性比责任心更要紧的领域内，私人企业继续作为组织经济活动的主要机制是极端重要的。这些领域代表了经济的大部分。在公共权力方面，政府对居优势地位的私人产业起着一种有限的、对两方都有益的作用。公营公司受到私人公司记录的约束和检验，同时，私营公司要按公众活动来衡量。

据此作者指出，社会有责任经常在平等与效率之间进行交易，比现行制度更合理的选择那将是"更平等主义，同时又不减少效率的"。政府在这些方面有许多事可做，主要有以下两个方面：（1）通过人力资本政策，扩大接受教育、培训和发展潜能等实质的深层次的机会均等，从而尽可能使每个人享有平等的就业机会和发展机会。在形式上的机会均等掩盖下，社会存在着大量事实上的机会不均等，这尤其表现在人力资本投资上。资本市场对富人的偏爱和对穷人的歧视，阻碍了穷人在教育以及所有形式的人力资本方面的投资，产生了弊病的三胞胎："不平等的机会、不平等的收入和非效率。"[①] 而社会所做出的使教育资助、职业培训及就业的机会均等化的极大努力，既可以改善效率，又可以增进平等。可见，在奥肯看来，在人力资本投资方面，平等与效率具有相当的一致性。（2）通过负所得税、高额累进税、有限工资补贴、转移支付和遗产税等的再分配政策，让绝大多数的社会成员都能够分享到经济发展的成果，从而进一步缓解市场机制带来的巨大的贫富差距的矛盾。但是问题的复杂性在于通过收入再分配政策来缩小贫富差距必然会带来效率的某种程度的损失。这种再分配的效率损失主要是基于对穷者和富者经济刺激的不利影响和转移支付时的行政管理成本和收入漏失。

第三章　收入平等与机会均等　在第三章中作者论述了经济福利的分配和机会均等两个问题，较为详细地考察了经济不平等的性质和范围，以及与机会不均等的关系。在讨论这些问题的过程中分析市场的作用与功能，从而进一步认定改进平等与效率必须依托市场。

在第一部分中，作者将全部内容分为以下几个部分：收入不平等，家庭收入与"真正的"平等，需求，补充性来源，自愿的非货币性牺牲，非货币津贴，自助餐厅、赌场和收入分配。奥肯认为，在物质福利的分配中，存在着很多的不平等。对于此，奥肯认真地分析了一些不平等的根源，以及机会

---

① 阿瑟·奥肯. 平等与效率：重大抉择 [M]. 王奔洲，等译. 北京：华夏出版社，1999：75.

和选择对于产生低收入和高收入的作用。

对于收入平等与效率的问题，奥肯认为在同一层次上收入的平等与效率永远是一对矛盾，两者之间存在着复杂的交替关系。效率的提高则必然会以牺牲平等作为代价，市场的自发作用还会强化这种不平等。奥肯认为这种超越经济领域的变量使得收入平等与效率关系的某种复杂性增加了很多，这种复杂性进一步增加了现实选择的难度。

在第二部分中，作者将全部内容分为以下几个部分：工作机会中的歧视，获得资本方面的歧视，机会均等化的潜力，机会和后果，一种英才等级制度，赛跑还是跳舞，公平和挫折。奥肯从这些方面分析了机会的不均等以及它对效率和收入均等的作用。奥肯认为，效率和经济平等两方面都可以靠对诸如职业上的种族和性别歧视、接近资本的障碍等机会不均等的进攻而得到促进。

关于机会平等与效率的关系，奥肯认为机会均等与效率两者有着相辅相成的一致性。"对平等是好的事物，对效率可能也是好的"[1]，"机会不均等就是非效率"[2]，"更大的机会均等会带来更大的收入平等"。在奥肯看来，机会均等与效率两者相辅相成并且有着一致性。同时奥肯也洞察到了机会均等与效率的关系还在另一个方面有所体现，市场中的个体往往被市场机会均等的幌子掩盖住了，由于收入和财富等资源存在巨大的差异从而导致的在事实上大量的机会不均等，尤其是接受教育的、发展潜能等深层的实质的机会不均等，在形式的表层的机会均等下机会不均等日益严重，它的极端形式表现为市场格局的垄断，使权利平等打了很大的折扣，使得社会的经济福利大幅度地减少了，成为提高效率的巨大阻碍。因此，"源于机会不均等的经济不平等，比机会均等时出现的经济不平等，更加令人不能忍受（同时，也更可以补救）"[3]，其实，这也从事实角度反证了机会均等与效率实质上的一致性。

奥肯不仅分析了机会平等与效率的关系，还强调了机会均等对效率和收入平等的重要作用。"当然这并不是一种逻辑的必然，人们可以设想出相反的例子。假设，有继承特许权的家庭的遗产，主要地扶持了那些不然会滞留在下层的继承人进入中等收入阶层（但对那些靠自己力量进入中层或上层的人并无助益）。同样，假设不利条件家庭所承受的沉重的负担，拖住了那些不然会升入最高阶层的人，使他们停留在靠近中等阶层的地方。在这样的情形下，

---

① 阿瑟·奥肯. 平等与效率：重大抉择［M］. 王奔洲，等译. 北京：华夏出版社，1999：77.
② 阿瑟·奥肯. 平等与效率：重大抉择［M］. 王奔洲，等译. 北京：华夏出版社，1999：75.
③ 阿瑟·奥肯. 平等与效率：重大抉择［M］. 王奔洲，等译. 北京：华夏出版社，1999：73.

机会不均等可以起到减少收入不平等的作用。然而这是些不切实际的假设。可能在现实世界中，遗产既帮助富人愚笨的后代，也帮助有能耐的人；同样，沉重的负担拖住了不利条件家庭的所有孩子，使擦洗汽车的工人不可能成为中等收入的警察，就像警察不可能成为高等收入的医生一样。在这样的情形下，机会的不均等肯定增加收入的不均等。"① 他强调，对于许多机会不均等的状况，社会可以用增进效率和收入平等两方面的公共政策来减轻。

第四章　在一个有效率的经济体中增进平等　结论部分表明了其思想的归宿：实现生存权利和根除贫困。在这一章奥肯回答了在什么制度框架内以什么方式实现政治平等主义和防止两极分化的双重目标。作者将全部内容分为以下三个部分：妥协范围，注满漏桶，援助低收入阶层。奥肯评价了作为缩小美国人生活水平的悬殊差别和消除违背民主原则的经济剥夺的手段——累进税、对低收入阶层的转移支付、职业计划等所具有的潜力。

奥肯在本章中再次阐述了平等与效率之间的关系，他认为由于平等内涵的丰富性，平等与效率之间存在着各种关系，"如果平等和效率双方都有价值，而且其中一方对另一方没有绝对的优先权，那么在它们冲突的方面，就应该达成妥协。这时，为了效率就要牺牲某些平等，并且为了平等就要牺牲某些效率。然而，作为更多地获得另一方的必要手段（或者是获得某些其他有价值的社会成果的可能性），无论哪一方的牺牲都必须是公正的。尤其是，那些允许经济不平等的社会决策，必须是公正的，是促进经济效率的。这种主张并非首创。然而它是重要的，而且显然存在着争议"② 。奥肯所说的平等与效率的抉择，其实也就是收入平等与效率的抉择。

奥肯用漏桶模型来说明，每当政府的干预过度或不当时，结果经常是造成了效率的流失，更有甚者导致了平等与效率的双重流失。奥肯在他的"漏桶模型"中，设想通过再分配把美元从富人手中转到穷人手中，以追求平等的目标和效果。我们来想象一下，如果在再分配之桶上有个漏洞的话，那么富人所交的税只有其中一部分实际地转到了一部分穷人的桶里。这就很直观地体现出了以平等为目的再分配事实上是以损失经济效率为代价的。因此，奥肯在本章中再次阐述了两个反复提到的主题："市场需要有一定的位置，而且市场需要受到约束。必须给它足够的活动范围来完成它能胜任的许多事情。

---

① 阿瑟·奥肯. 平等与效率：重大抉择 [M]. 王奔洲，等译. 北京：华夏出版社，1999：80 - 81.
② 阿瑟·奥肯. 平等与效率：重大抉择 [M]. 王奔洲，等译. 北京：华夏出版社，1999：86 - 87.

它限制官僚主义的权力，有助于保护我们的自由不受国家的侵犯。只要保证有一个合理的竞争程度，它就会可靠地对消费者和生产者输出的信号负责。它允许权力分散的管理，并鼓励试验和发明。"[①] 最重要的是，市场上的奖励为工作积极性和生产贡献提供了动力，缺少这些，社会将翻来覆去地选择那样的刺激——而有些是不可靠的，如利他主义；有些是危险的，如集体主义的忠诚；有些是不能忍受的，如强制或压迫。奥肯承认："一个民主的资本主义社会将继续寻找划定权利领域和金钱领域之间分界线的更好方式。这可以推动进步。诚然，它不可能一劳永逸地解决这个难题，因为平等和经济效率之间的冲突是无法避免的。在这个意义上，资本主义和民主确是一种最不可能的混合物。或许这正是为什么它们互相需要的道理——在平等中注入一些合理性，在效率中注入一些人道。"[②]

【意义与影响】

第一，该书对平等与效率关系的分析视角已被作为经典在社会科学领域广泛引用。

平等与效率，这是一个从人类进入现代文明社会起就一直争论不休的问题。美国经济学家奥肯提出了自己与众不同的看法：既不是效率优先，也不是平等优先，而是两者兼顾。他试图找到一条既维护市场机制，又能消除收入差别扩大的途径，即设法使平等和效率两者都能有所增进的途径。奥肯认为，一个社会如果不采取在平等和效率之间妥协的做法，而要真正实现收入的平等，那将是一种空想。奥肯总的结论是：在平等中注入一些合理性，同时在效率中注入一些人道。他对平等与效率的关系及抉择问题的论述，被认为是目前对平等与效率的关系及抉择问题研究的较高成果。该书初版后，近半个世纪以来，一直拥有广泛的读者。

第二，该书的抉择理论对于当前中国经济的发展具有一定的启示。

平等与效率之间的权衡，并非一种很抽象的各种原则之间的斗争，它成了如此重大的权衡的原因，是实际地将涉及选择什么样的社会制度及经济体制的重大问题。效率与平等的关系及抉择的问题是一个复杂的价值判断问题，是一个产生于市场经济内部的基本问题。在两者之间的关系中，收入平等和

---

① 阿瑟·奥肯. 平等与效率：重大抉择 [M]. 王奔洲，等译. 北京：华夏出版社，1999：115-116.

② 阿瑟·奥肯. 平等与效率：重大抉择 [M]. 王奔洲，等译. 北京：华夏出版社，1999：116.

效率之间仍然会存在着此消彼长的复杂关系，冲突肯定是无法避免的。因为有冲突才会有抉择，也就是说，收入平等与效率之间，必然存在抉择。无疑，当代中国也同样面临这种现实抉择。奥肯的以"多元取向相统一"为抉择的出发点，以"效率优先，增进平等"为抉择的方法既保证了经济的发展，又兼顾了各种取向的选择，在一定程度上是适合转型期的我国对经济进行宏观调控的需要的。

── 【原著摘录】────────────────────

第一章　权利与金钱 P1－30

P1－2　美国家庭在生活水平与物质财富占有上的差距体现着一种奖惩制度，这一制度力图激发努力奋斗的精神，并把这种精神引入社会生产活动中去。从某种程度上说，这一制度成功了，它创造了一个高效率的经济。但是，对效率的追求不可避免地产生出各种不平等。因此在平等与效率之间，社会面临着一种抉择。

P10　自由主义之所以拥护平等，并不是由于它重视平等，而是由于它格外关注政府所受到的制约，政府的权力被明确而又客观地限定了。对自由主义来说，权利主要就是授予个人用来对付国家的，这种观点对个人权利显然比在市场上要尊重得多。

P12　权利范围的另一个根基强调多元主义和多样化。

P13　这些机制之一就是把权利授予所有公民。另一种机制包含各种金钱之外的荣誉，这些荣誉不均等地奖给已被承认的各种成就，但并不允许标上价格标签。准确地说，这是因为它们不能用金钱来购买。

P14　对权利的第三种解释是强调承认所有公民的人的尊严。

P15　自由主义、多元主义和人道主义对权利的解释是相互统一的；在当代美国社会里，这三种思想都在权利范围内起着作用。罗尔斯对平等的偏爱，是基于权利的特点和影响范围而产生的。由我们的各种制度所构成的权利的性质，揭示出平等是我们社会的一种价值。

P18　生存权利在各种被证明是必不可少的消费项目下得到确立。这样，它们对经济保持着某种影响力，给市场留下足够的范围来决定生产和分配食品、保健、住房以及诸如此类的问题。

P20　对权利交易的禁止，保护了各种权利和制度免遭市场的侵蚀，然而它们也可能被市场操纵，将不平等、压迫和等级制度隔绝于公开讨论之外。

P21　尽管金钱一般不能直接购买到权利的额外帮助，但在事实上，它能够买到各种服务，这种种服务可以产生更多、更好的权利。

P27　当金钱侵犯平等的政治权利时，消费者是绝大多数情况下的牺牲者。有些补偿方法是依靠加强消费者对生产者的抵制力量。

P29　关键性的补偿必须是专门的资助和约束，而不是对大户、富户的一般约束。

第二章　市场状况 P31—62

P39　某些保守主义者会争论说，如果市场经济起的作用得当，那么人们从中得到的，恰恰就是他们投入的。不同的收入是可以接受的，并且是公平的——甚至是理想的。公平的竞赛有失败者，也有得胜者。权利并不保证市场上的任何人都有一份收入，但另一方面，言论自由也不保证任何人都有听众。按这个道理，公平和平均是来自于诱导人们为所提供的服务付钱——就像言论自由来自于对听众的吸引。

P40　探索在市场上贡献得到奖励的方式并按道德标准来评价这种奖励制度，是有价值的。

P41　对竞争模式的偏离是重要的、有意义的；而且我认为，有关收入的奖励更多的基本问题，产生于那个不现实的理想化的模式。

P44　产品来自一种复杂的、互相交错的系统，或许不能单纯地归结为个人的贡献。

P45　与生产率相应的收入不存在道德上的要求。收入分配的平等（并考虑到作为一种收入形式的闲暇）与权利分配的平等一样，会成为我们道德上的选择。对其代价和结果加以权衡，我倾向于收入上更多的平等而且是完全的、最好的平等。

P48　利益引导资源从生产率较低的用途中撤出，流向生产率较高的用途，生产者的动力在于用成本最小的方法生产出消费者所需要的产品，对任何个人来说，并不要求他估价什么是对社会或制度有利的；即便他仅仅是追求自己的经济自我利益，他也会自动地为社会福利服务。

P49　任何一桩买卖都建立在充分的抉择之上：购买效率的代价，是收入和财富以及由此决定的社会地位和权力的不平等。这些不平等起源于财产（包括基本生产手段）私有制以及由市场决定的工资和薪金。

P50　一种更大规模、更激进的收入平等化，可能会要求建立一种新的经济制度，作为对资本主义的另一选择。资本主义的主要竞争对手，当然是社会主义，它允诺了更大的平等。它的关键特征是，国家（而不是个人）是收入——生产性资产的主要所有者，因而，也是劳动力的主要雇主。任何一种经济都是私人资产和公共资产的混合体，社会主义与资本主义的分界线是模糊不清的。

P51　完全按市场价值补偿，即使对包括非企业性的商业、个别地主的房地产、农场土地及设备等在内的对象实行更广泛的社会化，共同资金也不会明显增加。

P55　一个政府所有和政府经营的经济，无疑会强烈地改变我们混合经济中关于生产和分配的现行的认识体系。在这个体系内，有效分配基本的难题是，对知识、信息的寻求和发展，可能是极度昂贵的，同时，对这些知识、信息的分配和传播，却只象征性地收取极少费用。确实，在知识和信息方面对私人财产权利的保护历来是困难的，除非有专门的法律使之可行。法律缺少对专利、版权，以及产业保密权的规定，这里没有发明者、作者和脑力劳动者利益的一席之地。因此，对知识产品投资不会有什么市场刺激。

P57　现存制度最伟大的优点之一，是它允许人们用自己的钱或股东的钱自愿地进行风险投资，它以这种方式来培养各种经验。虽然在我们的大型私人公司里也时常出现严重的官僚主义，但可以想象在没有市场经济的社会主义制度下，经济生活中的官僚主义肯定更为严重。特别是在那种制度中，所有的钱都是纳税人的钱，都必须以一视同仁、谨小慎微和刻板的态度来对待，就像目前公共部门里明显可见的情形一样。

P58　官僚主义的繁文缛节既非偶然现象，又非规章糟糕或官员不称职的反映：这就是政治决策者的责任，要小心谨慎，要避免反复无常，要考虑他们采用的条款可能产生的利益和影响的全部范围，还要防止滥用纳税人的钱。

P59　在公共权力方面，政府对居优势地位的私人产业起着一种有限的，对两方都有益的作用。公营公司（Public Company）受到私人公司记录的约束和检验，同时，私营公司要按公众活动来衡量。

P61　很可能存在比现行制度更合理的选择，那将是更平等主义，同时又不减少效率的。

第三章　收入平等与机会均等 P63－85

P63　经济平等这个概念，很难予以确定或衡量。即使它存在的话，也不可能被公认是完全的平等；但要公认是不平等却很容易。衡量从阴郁的贫民窟到城郊上流住宅区这样一个短途行程间的经济差别，不啻是一次星际旅行。

而且旅行者还要途径中产阶级占据的大片领地，后者的经济状况既不那么阴郁，也谈不上优越。

P64　收入和财富，是人们经济地位登记簿上的两项比赛分数。两项之中，收入更为重要，因为它提供了维持一种生活水平的基本购买力；此外，当包括资产收入时，收入分配便反映了拥有的财富。

P68　家庭收入的比赛记录，并不能说明美国家庭中经济福利分配的全部情况。第一，各个家庭的消费需要不同，因此，为达到同样经济福利，需要不同水平的收入。第二，家庭能够维持生活水平的财力不仅出自他们的收入，而且出自财富的取用或对未来收入的借用。第三，一些人靠牺牲自己某些方面的经济福利赚取较高收入，这种牺牲在收入分配中并不显示出来。第四，其他一些报酬并不计入货币收入，因而也不反映在分配的数量中。

P70　出于几个原因，这些关于家庭收入分配的不同限制条件是引人注意的。它们提供了一些关于经济平等真正含义的研究性测试和标准。它们也表明，要推知经济不平等的准确程度是多么困难。如果完全平等是真正的目标，解答所有这些概念性问题并做出全部合适的修正和推敲，是具有决定性意义的。此外，有些分配问题的社会后果——像大家庭以及专门的消费需求——被遮掩在家庭收入分配的背后，对此，这些限制条件是有益的提示。但是，对于某些经过测定的收入分配不平等为什么并未构成严重的社会问题，这些限定条件也是有益的提示。在这个范围内，它反映了人们的选择，干多少活，在哪里生活以及是否受益于差别的均衡化。

P71　收入不平等的一个较大部分，当然仍是有限的，可以与个人或家庭的个性特征联系起来。如果有人一定要计算某一特定家庭的收入，那么了解以下信息是有益处的：这个家庭父母的社会和经济地位，这个家庭成员继承到的所有遗产，他们的学历（以及其他"人才资本"的才能），他们的年龄、居住的地理区域和社区规模，等等。

P73　大部分对不平等来源的关注反映出一种信念：源于机会不均等的经济不平等，比机会均等时出现的经济不平等，更加令人不能忍受（同时，也更可以补救）。但是机会均等概念远比收入均等难以捉摸，而且它使任何有意义的衡量都落空了。这个概念基本上来源于公平赛跑的意识，而在田径场上人们正是站在起跑线上，这在第二章中已经讨论过了。但正如我在那里指出的，很难找到这个起跑线。天赋能力的差异相应地通常作为这样一种特性被人们接受，这种特性以赛跑来测试。但不是以不公平的让步或给条件有利者设置障碍的方式来测试。在另一个极端，成功靠的是你认识谁，而不是你懂得什么，这种成功是机会不均等的明显事例。而且，当真正的问题是靠你爸爸认识谁时，就显得特别不公平了。

P77　对富人偏爱的反面就是对穷人的歧视。作为结果产生的非效率和机会不均等，阻碍了穷人在开办企业、购买住宅、教育以及所有形式的人力资本方面投资。这些情况在职业决定中也比比皆是。

第四章　在一个有效率的经济体中增进平等 P86－116

P89－90　当然，这种漏出代表一种非效率。现实世界中再分配的非效率包括对富人和穷人和经济刺激的相反作用以及税收和转移计划的行政管理成本。再分配的反对者也许会非难我的实验削弱了刺激作用的动力。他也许坚决主张，今天的任何平等化的成功都是昙花一现，而却导致对工作和投资刺激的相反影响长期上升，甚至最终对穷人也是有害的。他也许坚持说，漏出的正是灌溉下一棵庄稼所需要的水。另外，任何一个认为市场决定收入，是对贡献的合乎道德及理想的奖励的人，都会反对这种转换器，而不管漏出的规模有多大。

P95　在有些高所得税率情况下，人们也可能把他们的努力移向各种更多的不纳税的自我服务，或转入能以津贴和愉快的事物为形式获得更多不纳税的奖励的职业。但是迄今为止，正如经济学家能够看到的，那并不是国家的一种大趋势。

P98　对观念的各种影响与特定种类的漏出量有关；而且，根据它们的情况，某些漏出可能尤其令人担忧——即使它们暗示出实际国民生产总值没有重大损失。譬如，一种坚持开放从穷汉到富豪的航线的主张，是为了缓解收入和财产的最高级税率；对自力更生和工作道德的重视，是为了发展那种能提高处于不利条件的人的挣钱积极性的转移计划。

P102－103　对我来说，对处于最高层的收入和财富加重税收，并不是为了降低富人的生活水平，而是要提高被剥夺者的生活水平。这是把桶注满的一种方法。另一种方法是按收入平等方案改变联邦开销，使这个联邦开销从其他开支中分离出来。当许多项目争夺预算表的空间时，规模巨大的军费开支变成了平等主义者自然的目标。军火工业集团和"社会—城市"集团之间的辩论，在过去十年中经常爆发，这既反映出算法上的差异，也反映出哲学上的差异。

P109　除了现金以外，有些低收入家庭得到食品券、医疗援助、住房补贴以及其他帮助。这些实物援助有时受到这样的反对，说帮助穷人的最好方式是给钱，由他们自己决定如何去花。但是，把无所限制的钱交给父母，并不能保证孩子们也得到帮助。更通俗地说，社会可以提出家长式的要求，引导增加的开销用于诸如营养，保健以及住宅等必需品。

P116　由于这些缘故，我为市场欢呼；但是我的欢呼不会多至两次。金钱尺度这个暴君限制了我的热情。一旦有机会，它会扫尽其他一切价值，并建立起一个自动售货机式的社会。金钱不能购买权利和权力，这必须有详尽的制度和法律来保护，并对低收入的人实行补偿性援助。一旦保护了这些权利，经济剥夺便结束了。我相信我们的社会更愿意让竞争的市场占有一席之地。如果立法者们看到了向更大的经济平等方向的进步，他们甚至可能会颁布关于污染的排放费和废除高利贷的法律。

【参考文献】

[1] 赵中社. 平等与效率艰难的抉择 [M]. 西安：陕西人民出版社，1988.

[2] 忠东. 平等与效率的对话：中国个人收入分配现状及其出路 [M]. 北京：中国社会科学出版社，1993.

[3] 曾昭宁. 公平与效率：中国走向现代化的抉择 [M]. 东营：石油大学出版社，1994.

[4] 杨宜勇. 公平与效率：当代中国的收入分配问题等 [M]. 北京：今日中国出版社，1997.

[5] 郭志鹏. 公平与效率新论 [M]. 北京：解放军出版社，2001.

[6] 中国（海南）改革发展研究院编. 政府转型与建设和谐社会 [M]. 北京：中国经济出版社，2005.

六、《政治的正义性——法和国家的批判哲学之基础》

[德] 奥特弗利德·赫费

庞学铨，李张林　译

上海译文出版社，1998 年

——【作者简介】———————————————————

奥特弗利德·赫费（1943—　），当代德国著名的哲学家、法理学家。1964 年至 1970 年在德国的蒂宾根、萨尔布吕肯和慕尼黑等大学学习哲学、历史、神学和社会学。1970 年获得哲学博士学位后前往美国哥伦比亚大学访学一年。1971 年开始在慕尼黑大学担任哲学教职，1976 年至 1978 年任杜易斯堡大学哲学教授，1978 年至 1992 年任瑞士弗莱堡大学伦理学和社会学教授并兼任该校社会哲学和政治学国际研究所所长。1992 年至今任德国蒂宾根大学教授，同时也是德国海德堡科学院院士及德国海德堡、美国哈佛等许多著名大学和研究机构的兼职教授、客座研究员。现任德国《哲学研究》杂志主编。同时他还有多个社会兼职，他是世界公民联合会瑞士分会名誉会员，亚历山大·洪堡基金会选拔委员会成员及弗里茨·蒂森基金会学术咨询委员会成员，法哲学及立法国际年鉴的咨询委员会成员，应用哲学国际期刊的咨询委员会成员，科学与伦理学年鉴的咨询委员会成员，也是欧盟的特别咨询专家，参与了欧洲宪法的制定。

赫费在法哲学、法伦理学和康德哲学等领域都自成一派，1989 年他被誉为"欧洲最多产的哲学家之一"。他的著作涉及社会政治领域及其他各个方面，包括医学伦理、政治伦理、道德哲学、技术伦理等当代最为流行的新领域，并以英、德、法三种文字出版，其中有不少已被译成二十多种文字，销量达数百万册。由于其在法哲学、法伦理学领域的突出成就，赫费在德国乃至整个西方哲学界获得了包括哈贝马斯在内许多著名哲学家的高度评价。1980 年以来，德国、瑞士及法国的一些权威杂志、报纸、电视台、电台对赫费的理论和思想做了大量报道与评论。无论从其著作的数量、内容的创新及其影响看，赫费都称得上是当代德国法哲学和法伦理学领域最著名的哲学家。

赫费曾应邀在世界各地进行了数百场学术讲演，他本人也几次应邀前来北京与杭州讲学，赫费的名字及其哲学思想已越来越多地受到中国学界的关注。除《政治的正义性》外，赫费的其他作品还有《实践哲学：亚里士多德模式》（1971 年）、《人性的策略》（1975 年）、《伦理学和政治学》（1979 年）、《没有自然主义谬误的自然法》（1980 年）、《道德—政治的话语》（1981 年）、《伊曼努尔·康德》（1983 年）、《个人幸福和政治的正义性》（1989 年）、《绝对的法原则》（1990 年）、《作为现代化之代价的道德》（1993 年）、《理性和权利》（1996 年）、《全球化时代的民主》（1999 年）、《正义性——哲学导论》（2001 年）、《医学不存在伦理学吗？》（2002 年）、《康德的〈纯粹理性批判〉》（2003 年）。

──【写作背景】────────────────────────────

促成奥特弗利德·赫费写作《政治的正义性——法和国家批判哲学之基础》的原因是哲学和法学、国家学说的日益分离。从柏拉图、亚里士多德到康德、黑格尔乃至马克思的西方思想中，法学、国家学说和哲学三者具有密切的联系，法和国家伦理学是哲学也是法和国家学共同的研究任务，正如赫费在他书中所说的："所有伟大的哲学家，往往都是重要的法和国家思想家。反过来说，法和国家理论主要是哲学家们写成的……政治讨论亦主要是从哲学角度进行的，而且成了道德的统治批判的决定性部分，并以这种形式建立了哲学的法和国家伦理学。"[①] 但是，从近代以来，法伦理学和哲学之间的差别不断扩大，最终出现了哲学与法和国家理论的分离。在大学里，法哲学是一门附属于法学系的边缘学科，哲学的研究也逐渐远离法、政治和社会公正性、合理性理论。自康德以来，传统形而上学更是经历了"基本的贬值"。

────────────

① 奥特弗利德·赫费. 政治的正义性：法和国家的批判哲学之基础［M］. 庞学铨，李张林，译. 上海：上海译文出版社，1998：3.

　　20 世纪 70 年代，在罗尔斯和诺奇克等一些哲学家的关注和努力下，哲学研究又重新开始了对政治和社会合理性的理论的探索。奥特弗利德·赫费从哲学和人类学的角度研究法和国家理论，致力于消除哲学与法和国家理论以及法和国家理论与伦理学这种双重的分离，以恢复哲学的法和国家伦理学本身的名誉。在他看来，探究法和国家制度具体形态的前提问题是关于法和国家伦理学的研究，即道德上是否允许法和国家制度的强制权限。这是一种具有总的哲学性质的哲学，是基础哲学。赫费的观点是，哲学的法和国家伦理学的核心思想是政治的正义性，即法和国家的道德观念，这是区分法和国家形式是否合法的准则。但是传统上却存在着两种观点对哲学的法和国家之意义与可能的原则性持怀疑与反对。一是法和国家的实证主义。这种观点主张法和道德的分离，认为道德是私人的事情，因而对法和国家制度的道德评价是多余的，甚至是无意义的。二是无政府主义。无政府主义不满足那种对非正义的法和国家制度的批判，而是反对任何法和国家，反对任何统治，主张以无统治而不是正义统治作为社会原则。这两者的共同结果是从根本上怀疑法和国家伦理学的意义与可能。

　　罗尔斯的《正义论》一书出版后引起的关于正义问题的讨论虽然是跨学科的，并且使用了最现代的论证方法达到了一定的新尝试，但仍没有充分注意上述两种极端倾向。罗尔斯本人提出了不同于强调集体幸福原则的传统功利主义模式，论证了个人权利的不可侵犯。但一方面他把正义观念作为前提，基本上是探寻一种经验的正义理论，而没有去解决正义观点的根据，实现对功利主义的长度批判，因为后者并不承认正义是基础概念。另一方面，他关于个人权利的原则涉及社会基本财富的分配，与传统功利主义有着共同的目的，即追求人的幸福，可以说是一种间接的功利主义[①]。

　　由此，奥特弗利德·赫费为自己设计了一个正义讨论的新思路：在法和国家实证主义与无政府主义的对立间找到一个可调和的点，同时在基础哲学层次上建立与功利主义相反的正义新模式。通过对历史理论的细致考察，对现代观点的深入分析以及别开生面的思想实验和哲学人类学的思考，奥特弗利德·赫费的观点——政治的正义性得以清晰地展现出来。

---

① 奥特弗利德·赫费. 政治的正义性：法和国家的批判哲学之基础 [M]. 庞学铨，李张林，译. 上海：上海译文出版社，1998：5.

——【中心思想】——

《政治的正义性——法和国家的批判哲学之基础》是赫费最重要的著作之一，从哲学和人类学的角度去研究法和国家理论，指出哲学的法和国家伦理学的核心是政治的正义性。全书分 3 编，共 31 万字。1 为《导论》，第 1 编《政治正义性的立场——对法和国家实证主义的批判》（2～6）讲述政治正义性的立场即对法和国家实证主义[①]的批判，第 2 编《无统治或正义的统治？——对无政府主义的批判》（7～11）对无政府主义[②]进行批判，第 3 编《作为一种自由共同体原则的政治正义性》（12～15）构建了一种自由共同体原则的政治正义性理论。

该书的理论核心概念主要是以下两方面：第一，政治的正义性。在赫费看来，政治的正义性指的是法和国家的道德维度，要求从道德的维度来论证法和国家的合法性及其界限。第二，交换正义概念。赫费详细区分和剖析了正义理论中的交换，并形成了其交换正义性的理论，还提出了其作为世界性调节秩序的"世界共和国"思想。该书的目的是力图建立一种全新的正义理论新模式，赫费把他的正义观分为自然的正义性、制度的正义性和政治的正义性三个层次。赫费一方面分析了自然正义性的原则和现实差距；另一方面借助社会契约的比喻，分析了制度的正义性。该书从哲学和人类学的角度研究法和国家理论，论证了现代法和国家的合法性基础。赫费的政治正义性思想包括两方面内容：其一，论证法和国家制度的合法性，反驳无统治思想；其二，论证法和国家制度的界限和范围，反驳实证主义观点。在对当代正义理论家的思想进行深刻的分析后，赫费提出了作为一种交换正义的新模式，即应当使作为公共权力的国家和法与正义、合法性结合起来。

——【分章导读】——

1 导论 正义讨论的新评估 赫费首先指出，在近代，政治领域表现为法和国家制度的形态，因此政治的正义性也就是指法和国家的道德观念，它可以区分合法与不合法的法和国家形式，是法和国家道德批判的基本概念。为了合理把握这种批判，就要对其合法性的范围做出评估，对法和国家提出

---

① 法实证主义主张法和道德的分离，认为道德是私人的事情，因而对法和国家制度的道德评价是多余的，甚至是无意义的，这实际上取消了合法性及正义问题在法和国家理论中的地位。

② 无政府主义反对任何法和国家，反对任何统治，主张以无统治而不是正义统治作为社会原则。

合法化和限制化要求。

要在政治正义性标题下进行法和国家的批判，对传统进行道德批判，就要用正义的统治形式反对非正义的统治形式，用道德论证来制约国家。一方面要实现哲学与法和国家理论的结合，另一方面要使法和国家理论与伦理学相结合。人类生活中，系统的法、正义和国家的关系表现为：（1）人类共同生活具有法的特征；（2）法必须达到正义的高度；（3）公正的法要保护公共法律制度，选择正义国家的形态。这种关系体现在政治哲学中则为：（1）国家对正义负责；（2）政治的正义性构成法的规范批判尺度；（3）公正的法是人类共同生活的合法形式。现在，还必须加上伦理学。赫费认为，阿佩尔、哈贝马斯的商谈伦理学，埃尔兰根和康斯坦茨学派的结构主义伦理学，罗尔斯的正义原则虽然都有触及道德，但没有把道德上升到探究法和国家理论的高度。赫费的观点是："在正义讨论新评估中需要填补这些漏缺，在伦理学中增补法和国家伦理学，把正义理论扩展为政治正义理论，这里的意思是说，从道德角度来讨论政治强制权限的一种理论。"①

第1编　政治正义性的立场——对法和国家实证主义的批判　在第1编中，赫费把正义的（伦理）立场定义为第三层次的规范性原则和分配性利益，同时针对实证主义法理论的怀疑进行了论证。

实证主义提出的是一系列庞杂的法和国家理论观点，对正义讨论的新评估来说，重要的主要有五种形式：作为法伦理学相对主义的实证主义，作为自然法批判的实证主义，作为自主的法科学理论的实证主义，作为法理论实证主义的实证主义，作为现代社会历史理论的实证主义。所有这些怀疑法和国家伦理的形式都在完成那个任务的过程中获得自己的意义，而对利维坦的伦理评估必须从法和国家伦理开始，从规定其准则的主导概念，即从政治的正义性观念开始。

这一观念的名义定义已经有了，这就是：政治的正义性是指法和国家的道德立场。"在政治的正义标题下，应消除这种双重的分离，一方面使哲学与法和国家理论'融洽'起来，另一方面使法和国家理论与伦理学融洽起来。"②但是，除了对这一规定还需作进一步解释外，对法和国家讨论来说，它还缺

---

① 奥特弗利德·赫费. 政治的正义性：法和国家的批判哲学之基础［M］. 庞学铨，李张林，译. 上海：上海译文出版社，1998：14.

② 奥特弗利德·赫费. 政治的正义性：法和国家的批判哲学之基础［M］. 庞学铨，李张林，译. 上海：上海译文出版社，1998：4.

乏合法性，法实证主义的怀疑正表现在这一点上。因此，赫费对正义概念的阐述是与对法实证主义的逐步批判同时进行的。

2　政治的正义性观念　赫费提出公正原则，并从描述语义学规定了政治正义性的概念。赫费认为在诉讼程序问题上有一些准则，对它们的正义几乎没有人怀疑。在案例辩论中，人们考虑的只是在法庭辩论中必须倾听另一方陈述，在涉及自己的事情中不准充当法官，这样的程序准则之所以被认为是合理的，是因为它们有利于一个更高级的、同样很少有争议的正义原则，即公正。若把诉讼案中的规则运用所体现出来的那种公正称为正义，那么，这只是涉及一种辅助的，而不是原初的正义。因为，公正的规则应用，可以服务于有组织的集团和显然不公正的国家，此外，也可以含有明显的、大量的特权和歧视。原初的正义只有在规则（总的说来）也是公正的地方才会存在。

赫费又从描述语义学规定了政治正义性的概念，并认为这将导致一种社会的约束力，而这种社会约束力按等级次序可以分为三个层次。在第一个约束力层次上，对一种实际事物是从任意的、但总有一定前提的意图出发来评价的。这里，有评价的方法、途径和程序，而没有对该事物的目标或目的的评价。在第二个约束力层次上，要评价那些在第一层次上有前提条件但又不规范论及的目标或目的，比如要评价经济增长和社会和平。直接的或间接的当事人，某个人或团体，从各自的幸福或自身利益出发进行规范的评价，构成了评价的基准点。由于评价的出发点是幸福，所以自康德以来就称第二层次的约束力为实用主义的，按照评价是否与个人或群体的幸福相关这一点来确定是个人实用主义的或是社会实用主义的评价。功利主义的社会实用主义观点认为，再也没有比以大众的幸福为导向的思想具有更高的约束力了。但从语言上对这些评价进行研究，这种看法就站不住脚了。就是说，有一组评价概念，借助这些概念可以对实用性的良好行为进行评判，且首先是进行批判。在这个层次上，正义才获得了自己的位置。第三层次的评价，也就是超出技术和适用范围的评价，称之为道德的或合道德的评价，有时也称之为伦理的评价。"这种评价顾名思义是要对某种政治制度的道德或正义性进行评析，从而对其善与恶、正义与非正义做出回答。显然，在这里'道德'、'正义'所指的不是个人的品德或修养，而是指所评价的政治制度的价值取向，看它与所在社会人们所公认的价值观念、社会理想和伦理道德观念是否相统一和统一到什么程度。这种评价的实质是要审查政治制度的内在权威性，其目的是求'善'，使政治制度不仅是强有力的，而且是好的，得人心的。"① 因为正义属于这一评价层次，所以，正义具有道德的及合道德的意义。

3　正义观点的合法化　赫费对政治正义性的概念进行合法化。赫费认为，描述语义学规定了政治正义性的概念，但没有赋予其合法性，因为政治正义性缺乏的合法化正是第二层次的一项合法化任务或是一项元合法化任务。这种合法化涉及的还不是哪些政治关系（在道德上）是合法的，哪些是不合法的问题，而是涉及这样一个合法化问题的合法化。因为政治的正义性就在于对法和国家之批判的，甚至是合道德的或道德的观点，所以应有一个规范的概念，在其中汇集着两种在方法上完全不同的因素。一是真正规范的，即合道德的思考方法，二是非规范的，即这种思考的对象，二者结合在一起，使得政治正义性的合法化集中在法和国家中及政治事务的范围内。

在这些问题中，出现了政治合法化的不同层次，即以合法化为指向的法和国家批判的三个层次。第一层次的法和国家批判是由一种合法的及正义的统治思想所指导的。这种批判满足于把正义的法和统治形态与非正义的法和统治形态区别开来，譬如排斥专制要求民主或排斥独裁统治要求法治国家。从系统上看，只要这种批判认为法和国家及与此同时人类统治的存在理所当然是合理的，那么它就仅仅是一种表面的批判。由于任何政治共同体都具有强制和统治的特征，因而第二层次的批判对第一层次批判的前提提出疑问，并考察究竟是否应当有一种法和国家的强制。最后，第三层次的批判认为，强制的成分不只是法和国家才有，而是任何一种社会机构都有。作为一种彻底的、触及根源的批判，这一层次的批判就是主张这种观点，并且考察社会强制究竟是不是合法的。根据考察结果再进一步论述法和国家的强制是否可能优越于其他的强制形式，以及如果可能按照哪些原则来组织一个更为优越的法和国家的强制。基础哲学意义上的法和国家批判并不满意前两个层次，它要推进到第三个层次，即深层次的批判，追问到底是否该有社会强制。

根据合法化的任务，即强制权力，在政治的正义性概念中还有另一方面需要论证，这就是道德立场及正义观点。这种论证可以称之为在合法性观点上的语义分析。也就是说，它研究描述语义学的基本概念，考察用这些基本概念能在何种程度上满足强制权力之合法化的需要。因为正义指的不是一种

---

　　①　周燕军，王珉. 合利性、合法性、合道德性：对政治制度的三种评价 [J]. 学术论坛，2001 (1).

肯定的评价，而是一种批判性评价，且在批判性评价的三个层次范围内属于第三个层次，即道德的约束力，所以首先要说明这种批判性的观点，然后要说明这种特殊的道德观点是正确的。社会强制之所以需要合法化，是因为它限制了自由，并且作为限制给被限制者带来害处。因此在三个评价层次中，单是第一个规范性层次的理由是不够的，因为这些理由对于目的和目标是中性的。

因为强制权力的合法化决定于被限制者的利益，所以，强制权力只有在它为每个个别的被限制者带来的利多于弊时才是合理的。这个准则叫作分配性利益，而不是集体性利益。分配性利益这一说法，当然不能误解为似乎得有一个第三者给各个方面分配利益。对每个人都有利的东西，完全可以通过交换得到实现。分配性利益也可以表现为交换双方相互有利。

由于分配性利益这个准则，那有利于第三个评价层次的（社会）实用主义约束力被相对化了。我们知道，这个评价层次是道德评价，确切地说，是正义的立场。因此，在社会强制权力的合法化中，正义思想是有其必要性的。

赫费把正义原则与一些在古典的和当代的伦理学及正义性讨论中具有代表性的最重要的原则比较后，得出结论："在'为每个人带来利益'的合法化原则中不难重新找到目前在讨论的道德原则，即作为普遍化，公正和同意能力以及作为合法化前提的无统治。"① 功利主义只表明自己是一种不充分的规范性观点。

4 政治的正义性或自然法？ 赫费对批判自然法的实证主义进行批判。第一种批评认为，自然法应当属于宇宙思想，从而也就自然而然地过时了。赫费认为只要稍微看一下自然法的历史，就会看到那是一种较为丰富的、本身就有很大差异的传统。这种批评所犯的错误是，以部分代替整体。另一种批评则认为自然法思想的纲领本来就是不清楚的，因为它的第一个要素，即自然概念，具有不同的意义。自然概念事实上是多义的。但这种多义性暂时起不到如此大的作用，如政治的正义性一样，自然法指的是一种前实证的律条，它要求超越于实证的律条之优先地位，而且一般不是从技术的或实用主义的意义上，而是从道德的意义上予以理解。这种（批判的）自然法思想就在于试图对法和国家采取道德的观点。

---

① 奥特弗利德·赫费. 政治的正义性：法和国家的批判哲学之基础 [M]. 庞学铨，李张林，译. 上海：上海译文出版社，1998：67-68.

此外，自然法之所以受到批判，是因为人们通常把法理解为由国家严格地确定界限，并予以实施的具有强制性的约束力。但自然法却缺少所有三种定义的要素，然而，这三种要素的缺乏对自然法并没有造成不利。因为上述的定义要素属于实证法。与实证法相对，自然法表现为一种非实证的或批判的约束力。

对自然法的第四种批评来自伦理相对主义方面。伦理相对主义认为，假如应有自然法原则，那么，它们就必须是一成不变的，并且在所有民族所有时代都应同样。而实际上，我们看到不同的社会和文化之间存在着巨大差别，同时往往充满矛盾，就是在一种文化和同一社会中，法的原则也是变化的。

能用批判的自然法予以反驳的最后一种批评，具有意识形态批判的性质。意识形态批判的观点具有双重性。对自然法思想的极端敌视态度也可能有其特殊的原因（如巩固利益、特权之类），而且把它们冒充为普遍适用的原因，从而成为意识形态的东西。

5　**法实证主义是神话吗**？　赫费对作为自主的法科学理论的实证主义进行批判。赫费认为，必须在社会约束力的范围内把法与传统道德区别开来，在法的范围内把实际上有用的法的描述性问题与道德上合理的法的规范性问题区别开来。确实，在专门研究描述性的法问题时，实证的法科学还是不确定的。除了将实证法与其他的包括实证的约束力区别开来外，还可以用不同的方式研究专门的约束力。

只要法理论满足于双重的专题性专门化，并明白自己根本不是对法，而只是对属于法的独断论观点的实证法感兴趣，那么它就不含有对正义立场的挑战。它是一种对正义哲学来说具有中性意义的分析的法理论。一种法伦理学的挑战只有在正义不仅被排除在专门的讨论之外，而且被排除在任何法和国家的讨论之外时才会出现。只有在我们逐步重建的第一层次和零层次之后的第三个层次上，法理论才实际上成为实证主义。对这种实证主义来说，主要有三类观点，它们标志着法理论的实证主义也有同样多的类型。

6　**实证主义法概念批判**　赫费对作为法理论实证主义的实证主义进行批判。赫费认为，这类观点，是一种独立于历史的或是一种原则性的实证主义。"从一般的科学理论的信念中得到论证的法实证主义，遵循的是逻辑实证主义及逻辑经验主义的科学观念，所以也许可以称为逻辑的法实证主义或法经验主义。按照这种实证主义看法，只有经验的或分析的法观点才具有科学性质，而规范的法观点，也就是正义观点，则被看作是非科学的。作为法经验主义的法实证主义认为，法科学只能作为有用的法的科学，或作为纯粹分析的法理论。"①

实际上，法理论的实证主义者已经维护了其中不包含正义的法概念，在霍布斯那里称为"不是真理而是权威制定法律"；而绝对命令理论家则说"法是统治者的命令"；凯尔森断言任何一个内容都可能成为法，哈特则认为法是经验的现实。然而，这类不含正义的法概念，只有当它们不合适时，当它们表明在法，乃至在法的定义中添加上正义因素时，也就是完全没有正义的法概念在体系上不完备时，才值得去批判。从法理论的实证主义角度来看，正义观点的合法性并不决定于一种崇高的道德义务，而是完全客观地决定于概念的阐述。

接下来，赫费对作为现代的社会历史理论的实证主义进行批判。赫费认为，这类观点是一种合乎时代的，即现代性理论的实证主义。把卢曼的法理论解释成实证主义的，并非由于在他那里缺乏社会批判的兴趣，因为从他按社会是什么去研究社会的兴趣中得不出现存关系稳定化的结论。

通过"有程序的赞同"，决定获得了一种纯粹形式的、无内容的权威化。因此，在卢曼那里可以找到几乎没有更改的凯尔森的定理：任何随意的内容都可以是法。与凯尔森不同的是，卢曼认为这一定理并不适合于"所有法的领域"，而只适合于现代的法领域。对于现代法来说，卢曼既摒弃了自然法的思想，也拒绝了政治正义的思想。除了正义观点在卢曼未予详细论述的这两个合法性层次上，即在对决定结果的赞同和作为不用暴力解决冲突的法之功能规定这两个层次上起着作用外，还可以提出一系列反对卢曼的法理论的意见：

1. 怀疑始于历史的差异分析。把程序的合法性说成是现代的东西，也不是没有问题的。法历史的怀疑也针对关于"经济的社会优先权"的假设。

2. 怀疑还涉及一点，即卢曼把自然法理解成在现代也许是单纯的程序合法性之最重要的对立面。卢曼所宣称的自然法思想具有"对自然的模仿性和完善性"，在宇宙自然法思想的某些范围内是可能存在的，但不符合自然法的各种形式，特别是不切合理性法。

3. 针对命令理论所提出的反对意见，也与卢曼阐述的现代法之适用理论

---

① 奥特弗利德·赫费. 政治的正义性：法和国家的批判哲学之基础 [M]. 庞学铨，李张林，译. 上海：上海译文出版社，1998：80.

相悖：习惯法在现代法制度中仍有意义。

4. 不但可以从现代的法和国家制度的自由理论，而且也可以从它们的实践上来批评卢曼的观点：现代社会虽然因不断实施法的过程在变化的能力上达到了不为人所认识的程度，然而在法的不断变化时绝不是任意的法内容都是适用的。

5. 对卢曼有关"传统正义概念"的批评，也有一些反对意见。按照卢曼的观点，正义传统上被理解成：（1）完善的概念，（2）实在的正确性，（3）具体决定的准则。所有这三种观点在现代条件下都已不再是可能的了。

第 2 编　无统治或正义的统治？——对无政府主义的批判　在第 2 编中，赫费阐述了政治正义性的（描述性）应用条件——合作或冲突，幸福或自由。赫费讨论含有政治的正义性特点的合法性任务，这就是：从被强制者的利益角度来为政治的强制权限做辩护。这种辩护又要与政治的怀疑主义即作为社会原则的无政府主义辩论，后者在原则上怀疑政治的强制权限之合法性。

7　无统治的乌托邦　赫费指出合作还是冲突是政治人类学①的第一个基本问题。赫费把政治合法性模式更确切地叫作：政治的人类学和伦理学。因为合法性取决于自然利益或人类利益，所以原则的合法性争论从人类条件开始。单是人类学当然不能决定这场争论。同样必要的是伦理学的观点，即公益原则，为此尤其要在人类条件范围内寻求分配性公共利益。政治合法性的论证模式因此是：人类学加伦理学。通过道德方面，政治的合法性避免了"应当是"的错误；通过人类学方面，政治的合法性又避开了对纯粹的、与所有描述性问题相脱离的"应当"之责难。

赫费认为，在乐观或悲观的人那一边，对于政治人类学来说存在两种基本模式：其一，人是合作性的动物；其二，人是冲突性的动物。相应地也有两种法和国家合法性的基本模式：合作模式和冲突模式。合作思想是迎合无政府主义的，因为一种社会的合作一般都由无统治的代表去寻找，只是他相信这种合作原则上没有强制是可能的。相反，冲突模式则似乎直接地预先断定需要强制。如果说政治合法性的冲突模式在近代才完全认识清楚，那么，合作的模式早在古代希腊时期，即在亚里士多德那里就已有了概括性的阐述。

8　统治产生自贪欲（柏拉图）　柏拉图从城邦的形成过程阐述了其政治

---

①　这里所探究的不是广泛的人类学，而只是一种"政治的人类学"，即政治的合法性讨论不能回避的人类学问题。

正义性。城邦的形成有四个阶段：首先，人的需求阐述城邦的基本轮廓；其次，城邦进化为具有文明生活的舒适性国家；再次，对文明带来的种种弊端进行净化；最后，哲学王在美好的城邦中创建善和幸福生活的统一。与之相对应，正义的正义性首先也是满足人们的需求。在此前提下，赫费提出了反对意见。赫费认为，这样一个理论起点没有将个别利益和人类历史的特殊性考虑进去，只是以人的经验为依据，陷入了"人是—应当"的错误推论中。柏拉图从人的动物性利益出发，虽然看到了人们的生存状况的改善会对群居者带来好处，但是这种利益只是限于基本生存需要的生物学意义上的利益，他强调了人们对生活必需品的需求，但抛弃了劳动，没有意识到人并非生而为人，人需要有一个成长的过程。同样，沿着柏拉图的思路，和平的城邦共同体只有满足人们的需求，也就不会有冲突，更不需要统治。赫费指出，柏拉图的正义论的前提首先就存在错误，人们能够和平相处也是因为冲突往往用法律或强制形式予以解决，而非无政府的和平共存。柏拉图的"无政府主义者的"幻想在健全的城邦之后出现的奢侈和肿胀的城邦面前彻底破碎。

9 人的政治本性（亚里士多德） 赫费认为亚里士多德依据于自然本性，从而使用的是一种合法性类型，这种合法性类型由于科学理论和意识形态批判等原因早就被认为是过时了，因而，似乎不值得进行更详尽的讨论。凡是——在一种批判的自然法思想意义上——看到在法和国家讨论中的本性论证绝不会那么简单地受到贬低的人，都会无偏见地考察亚里士多德的一些陈述，然后发现一种对政治人类学的合作模式和建立在这种人类学基础上的城邦合法性进行可望获得成功的深入思考的论证。

柏拉图和亚里士多德提出了形形色色的理由，说明共同生活只要是正义的，就有利于所有参与者。他们也指出了为什么较高程度的经济和社会之差异是具有意义的。但那些合作的理由并没有说明共同生活为什么应采取强制特征，以及强制为什么要采取法和国家的形式。如果说，柏拉图主张共同生活可以方便生活，亚里士多德甚至主张共同生活是必需的，那么，这首先说明一个社会的存在是合理的，并且按照差异的观点，也证明一个特殊或文明社会的存在是合理的，但还没有证明政治集体的存在是合理的。

10 基本冲突：一个思想实验 赫费指出，幸福或自由是政治人类学的第二个基本问题。赫费认为，若在原初的自然状态谈论自由，那么并不涉及自由的道德概念，而是涉及任意性（自由）或个人任意判断意义上的行为自由：让行为者自己决定他追求什么和怎样去获得所追求的东西。为了避免预期理由，彻底的合法性讨论要放弃关于幸福的任何内容的定义。这一放弃无非意味着合法性讨论将从行为自由的原则开始。若合法性讨论不仅从（行为的）自由出发，而且也从自由的无限定性出发，那么这就不是适用于任何方面，而只适用于明确定义了的方面。因为在与无政府主义的争论中涉及的是政治的，更一般地说，是社会的自由限制的合法性，所以赫费讨论的也只是政治的以及社会的自由限制，关键在于人的自由不受到他人的限制。

正如在自然科学或社会科学中的实验那样，哲学的思想实验也由两部分组成：实验的安排和实施。自然状态同样具有这两个方面，许多的误解都产生自不能明确地将这两个方面，即实验安排与实验实施的自然状态区分开来。即使原初自然状态的思想实验只要极少数几个假定就行，因而优于那些有许多前提的开端，但仍可能产生过多的，尤其是有争议的前提条件。事实上，这种指责已经提出来了。自然状态的思想实验若严格地把注意力集中到自己的合法性任务上来，就可以避开这种指责。对这种思想实验来说，至关重要的只是人类共同生活中的强制因素。

在证明了行为自由是原初自然状态的前提之后，接着是实施思想实验的安排：如果一个人的社会上不受限制的个人判断与另一个人的同样不受限制的个人判断发生冲突，那事情会怎样呢？赫费进一步论述了自由冲突的不可避免性。赫费认为，无论自由是不是单方面或相互受到限制，这种限制是不是自愿或强制发生，从社会角度上看，行为自由都不再是无限制的。在此基础上，赫费得出关于原初自然状态思想实验的第一个结论：共同生存于同一外部世界中的自由人，必须经常考虑到会发生冲突；一个人的行为自由必定总是因为别人的行为自由而受到限制。就是说，二者的行为自由不能共存。

对行为自由的限制不会从追求的主体本身产生。就是在主体从属性地宣布同意限制的时候，他所遇见的限制最初也是来自外部的，因而具有强制的特征。这就是思想实验的另一个结论：来自在同一外部世界中纯粹共存的威胁性冲突本身就具有（社会）强制的意义。

自然状态的思想实验表明，在自由的人们共处时必须常常考虑到会发生冲突，这样一种冲突本身就包含着自由的限制，从而也包含着社会强制。所有对自由的社会限制，不是因为人要生活和要生活得好，也不是因为物品匮乏，更不是因为人"本性上"就是恶的，至少是自私自利的，或因为设置了如法和国家这样的强制机构，社会自由限制的界限主要始于：（行为的）自由本身，假如从其社会的角度来审视它。

　　若社会强制的法和国家形式最终在某些范围可以合法化（渗透所有生活领域的"极权国家"的合法性不在讨论之列），那么关于合法性的第一个组成部分就很清楚了：一种法和国家制度由于有了社会强制性而得以施行，没有任何一种法和国家的强制屈从于部分具有法和国家形式的强制。因为欲求可以指向一切，所以冲突的危险不仅仅延伸到那些迄今尚无主人的物品，而且同样也延伸到已经为人所拥有的东西，即财产权。此外，这种冲突的危险也包括人在内：他们的生命、荣誉，他们的劳动力和劳动贡献。由于缺乏社会约束力，在原初自然状态中存在着受害者与致害者的对称性。

　　人们只要不那么现实地去争斗，对自由冲突的严格自我调节就会导致一种自然的统治。就像潜在战争的概念所表明的那样，自由限制的自然调节不在于不断地争斗，而是不断地导致某种平衡状态，在这种状态中，任何更进一步使用暴力的利益界限和成本界限总是保持着平衡。自然的权力平衡状态当然几乎不会持续存在。自然平衡绝不会固定不变，而完全是易于变化的。

　　在严格的对冲突的自然调节中，任何人都不拥有任何的要求，即使这些要求并不依赖于其潜在的权力和威胁力量。由于缺少社会约束，他们相互不是把对方作为人而是作为物来对待；无政府主义本来想要防止的东西现在都有可能出现。这样，自然的和不受调节的自由限制原来是无统治的乌托邦意图的对立面，即是一种无限制的，从而是人对人任意统治的危险。

　　11　社会制度中的自由　赫费为了解决自由的冲突，提出了制度理论，并对其合法性进行了论述。由于成人的"自然状态"存在着暴力受害者和致害者的同步对称性，缺乏社会调解时暴力通常是解决冲突的有效手段，因此法和国家的合法性首先要以自由的和具有威胁能力的人出发，通过制度的构建调解自由的冲突，制度的建立也成为连接人与法和国家的中间环节。一个社会制度要满足的是各种需要和利益的综合，融合不同任务。通过群体有组织地对需要和利益的满足，社会制度在完成这项任务的同时也促成了共同体和个人趋于同一性的职责。抛除掉满足需要和利益的目的，制度会因为脱离当事人的动机和意图、屈服于有约束力的结构而备受批判。人对自由的追求构成了社会制度的外部支持，人的内在心理、素质等又减弱了制度的强制特征。人由于性格素质的内部支持和社会制度的外部支持造成本能和特有的特征的缺失，这也是为什么需要有法和国家，制度的合法性也因而得到理论依据：人因摆脱本能的约束而产生威胁的危险，这不只是具有说明性意义，而具有合法性意义。制度理论凭借对社会稳定提供各种保障，满足当事人的需要和利益，使自身具有了合法性。

如果说在原初自然状态的实验安排中是对法和国家乃至所有社会强制进行彻底的解构，那么在实验实施中则要开始重构。当然，作为前伦理学的思想，自然状态无非是要使人认识到，在纯粹共处的基础上必须考虑的是自由冲突，在缺乏社会调节时则必须考虑用暴力解决这种冲突；至于法和国家制度的合法性，还不在视野之内。

鉴于人的自然配置的多样敞开性，特别是由于本能的关联性，还由于多用途的器官、理智和语言能力使人类具有第二层次的调节——传统上称这种调节为行为自由——人类学的这种思考不仅仅确认了行为自由是一种合理的前提，也证明了自然状态思想实验的第二个假设。暴力和谋杀危险是人们为其驱动和反应结构中的敞开性应付出的代价。

在古典的合法性讨论及其当代的重新活跃中，紧跟自然状态观点的是社会契约观点，以便用它来为人类共同生活的法和国家形式辩护。系统地看，自然状态的思想实验还没有与某种法和国家理论相联系；作为论证的中间环节，它需要有一种社会制度的理论。诸种制度理论当然没有把自己理解成一种论证性的中间环节。它们以独立的，在一定程度上甚至是以闭关自守的理论出现；它们想成为一种可选择的对象，而不只是一种补充。此外，由于这种可选择性应存在于一种不讨论价值的社会理论中，所以制度理论放弃任何伦理学。

第 3 编　作为一种自由共同体原则的政治正义性　在第 3 编中，赫费按照"人类学加伦理学"的论证模式阐述了政治合法性的任务在于确定两个要素以及对两者的最终协调。

由于规范性要素与描述性要素要在协调中联系起来，所以这种协调具有实用的三段论的结构。与通常的理论的三段论不同的是，在政治正义性的三段论中，规范性前提与描述性前提的关系不是如分子与分母的关系，也不是目的与为达到目的而确定的方法与途径的关系。这里主要是应当对描述性的小前提，即应用条件，根据规范性的大前提所揭示的"材料"从道德上进行评价和构建。

根据制度理论的思考中所采取的论证步骤，协调工作可分为三部分。由于社会制度稳定化的好处只对第二层次的合法性有帮助，所以首先要说明，被调节的自由的共处优于自发的自我调节，第二级自然状态也优于原初自然状态；其次要说明，对所有遭际者来说，规则的制度化，第二级自然状态的克服，制度化的法和国家形式等，是更为有利的。

由于正义的观点对所有这三部分工作来说都至关重要，所以每次都可以讲正义，赫费的正义观分为自然的正义性、制度的正义性和政治的正义性三个层次。赫费在分析自然正义性的原则和现实差距以及制度的正义性基础上，从实证化和评价的过程两个角度提出了政治正义性的对策，即作为一种交换正义的新模式，应当把作为公共权力的国家和法与正义、合法性结合起来。

12　自然的正义性　赫费对自然的正义性进行了详尽的论述。"生活在同一世界中的自由的人们不可避免地要限制自己的自由，同时，这种来自外部各个主体的相互限制具有强制的特征。"① 从正义的观点来探究这种状况，就产生了政治正义性的基本原则。自由限制及其相互间的强制应分配性地从利益上形成，所以基本原则就是分配性利益的自由共处。若要强调不可避免的自由限制，那么也可以提出自由的分配性利益的界限；若以利益为重心，则可以提出对自由的分配性利益的认可。正义的原则既为自由的限制，也为自由的保障确定了唯一合法的尺度。

在原初自然状态中，每个人都保持自己全部的行为自由，与原初自然状态相对的另一可能状态，即第二级自然状态，产生自某种否定。一旦彼此放弃自由，没有人再可以要求去残杀、侮辱和掠夺别人，那么自由共处的自发的自我调节也就取消了。放弃是保证完整性的可能条件。不能把完整性理解成来自第三方的恩赐。政治合法性中至关重要的正义不是分配性正义，而是交换性正义。为了能够在原初的和第二级的自然状态之间做出抉择，就必须知道什么更有益。霍布斯认为有一种明确无疑的优先性。当然，这种优先性主要是生命的权利和残杀的自由，它对每个人都毫无例外是同样的。由于缺乏普遍的同意，也许可以降低合法性的标准，在自由规则方面要满足于集体的而不是分配性的幸福。

无论主导目的在一些例子中是简单的还是在其他一些情况下是复杂的（多部分组成和自成体系的），凡有主导的追求者，对他来说，由于受害者和致害人的对称性，既不是也不是第二级自然状态要比既是也是原初自然状态更有益。如果保留分配性利益的准则，降低人类学的前提条件，直到不再从客观幸福概念的剩余假设来评价利益，而是把它确定为人类行为自由的一般

---

① 奥特弗利德·赫费. 政治的正义性：法和国家的批判哲学之基础 [M]. 庞学铨，李张林，译. 上海：上海译文出版社，1998：331.

条件，那么，这种无奈是可以克服的。

13 自然正义性的现实差距 彼此放弃自由，不仅符合分配性利益的原则，也满足了我们上面提到的其他一些正义的准则，如第二层次的公正原则。就是说，放弃自由一方面涉及正义，且不只是涉及规则的应用；另一方面，规则只有在出现全面的因而是严格无偏颇的，此外还严格平等的自由限制时，才能达到自己的目的，即社会对自由的承认。

自由共处的任务是预先赋予的，并且是不可取消的强制因素。反之，任务的解决则是无强制的。这样，强制只限于一种挑衅，而不涉及对挑衅做出反应。如果说共处状况中包含有强制的因素，那么对这一共处状况的反应则是无强制无统治的。因此，可以悖论性地讲无强制的强制。"由于彼此有利的放弃自由，自然的正义性就提出了条件，在这些条件下，每个人都可以使不可避免的社会强制成为自己的事情，从而可以消除社会强制那种纯粹强制的即'赤裸裸暴力的'特征。"①

现代政治设计的中心点，从宪法史上来看，就是人权，是每个人以及在任何情况下都可以要求获得的主体权利。人权若可以在基础的政治合法性讨论中得到论证，那么，现代的政治设计就又得对自己的基础哲学的地位问题给出证明。在政治人类学中独特的近代思想取向——是自由而不是幸福，是冲突而不是合作——得到了合理论证之后，这里亦应确认现代宪法史方面的合法性。只有当对某人负有义务的另一个人承担起他的义务时，才可以说某人具有要求意义上的权利。若彼此放弃自由应当具有人类权利的意义，那么，也必须赋予与权利相适应的人类义务。

由于与强制权限相联系的社会行为规则具有法的特征，所以基本自由及人权也就构成了一种分配性利益的因而是正义的法制度之基本组成部分。在第二级自然状态范围内，应得到与法义务在概念上联系在一起的强制权限，当然不是国家或类似于国家的共同体，而是自然个人，即法伙伴。第二级自然状态是一种前政治和前制度的法社会，即自然的法社会。然而，仅有自然的正义不足以充分保障人的自由权利。

14 正义的国家 赫费对制度的正义性进行了论述。赫费认为，人人都成为自己的法官，必然会产生相互冲突的"裁决"。解决办法之一：赋予规则

---

① 奥特弗利德·赫费. 政治的正义性：法和国家的批判哲学之基础 [M]. 庞学铨，李张林，译. 上海：上海译文出版社，1998：344.

以非人格的法律形式，把法律的解释权托付法官的人格，即由公共权力来消解"解释的冲突"。办法之二：由公共权力来行使执行强制和处罚强制，遏止在"交换性正义"的名义下获利。办法之三：确保法制度的稳定化和长期化，保证非共时的交换性正义。由此，自然的正义升格为法和国家制度形态的正义。

反对原初自然状态并不是说它由非正义所统治，而是说无规则同时还有无法律支配着这种状态；无限制的、野蛮的自由控制着一切，对任何人都同样有害。这种状态要通过第二级自然状态或自然正义性的状态来克服。但是自然正义性还做不到它想做的事情。由于自然正义性让个人承担对基本自由及人权的责任，所以自然法社会并不是正义的状态，只是而且幸好没有出现灾难性的国家权力，这不是真正的法状态，也即不是（正义的）法成为完全现实的法状态。

根据某种否定的论证模式，从自然正义性的三重现实差距中可以看到，克服差距要有三个条件。第一是为了解决基本权利而产生的解释的冲突。正义的第二个现实条件要求不应做不诚实及欺骗的事。在实证的法制度范围内，执行权力有其自身方面的法的特征，其性质又不是特殊的，而是普遍的，不是私人的，而是公共的；第二个现实的原则称为公共的法权力。为了解决第三个条件即非共时的正义两难困境，克服交换自由的阶段推移的相互性变为单方面的危险，实证的法制度及其执行权力在时间的延续上必须跨越一代人。正义的最后一个现实性原则是——制度化，也就是稳定化。

通过正义原则的实证化，通过正义原则与执行权力及其制度化的结合，正义的自然存在形式被三重否定了，最终自然状态也被取消了。代替自然法社会的是具有国家特征的实证的法制度。实证的法和国家制度是合法的，但又只是辅助性的合法。这是指，实证的法和国家制度对正义带来的是必要的，但仍不是原创性的作用。

15　政治正义性的对策——对未来的展望　赫费从实证化对策和评价对策两个方面对政治的正义性的对策进行了阐述。为了促使正义成为现实，公共的法权力要保持权力垄断。凡拥有权力垄断的人，不仅有足够的权力来实行正义，也有足够的能力来拒绝正义。为了使公共权力尽可能与正义结合起来而采用的途径、力量和程序等多种多样的"方法"，赫费都称为政治正义性的对策。系统地看，这些方法同时具有意志和认识方面的双重性，担负着不同的任务：认可的任务，公共法权力确定的任务等。相应地还有正义性对策的两种相互补充的类型。借助实证化对策，正义原则找到了历史对它的具体认可；借助评价对策，不断地重新确定要予以认可的法形态。

第一，实证化对策。

作为一种能消除对国家权力的矛盾心理并把公共权力组织得从一开始就限于保护功能的政治模式，往往是指被理解成国家形式的民主。然而历史的经验却使人们认为，单是民主也不能使那种"政治语法的基本规则"失去效力，即凡有足够权力实行正义者，也有足够权力拒绝正义。

人们当然无须向民主的国家权力对权力的可能滥用做出妥协，然而有必要给民主的法权力划定明确的界限。对国家权力已划定的界限，规则自身必须符合正义原则及其中间原则，即符合人权。论证国家的社会责任有两种对策。如果说，绝对的论证试图证明社会责任是一项不依赖于正义共处的其他原则而有效的国家任务，那么，功能的论证是要坚持以前的合法性方向。

第二，评价对策。

新的正义性对策的探讨开始是差异分析，是对简单方案的批判，即对从功利主义传统和经济理论中接受下来的利益核算范式的批判。因为利益核算的范式简化了公共决策任务的结构，所以，赫费主张一种结构上更加完善的对应模式，主张一种交往的评价过程及决策过程。

为了（具体的）正义而进行的交往式探讨过程，可以称为正义讨论或道德—政治的讨论。这里简要描述的将得到承认的正义原则与新的法问题协调起来的道德—政治讨论，属于所建议的发展模式的第三阶段，也就是承认法是政治的对象，并试图在进行科学知识的基础思考中敏锐地解答社会的较新需要。通过以经验知识为依托，道德—政治讨论避免了一次规范主义的错误结论，不去相信没有详细的客观分析就能确定正义的具体形态，而是让经验在政治正义性的对策中发挥决定性作用；同样也避免了相反的错误，即是应当的错误结论，道德—政治讨论只能在双方进行合作时才能获得成功，这在科学层次上意味着跨学科的伦理学讨论，即哲学伦理学与具体科学的合作。

对于政治正义性的对策，科学的政治探讨起着更独特的作用。与正义性的对策有内在联系的科学探讨在结构的基础、内部结构和外部结构方面必须满足一定的条件。尽管结构的基础具体看来有可能是如此的多种多样，但其基本原则却很普通：科学的政治探讨必须满足科学合理性的已知的方法和质量特征。按照其内部结构，政治探讨是一种实验性的一致，即这样一种试验，它在与政治机构、分歧和争执保持相当距离中寻求适用于整个社会的一致。

按照外部结构，科学的政治探讨只有当科学和政治两方面互不侵犯，彼此接近时才能取得成功。科学家既不能做出政治的决策，也不愿被人利用。科学和政治在技术统治和生活状况的"遮羞布"之间系统地寻求"第三条道路"，即在保持各自原则的情况下寻求一种伙伴式的合作。

通过实证化和评价这两种对策的共同作用并不能保证政治正义性的完全实现。但是，通过实证化的正义原则与科学的合理性、实验的一致、科学和政治之间的合作关系等因素的结合，使得我们在当今错综复杂的社会条件下有可能找出并认可政治正义性的具体形态，简而言之，就是要历史地去实现这些政治正义性的具体形态。

── 【意义与影响】────────────────────────

第一，在一定意义上可以说，该书对政治的正义问题研究可以与罗尔斯相媲美。

赫费的《政治的正义性——法和国家的批判哲学之基础》在批判以往正义理论的基础上构建了其独特的体系严谨、气势恢宏的正义理论。赫费在批判罗尔斯的分配正义观没有关注分配物的获得，缺少基础论证的基础上，在基础哲学的层次上建立了与功利主义相反的正义的新范式。赫费首先从描述语义学的角度界定了正义的概念，接着对柏拉图和亚里士多德的理论进行了阐述，进而对法和国家的实证主义、无政府主义进行了有力的批判，提出了关于自由的冲突的思想实验，构建了交换正义的政治正义性理论。

赫费的理论核心概念有两个：一个是政治的正义性，即法和国家的道德维度，赫费要求从道德的维度来论证法和国家的合法性及其界限；另一个是交换正义概念，通过区分和剖析正义理论中的交换，形成了其交换正义性的理论并提出了其作为世界性调节秩序的"世界共和国"思想。正是因为这些特色，使其在驳斥实证主义、无政府主义，并在与当代诸家正义理论的论争中独树一帜。可以说，赫费的正义理论代表了大陆哲学，而罗尔斯的正义理论代表了英美哲学。当然，二者也存在共同点，即都是在批判以往正义理论的基础上构建了自己的正义理论。在当代诸多正义理论中，由于赫费所提出的政治正义理论自成一家，独具特色，在理论界和社会上产生了很大影响。因此，在一定意义上可以说，该书对政治的正义问题研究能与罗尔斯相媲美。

第二，该书对法学、国家理论和哲学三者重新结盟的观点论述具有开拓性。

法和国家是社会强制所采取的最常见形式。无论是自由主义与社群主义之争，还是新自由主义与保守主义之争，所涉及的都是何种形式、状态更有利于个人生存这一层面，是探讨应否有统治及何种形式的统治更具合法性这一问题。赫费认为，更深层次的研究应当深入到这种强制形式本身中去，探讨法和国家合法性的根源。赫费的正义理论的任务在于找到一个可以调和政治教条主义和政治怀疑主义的结合点，从而一方面与严格的法实证主义斗争，但不放弃法和国家的强制权限；另一方面，对无政府主义进行批判，但不赋予法和国家以无限权力。

由于赫费对法学、国家理论和哲学三者关系的阐述，其被有些评论称为当代德语世界最先使法学、国家理论和哲学三者重新结盟的哲学家，也是一位最富有成果的开拓者①。正因为该书观点的独特性，该书 1987 年于法兰克福出版，1989 年又重新以袖珍本印行，现已出版法文、英文、意大利文、葡萄牙文和日文译本，并且已成为当代西方法哲学理论的一部具有广泛影响的代表著作，该书也是赫费最重要的著作。

第三，该书对中国社会的道德建设有重要启示。

《政治的正义性——法和国家的批判哲学之基础》是赫费最重要的著作之一，它从哲学和人类学的角度研究法和国家理论，指出哲学的法和国家伦理学核心思想是政治的正义性。政治的正义性是非纯粹经济学意义上的交换正义性，交换涉及人的（行为）自由，"对自由的限制换得了自由的保障，对自由的放弃回报以对自由的权利"，这的确是一种值得人们思考的既具理论价值又富实践意义的观点。首先，道德维度到底在多大的范围内能起到作用。政治与道德如何相融，如何相互作用，成为中国学术界自 20 世纪 80 年代以来许多研究者思考的中心问题。该书从政治的正义性的角度给了我们启示，即遵从法律在当代社会实际上就遵从大家都认可的道德原则。其次，告别乌托邦。至善的国家起源需要现实生活中不断更新完善的各种制度和法律来予以调控。现实的政治行为必须立足于当代人的生活。政治所应关注的首先是在其治理下，实现社会资源和社会价值在各个阶层之间的分配，让每一个人生活得幸福，实现他们各自的价值。

---

① 奥特弗利德·赫费. 政治的正义性：法和国家的批判哲学之基础 [M]. 庞学铨，李张林，译. 上海：上海译文出版社，1998.

─── 【原著摘录】 ───────────────────────────────

导论　正义讨论的新评估 P1-22

P3　政治讨论亦主要是从哲学角度进行的，而且成了道德的统治批判的决定性部分，并以这种形式建立了哲学的法和国家伦理学。

P9　严格的法和国家实证主义论点是主张法和国家的绝对权力或无限制肯定。相反，严格的无政府主义论点则是彻底地排斥这一切。

政治的正义性哲学的任务就在于克服政治教条主义和政治怀疑主义之间的对立。

P10　我现在把"现代政治设计"理解成是一种批判的法和国家理论，它致力于调和近代政治讨论中两种截然相反的倾向，即实证主义和无政府主义；在这种调和中，即在某种意义上实现"现代政治的成熟"，它紧紧抓住（行为）自由的概念。

第1编　政治正义性的立场——对法和国家实证主义的批判 P23-158

P46　描述语义学规定了政治正义性的概念，但并没有使这个概念合法化……这种合法化涉及的还不是哪些政治关系（在道德上）是合法的，哪些是不合法的问题，而是涉及这样一个合法化问题的合法化。

P60　正义是适合于各种具有强制权力之社会境况的绝对命令，政治的正义性是适合于各种法和国家制度的绝对命令，简言之，是绝对的法和国家命令。

P62　关于分配性利益的准则问题，可以考虑有两种不同的解释。从政治的正义性的较弱意义上来说，强制权力能使每个人得益也就够了；从较强的意义上来说，每个人的得益应尽可能均等。

P94　在一种严格的法理论实证主义借以重构的命题结果之开端，有一种并不排斥正义的规定：在实证主义中立的最初阶段，人们研究一般的法理论，讨论各种不同的法概念，像哈特那样除了承认实证的法概念外，也承认道德概念，承认政治的正义性，也许甚至承认一种独立的自然法。

P107　认真的分析集中到这样一个问题上：是否必须在法和道德的相对分离与绝对分离之间做出区分？在给法下定义时，是否只允许在某些方面，而不允许完全放弃与正义的关系？若放弃正义所指的只是相对的，那么，在法理论的实证主义情况下，作为政治的非道德主义的法实证主义论点实际上就是一种神话。更确切地说，根本不存在法实证主义，而存在实证主义中立的分析的法理论，一种例如在法独断论的观点中把正义关系看作并非必然的理论，最多在实证的而不是超实证的正义原则意义上被认为是允许的。与此相反，如果正义关系完全是从实证法的概念中取得的，那么，相反的论点，即认为法理论的实证主义无非是以分析的法理论为内容，就是一种神话。

第2编　无统治或正义的统治？——对无政府主义的批判 P159-325

P164　在这样一种"没有统治者的统治"中，虽然没有统治他人的强制权限的人，但有必须严格遵守的规则、道德和禁忌。并且借此有力地限制了人们的行为空间，现代无政府主义的主要目的，即个人自由和自我实现，根本谈不上。

因为我们到处都能发现社会的强制规则，不论是个人的还是非个人的，所以也就不难将极端的无强制和统治的思想驱逐到政治乌托邦的王国，即那种根本不存在的，也没有任何"现实主义思想家"所期待的人类共同生活的形态之中。

P183　可以肯定，无政府主义的主要目的——建立一个每个人都有某些自然权利的社会制度——只有在非无政府主义道路上才能实现，也就是通过学习社会强制，更确切地说，通过法和国家的强制才能实现。

P203　柏拉图关于城邦合法性思想之核心，就在于调和规范性与描述性两个方面。如果从聚居者的自身利益来审视维持生存和过舒适生活所必需的劳动，把注意力首先集中到单独劳动还是共同劳动这一基本选择上，那就可以证实合作具有优越性；柏拉图用三种相互补充的论据来说明这种优越性的。

P228　按照亚里士多德的观点，最起码目的之意义上的"自然性"，是指人终究要与自己的同类生活在一起，更确切地说，共同生活带来了家庭和聚居的形式；至善目的之意义上的"自然性"，是指共同生活达到城邦共同体的地位。简单地说，人从本性上就是一种社会实体，因为他终究要生活，但人是一种政治实体，因为他要过好的生活。

P250　从冲突理论角度来看，（激进的）无政府主义具有双重意义；因而，论证统治时冲突理论至少负有两方面的任务。第一，任何统治都是非合法的这种激进无政府主义论断认为，虽然可能存在冲突，但既不会在现存的也不会在可想象的冲突中出现一些只能强制性解决的冲突。一句话，无政府主义主张，不存在强制合法性的冲突。

P285　无论自由是不是单方面或相互受到限制，这种限制是不是自愿或强制发生，不论哪种情况，从社会角度上看，行为自由都不再是无限制的。

在这一认识上，我们的原初自然状态思想实验的第一个结论是：共同生存于同一外部世界中的自由人，必须经常考虑到会发生冲突；一个人的行为自由必定总是因为别人的行为自由而受到限制。就是说：二者的行为自由不能共存。

P287　所有对自由的社会限制，不是因为人要生活和要生活得好，也不是因为物品匮乏，更不是因为人"本性上"就是恶的，至少是自私自利的，或因为设置了如法和国家这样的强制机构。社会自由限制的界限主要始于（行为的）自由本身，假如从其社会的角度来审视它。界限根源于纯粹的行为自由的共存，也就是：（1）人们确实需要满足自己需要的手段；（2）可以自己决定适合自身需要的手段及其意义；（3）面对共同的生活空间可以谋求某一种和同一种手段。

P309　此外，一般在一个社会制度内部满足的不仅仅只是一种需要或利益，而是不同需要和利益的综合，社会制度提供的是一种需要综合，也就是融合和综合各种不同的任务，且这类融合和综合本身就是在生活所必要的社会制度的情况下远远超出了服务于人类生存的纯粹功能性的目的。在婚姻和家庭中，涉及的不只是性欲、繁衍后代、抚养子女或共同保障维持生活。一个正常运作的家庭也促成对自我和世人的信任及安全，因此大大促进自我同一性和社会能力的构建。

P311　实际上，制度只规定了一定的活动余地，在此范围内，具体的行为可以根据适当情境和个人特点进行。所以，在同类制度如家庭或大学的框架内，可以有各种不同的表现形式，有较好和较差的例子。但无论对这种差异允许的幅度有多大，制度设置了行为自由的界限，超越界限就会受到制裁。

P323　制度不是从属地为预先给予的集体或分配性共同利益提供利益的稳定化，它主要是起到防止（自我主义的）单方面的、即是说非正义倾向的作用，帮助另一方获得利益。这里，制度涉及的又是善的实行而不是善的决定，同时，善在于分配性利益中；社会稳定有助于正义。

……在没有像正义的立场这样的伦理学前提下，制度的解释和合法化在体系上欠缺地继续存在。

第 3 编　作为一种自由共同体原则的政治正义性 P327－421

P347　只有当对某人负有义务的另一个人承担起他的义务时，才可以说某人具有要求意义上的权利。要求从其概念来说与义务有关，权利是与责任而不是与其相关的事物有关。若彼此放弃自由应当具有人类权利的意义，那么，也必须赋予与权利相适应的人类义务。

在人权要求方面，人既是主体又是客体，既是利益的享受者又是利益的创造者；人权是人作为人对别人所具有的要求，人类义务是人作为人对别人所负有的责任。人权和人类义务这两个方面只能通过人的相互偿付才能得到实现。这种相互性关系也正好适用于自然的正义性，其中间原则，即自由，不是基于国家，而是基于人类本身，它只通过彼此放弃自由而形成。

P357 只要没有准确界定基本自由，只要没有共同进行这种准确的界定，那么危及的正是制度解决的批评者和自然解决的辩护者所十分关心的东西：无限定的合法自由。但通过共同的界定，每个人就不再是自己事情的法官了，自然法社会也就不复存在。

P369 从合理性理论角度来看，这种两难困境表明，彼此交换自由首先只有根据第一层次的合理性考虑才是最优的，根据第二层次的合理性即搭车者的两难困境考虑，则连次优状况都达不到，就是说，这种交换本身就带有单方面放弃自由的危险。从伦理学的法和国家理论角度来看，这种认识的结果是，在证明了相互平等地放弃自由的分配性利益后，合法性讨论还没有结束。仅靠有利，没有共同的强制预防措施的约定没有任何价值；自由市场需要的是不诚实。假如有人尽管如此仍想达到各方面都有利的共处，那就必须参与共同的强制预防措施，这种措施可以改善每个人的处境，因此是正义的。

P372 反对原初自然状态并不是说它由非正义所统治，而是说无规则同时还有无法律支配着这种状态；无限制的、野蛮的自由控制着一切，对任何人都同样有害；各人可以爱干什么就干什么。这种状态要通过第二级自然状态或自然正义性的状态来克服。但是自然正义性还做不到它想做的事情。由于自然正义性让个人承担对基本自由及人权的责任，所以自然法社会并不是正义的状态，只是而且幸好没有出现灾难性的国家权力，这不是真正的法状态，也即不是（正义的）法成为完全现实的法状态。

也许可以说自然法社会本身就是矛盾的。因为作为法社会，它应界定主体的权利和义务，但作为自然的社会，它却缺乏保证这些权利和义务的因素。

P379 因为国家权力不是因自身的全权而存在，而是由于那些在原初和原创的意义上拥有主权的人放弃权利而存在，这就是法伙伴。只是因为对法伙伴中的每一个人来说，属于基本自由的放弃自由是有利的，同样因为他们中的每个人都装得更好，如果有一个共同的法权力对基本自由负责，因此，也仅仅因此，国家权力才是合法的。

P391-392　有了由自由协议和统治协议组成的两个层次的社会契约，可以有区别地回答法和国家合法性的基本问题：一方面有合法的服从要求，这样，那种把任何公共权力都说成是非合法强制的激进的国家批判就失去了根基；另一方面，人们没有义务服从任何公共权力，而只是服从那种服务于自由契约的公共权力。（两个层次的）社会契约既讲到了法服从的约束的理由也讲到了这种约束的程度和界限。这样，社会契约就证明自己是国家合法化的同时也是国家有限性的一种原则；它是评价公共权力合法程度和界限的规范性批判尺度。

P398　作为一种能消除对国家权力的矛盾心理并把公共权力组织得从一开始就限于保护功能的政治模式，往往是指被理解成国家形式的民主（另一种观点认为民主本身就具有正义的意义，因为民主的参与权属于人权即正义的中间原则的范围）。

P406　为了使国家权力的各种结合及其审查能够发挥作用，必须对公共权力进行划分，特别是法院要独立；即使在所划分的各个权力内部也要有适当监督，这样，在立法和政府活动的范围内就有一种有效的制约力量；表现为法院制度中的上级法庭、国家联盟的联邦结构和经济政治上强有力的地方政权等那种"垂直的权力划分"，最终都有利于权力的限定和监督；最后才是一张精密编织而成的民主宪制国家之网，通过它，公共权力尽可能地失去它的矛盾性。代替那种有足够权力保护一切也有足够权力压制一切的绝对主义权力的"政治语法"（politischen Grammatic）的，是作为一种新语法的"检查和平衡"制度。只有在这种制度中，人权才能达到完全的法的现实性，虽然在政治集体中存在权力垄断，但没有一个人，也没有一个机构和国家机关拥有无限制的权力，国家权力被多重分层化并又组合成一张相互监督的公共权力之网。

P411　一旦正义的中间原则以民主和社会宪制国家的形式制度化了，同时又借助一种多层次的权力分配体系在法律和政治上得到了支持，那么，就可以认为完成了正义对策的任务，这一任务所承担的道德政治的服务制度原则上也已经结束。这也非常切合差别不大的特别是静态社会的实际。虽然这里还存在这样的问题：在具体情况下如何来解释实证化的人权、特别是权利规定，总是有分歧。但法院有助于这个问题的解决，法院是按照高度发展的论证和决策修养履行自己职责的，尤其是借助程序的公正原则，如"受审的和另一些人"或"无人能成为自己桌子的法官"来完成的。

P412　事实上，正义原则是一些相当一般的观点，应根据这些观点核实际情况去发现、评价、设计法和国家状况，并最终在实证化过程中以法律形式给予承认。

──【参考文献】────────────────────────

［1］奥特弗利德·赫费. 政治的正义性：法和国家的批判哲学之基础［M］. 庞学铨，李张林，译. 上海：上海译文出版社，1998年.

［2］奥特弗利德·赫费. 全球化时代的民主［M］. 上海：上海世纪出版集团，2007.

［3］列奥·施特劳斯，等. 政治哲学史［M］. 李天然，等译. 石家庄：河北人民出版社，1998.

［4］康德. 法的形而上原理［M］. 北京：商务印书馆，2002.

七、《自由主义与正义的局限》

[美] 迈克尔·J. 桑德尔

万俊人　等译

译林出版社，2001 年

─── 【作者简介】 ───────────────────────

迈克尔·J. 桑德尔（1953—　），美国哈佛大学政治哲学教授、美国文理科学院院士，当代西方社群主义（共同体主义）最著名的理论代表人物。他因为对罗尔斯《正义论》中所提出的两个正义原则及其所依赖的理论提出了有力的批评而蜚声西方学界。

桑德尔出生在美国明尼苏达州的明尼阿波利斯城外，于 1975 年毕业于布兰迪斯大学，后来到牛津大学贝利奥尔学院学习，师从查尔斯·泰勒，1981 年获得牛津大学博士学位，并荣获罗氏罗德奖学金。1999 年被授予哈佛大学学院教授称号。

桑德尔从 1980 年起担任哈佛大学本科生通识课程"正义"的主讲，到目前为止已有 14000 多名学生修读了这门课程。此课程连续多年成为哈佛大学修读人数最多的课程，2007 年秋季有 1115 名学生选择了该课程，创下了哈佛大学的历史纪录。2009 年秋季，哈佛大学启动的课程公开化项目也首推了该课程。桑德尔的主要作品有《自由主义与正义的局限》（1982 年）、《自由主义及其批评者》（1984 年）、《民主的不满：美国在寻求一种公共哲学》（1996 年）、《公共哲学》（2005 年）、《反完美案例：基因工程时代的伦理学》（2007 年）、《正义读本》（2007 年）、《公正：该如何做是好?》（2009 年）。

─【写作背景】────────────────────────────

20 世纪 80 年代兴起于西方社会的政治思潮——共同体主义，是后冷战时期社会各种客观条件的产物，是对新自由主义的补充，但其思考政治问题的方式却大大有别于新自由主义的方式。它关注公民个人的道德品质，特别是人生目的对社会政治生活的影响，力图走出一条超越自由主义的新路。它促进了西方政治哲学、社会哲学和公共哲学的活跃和发展。在 20 世纪政治哲学理论论争的背景下，桑德尔所阐述的"共同体主义"思想也奠定了其共同体主义主要代表人物的地位，桑德尔认为"共同体主义"会引起人们的误解，因此也对此感到不安①。

哈佛大学哲学系教授罗尔斯的名著《正义论》的出版引发了西方学界的激烈争论，此书不仅遭到了来自自由主义内部的批判，也遭到了共同体主义的强烈抨击。在众多的批判著作中，共同体主义的主要代表人物桑德尔的《自由主义与正义的局限》一书已经被公认为是批判罗尔斯《正义论》的力作之一。在《正义论》中罗尔斯基于两种主张对权利优先于善进行了阐述：第一种主张认为，个体权利是如此重要，哪怕是普遍福利也不能超越它。第二种主张认为，规定个人权利的正义原则，并不决定于其凭借任何特殊善的观念所获得的证明；按罗尔斯最近的观点，规定个人权利的正义原则，并不决定于凭借"完备性"道德观念或宗教观念所获得的证明。桑德尔在《自由主义与正义的局限》中对罗尔斯的第二种主张提出了挑战。此书是迈克尔·桑德尔的成名之作，凭借这部批判罗尔斯《正义论》的著作，桑德尔才跻身于一流哲学家的行列。

─【中心思想】────────────────────────────

桑德尔的这部著作约 22.5 万字，是一部现代西方政治哲学的名著。它从道德主体、分配原则、社会契约等角度展开论述，指证了以罗尔斯为代表的"政治自由主义"学说的偏颇，并据此提出了"正义是与善相关的，而不是独立于善之外，正义内在于善"的思想。全书共分 6 个部分，核心主要体现在下面两方面的内容：

────────────────────

① 迈克尔·J. 桑德尔. 自由主义与正义的局限 [M]. 万俊人，等译. 南京：译林出版社，2001.

第一，正义并不优先于善，正义与善相关。

桑德尔在《自由主义与正义的局限》中针对罗尔斯的分配正义理论的立论基础——自我优先于目的的自我观、正义优先于善的元伦理学思想、新契约论的论证方法进行了批判。桑德尔认为，作为康德道义论的继承人的罗尔斯反对各种目的论学说，并认为各种目的论学说错误的原因是它们以一种错误的方式把权利与善联系在一起，罗尔斯明确主张"权利优先于善"。桑德尔转述罗尔斯的话说："我们不应试图先通过诉诸独立界定的善而赋予我们的生活以形式。……我们应该将权利与各种目的学说所设想的善之间的关系颠倒过来，将权利视为优先的。"①

桑德尔认为，罗尔斯的权利的优先性基于两种主张，区分这两种主张是很重要的。第一种主张认为：某些个体权利非常重要，以至于普遍福利都不能超于它，这是新自由主义对传统功利主义的批判和颠覆。第二种主张，也就是桑德尔对之提出挑战的主张是："具体规定我们权力的正义原则，其正当性并不取决于善生活的任何特定观念；也就是罗尔斯最近所说的，任何'完备的'道德观念或宗教观念。"② 桑德尔认为：正义并不优先于善，相反，正义是与善相关联的，是建立在一定的公共善的基础之上的。

第二，放弃"权利政治学"，倡导"公益政治学"。

对于相关罗尔斯正义理论的争议，桑德尔说："罗尔斯的自由主义与我在《局限》一书中所提出的观点之间的争执关键，不是权利是否重要，而是权利是否能够用一种不以任何特殊善的生活观念为前提条件的方式得到确认和证明。争论不在于是个体的要求更为重要，还是共同体的要求更为重要，而在于支配社会基本结构的正义原则，是否能够对该社会公民所信奉的相互竞争的道德确信和宗教确信保持中立。根本问题是，权利是否优先于善。"③ 桑德尔认为对政治主体的理解应从社群主义开始，桑德尔要求人们应该放弃"权利政治学"转而倡导"公益政治学"。

以罗尔斯为代表的新自由主义主张自我优先于目的，而这一主张支持着其"权利优先于善"的理论，这种理论在现实政治生活中的物化形式是一种个人利益，与之相对应的政治学是一种"权利政治学"，强调国家应该在人们内部产生的完备性道德争议中保持中立，即坚持国家中立原则。桑德尔在此

---

① 迈克尔·J. 桑德尔. 自由主义与正义的局限 [M]. 万俊人，等译. 南京：译林出版社，2001.
② 迈克尔·J. 桑德尔. 自由主义与正义的局限 [M]. 万俊人，等译. 南京：译林出版社，2001.
③ 迈克尔·J. 桑德尔. 自由主义与正义的局限 [M]. 万俊人，等译. 南京：译林出版社，2001.

书中反对新自由主义者主张的权利与善的关系，认为不应该是"权利优先于善"，而应该是善优先于权利。在这本书中，桑德尔主要对罗尔斯正义理论中的道德主体进行了清晰的重建和分析，并通过论证指出这种道德主体所体现的自我具有分裂性，根本就无法实现罗尔斯所预设达到的正义优先于善的目的，从而指出了罗尔斯所主张的正义优先性所具有的局限性，而这一批判正中了新自由主义理论的要害。桑德尔主张权利及其确立应该根植于其所服务的道德目的和之中，也就是权利内在于善；个人应该服从社群，因为个人的价值和目的是根植于社群及历史传统之中并通过社群而得以实现。桑德尔倡导了一种"公益政治学"。

—— 【分章导读】 ————————————————————

第二版前言：共同体主义的局限　在再版前言中，桑德尔区分了正义与善观念相联系的两种路径：①

1. 正义原则应该从特殊的共同体或传统中人们认同或广泛分享的价值中汲取道德的力量。共同体的价值规定了什么是正义，什么是不正义。

2. 正义原则以及自身的证明取决于它们的目的的道德价值或是内在的善。桑德尔说第一种路径是社群主义的，但这种把正义与善联系起来的方式是不充分的；第二种路径是目的论的或完美主义的，桑德尔支持第二条路径，并以宗教自由为例，说宗教自由的最好解释是因为遵守宗教义务乃是一种构成性的目的。不过总体看来，全书中仍然蕴含着第一条路径。

导论：自由主义与正义的首要性　在这部分中，桑德尔表明自己想要挑战的是"道义论的自由主义"。他首先分析了挑战的对象。"在这种自由主义中，正义、公平和个人权利的概念占有一种核心地位"②，具有首要性。在道义论中，正义的首要性又有两种理解路径：

1. 道德意义上：正义在各种美德中具有首要地位，与此相对立的是效果论。

2. 基础主义的：正义的原则是以一种不依赖于任何特殊善观念为先决前提的，与此相对立的是目的论。

---

① 迈克尔·J. 桑德尔. 自由主义与正义的局限 [M]. 万俊人，等译. 南京：译林出版社，2001.

② 迈克尔·J. 桑德尔. 自由主义与正义的局限 [M]. 万俊人，等译. 南京：译林出版社，2001：1.

　　桑德尔阐述了密尔在这两条路径中所做出的区分，并在普遍功利的基础上沿着第一条路径为正义的优先性做出辩护。

　　与之相反，康德认为两条路径不能区分："其一，功利主义的基础并不可靠；其二，不可靠的基础可能是强制性的和不公平的，而这正是正义的关键所在。"① 依据康德的观点，权利的优先性完全是从自由概念中推导出来，具有一个优先于任何经验目的的基础。康德说，道德法则的基础就是实践理性主体本身，这个主体是一个能够拥有自律意志的主体。

　　那么如何确认主体呢？康德对主体概念做出两种论证：一种是认识论层面的，另一种是实践层面的。他说："我必须把我理解为一个主体，同时也把我理解为一个经验的客体，这一发现提示出设想支配我的行动之法则的两种不同方式。"② 从认识论层面上，我们并不能经验地认识到主体，必须将之预设为认识一切的条件；而这种认识论的预设又与一种实践论证相连："作为经验的客体，我属于感性的世界；我的行动是被自然规律和各种因果规则所决定的，一如所有其他客体的运动是被自然法则和各种因果规则所决定的一样。相反，作为经验的主体，我身居一个理智的或超感性的世界；在这里，由于我独立于自然规律之外，我能够自律，能够按照我给自己确立的法则来行动。"③ 这就是道义论的脱离了经验倾向的人格理论，能够在各种善之中保持中立。

　　接下来桑德尔考量了对康德观点的两种挑战。一种是来自社会学的反驳："道义论主体的那种夸张的独立性乃是一种自由主义的幻觉。误解了人的根本的'社会'本性，误解了我们'始终'都是受条件限制的存在这一事实。""我们每一时刻都处在我们的生成之中，都是一连串的欲望和倾向，没有什么能寄托于本体王国。"④ 从这种观点看来：主体的优先性意味着个体的优先性，因而自由主义传统的一贯做法是偏向于个人主义的价值。因此正义的局限性在于它限制了那些合作性美德的可能性，诸如利他主义、仁慈一类等等。自

①　迈克尔·J. 桑德尔. 自由主义与正义的局限［M］. 万俊人，等译. 南京：译林出版社，2011：5.

②　迈克尔·J. 桑德尔. 自由主义与正义的局限［M］. 万俊人，等译. 南京：译林出版社，2001：11.

③　迈克尔·J. 桑德尔. 自由主义与正义的局限［M］. 万俊人，等译. 南京：译林出版社，2001：11.

④　迈克尔·J. 桑德尔. 自由主义与正义的局限［M］. 万俊人，等译. 南京：译林出版社，2001：14.

由主义肯定个人主义的价值，却标榜一种无法达到的中立性。然而这种社会学的反驳并未成功：它误解了中立性的基础主义内涵，而非后果；也没能清楚地反驳道义论的主体独立性概念。

第二种挑战是一种带着休谟面孔的道义论，是来自经验主义方向的。桑德尔的主要目标是罗尔斯，认为罗尔斯的重构并不成功：罗尔斯没法在道义论范围内拯救康德的非具体化的主体。不过在导论最后一句，桑德尔还说，他"关注这种自由主义，而非单纯的批评"①。因为对罗尔斯工作的恰当重构将让人超越道义论，进入一种共同体观念，而后者则标示了正义的局限和自由主义的不完善性。

一、正义与道德主体　在这一章中，桑德尔认为罗尔斯为了证明道义论的正义，需要一个阿基米德点（平行的：正当对善的优先具有元伦理的地位，自我的先行统一），在寻找阿基米德点的时候，罗尔斯拒绝了康德的形而上学，而在经验理论的内部保存了其理论的道德力量。承担这一阿基米德点任务的是原初状态。"但是，对原初状态的一种经验主义理解似乎与道义论主张有着深刻的分歧"②，"对正义之环境的经验主义解释可能会损害正义之首要性主张"③。罗尔斯所诉诸的道义论的哲学基础很大程度上来源于康德，尤其是康德对自我的规定。康德认为人自身就是目的而不是工具或手段，他认为道德法则的基础在实践理性主体本身，而不在实践理性的客体，这一主体是能够拥有自律意志的主体。康德既反对任何以人类终极意图或目的为先决前提，又反对以决定性的人类善观念为先决前提。罗尔斯正义论的最重要论断"正义之首要德性"，正是由"人是目的"这一道德律令推导而来的，而这恰好反对休谟的经验主义和功利主义传统。那为何不采取康德所预设的那种自律性主体概念这一前提呢？因为康德没有把正义置于人类社会的环境特征中考虑，罗尔斯的理论是要找寻人类社会的正义，因而就需要对康德的先验主义进行改造，他的方法就是引入一个原初状态，即正义的环境。桑德尔认为罗尔斯试图采用对正义环境的一种经验主义解释，但同时又排除实际存在的个人之间的偶然性差异。

---

① 迈克尔·J. 桑德尔. 自由主义与正义的局限［M］. 万俊人，等译. 南京：译林出版社，2001：18.

② 迈克尔·J. 桑德尔. 自由主义与正义的局限［M］. 万俊人，等译. 南京：译林出版社，2001：37.

③ 迈克尔·J. 桑德尔. 自由主义与正义的局限［M］. 万俊人，等译. 南京：译林出版社，2001：39.

　　桑德尔认为，在罗尔斯原初状态结构中的"道德主体"是一种原子化的、世俗的和自私的个体，是被假定了一种超验的地位，这些主体并无根本性的归属，无拘无束，没有前提预设，没有优先于自身目的的任何代理和占有关系，总是能根据环境来进行自我调适，对于他们而言，所有的社会环境因素只是被选择和纳入的东西。这也意味着，原初状态实际上隐含的是一种道德主体观念，它是必然的，而非偶然的，且优先于任何特殊经验。这一道德主体是一个占有主体："在占有关系中主体不必要任何分离就已然与其目的相区别。"①

　　在桑德尔看来："罗尔斯式的自我不仅是一个占有的主体，而且是一个先在个体化的主体，且总与其所拥有的利益具有某种距离……这种距离的一个后果是，将自我置于超越经验极限的地位，使之变得无懈可击，一次性地也是永久性地将其身份固定下来。没有任何承诺能如此深刻地抓住我，以至于没有它我就不能理解我自己。没有任何生活追求和计划的变化能如此烦人而搅乱我的身份界线。没有任何方案能够如此根本，以至于避开它将使'我是谁'成为问题。既然我是独立于我所拥有的价值之外的，我就总能离开它们。"② 桑德尔认为："在更深层的意义上，罗尔斯的观念是个人主义的。……回想这些，我们就能给这种个人主义定位，并能确认其所排除的善观念。"③ 罗尔斯的个人主义的自我"排除了任何依附（或迷恋）的可能性，而这种依附（或迷恋）能够超过我们的价值和情感，成为我们的身份本身"④。罗尔斯的个人主义的自我"也排除了一种公共生活的可能性，在这种生活中，参与者的身份与利益或好或坏都是至关重要的。而且它还排除了共同的追求和目的能或多或少激发扩展性的自我理解，以至在构成性意义上确定共同体的可能性"⑤。按罗尔斯的观点来看，共同体的意义描述的是先在个体化的自我的可能目标，而不是他们的认同本身的构成成分。这保证了共同体的从属地位。

---

　　① 迈克尔·J. 桑德尔. 自由主义与正义的局限 ［M］. 万俊人，等译. 南京：译林出版社，2001：67.

　　② 迈克尔·J. 桑德尔. 自由主义与正义的局限 ［M］. 万俊人，等译. 南京：译林出版社，2001：77.

　　③ 迈克尔·J. 桑德尔. 自由主义与正义的局限 ［M］. 万俊人，等译. 南京：译林出版社，2001：77.

　　④ 迈克尔·J. 桑德尔. 自由主义与正义的局限 ［M］. 万俊人，等译. 南京：译林出版社，2001：77.

　　⑤ 迈克尔·J. 桑德尔. 自由主义与正义的局限 ［M］. 万俊人，等译. 南京：译林出版社，2001：77.

共同体的意义在于它是一个有序社会的属性而不是其组成要素。

二、占有、应得和分配正义 在这一章中，桑德尔通过对比罗尔斯和诺奇克而做出了精细的分析。有三种主要的分配制度：一种以市场经济为典型的、确保形式的机会平等，称为自然自由观点；第二种是确保机会的公平平等或起点平等，称为自由平等的观点；第三种就是罗尔斯的民主的平等观点，是机会的公平平等加上差异原则"资源和财富分配应当有利于最少受惠者"。前两种分配观点都保留了传统的个体应得观念，然而差异原则却将社会资源和自然天赋的分配看成是一种公共资产，这改变了分配的道德基础：因为资源和禀赋分布的任意性和道德上的不相干性，罗尔斯放弃了个人应得观念，而用一种合法预期取而代之。应得意味着一种前制度的道德标准，而合法预期则后于和基于分配制度。罗尔斯的合法预期预设了一个"无拘无束的自我"，最终成为一个"薄的"主体的概念①。相反，诺奇克则认为，社会资源和自然禀赋的任意分布这种状况不应该导致应得概念的取消：应得不仅仅依赖于我应得的东西，而且还依赖于我不非法的拥有。

诺奇克对罗尔斯还提供了一个非常有趣的批评：禀赋分布的任意性就算是削弱了个人应得，差异原则也不是必然的结论。罗尔斯认为人们在社会中获得的财产和地位从道德上看是任意性的，而不能说是一种应得。所以罗尔斯采用了差异原则，来消除任意性。诺奇克反对罗尔斯的这个主张，他认为一个人在获得一种权利的过程中利用他应得的东西或是自然禀赋等可能仅仅是不违法的拥有。应得的基础不一定一直是应得的。在我生产某件物品的过程中，我不是必须应得一切我加以利用的事物，我所利用的物品可能只是我不是非法的拥有的而已。罗尔斯的个人理论由于将主体与其属性进行了严格的区分，自我也就不占有任何实质性的被看成是应得的基础的品质或特征。可以认为自我一无所有，我的所有的特性禀赋仅仅是与我相关，而并非我所有属性。从这个意义很容易得出结论，罗尔斯并不是宣称自我不能应得任意给予的东西，而是要标明自我不能够占有任意给予的东西，从而削弱了应得的基础。没有人能够被理所当然地认为应得任何东西，因为也没有人真正拥有任何东西。人们一般认为应按道德应得来分配财富、收入等东西，但罗尔斯坚持认为没有制度也就无所谓个人的道德要求，在制度没有建立之前，没

---

① 迈克尔·J. 桑德尔. 自由主义与正义的局限［M］. 万俊人，等译. 南京：译林出版社，2001：114-116.

有人能够界定个人美德的标准和道德价值的标准，人的价值是随制度而变化的，而且正义制度优先于美德和道德价值。

诺奇克先区分了三种占有："从原本的占有意义上讲，我可以被描写为天赋的拥有者、看护者、贮存者。"① 在这一区分基础上诺奇克说，即使个体不是禀赋的所有者，那也不表明个体一定是社会公共资产的看护者；相反，如果接受第三种占有的观念，则个体是对该份禀赋或资产及其带来的利益享有资格。

桑德尔批评罗尔斯认为那些偶然的属性是不被个人所占有的财产，就推出这些就一定属于社会，属于共同体，进一步应该被整体的社会占有的观点同样是不充分的。我们为什么不把这些偶然的属性看成是人们可以自由转移的财产呢？罗尔斯否定我们不是自身天赋的"占有者"，提出了我们是自身天赋的"看护者"，论证了我们的天赋并不能归个人所有，而是属于某个其他主体例如社会或共同体，但是罗尔斯的任意性理论仅仅能说明我们是自己的财务与人格属性的贮存者，这些属性仅仅是放置在我这里而已。罗尔斯关于任意性的论证只是削弱了占有和应得的基础，但并不能说明社会对个人的财产占有拥有优先权和要求权。所以一开始就将个人财产作为共同体的财产的差异原则，其有效性有待我们进一步的验证。

三、契约论与证明 桑德尔有力而深刻地批判了罗尔斯的契约论证明方法。桑德尔认为契约论的合理性和理论上的贡献就在于其道德性之中。因此，要集中精力讨论公平正义的契约论基础，即正义原则所依赖的契约论的道德力。契约论的道德性视为两种相关而有不同的理想构成。"一为自律理想，它把契约视为一种意志行为，其道德在于交易的自愿品格。另一种理想是相互性的理想，它将契约视为一种互利的工具，其道德取决于相互交换的潜在的公平性。"②

桑德尔进一步指明这两种理想之间存在的矛盾："在关于义务的解释中，每一种理想都在强调另一种理想在道德上的不完善性。"③ "在前一种情况下，我可能要受到不公平条款的约束；在后一种状情况中，我可能要受到我并没

① 迈克尔·J. 桑德尔. 自由主义与正义的局限 [M]. 万俊人，等译. 南京：译林出版社，2001：118.

② 迈克尔·J. 桑德尔. 自由主义与正义的局限 [M]. 万俊人，等译. 南京：译林出版社，2001：130.

③ 迈克尔·J. 桑德尔. 自由主义与正义的局限 [M]. 万俊人，等译. 南京：译林出版社，2001：130.

有选择的方式的约束。"① 罗尔斯用原初状态的假设寻找到了理想的契约环境，努力使二者实现一致。但桑德尔认为罗尔斯这种解释并不到位，这根本不是真正意义上的契约。桑德尔通过区别唯意志论意义上和认知论意义上的契约进而指出了原初状态中所发生的不是一个契约，而是被自我意识到的一种主体的存在。所谓唯意志论意义上的契约"是一种'共同选择'，要求多个人（一个人不行，除非在形而上意义上，我和自己订立一个契约）。这种契约正是典型的契约，它涉及到形成一种意图。尽管我们说两个人同意一项契约，但我们意指的是两个人相互同意遵守某些条款，同意和条款共同构成该项契约"②。认知论意义上的契约是对指同意一个命题主张，"它并不要求多个人，也并不涉及意志行为。这种意义上的契约，同意一个命题就等于承认它的有效性，既不要求其他人的介入，也不要求我将该命题的有效性作为一种选择"③。

桑德尔认为，在原初状态下，人们不论选择什么都应该是公正的，仅说明着在特定的情形中，人们毋庸置疑的会选择正当原则。因此这种公正并不是程序本身带来的，而是由于特殊的情境保证了一种特殊的结果。这也就使选择成为问题，人们选择的必要性被剥夺了。这也使得讨论成为不可能发生的事情，因为大家处境相同，一切条件相同，所以只可能"选择"同样的原则，这样达成契约的基础也不能成立。既然不需要选择，那么罗尔斯的唯意志论意义上的契约的解释就被推翻，而这种契约应该是属于认知论意义上的契约。即同意一个契约，不需要其他人的介入，默认它的有效性。既然契约是认知论意义上的契约，那么上文所提到的罗尔斯的多元性假设也同样不成立，各方就不是境遇相似，而是相同，无知之幕剥夺了每个人的具体区别于他人的特征，多元性又从何谈起呢？桑德尔指出罗尔斯的"原初状态的秘密——以及正当合理性证明的力量的关键，不在于人们在那里做什么，而在于人们在那里理解什么。关键不是他们选择了什么，而是他们看到了什么；不是他们决定了什么，而是他们发现了什么。在原初状态中所发生的首先不

---

① 迈克尔·J. 桑德尔. 自由主义与正义的局限 [M]. 万俊人，等译. 南京：译林出版社，2001：131.

② 迈克尔·J. 桑德尔. 自由主义与正义的局限 [M]. 万俊人，等译. 南京：译林出版社，2001：158.

③ 迈克尔·J. 桑德尔. 自由主义与正义的局限 [M]. 万俊人，等译. 南京：译林出版社，2001：158.

是一个契约，而是逐渐自我意识到一种交互主体的存在"①。

四、正义与善 在这一章中桑德尔对罗尔斯的正当优先于善的伦理价值进行了釜底抽薪式的批判。他认为，罗尔斯的这种正当优先于善的主张是错误的。桑德尔认为是价值优先于自我并规定自我，而不是自我优先于其目的和价值。不是正义优先于善，而是不能离开善来谈论正义。

桑德尔指出一种完备的道德理论既要解释善又要解释正当，所以桑德尔把善的理论联系起来考察罗尔斯《正义论》中的主体理论。在《正义论》中，罗尔斯以康德式的个人概念为基础提出了正义的首要性以及正当、权利对善的优先性。它是以一种完备的道德的、哲学的理性学说为基础的。桑德尔对罗尔斯的批判与驳斥也必然直指他的康德式的个人概念。罗尔斯把自由主义与康德式的个人概念剥离开来，来捍卫权利对善的优先性，并强调正当权利对善的优先性是不以任何特殊的个人概念为先决条件的，它不再依赖于各种有争议的有关自我之本性的主张。罗尔斯这样做的目的是捍卫正义的首要性和优先性，试图通过离开康德式的个人观念来为权利的优先性进行辩护，但是这种辩护显然并不成功。

桑德尔在本章中提出了三种共同体观念，正义的道德基础，及正义与共同体的关系。这三种共同体即：手段型共同体、情感型共同体和构成性共同体。手段型共同体是指在这种共同体中，人们天生就是利己的，人们将社会安排看成是一种负担，人们是为了各自的目的和利益而进行合作的，一种个人主义的社会形象跃然纸上。情感型共同体是指在这种共同体中，人们彼此的利益并非始终对抗，可以共享某种终极目的，将合作本身视为一种善，往往是互补和重叠的。人们可能受爱以及情感的驱使而为他人做出牺牲。这种共同体一定程度上内在于主体，因为它融进了人们的情感中，所以称之为情感型共同体。

桑德尔认为对罗尔斯和德沃金来说，前两种共同体似乎并不能让他们满足，罗尔斯和德沃金都需要一种更宽泛的占有主体也就是占有主体的强理论，这种主体拥有对社会财产提出合法要求的权利，主体也必须利用这些财产达到自己的目的，在实现目的的同时，还要避免一些人利用另一些人把他们当作手段来使用。共同体意识已经深入到参与者的目的和价值之中，这里共同

---

① 迈克尔·J. 桑德尔. 自由主义与正义的局限 [M]. 万俊人，等译. 南京：译林出版社，2001：161.

体描述的不仅仅是感情，还是一种自我理解和实现方式，我们称这种共同体为构成型共同体。按照这种共同体的强理论，社会成员认为其身份在一定程度上是被自己所处的社会所规定。"共同体描述的，不只是他们作为公民拥有什么，而且还有他们是什么；不是他们所选择的一种关系（如同在一个志愿组织中），而是他们所发现的依附；不只是一种属性，而且还是他们身份的构成成分。"①

结论：自由主义与正义的局限　　在这一章中桑德尔说，为了使正义成为第一美德，无论是作为康德式的超验主体，还是罗尔斯式的根本没有约束的占有主体，必定在某种意义上独立于我们在任何时刻所可能具有的利益和依附联系之外。与这种独立自我的概念密切相连的是一种道德宇宙观：一个没有固定意义的所在，一个祛魅的世界，一个没有客观道德秩序的世界。只有在一个无目的的宇宙中，才能设想一种优先于目标和目的的主体。我们所具有的价值和关系乃是选择的产物，是优先其目的的自我的产物。这个无内在意义的宇宙概念，并非完全不受原则支配，而是意指一个居住着能按照自己的意愿来构造意义的主体之道德宇宙。

道义论的宇宙和游荡其中的独立的自我一起构成了一种自由（解放）的图景：摆脱自然天命和各种社会角色规约而获得自由，道义论的主体被安置在至高无上的位置上，成了仅有的道德意义的原创者。我们自由地建构正义原则，该正义原则不受先定价值秩序的限制。这是志愿图景式的社会。

但"这种道义论的图景无论就其内部而言，还是更一般地作为一种有关我们道德经验的解释，都是有缺陷的。就内部而言，道义论的自我因为被剥夺了一切构成性的依附关系，更像是被解除行动权利的自我，而非自由解放的自我"②。权利和善都不允许道义论所要求的那种自愿式的推导。作为建构的行为者，我们并没有真正建构；作为选择的行为者，我们也并不真的选择。在无知之幕背后是发现过程。而纯粹偏好选择中，不是选择目的，而是手段。

道德脆弱性也表现在第一原则的层面：独立的自我太单薄而不能获得其日常意义上的应得。罗尔斯不得不用基于合法预期的权利资格来替代。而差异原则更成问题，它把财富当成共同财富，这就剥夺了道义论自我的独立性。

---

① 迈克尔·J. 桑德尔. 自由主义与正义的局限 [M]. 万俊人，等译. 南京：译林出版社，2001：181 - 182.

② 迈克尔·J. 桑德尔. 自由主义与正义的局限 [M]. 万俊人，等译. 南京：译林出版社，2001：214 - 215.

差异原则与道义论的自由相矛盾。

就广义的道德经验维度而言，道义论独立的自我付出了沉重的代价。那些依附和承诺部分地构成我所是的个人。一个无构成性依附联系能力的人并不是一个理想的自由而理性的行为主体，而是一个没有品格、没有道德深度的人。品格就是历史。丧失了自我认识能力：自我不受约束，且在本质上被剥夺一空，个人无法作为反思对象而对自己进行反思。也没有了友谊。"像道义论那样看待自己，就是剥夺我们的这些品质、反思能力和友谊，它们都依赖于构成性谋划和依附的可能性。"① 在涉及身份和共同体时候，就显示了正义的缺陷。

——【意义与影响】

第一，该书对罗尔斯的正义原则做了釜底抽薪的批判和重构。

桑德尔在这本书中通过各种历史实例和政治争论描述了三种正义观：功利主义正义观、自由主义正义观和正义内在于善的社群主义正义观。桑德尔的这本书是少数几部最有影响的挑战罗尔斯正义理论的力作之一。虽然以罗尔斯为代表的自由主义所主张的正义优先于善的思想仍是当代伦理学的主流思想，但该书对罗尔斯的强烈批判，击中了罗尔斯伦理价值思想的要害，这在一定程度上动摇了其在政治哲学领域中的主导地位。可以说，此书对罗尔斯的正义原则做了釜底抽薪的批判和重构。

第二，该书代表了一种新的政治哲学声音，使西方政治哲学焕发了生机。

本书结构严谨，论述精妙，见解深刻，被西方学界看作少数几部最有影响的挑战罗尔斯理论的力作之一，与诺奇克的《无政府、国家和乌托邦》、麦金太尔的《追寻美德》等并称于世，在西方政治哲学的发展史上具有重要的意义。桑德尔对罗尔斯伦理价值思想的批判繁荣了当代西方政治哲学理论，使得自由主义与社群主义长期争论的焦点问题得以澄清。正如查尔斯·泰勒所说：他将自由主义必须面对的一些问题提上了公共讨论的日程。迈克尔·沃尔泽说这本书代表了一种新的、真正的哲学声音，描述了道德经验的现实。桑德尔由此被视其为继沃尔特·李普曼和汉娜·阿伦特之后美国公共哲学领域的新旗手。

---

① 迈克尔·J. 桑德尔. 自由主义与正义的局限［M］. 万俊人，等译. 南京：译林出版社，2001：220.

第三，该书对我国道德价值体系的构建等现实问题具有重要的启迪和借鉴意义。

当前，我国正处于社会转型时期，伴随着改革开放和经济飞速发展，部分人的道德责任却呈现逐渐下降的趋势，社会责任丧失的趋势正威胁到社会的稳定和发展。现代社会需要美德，没有美德就无法实现一个良好的公平正义的社会。无论是罗尔斯还是桑德尔的理论对我们都有一定的启示：我们如何在现代社会统一正义与善二者之间的关系，给人类提供某种深刻的内在道德关照和终极人生关怀。

第四，桑德尔的社群主义思想带有浓厚的共和主义的色彩，并没有形成对自由主义的严重挑战。

桑德尔主要是通过揭示自由主义的局限进行其理论的阐述，他接受了美国政治传统中的共和传统，这一传统将公民的品德看作是民主社会的关键因素，强调普遍的善对个人权利的绝对优先性，桑德尔的社群主义思想带有浓厚的共和主义的色彩，存在着极权主义的危险。同时，桑德尔无法摆脱在支配性和控制性的资本主义制度下，西方现当代哲学思想缺乏重大革命性发展的困境和宿命，并在一定程度上仍旧以维护和巩固资本主义制度的合理性与合法性基础为目的。

──【原著摘录】────────────────────────────

第二版前言：共同体主义的局限 P1－10

P2　这场争论有时表现为这样两类人之间的论战：一些人重视个人自由（权）的价值，而另一些人则认为，共同体的价值或大多数人的意志永远应该占压倒地位；或者，表现为另外两部分人之间的论战：一部分人相信普遍人权，另一部分人则坚持认为，不存在任何批评或判断不同文化和传统之价值的方式。

罗尔斯的自由主义与我在《局限》一书中所提出的观点之间的争执关键，不是权利是否重要，而是权利是否能够用一种不以任何特殊善生活观念为前提条件的方式得到确认和证明。争论不在于是个体的要求更重要，还是共同体的要求更重要，而在于支配社会基本结构的正义原则，是否能够对该社会公民所信奉的相互竞争的道德确信和宗教确信保持中立。易言之，根本的问题是，权利是否优先于善。

P2－3　对罗尔斯来说，如同对康德一样，权利对于善的优先性基于两种主张，而将这两种主张区分开来是重要的。第一种主张是，某些个体权利如此重要，以至于哪怕是普遍福利也不能僭越之。第二种主张是，具体规定我们权利的正义原则，并不取决于它们凭借任何特殊善生活观念所获得的证明；或者按罗尔斯最近所说的，凭借任何"完备性"道德观念或宗教观念所获得的证明。

P3　正义是与善有关的，而不是独立于善之外的。

这种把正义与善联系起来的方式，在下述意义上是共同体主义的，即共同体的价值规定着何为正义、何为不正义。

P4　关于正义和权利的论证具有一个不可避免的判断性质。那些认为权利问题应该对各种实质性的道德学说和宗教学说保持中立的自由主义者，与那些认为权利应该基于普遍盛行的社会价值的共同体主义者，都犯了一个相似的错误：两者都试图回避对该权利所促进的目的内容做出判断。但是，这些并不是仅有的选择。第三种可能性——依我所见，也是更为可信的可能性是，权利及其证明依赖于它们所服务的那些目的的道德重要性。

P7　但是，对宗教自由之权利的道德证明，不可避免地包含判断；权利问题无法完全与有关权利所保护的实践之道德价值的实质性判断分离开来。

导论：自由主义与正义的首要性 P1－18

P2　正义的首要性主张，正义之所以是首要的，在于正义的要求超过其他道德利益和政治利益，无论这些利益可能有多么迫切。依此观点，正义就不仅仅是诸种价值中的一种价值，可以随情况的变化来加以权衡和考量，而是所有社会美德中的最高美德，是一种在其他社会美德能够提出其要求之前所必须满足的美德要求。

P3　从道德基础的立场来看，正义的首要性就等于说，道德法则的美德并不在于它促进某个假定为善的目标或目的这一事实。相反，它本身就是一个目的，且先于其他目的并对其他目的具有规导作用。

P5　其一，功利主义的基础并不可靠；其二，不可靠的基础可能是强制性的和不公平的，而这正是正义的关键所在。

P7　"人们对经验性的幸福目的及其幸福所在都有着各种不同的观点，所以，只要涉及到幸福，他们的意志就不可能服从任何共同的原则，因之也不可能服从任何与每一个人的自由和谐一致的外在法则。"（康德，1793 年，第 73—74 页）

P8 道德法则的基础在实践理性主体自身，而不在实践理性的客体，这种主体是一个能够拥有自律意志的主体。"作为一切行动标准之根据的东西必须是一种目的的主体，即理性存在自身"，而非任何经验的目的（康德，1785年，第105页）。

P10 主体是"处在背后"的某个东西，先于任何特殊的经验，将我们多种多样的知觉统一起来，并使它们结合成为一种单一的意识。它提供统一的原则，如果没有这种统一原则，我们的自我知觉就不过是一串不连贯的和不断改变着的表象之流，是不属于任何人的知觉。

P13 我们必定总是与我们的环境保持着某种距离，肯定会受到条件的限制，但我们的一部分永远都先于任何条件。只有用这种方式，我们才能把我们自己既看作是经验的主体，也看作是经验的客体，看作是行动主体，而不只是我们所追求的目的的手段。

P14-15 正当（权利）原则的中立性，并不是这些原则承认一切可能的价值和目的，相反，是指这些原则是以一种不依赖任何特殊价值或目的的方式而推导出来的。

P18 正义不可能在道义论意义上成为首要的，因为我们无法始终一贯地把我们自己视为道义论伦理——无论是康德的还是罗尔斯的——要求我们成为的那种存在。

一、正义与道德主体 P19-80

P20 正义不仅仅是作为偶然的因素被权衡和考虑的许多价值中最重要的一种价值，而且更是权衡和估量各种价值的定律。

P21 正义"必须"优先于被它所估价的那些价值还有另一层意思——一种独立获得的优先性——而这就不得不涉及判断标准的一个普遍存有疑问的特征。与其说这是道德上的需要，不如说是知识论上的需要，它产生于如何区分评价标准与所要评价之事物的问题。

P25 优先性的一种意义是道德上的"必须"，反映出应当珍视个体的自律，应当把人类个体看作是超出他所扮演的角色和他所追求的目的之外的有尊严者。但还有另一种意义使得自我"必须"优先于他所追求的目的——一种可以独立界别的意义上的优先——而且这是一种知识论上的需要。

P28 按道义论的观念看，我们决不可能被如此完全地限定，以至于我们的自我完全由我们的处境所充分建构的，而我们的目的在不承认自我的优先性的情况下被充分决定。

P31 正是原初状态"使我们能从远处设想我们的目标",但又不会远到从超验王国的角度去设想。通过描述一种原初的公平处境,并将其定义为恰好是那些服从这些条件的理性各方都将同意的原则,原初状态就是想满足这些需要。

P36 罗尔斯在强调这一点时假定——至少在原初状态中——各方彼此之间是无利益关涉的,他们只关心如何增进自己的善观念,而不关心别人如何,而且,实现他们自身的目的并不意味着他们彼此都受一些更为优先的道德联系的束缚。

P41 当博爱消失时,需要更多的正义,但也许更需要重建道德状况本身(status quo)。而且,不能保证正义与其他一些对立的美德是完全可以公度的。个人感情与公民感情的衰败可能代表着一种连足够的正义也无法弥补的道德缺陷。如果不谈在道德上充分地弥补隐秘的理解与承诺结构中的裂缝,而只是在裂缝产生之后的余波中要求每个人都做其所应做的事情,这行吗?

P76 没有任何理由认为一个有序社会应当首先鼓励个人主义价值,如果个人主义意味着这样一种生活方式:使个人只追寻自己的路而对他人的利益毫不关心的话(尽管也尊重他们的权利和自由)。

二、占有、应得和分配正义 P81-126

P83 罗尔斯考虑了三种可能的原则,社会的和经济的利益可以根据这些原则得到调节和评估,它们是:天赋自由(类似于诺奇克的"资格理论")、自由平等(类似一种标准的精英统治)和民主平等(基于差异原则)。

P89 在一种"公平的精英统治"中,即在此种条件下,差别和阶级的偏见已经被克服,那些达到有利位置的人赢得了他们的地位,而且应得与之相应的奖励。

P94 在继续我们对罗尔斯关于个人理论和差异原则这两个相互依存的理论的批评过程中,我们的讨论将从诺奇克对于公平正义的批评之两个观点开始。一是他对差异原则的攻击,尤其是其所依靠的占有概念。另一个是支持一种天赋自由论,它建立在应得和资格的概念上。

P101 罗尔斯反驳了天赋自由和自由平等的原则,他的根据是,人们获得了财产和地位,这种获得从道德的观点看是任意性的,人们不能真诚地说这是它们应得的。

P105 按照罗尔斯的概念,没有人能够被适当的认为应得任何东西,因为没有人真正拥有任何东西，最起码是对于应得概念来说是必需的、强性的、构成性意义上的占有。

P121 诺奇克继续论证，如果一个拥有一项没人可以对其享有资格的财产，那么尽管他可能不应得到这份财产，他仍然对其以及其带来的利益享有权利，其方式是通过一个并不侵犯任何他人的权利的过程。

三、契约论与证明 P127－161

P128 事实上，罗尔斯的假设性契约比任何最具想象力的契约还要富于想象力。他的这种契约不仅从来就不会发生，而且只能在那些从来就不曾存在过的人中间想象性地存在；也就是说，只能在那些犯了无知之幕所必需的健忘症的人中间才能发生。

P129 当两个人达成一种契约时，我们可以从两种观点评估它的公正性。其一，我们可以探讨一下它们达成契约的条件，即双方是自由地还是强迫地达成此契约的。其二，我们可以考察该契约的具体条款，即双方是否公平地获得各自的份额。

P134 相比较而言，义务指的是我们自愿承担的那些道德规范，无论是通过契约或是通过诺言，或是通过其他认同的表达方式，公务员的义务就是一例。

P138 为了证明一项交换或制度性安排的正当合理性，仅仅表明它产生于相关各方志愿达成的一致是不够的，原因至少有二：一是道德上的，另一个是认识论上的，尽管罗尔斯并没有清晰区分这些论证，但二者都暗含在他的解释中并且互相强化着。

四、正义与善 P162－210

P162 如果说正当（权利）的道德与自我的界限相对应，且涉及到那些把我们区分开来的东西的话，那么善的道德就与人的统一性相对应，它涉及到的则是把我们联系起来的东西。

P171 不存在某种更宽泛的占有主体的观念，例如像罗尔斯的共同财产的概念所要求的那种主体观念，人们就似乎没有明显的理由说明，为什么这些财产应为普遍社会服务而不是为个人服务。相反，没有这种更宽泛的占有主体，把"我"的能力和禀赋仅仅作为更宽泛的社会目的的工具，就是把我当成别人目的的手段，因而有违罗尔斯和康德的重要的道德律令。

P174 既然其他人以各种方式使我成为我所是的人，并且继续这样做，那么，只要我能确认这些人，似乎把这些人视为"我的"成就的参与者和成就带来的奖励的共同受益人更合适。如果说当这种意义上对（某些）他人的成就和奋斗的参与使我们介入到参与者的反思性自我理解之中的话，那么，我们就可以逐渐通过我们的各种活动不是把我们自己视为是带有某些共同性的个体化的主体，而是更多地把我们自己看作是一个更广泛的（但仍然是决定性的）主体性成员；不是把我们自己视为"他人"，而更多地把我们自己视为是一种公共身份的参与者，这个公共身份或是家庭，或是共同体，或是阶级，或是人民，或是民族。

P174　这样扩大的自我理解的一个结果是，当"我的"资质或生命前景被纳入到一种共同奋斗的事业中时，我可能不会把这种经历当作被别人的目的所利用的经历，而更多地是把这种经历当作一种为共同体的目的做贡献的方式，而这个共同体在我看来是我自己的。假如这可以称为一种牺牲，对我的牺牲的辩护就不是抽象的信念，即其他不知名的人所得到的比我失去的更多，而是更有力的一个想法，即通过我的努力，我为实现我为之自豪的生活方式做出了贡献，并且借此我的身份得到了确认。

结论：自由主义与正义的局限 P211－266

P215　作为建构的行为主体，我们并没有真正建构什么；而作为选择的行为主体，我们也没有真正选择什么。在无知之幕的背后……至高无上的主体被抛入环境要求的汪洋大海。

P247　一种政治的正义观念，必须以某种对它想要括置的道德问题的回答为先决前提，至少是在关涉到严肃的道德问题时必须如此。

P264　民主政治无法长期把一种公共生活从道德目的中抽象出来，也无法将之与道德目的分离开来，就像它所设想的最高法庭那样。一种彻底撇开道德和宗教的政治很快就会产生祛魅效应。在政治商谈缺少道德共鸣的地方，对具有更大意义的公共生活的热望就会表现得让人失望。

P265　我们不能说，政治自由主义的公共哲学应对这些倾向负完全责任。但其公共理性见解太贫乏简单，以至于无法含摄一种活生生的民主生活的道德能量，因之它造成了一种道德空白，给不宽容的、琐碎的和其他误导性的道德主义打开了方便之门。

【参考文献】

[1] 迈克尔·J. 桑德尔. 自由主义与正义的局限 [M]. 万俊人，等译. 南京：译林出版社，2001.

［2］威尔·金里卡. 自由主义、社群和文化［M］. 应奇，葛水林，译. 上海：上海译文出版社，2004.

［3］威尔·金里卡. 当代政治哲学［M］. 刘莘，译. 上海：上海三联书店，2003.

［4］丹尼尔·贝尔. 社群主义及其批评者［M］. 刘莘，译. 北京：三联书店，2002.

［5］约翰·罗尔斯. 正义论［M］. 何怀宏，何包钢，廖申白，译. 北京：中国社会科学出版社，1988.

［6］约翰·罗尔斯. 政治自由主义［M］. 万俊人，译. 南京：译林出版社，2000.

［7］约翰·罗尔斯，等. 政治自由主义：批评与辩护［M］. 万俊人，等译. 广州：广东人民出版社，2003.

［8］约翰·罗尔斯. 公共理性观念再探［M］∥时和兴，译. 公共理性与现代学术. 北京：生活·读书·新知三联书店，2000.

［9］姚大志. 桑德尔的人类学重构及其还原［J］. 社会科学研究，2012（1）.

［10］姚大志. 社群主义的自由主义批判［J］. 厦门大学学报，2011（3）.

［11］龚群. 桑德尔对自由主义自我观的批判［J］. 中山大学学报，2011（3）.

［12］龚群. 当代社群主义对罗尔斯自由主义的批判［J］. 中国人民大学学报，2010（1）.

［13］顾肃. 评社群主义对自由主义的理论挑战［J］. 厦门大学学报，2003（6）.

［14］顾肃. 全面认识个人与社群的关系［J］. 南京大学学报，2011（2）.

［15］俞可平. 当代西方社群主义及其公益政治学评析［J］. 中国社会科学，1998（3）.

［16］何霜梅. 20 世纪 90 年代以来社群主义研究评述［J］. 教学与研究，2005（1）.

［17］顾肃. 当代自由主义对社群主义理论挑战的回应［J］. 哲学动态，2002（11）.

［18］应奇. 从自由主义到后自由主义［M］. 北京：生活·读书·新知三联书店，2003.

［19］应奇，周建华. 社群主义的自我观：兼评社群主义与新自由主义之争［J］. 长春市委党校党报，2001（3）.

［20］贾中海. 正当与善：桑德尔对罗尔斯"正当优先于善"的批判［J］. 北方论丛，2006（2）.

［21］徐友渔. 公共伦理：正义还是美德：自由主义和社群主义之争［J］. 江海学刊，1998（3）.

八、《正义诸领域：为多元主义与平等一辩》

［美］迈克尔·沃尔泽

褚松燕　译

译林出版社，2002 年

【作者简介】

迈克尔·沃尔泽（1937—　，又译"瓦尔策"），犹太裔美国学者，哈佛大学哲学教授，著名政治哲学家。

沃尔泽 1956 年毕业于布兰迪斯大学，1961 年获哈佛大学哲学博士学位，1962—1966 年任教于普林斯顿大学，1966—1980 年任教于哈佛大学，1980 年至今担任普林斯顿大学高等研究院终身研究员。沃尔泽还长期担任左翼知识分子刊物《异议》的主编，《政治理论》杂志编委会成员，《新共和国》杂志的撰稿编辑。他同时还是希伯来大学、布兰迪斯大学的理事会成员。

沃尔泽是复合平等的倡导者，以对分配正义的研究著名。他以其对西方文明的反思以及对政治观念与原则的细致分析，参与到当代重大政治与思想的讨论之中。他的著作与文章不乏引经据典，但与常见的书呆子学院派的写作不同，他将政治哲学、分配正义、平等问题、社会批判与民主政治等这些离散的主题统一于社会与道德共同体之中，蕴含着对现实世界的真切关怀与敏锐洞察。沃尔泽与泰勒、麦金泰尔等人共同倡导社群主义，对自由主义的局限进行探讨与批判，对当代思想界复活共同体的价值方面起到重要作用。在 1970—1971 年，沃尔泽在美国哈佛大学和诺奇克教授一起讲授一门题为"资本主义和社会主义"的课程，课程采取辩论的形式，辩论的一半内容收集于诺奇克教授的《无政府、国家与乌托邦》，而另一半收集于《正义诸领域：为多元主义与平等一辩》中。沃尔泽是一位十分多产的政治哲学家，迄今为止已出版著作 28 部，撰写了 300 余篇学术论文，除《正义诸领域：为多元主义与平等一辩》以外，沃尔泽还著有《论义务》（1970 年）、《政治行动》（1971 年）、《弑君与革命》（1974 年）、《正义与非正义战争》（1977 年）、《激进原则》（1977 年）、《厚与薄》（1994 年）、《论宽容》（1997 年）等。

【写作背景】

文艺复兴以后，自由主义一直占据着西方政治哲学的主流地位。现代西方社会流行的思想政治观念是由自由主义价值观确定的，通行的基本政治制度也是按照自由主义理想建构的。在这一传统中，自由与平等被视为两大悖论，并在西方政治哲学理论中长期僵持着一种此消彼长的对立状态。罗尔斯试图平衡两者的冲突而著就的撼世之作《正义论》掀起了现代政治哲学的新浪潮；而坚持古典自由主义的诺奇克则针锋相对地写下了与之交相辉映的名著《无政府、国家与乌托邦》，意在捍卫以私有制为基础的市场经济运动。后者的批评使得前者做出了相应的修正，却仍然相持不下，难以定于一尊。而后，他们作为自由主义流派代表，又受到了社群主义更为尖锐的批评和挑战。

两位大师一个关心东西如何分配，一个则强调东西从何而来；罗尔斯重视导致平等的结果，诺奇克更注重产生权利的过程。前者赋予"正义"以首要性，试图从根本上解决社会现实中的不平等问题；后者强调"权利"的首要性，坚持权利是不可侵犯的。前者的理论抱负是在自由和平等之间进行平衡与调和，带有强烈的折中色彩和综合倾向；后者则站在一种极端激进的自由主义立场上，坚守个人权利的不可侵犯和至上性。在这两大当代最有影响的正义理论相持不下的情形中，迈克尔·沃尔泽则从一个完全不同的起点，针对两者的缺陷提出了一种独特而极具说服力和现实意义的正义观。

沃尔泽以其独特的视角，洞察到正义论的基础是不同共同体成员对社会物品的多元理解，而作为暴政的天然敌人的复合平等，也是完全摆脱寻求均质化简单平等的一种可实现的理想政体。沃尔泽认为着手哲学事业有两种方法：一种方法是走出洞穴，离开城市，攀登山峰，为自己塑造一个客观的普遍的立场。于是，我们就可以在局外描述日常生活领域，这样，日常生活就呈现出它的一种一般形态。但是他的意思是应该站在洞穴里，站在城市里，站在地面上来做描述。研究哲学的另一个方法是向其他公民们阐释我们共享的意义世界。正义与和平可以被设想为哲学的人工制品，但一个公正的或平等的社会却不能如此理解，如果这样一个社会并不存在，我们将永远不会对它有什么具体的了解，也永远无法把它变成现实。据此，沃尔泽提出一种平等主义的可能现实，他不仅从理论上而且试图通过当代和历史上的实例，自己所处社会中的分配状况以及与别的社会的比较，结合社会分工日益精深的具体事例和疑难问题，对族群差异性、多元主义和平等以及社会善物等详尽地论述了他对分配正义的理解，即在这个社会中没有一种社会物品充当或能够充当支配的手段。这也是他在此书所要突出的重点。

——【中心思想】————————————————————

《正义诸领域：为多元主义与平等一辩》一书共分为 13 章，约 33 万字。该书是从分配的角度对正义所做的研究。沃尔泽所谓的"分配正义"就是研究对各种物质与社会资源（如官职、财富、荣誉、教育、卫生、成员资格、安全等）应该如何分配才能达到正义的问题，对此该书确立了一种对社会善的多元主义正义观。

"正义"的话题已成为人们普遍关注的焦点，如何分配正义，也是众多哲学家探讨争论的话题。沃尔泽对罗尔斯的"差别原则"和诺奇克的"持有原则"所持的简单平等观点进行了反思与批判。他认为简单平等并不能很好地解决正义的问题，在某种程度上，它即使在一定范围内能够维持平等，但如果人们不改变对引起不平等的原因进行细致的分析，还把原因归结为由"垄断"造成的，那么简单平等将最终还是无法解决问题，这种平等在其发展延续的过程中，必将有其他的因素参与进来，最后不平等还是依然存在。事实上，从各具民族特征和历史文化传统这一强大而现实的社会背景来看，并不存在某种统一的、在任何社会和领域都行之有效的正义原则。

沃尔泽独辟蹊径，在他的理论中，分配正义是相对于某个特殊社群的社会意义而言的，他认为正义原则自身在形式上是多元的，不同的社会资源应该按照不同的理由、不同的程序并在不同的人中进行分配。每一种社会资源都有其自身的正义原则规范，而这些规范在不同的领域里是自主的。因此，正义的分配不能采取以往所提倡的简单平等，而应该采取复合平等的原则。所谓的复合平等就是指没有一种普适的原则来实现平等，而应该根据事物的社会意义来进行分配，它可以在某一领域被掌握有某种"善"（即有价值的东西）的公民拥有，但是这个公民并不能用它在其他领域与其他事物进行支配。

也就是说它不试图使所有的社会物品平等化，而只是设法确保在一个范围的不平等不会延伸到其他的范围。虽然没有一种普适的原则来指导对正义的分配，但是，沃尔泽认为有三个被视为分配正义的起源和目的的标准却是符合这个永无定论的原则，那便是自由交换、应得和需要。尽管没有哪一个有跨越所有分配领域的力量，但都有其真正的力量。

---- 【分章导读】 --------------------------------

序言　在沃尔泽辨析了两种平等。作者把因对某种支配性的社会善的平等拥有而造成的人人平等，称为简单平等。而沃尔泽要主张的是一种多元主义的复杂平等。在复杂平等的理解中，富人"碾碎穷人的容颜"，迫使后者屈从的关键在于支配的事实，而平等主义的目标则是建立一个不受支配的社会。支配的标准模式是：对一种社会善的垄断造成对其他类型社会善的支配。而不受支配的关键则在于：确立各个社会善领域的自治。因此，沃尔泽理论的源头是对社会善的一种多元主义观念。

沃尔泽宣称自己采取了特殊主义视角，站在洞穴里，既不依赖权利思想，也不依赖功利原则，而主张寻找社会善的内在意义，认为这样才能排除支配。他还认为，分配的正义不是整合的科学，而是一门区分的艺术。

第一章　复合平等　这一章是全书的核心，迈克尔·沃尔泽通过八个小标题来阐释他对复合平等的理解。一开始沃尔泽就说：人类社会是一个分配的社会。"我们聚到一起是为了分享、分割和交换。我们聚到一起还为了制造我们用来分享、分割和交换的东西。"① 他批评罗尔斯的正义理论是抽象的，将分配正义的问题简单化了，把分配正义仅仅看作是同财产、消费和拥有什么有关的事情。沃尔泽认为："分配正义的观念与占有有关，也与是和做有关；与消费有关，也与生产有关；与同土地、资本及个人财产有关，也与身份和地位有关。不同的分配需要不同的政治安排来实施，不同的意识形态来证明。"② 一个成熟的人类社会是不能够避免分配的多样性的，尽管存在着简单分配的系统。但是，进入这个多元的制度安排和意识形态的世界并非存在着解决分配性问题的唯一途径。市场虽然是分配社会物品的最为重要的机制

---

① 迈克尔·沃尔泽. 正义诸领域：为多元主义与平等一辩 [M]. 褚松燕，译. 南京：译林出版社，2002：1.
② 迈克尔·沃尔泽. 正义诸领域：为多元主义与平等一辩 [M]. 褚松燕，译. 南京：译林出版社，2002：1.

之一，但它无论在何时何地从来都不是一个最完善的分配系统。同理，也从来不存在单一的一种控制所有分配的决定点或一套做出决策的机构，也不存在一个适用于所有分配的单一标准或一套相互联系的标准。每一种东西都有它自存的位置，都有与许多别的标准不那么和谐地共存，彼此之间混淆在一起。那么怎么样才能达到分配的正义呢？对于这个问题，尽管历史向我们展现了大量不同的制度安排和意识形态，但哲学家最初的冲动便是寻找唯一的一种正确的分配体系。沃尔泽认为这正是对分配正义的误解。正义是一种人为建构和解释的东西，如果只能从唯一的途径去实现是令人怀疑的，正义原则本身在形式上就是多元的，所有的这些不同都是来自对社会诸善的不同理解，因此正义的分配也不可能只有一个维度，即沃尔泽给出了应该从一个多元的角度来看待分配正义问题的原因。沃尔泽对自己的多元论正义原则的表述是："社会不同善应当基于不同的理由、依据不同的程序、通过不同的机构来分配；并且，所有这些不同都来自对社会诸善本身的不同理解——历史和文化特殊主义的必然产物。"①

分配正义的各种理论的焦点都集中在物品上。于是，他在第二个小标题"物品理论"的内容中详细地论述了物品及其意义。他认为"分配"的焦点应该集中在分配代理人和物品的受领者身上。而物品及其意义和分配的依据并不是在分配代理人手中随意地处置，而是依据人们所共享的关于善是什么和它们的用途何在的观念。为此，就需要知道一种物品理论来对分配可能性的多元论进行解释与限制。他主张，正义分配的实现，应以社会物品为出发点，沃尔泽将其归结为六大基本观念：分配正义所关注的所有物品都是社会物品（物品需具有社会性）；人们因他们的构想和创造的方式不同而呈现出具体的特征，然后占有并使用社会物品；不存在可想象的跨越全部精神和物质世界的唯一一组首要的或基本的物品；真正的物品含义决定了它的运动；社会意义具有历史性，同理，分配以及公正的和不公正的分配是随时间的推移而变化的；分配必须是自主的。然而，这些标准常常被有权势的人们破坏，物品被篡夺，领域被侵犯。沃尔泽认为，真正的"暴政"并不是人们通常所批判的"垄断"，而是"支配"。正是因为人们能够把他们手中所拥有的"垄断"通过"支配"方式从一个领域转化到另一个领域，这才是导致不平等的真正

---

① 迈克尔·沃尔泽. 正义诸领域：为多元主义与平等一辩［M］. 褚松燕，译. 南京：译林出版社，2002：4-5.

原因。因此，我们所要做的就是"应该将注意力集中到减少支配上，而不是，或者不主要集中在打破或限制垄断上"①。沃尔泽区分了支配和垄断。垄断是指对某种善的独占倾向。而支配则指一种善或一组物品在所有的分配领域都具有支配和决定性作用的情况，譬如权力和金钱都曾经具有类似的支配地位。

沃尔泽所坚持的复合平等思想就蕴含着这样一个合理结果：不同的社会诸善由合法、公平竞争而占有的人垄断，即允许有限不平等。在复合平等社会里，这种有限不平等并不会给他人带来太多的威胁和不满。于是沃尔泽在第三个小标题"支配与垄断"的内容中区分了"支配性"的善与"垄断性"的善。虽然这两种善不同，但从来没有一种社会的善能够自始至终地支配所有领域的物品，也从来没有一种垄断是完美无缺的。正是因为如此，所以每一个统治阶级的统治都是不稳定的，他们的分配模式总要受到挑战，分配是所有社会冲突产生的根源。正是在研究这些斗争的过程中，沃尔泽找到了他论述的主线，他认为这些斗争有一种范式。某个阶级、种姓等级、社会阶层、联盟最终将享受对某种支配性的善的垄断或近乎垄断，而这种支配性的善或多或少有规律地转化成其他种类的东西，例如：机会、权利和名誉。虽然这些群体有某些意识形态为他们的占有提供辩护，但是随着时间的推移，就会有很多反对的声音出现，社会冲突将断断续续，尽管冲突会有很多不同的种类，但归结起来有三个一般性种类是特别重要的：反对垄断、反对统治、反对现有的统治和垄断。一个群体获胜了，不久就有另一个群体取而代之，没有谁将获得最终不变的胜利。这并不是说不同的群体的要求都必然是错的，而是说他们所主张的原则常常只能在一定的领域范围内才在严格意义上是公正的。

在区别了支配和垄断的基础上，沃尔泽在第四个小标题"简单平等"和第五个小标题"专制与复合平等"的内容中区分了简单平等论和复合平等论。简单平等论主张：支配性的善无论是什么，都应当重新分配，以便人们能够平等地至少广泛地分享它，这就是说垄断是不公正的。而沃尔泽认为这样的简单平等不会持续很长时间，因为转换的进一步发展和市场的自由交换必然会将不平等带入它的运行轨道。例如，在现实中，打破金钱垄断将使金钱的支配性无效。别的善就会加入进来，不平等就通过新的形式呈现出来。简单

---

① 迈克尔·沃尔泽. 正义诸领域：为多元主义与平等一辩 [M]. 褚松燕，译. 南京：译林出版社，2002：19 - 20.

平等要求国家用连续不断的干涉来打破或限制垄断并抑制支配的新形式。到那时不同的群体将试图去垄断国家权力，用它来巩固他们对别的社会物品的控制，国家权力便成为大家竞相追求的目标。限制政治权力的一种方法是将其广泛地分配，但是打破对权力的垄断又抵消了权力的支配性。本来是要用国家权力来制约垄断的，但是如果它被广泛分配将失去效力，就又需把它集中起来，而它又成为被垄断的对象。我们不得不动员权力来制约垄断，然后再寻找制约我们所动员起来的权力的方法。沃尔泽指出，所有这些困难都来源于将垄断而非支配当作分配正义的中心问题。他所提倡的复合正义论则是将注意力从打破垄断转移到减少支配上。一个复合平等的社会，是允许不同的社会物品可被垄断性地拥有，但却没有特定的物品能够普遍地转换。复合平等意味着任何处于某个领域或掌握某种善的公民可以被剥夺在其他领域的地位或其他的善。复合平等并不比简单平等更稳定，但是它将向更为分散、具体的社会冲突形式开放，对物品的转换性进行抵制，在更大的程度上是由人们在自己的能力和控制范围内进行而不是采取大规模的国家行为。对支配和控制的批判指明一个永无定论的分配原则，即拥有一种善的人不能因为他拥有这种善而不顾另一种物品是什么而去占有它。沃尔泽所提倡的复合平等是通过他分配正义标准的多元来实现的。他指出："任何一种社会的善 X 都不能这样分配：拥有社会善 Y 的人不能仅仅因为他拥有 Y 而不顾 X 的社会意义占有 X。"①

这个原则将引导我们去研究社会物品的意义，从内部去考察不同的分配领域。所以他在第六个小标题"三个分配原则"的内容中介绍了这三个符合以上所谈到的永无定论原则的分配原则。这三个原则是自由交换、应得和需要，它们经常被论证为分配正义的起源和目的，这三个标准都有真正的力量，但没有一个有跨越所有分配领域的力量，都有自己适用的范围和界限，它们只是其中的一部分而非全部。

在第七个小标题"等级制和种姓制社会"的内容中他就以勾画一个特定领域来说明前面论述的问题。他说："复合平等要求保卫这些边界，它通过区分物品而起作用，正如等级制靠区分人群而起作用一样。"② 并且沃尔泽再次

---

① 迈克尔·沃尔泽. 正义诸领域：为多元主义与平等一辩 [M]. 褚松燕，译. 南京：译林出版社，2002：24.
② 迈克尔·沃尔泽. 正义诸领域：为多元主义与平等一辩 [M]. 褚松燕，译. 南京：译林出版社，2002：34.

将简单平等和复合平等做对比。最终他得出一个结论："只要我们开始辨别不同的社会含义并划出不同的分配领域，那么，我们就开始了一项追求人人平等的伟大事业。"①

在本章的最后一个小标题的内容中，他谈到了复合平等的立论背景，认为政治共同体是这项事业的合适背景。他给出了为何以此做背景的三个理由：政治共同体是接近我们理解的有共同意义的世界；政治建立了它自己的共性纽带；共同体本身是一种将人民包括在内才能待分配的物品，它能内部决定成员资格，而政治共同体将最符合要求。

第二章　成员资格　在这一章沃尔泽论述了拥有进入该领域的成员资格。沃尔泽的分配正义是多元的正义，是在各个不同的社会物品分配领域内施行的，是相对于某个特殊社群而言，并非世界上每一个人都能参与其中。这就是说，要想获得参与正义的分配，你必须首先拥有进入该领域的成员资格。沃尔泽认为成员资格是重要的，正如他在第一章里所论证的。作者自这一章中分为五个小标题来阐释这个问题。

首先，在"成员与陌生人"这个小标题的内容中，他认为必须假定一个有边界的分配世界。他认为成员资格与国家权力本身也是一种社会的善，它们有着各自不同的分配原则。因此，在讨论分配正义时，必须有一个有边界的分配世界，沃尔泽说"这个世界是政治共同体，其成员互相分配权力，并且如果可能的话，避免与别的人一起分享权力"，这里就牵涉到成员资格。"在人类某些共同体里，我们互相分配的首要善（Primary Good）是成员资格"，因为"我们在成员资格方面所做的一切建构着我们所有其他的选择：它决定了我们与谁一起做那些选择，我们要求谁的服从并从他们身上征税，以及我们给谁分配物品和服务"②。成员资格如何分配？我们要把东西分配给谁？我们只能把它们分配给具有成员资格的人们。于是，作者把成员与陌生人做了界定。就成员资格来说，他列举了两种简单平等的形式——全球极端自由主义（所有的人都是陌生人，不存在成员资格的问题）、全球社会主义（所有的人都是全球国家的成员，成员资格被平等地分配给每一个人），同时他论证了这两种形式都是不可能实现的。为此，我们将遇到在我们所处的群体中形

---

① 迈克尔·沃尔泽. 正义诸领域：为多元主义与平等一辩 ［M］. 褚松燕，译. 南京：译林出版社，2002：34.

② 迈克尔·沃尔泽. 正义诸领域：为多元主义与平等一辩 ［M］. 褚松燕，译. 南京：译林出版社，2002：38.

成接纳或拒绝其他人准入的决定。我们向多少人分配成员资格？向哪一些特定人群分配？这是我们讨论与接纳或驱逐陌生人有关问题时碰到的最明显的问题。

在第二个小标题"类比：居民区、俱乐部和家庭"的内容中他依次把政治共同体与居民区、俱乐部、家庭做类比，用它们来帮助阐明接纳和排斥的某些关键特征。

在做完类似的对比后，他在第三个小标题"领土"的内容中，论证到正义理论必须考虑到领土国家，需要明确居民的权利，集体的准入和拒绝权利。他认为生存空间应该平等地分配给地球上每个居民的观点是不可行的，也是不受欢迎的。但是，一个拥有大量土地的国家应该让更多贫穷国家的人移民进去，这似乎有道理。因此，沃尔泽提出集体的相互援助的形式可能要求对国土/成员资格做一个有限的、综合的再分配。沃尔泽认为所有有资格的男女都拥有一种共有的政治地位。他严厉地批评人类历史上所存在的各种专制，认为在这种制度下公民将统治非公民，内部成员将统治外来者。

在第四个小标题中"外国人身份与归化"的内容中，他论述了政治共同体的成员通过对成员资格含义的理解和互助原则而拥有决定居民人口的集体权利。与此同时，他还通过两个小例子，雅典外侨和客籍工人来阐释存在着第二种准入程序——归化，认为应该给对本国做贡献的外来者提供作为本国公民的机会，只有这样才能称得上是政治正义。

在本章的最后讨论了"成员资格和正义"的问题。沃尔泽认为成员资格的分配并不完全受正义的限制。"它既服从于成员自己做出的内部决策，又服从于外部的互助原则"①，我们可将成员资格授予陌生人，但却不能随便授予任何陌生人，除非我们生活在全球极端自由主义或社会主义。国家可以自由地接纳或不接纳陌生人，但是拒绝授予成员资格常常是一系列滥用权利的开始，具有资格的成员将排斥不具有成员资格的陌生人，并且没有打破这一系列滥用权利的方法。因此，我们必须否认拒绝授予成员资格的合法性。分配的正义理论需从对成员资格权利的解释开始。同时，只有作为某个地方的成员才能分享其中的社会物品，因此这种成员资格的权利需要具有封闭性。

---

① 迈克尔·沃尔泽. 正义诸领域：为多元主义与平等一辩 [M]. 褚松燕，译. 南京：译林出版社，2002：77.

第三章　安全与福利　本章作者一共分为五个小部分阐述了复合平等观念和三个分配原则，就美国的情况讨论了安全和福利问题。作者说明了社会正义不是基于个人权利，而是建立在共同体成员对社会物品的社会意义的共同理解的基础上的，而安全与福利有这一领域的分配原则。

在第一个小标题"成员资格与需要"的内容中沃尔泽继续从义务的角度阐释成员资格的重要性。他指出："福利与安全领域中的分配正义有双重含义：首先，它指对需要的承认；第二，它指对成员资格的承认。物品必须提供给需要它的成员，因为他们需要它们；但这些物品必须以一种能维持他们的成员资格的方式提供。然而，这并不是说成员们有权对任何特定一组物品提出要求。只有在一个共同体采用某种相互供给计划时，福利权才是确定的。"①　在进一步讨论成员资格的同时，他考虑了成员内部的需要问题。沃尔泽指出："共同体旨在提供供给，而供给则服务于共同体：这个过程是相互的，而这可能就是它的关键特征。"②　成员们的需要与他们的历史和文化有关，并且政治共同体不可能满足每一个成员的具体需要，但是无论最终达成的决定是什么，出于何种原因提供成员们的具体所需，尽管它不能决定优先考虑的事物及程度，需要在这一领域仍然是一个决定性的标准。沃尔泽强调说："从来没有一个政治共同体不提供，或不试图提供，或不主张提供其成员已达成共识的需要，也从来没有一个政治共同体不将其集体力量——其指导、管制、施压和强制的能力——投入这项事业。""每个政治共同体在原则上都是一个'福利国家'的意义。"③

接着，沃尔泽通过两个小例子——公元前四、五世纪的雅典和中世纪的犹太人共同体以及谈论公平的份额问题对第二个小标题"公共供给"的内容进行论述。他认为任何政治共同体都致力于向其成员提供已达成共识的需要，政治共同体有义务向其成员至少提供安全与福利的义务，成员也有义务承担他们必需的责任。但对于人们需要多少安全与福利，需要什么样的安全与福利，如何予以分配等重大问题，沃尔泽认为存在着很多不同的方法来解决，这要在具体的共同体中探讨，于是他举了雅典与犹太人的共同体这两个例子

---

① 迈克尔·沃尔泽. 正义诸领域：为多元主义与平等一辩 [M]. 褚松燕，译. 南京：译林出版社，2002：98.

② 迈克尔·沃尔泽. 正义诸领域：为多元主义与平等一辩 [M]. 褚松燕，译. 南京：译林出版社，2002：80.

③ 迈克尔·沃尔泽. 正义诸领域：为多元主义与平等一辩 [M]. 褚松燕，译. 南京：译林出版社，2002：84.

来说明公共供给。这两个共同体在福利国家的历史上并不突出，但他们都对公共供给的意义有很深的理解。雅典与犹太人共同体在公共供给方面有很大的不同，雅典注重公民整体的利益，政治共同体所做的一切都是从整体来考虑而不考虑个别的人或群体的贫困，而犹太人共同体是自治的而非统治，他们用于供给所需的资金大都来自于慈善捐助。他们关注特殊的供给，尤为注重对贫苦成员的帮助，他们通过失业救济金形式和教育等形式来帮助处于苦难中的成员。虽然方式不同，但都体现了他们对公共供给的理解。沃尔泽再从以上的例子中梳理出公平份额的问题。他认为对合法份额的问题涉及两个不同的方面：应当被分享的物品的范围界限（安全与福利领域的边界）、安全与福利领域中合适的分配原则。他认为，需要这一原则可应用于这个领域，但同时也遇到了不少困难，比如：要使需要与供应的相互关系得到强化就必须排除所有外来的因素，而且它还受道德因素的影响。在现实中，安全与福利的分配常常受到占有大量金钱的人们的控制和歪曲。而且，需要不仅仅体现在生理上，而且更多的时候是体现在文化环境中。教育产生了文化定义更难回答的问题，并因此使我们对安全与福利领域的可能性和分配正义的限制条件的理解复杂化。如果采取平等分配的话，通常是采取救济的形式，也存在很多问题，这在教育领域最为突出。但无论如何，只要公共供给的目的是为公共参与服务，那么建议一种对所有成员一视同仁的供给形式就是正义和明智的。

在本章的第三个小标题的内容中，沃尔泽在前边论述的基础上更深地论述供给程度的问题。他认为福利和安全领域中分配正义有双重含义：（1）它指对需要的承认；（2）它指对成员资格的承认。成员们能够合法要求的权利是一类更为一般的权利，例如某种基于公共资源而要求的基本生计。只能满足成员的最为一般的需要，而只有共同体的文化、特色、普遍共识才能界定应该满足的需要是什么。但这些都不是既定的事物，在特定的时刻，公民们都必须就相互供给的程度展开辩论。在现实中，随着个人能力与集体能力之间平衡的变化，人们所寻找的帮助的种类也在变化。因此在需要难以捉摸且种类繁多的社会，不可能只有唯一的一个普遍适用的公式。沃尔泽在这里更为深入地对前面他所尚未解决的关于寻找合适的分配原则的问题予以解答。他认为关于公共供给的论述，在最深层次上，是对联盟（由穷人与富人、强者与弱者、幸运的与不幸运的人联系起来）的阐释，联盟越紧密、越包容，对需要的确认范围就越广，划入安全与福利领域的社会物品的数量就越大。

他在这个小标题内容的最后再强调了一下：社会认可的需要的范畴是无止境的，是一个有争议的问题。

在本章的第四个小标题"美国人的福利国家"的内容中，他以医疗保健的实例来介绍现在美国这种福利国家的公共供给系统存在的问题。然后重申什么样的需要被认可，不可能存在一个先验的规定与方法。沃尔泽提出了他的安全与福利正义分配的三个原则："每个政治共同体都必须根据其成员集体理解的需要来致力于满足其成员的需要；所分配的物品必须分配得与需要相称；并且，这种分配必须承认和支持作为成员资格基础的平等。"①

在本章的最后一个小标题"对慈善与依赖性的一个注释"的内容中，作者认为私人的慈善会产生依赖的恶习，而如果用公共救助同样会延续这种恶习，但任何公共供给计划都需要给各种形式的地方自助和自愿性应用留下空间，毕竟反抗贫困是一项穷人与富人都应该参与的活动，于是给"赠予关系"留下一席之地，但是它必须不仅仅是由职业管理者来执行而应该是公民们的积极参与，可以把赠予看作是一种类似于投票请愿、示威一样的政治，以使他们的地位平等，从而弥补随慈善而来的不足。

第四章　货币与商品　本章包含有七个小标题。前三个小标题主要探讨了货币的诱惑力和它的使用界限，后三个小标题主要探讨了作为货币运用领域的市场和有关分配与再分配的问题，并涉及赠予与继承的正义性、合理性问题。

在第一到第三个小标题的内容中，沃尔泽认为有关货币的问题涉及两个问题：它能买到什么以及它是如何分配的。他用幽默的事例向我们阐释了货币的普遍诱惑，接着谈论到货币在使用上有它的范围，并列举了有哪些东西是可以用金钱买到的，又有哪些东西是不允许和金钱做交换的。在讨论有关货币领域的市场问题时，沃尔泽在暗线中说明了自由交换的原则适用于这个领域，并用两个小事例加以说明。接着，他探讨了分配与再分配的正义性问题，即在第五、第六个小标题的内容中谈论了"工资决定""再分配"，沃尔泽认为市场越完美，收入的不平等就越小，失败就越少。因此，复合平等所要求的不是废除市场，而是任何人都不能因出身低微或在政治上无权而被剥夺市场上的可能机会。他还举例说明了收入是由政治和市场因素的结合决定

---

① 迈克尔·沃尔泽. 正义诸领域：为多元主义与平等一辩 [M]. 褚松燕，译. 南京：译林出版社，2002：105.

的，但认为分配的正义在于界定劳动力市场能使它在其中适当地起作用的界限。在第七个小标题"赠予与继承"的内容中，沃尔泽认为赠予与继承对应的是给予的权利与接受的权利，这两种权利来自货币与商品的社会意义。只有能够被拥有，才能被赠送，赠予是一种对所有权的出色表达，只要赠予的东西不在禁止的清单内，例如与政治权力相关联，把专业职位、公共荣誉、政治职位赠予他人，我们就没有理由对它加以制止，即使这会造成不可预知和不均衡的分配结果。他说"礼物赠送是一个重要的替代性的选择"，因为"如果我们能够占有这个东西并用它交换别的东西（在货币与商品领域），那么，我无疑可以把它赠与我中意的任何人"[①]，"赠予……是一种对所有权的出色表达"[②]。

第五章　公职　在这一章中作者一共用了六个小标题来论述公职的问题。他认为公职是作为整体的政治共同体用之获取利益的任何职位，政治共同体选出担任该职位的人或规定选出它的程序，它既不能被私人侵占，不能在家中代代相传，也不能在市场上出售。公职领域的分配原则应该是应得原则，职业应该向人才开放。

在第一个小标题"公职领域的简单平等"的内容中，他论述了公职领域的简单平等的模式是：（1）每个人都拥有获得一个职位的同等机会；（2）每个人都可以轮流持有公职。并且向人们介绍了公职的历史发展过程。要达到公职的公平给予，国家应该采取一定的措施。但作者认为即使这种公职的分配制度也会形成复杂庞大的等级系统，并分析了其中的原因。作者在本标题内容的最后写到，公务系统要在国家权利和私人权利的统治中间划出界线，这体现了作者的复合平等的观点。

在第二个小标题"精英统治体制"的内容中，作者以中国的考试制度为例，对应得与资格、职业与奖金做出了区分。他认为职位的领域是不能用应得的原则来分配的。沃尔泽指出："应得表示一种非常严格的权利，因此，所有权先于选择并决定选择；而资格是一个松散得多的概念。"[③]

---

① 迈克尔·沃尔泽. 正义诸领域：为多元主义与平等一辩［M］. 褚松燕，译. 南京：译林出版社，2002：159.

② 迈克尔·沃尔泽. 正义诸领域：为多元主义与平等一辩［M］. 褚松燕，译. 南京：译林出版社，2002：166.

③ 迈克尔·沃尔泽. 正义诸领域：为多元主义与平等一辩［M］. 褚松燕，译. 南京：译林出版社，2002：178.

在第三个小标题"资格的意义"的内容中，作者认为公民资格是第一个
公职，是至关重要的社会和政治"地位"，是所有其他一切职位的先决条件。
非公民不具有候选人的权利，而对有资格的公民需要同等考虑。所以资格是
突出的品质或与一个特定职位有关的品质。在现实生活中，最具有分裂的争
论集中在亲属关系中、政治从属关系和成员资格的重要性上，于是，沃尔泽
用了"裙带关系有什么错"的例子来分析以上所出现的争论问题。由于社会
上出现了某些人有资格担任公职不是与他的个人资格有关，而是因为他具有
成员资格的现象，在最后沃尔泽探讨了成员资格是否能够算作一种职位的资
格这个问题，他提出了为了公平和救济的目的，我们是否应该对那些没有成
员资格的人们区别对待并为他们留下一定数量的专有职位。进而在第四个小
标题的内容中论述了"公职的保留"问题。

在论述"公职的保留"这个问题中，作者用"美国黑人的例子"来说明
即使是将职位保留给一定的团体和个人，也将不是挑战或改变等级制而是重
复体现，因此对公职的保留的意义并不是很大。

在第五个小标题"职业化与公职的傲慢"的内容中，他列举了公职所具
有的四个报酬：干工作的乐趣、获得高费用和薪水、获得地位、能把权威知
识变成权威的行动。因此，公职是一种支配性的善，它的支配性体现为"公
职的傲慢"。于是，我们得控制这种支配性，共同体才能得到更好的服务。这
种控制无法依据先验的原因进行，而是根据一定的标准。这种标准是什么并
没有轻而易举的方法来确定。不过，公民们需要的是尽职尽责的官员的服务，
而不是需要官员们的颐指气使的统治。"我们能够找到办法使他们得到自己应
得的报酬，而无需忍受他们的傲慢。"因为我们每个人都清楚"公职是一种服
务形式，而不是另一种暴政"①。

职业化是人为保留的一种方式，它的主要目的是使一种特定的知识被特
定的人们占有，而这就是公职持有者们为了自己的利益所做的努力。但总的
来说就是不能因为他们拥有专业知识而利用他们的职位越过他们的职能，从
而扩张他们的权力。于是，作者接着便在本章的最后一个小标题内容中探讨
了"对公职的遏制"问题。他通过三个小事例来阐释这个问题：小资产阶级
的世界、工人的控制和政治委任。这三个都很具代表性，小资产阶级的世界

① 迈克尔·沃尔泽. 正义诸领域：为多元主义与平等一辩 [M]. 褚松燕，译. 南京：译林出版
社，2002：204-205.

意味着以私人控制来反对公职观念，工人的控制意味着以群体控制来反对公职观念，政治委任可直接看出是对公职观念的反对。作者认为他在这个领域内所做的论述就是公职领域的复合平等。它要求职业向有才能的人开放，但对他们的特权设定了限制条件。

第六章　艰苦的工作　在这一章中，作者从四个部分"平等与艰苦""危险的工作""劳累的工作"和"肮脏的工作"来阐释复合平等理论在这个领域的运用。

沃尔泽在第一个小标题"平等与艰苦"的内容中论述艰苦的工作是一种消极物品（或称之为社会"恶"），且通常依附着其他消极物品——贫穷、不安全、健康问题、身体危险等等。但它又是社会必需的工作，人们常常努力地避开，不做这些工作，但是它又必须有人来做，那么应该采取什么样的分配方式呢？沃尔泽继续论述道对这一难题的解决方法按传统的办法是实行一种简单平等的形式：这种工作应该落到卑贱的人手中，地位低下的人就应该干这种工作。但是作者认为这种应得是没有合理理由的，很难证明这些人与艰苦的工作之间有什么必然的联系。尽管如此，工作还需有人来做啊，曾经有一个设想是让机器人来代替人们做这些令人不快的艰苦工作。但问题又出现了，人类世界里存在着太多这样的工作，机器是无法满足的，而且机器可以代替人们做那些艰苦的工作，同时它也可以代替人们做那些我们喜欢的工作。更重要的一点是，机器只是执行命令，自身并没有道德评价的能力。因此这是一种不现实的解决方法。另一种简单平等的观点是这种工作应该像公职一样在公民中轮流进行。但是对于艰苦工作里面涉及生命问题的时候又应该让谁去做呢？于是艰苦的工作一旦涉及带危险的范围这又出现了难题。因此，作者认为应该考虑更为复杂的分配。消极物品应当不仅在个人中间分配，而且应当在分配领域之间进行分配。像积极物品那样：有些要国家介入，有一些可以通过市场买卖自行解决，有一些可以要求政治辩论和民主决策。但这毕竟不是在分配积极物品，消极物品的特性跟分配相左，所以没有特定的人群可以被准确恰当地挑出来做这种消极的工作，因此，我们所有的人在不同的场合都可能通过不同的方式干这种工作。

在第二个标题"危险的工作"内容中他列举了两个例子——当兵和煤矿开采——来说明对于这些涉及生命安全的工作（这是艰苦工作的第一个原型），我们应该为他们提供救济，例如提供医保，体面的养老金等以补偿他们为国家服务所做的贡献。

在"劳累的工作"这一小标题的内容中，他认为充满辛苦、劳累和压迫，是艰难困苦的第二个原型。他列举了以色列基布兹的例子予以说明可以通过分担工作来使劳动高尚，即使要对这些劳累的工作承担义务也绝不会为此使自己蒙受同胞的不尊重。

在最后一个小标题"肮脏的工作"内容中，他以清道夫、扫地工、废弃物和夜间秽物的搬运者来揭示这些是艰苦工作的第三种原型。沃尔泽认为应该从社会意义的角度对从事艰苦工作的同胞给以尊重。艰苦工作作为社会必需的一种善，我们无须废弃它，而且我们也无法废弃它，因此我们也无须和无法抛弃承担艰苦工作的同胞。为了实现艰苦工作领域中的正义分配，沃尔泽认为："我们可以通过某种国家服务来分担（并部分地转换）艰苦的工作；我们可以用金钱和闲暇来回报它；我们可以通过把它与其他种类的活动联系起来使它更有回报——政治上的、管理上的和本质上职业上的。"① 因此，他强调了无须废除艰苦的工作也无须抛弃做这种工作的工人阶级，我们要做的是剔除消极的支配性因素而给艰苦工作以正名。他主张："把贫穷带入货币领域，把耻辱带入荣誉领域，把虚弱和辞职带入权力领域。"② 也许这样，艰苦的工作的分配就不需要强制来执行，而是出于自愿的选择。

第七章 自由时间 在这一章中，沃尔泽指出自由时间或闲暇，是一种独特的社会善。他首先给我们介绍闲暇的意义。沃尔泽认为："闲暇的反义词不是纯粹的工作，而是必须干的工作，是在自然或市场的约束下的工作，或最重要的，是受工头、老板约束的工作。"③ 由此可见闲暇并不意味着无所事事，而是意味着有一种休闲的干活方式，按自己的爱好和自己认为最佳的标准来选择自己活动的自由。它不能轻易转换成别的物品，也不能被用来控制别的物品的分配。沃尔泽提到了两种休息形式：私人休假和公共假日。通过对这两种休息方式的分析得出自由时间没有唯一正义的或道德上必须的结构的结论。人们应该摆脱各种对自由时间的扭曲，社会的成员便可以用不同的方式来体验和享受自由时间。

---

① 迈克尔·沃尔泽. 正义诸领域：为多元主义与平等一辩［M］. 褚松燕，译. 南京：译林出版社，2002：240.

② 迈克尔·沃尔泽. 正义诸领域：为多元主义与平等一辩［M］. 褚松燕，译. 南京：译林出版社，2002：241.

③ 迈克尔·沃尔泽. 正义诸领域：为多元主义与平等一辩［M］. 褚松燕，译. 南京：译林出版社，2002：243 - 244.

第八章　教育　在这一章中，沃尔泽主要从四个方面来论述教育的分配正义问题。这个问题跟我们当前的形势发展较为紧密。他所论述的篇幅也比较长。

在第一个小标题"学校的重要性"的内容中，沃尔泽以阿兹特克人的"年轻人之屋"来说明学校教育的重要性，指出："学校填补了家庭与社会之间的中间地带，同时也填补了幼年向成年过渡的中间时期。"① 教学工作不应由普通公民轮番担任，因为教育过程并不是倾向于更直接的民间记忆、传统和技能的传承，所以应该给具有特殊资格条件的人们来担当。既然学校教育这么重要，那将允许哪些孩子进入呢？他们又该上哪种学校呢？学习什么？学多长时间？这一系列的问题都在他的第二至第四个小标题的内容中解答。

在第二个小标题"基础学校教育：自治与平等"的内容中，他认为作为基础学校教育不应该和出身、血统、财富等联系在一起，应该使每一个孩子都在教育方面享受平等。他列举了"房顶上的西勒尔"的例子说明对于好学的孩子，学校和教师不应该由于他的出身或是没有钱交学费而把他排斥出去，而应该有作为学校和教师的起码准则，不把教育与财富和地位相挂钩，不被社会精英阶层所俘获。他同时分析日本的例子从而得出在民主的学校里，它的作用与意义是教导学生成为一个合格公民所必需的基本知识，学生将以关爱、友情、个人成就作为回报，但如果一间学校只不过充当把学生聚集起来教他们识字的作用，并受社会、经济的影响，那这样的学校类型将致力于培养一些职业人员，阶级社会的基础结构也由其维持。于是，作者笔锋一转，在第三个小标题的内容中探讨了专业学校的问题。

在"专业学校"中，作者认为基础教育的要求是向每一个学生开放，而专业化的职位要求更高层次的教育，于是必须有再考虑的程序，专业化学校也就随之出现了，而专业化学校必然由有才能的人垄断，这也是一种合法的垄断。学校不可避免地在学生中做出区分，但是这种区分就应该是与他们的成就有关而不是与成就的经济和政治回报有关，与工作有关而不是与工作的地位有关。他举了乔治·奥威尔上学的日子来说明当上一所专业学校或预备学校能够通向某种有意义和有声望的工作或得到权力，那这些学校的位子将会被那些财富或阶级所驾驭。作者最终得出的结论是学校是不能完全自由的，

① 迈克尔·沃尔泽. 正义诸领域：为多元主义与平等一辩 [M]. 褚松燕，译. 南京：译林出版社，2002：263.

但如果它们要想得到完全的自由，就必须有对其他领域的限制：金钱购买范围的限制，以及对公职的范围和重要性的限制。

在最后的一个小标题"联合与分隔"的内容里，作者总结了教育的好处是：共同体将在教育中受益，而孩子们也将在教育中受益。于是公立学校被人为地建立，它们的学生必须由一项政治决策来分配。于是，需要一个联合的原则，决定他们学习什么和与谁一起学习的分配性的问题。首先，他举出了六种按照不同的分类把不同的学生结合起来呈现出不同的分配结果，即联合方式的不同将决定学校的课程。其次，他指出就算是学生被分类之后也不可能会被分到同一个班级中，于是又暗含着孩子们以后的人际关系资源问题，这也是当今社会教育界的热点问题。而对于上述问题的解决途径之一是随机分配，但是这种随机联合与家长有一种紧张关系，家长将担心他们的子女将与哪些孩子一起学习。作者提出了两个理由来反对这种分配模式。而按他的解决办法将是采取复合平等的方法和有民主政治的要求，要达到一种平衡将因不同的时间和地点而不同，他强调并不存在唯一的解决方式。接着他继续探讨了联合原则的最适合模式，认为学校目前来说主要有两种：基础教育的学校和专业学校。而学校的目的应该是建立一种结合模式来实现一个民主国家的人们之间的联合，因为我们将不会不考虑利益、职业、血缘等问题而随意联合起来，因此是应该排除这种随机性原则的。这再次点明作者对随机分配的反对。他又列举了几种与民主公民的教育相容的联合模式和机构形式（私立学校和教育票卷）并对它进行分析说明。最终得出结论：这种联合方式需要使私立学校与公立学校具有互通性的渠道。在讨论完联合原则后，沃尔泽又通过三个例子——天才追踪、融合与乘校车、街区学校，对分隔做出论述。最后他得出一个总的结论：学校教育对政治目的的任何根本屈服都会削弱学校的力量、学校调节的成功，以及作为一种社会之善的学校教育的价值。当学生和老师都屈服于政治的专制暴政时，它将导致更少的平等。

第九章　亲属关系与爱　本章一共分为四个小标题来阐述有关爱的分配正义性问题。

在第一个小标题"情感的分配"的内容中，作者指出那种认为亲属关系和爱是一个不同于所有其他领域的领域，是一个神圣的区域的想法是错误的。事实上，它与别的分配领域是密切相关的，很容易受到其他领域的入侵，而它本身也具有普遍的影响力。家庭是一个特殊的领域，自己人与外人是有明显区分的，爱的分配也在家庭中进行，偏袒始于家庭，从那以后才延伸到其他领域。为了解决一开始存在于家庭中的偏袒问题，最激进的平等主义建议是废除家庭，而"柏拉图笔下的守卫者"就是一个典型的例子。作者对此做出了评价：要寻求一种高度明确的一元化的正义，寻找更公平的一组情感联系那将是不可能的，应该在具体的环境中进行分析才能得出结论。家庭成员内部的情感问题应该由他们自主解决，而不能通过简单废除或实行政府干预来解决，除非它已经到达了一定的边缘——削弱了共同体成员的利益。

在第二个小标题"家庭和经济"的内容中，作者举了"1844年的曼彻斯特"为例来论证家庭关系与经济之间的关系，如果这种关系分离了，那么无论在哪种社会类型，情感的家庭都是亲属关系和爱的分配所采取的第一种形式。

在"婚姻"这个标题的内容中，沃尔泽讲到"家庭领域的确立在工业革命之前很久就开始了，并且有与家庭生活这个词所指的含义完全不同的长远结果。这在上层阶级中最显而易见；这些结果产生于双重划界的过程，不仅包括亲属关系和经济生活之间的划界，而且还包括亲属关系和政治生活之间的划界。……他们的婚姻为的是交换和结盟，要经过精心策划和艰苦谈判。……只要还有家族事业和根深蒂固的关系网，婚姻将永远有这一面"[①]。简单平等的做法是将通过消灭家族差别来消灭交换和结盟。作者认为这是不可能的，因为所有这些并没有废除家庭本身。但可以通过分配领域的分离而实现具有同样效果的做法。只要家庭与政治和经济生活结合，浪漫爱情在其中就没有地位，所以必须对浪漫爱情重新定位。他用"公民舞会"和"约会观"作为例子加以说明。最终得出结论：家庭无论如何都是中心，即使它对亲属关系进行约束也将不显得不公平，生活在家庭中，我们就必须对家庭承担义务，爱情上的自由几乎就是对家庭约束的自由接受。

在最后一个小标题"妇女问题"的内容中，他认为妇女的地位无论在家庭中还是在社会领域中都不太高，而妇女真正的统治正是在于把她们排除在外的社会领域。而经过一番努力，妇女在参与市场活动并没有内部障碍了。"当家庭不再是妇女的唯一场所时，当亲属关系的结构不再在其他分配领域重复时，家庭将是一个不同的场所，它重新依靠自己的资源，可能是一个脆弱的联盟。尽管如此，个人关系、家庭生活，生育孩子的领域仍然是相当重要

---

① 迈克尔·沃尔泽. 正义诸领域：为多元主义与平等一辩 [M]. 褚松燕，译. 南京：译林出版社，2002：312.

的分配核心。抚育孩子以一种新的方式把家庭成员聚集起来，父母保护着孩子，孩子担负着父母对他们不平等的期待并享受着父母不平等的爱，这种不平等是不能消除的；事实上，家庭存在且将继续存在下去，正是为了让这些不平等安排出一个空间。"①

第十章　神的恩宠　在这一章中，沃尔泽说到恩宠常常是一种有争议性的善。这是因为："第一，它的可获得性有时候被认为依赖于明确的公共制度安排；第二，它被一些人（而不是其他人）所占有，在这种情况下，某种政治特权有时候被认为是与它相伴而来。"② 他论述了政治强制与基督教教义联系在一起的过程。然后作者论述了"教会和国家的屏障"和"清教共和国"的问题，得出最终的结论：作为教会和国家之间的屏障的宪法，如果被强制实行救赎的制度安排或行为那就是暴政。

第十一章　承认　在这一章中，沃尔泽用四个小标题来论述承认在分配中的意义与重要性。

在"争取承认的斗争"中，他从头衔社会学的角度出发论述了承认的意义是重要的，财富和商品总是可以得到再分配，由国家聚集并按某种抽象原则再次分配，但承认是一种无穷的，更为复杂的善。任何简单平等的承认不可能平均分配像只有通过个人品质、技能和受到尊敬而得到的承认。它需要承认领域的复合平等，虽然它不保证承认将分配给在某种客观意义上值得得到它们的那些人，但对某些形式的承认来说还是存在着客观标准。简单承认只是今天的一个道德要求，我们会承认我们所遇到的每一个人至少都是一个潜在的值得承认的人。但这只是一种最低限度的基本的尊敬。

在"公共荣誉和个人应得"中，作者从"斯大林的斯达汉诺夫工作者""诺贝尔文学奖""罗马人和其他的胜利"这三个例子中说明复合平等在承认领域中的一个关键特征是：承认荣誉可以由那些传统上并非值得授予荣誉的人得到。

在"惩罚"这个小标题的内容中，作者认为惩罚应该与其应得的人联系在一起而不能实现一种广泛的分配。他举了两个例子——雅典的贝壳放逐法、预防性拘留来加以说明。他认为如果采取广泛的分配那将是一种暴政。

———————————

① 迈克尔·沃尔泽. 正义诸领域：为多元主义与平等一辩 [M]. 褚松燕，译. 南京：译林出版社，2002：322-323.

② 迈克尔·沃尔泽. 正义诸领域：为多元主义与平等一辩 [M]. 褚松燕，译. 南京：译林出版社，2002：324.

在"自负与自尊"这个小标题的内容中，沃尔泽论述只有当一个人在其社会中被承认了，他才会产生自尊与自负的心境，这也是荣誉与不名誉之所以特别重要的原因。自负是对自己赞许的评价或观点，而自尊是对一个人自己的人格或地位的适当的评价。自尊使得一个公民在其共同体中是自主的、自由负责任的人，它也将会引导一个人只要求自由给予的承认和他的同辈人的诚实判决。因而在这个意义上，它是一种承认复合平等的道德意义的途径。而反过来，复合平等也将会孕育自尊。

第十二章 政治权力 在这一章中，沃尔泽通过四个小标题来论证政治权力在分配领域中所面临的问题。

在第一个小标题"主权与有限政府"的内容中，作者认为主权不会穷尽权利领域，但是它能把我们的注意力集中在权力可以采取的最重要和最危险的形式上。作为国家权力，它也是管理所有不同追求（包括权力本身的追求在内）的手段。它警诫着每一种社会善在其中得以分配和配置的领域的边界。它向我们提出了两个问题：权力必须维系和权力必须受到约束；权力必须被动员、被分割、被制衡。政治权力能够保护我们不受暴政统治，但它本身又是残暴的。基于这样的原因，人们为了得到权力而进行了无休止的争夺。最后，他们只能在所有活动中约束自己的权力，使自己服从于宪法的限制。"在人类大部分历史上，政治领域是建构在专制主义模式之上的，权力被唯一一个人垄断，他所有的精力都投入到使权力不仅控制边界，而且跨越边界的每个分配领域进行控制的活动中。"① 因此，权力运用就需要受到阻碍。作者举了美国对权力运用进行限制的清单（九项），认为复合平等的一个重要手段就是有限政府要像受阻的交换一样。

在第二、第三个小标题"知识/权力""财产/权力"的内容中，作者认为权力不像财产和其他东西一样可以收藏起来，它只有行使起来才能发挥它的作用。那谁应该拥有并行使国家权力呢？沃尔泽认为有两个内在于政治领域内的分配原则："第一，权力应该由那些最知道如何使用权力的人拥有；第二，它应该由那些直接承受其结果的人拥有，或至少由他们来控制。"② 同时，作者用"国家之舟"与"惩戒机构"来对知识与权力之间的关系进行论述。

---

① 迈克尔·沃尔泽. 正义诸领域：为多元主义与平等一辩 [M]. 褚松燕，译. 南京：译林出版社，2002：378.
② 迈克尔·沃尔泽. 正义诸领域：为多元主义与平等一辩 [M]. 褚松燕，译. 南京：译林出版社，2002：381.

沃尔泽指出："民主公民们都争吵着要控制政府，因此把自己扔到危险中，而他们应该把政府交给那个拥有'属于'权力行使专业知识的人。"① 最后得出结论：如果知识有利于权力，那么它也不能导致无限制的权力。权力的使用依然会受到阻碍。而财产也不应该有政治流通性，它不应该转换成诸如主权、权威命令，以及对人们的持久控制之类的东西。

在最后一个小标题"民主公民资格"的内容中，作者指出：民主是一种配置权力并使其使用合法化的途径，更确切地说它是一种配置权力的政治途径。沃尔泽指出："民主要求平等的权利，而不是平等的权力。"② 即公民们所获得的不是权力而是获得权力的机会和场合。每一个公民都是一个潜在参与者或是一个潜在的政客。这就是复合平等在政治领域的意义。当我们能够除去不正当的支配性，民主政治就成为一个确定的号召，它便能维护一个公平的社会。

第十三章　暴政与公正的社会　作者通过三个标题"正义的相对性与非相对性""20 世纪的正义""平等与社会变迁"来论述这一章的内容，并以一种总结的方式给整本书作一个结尾。他阐释了自己对"正义""平等"的理解，并再次强调简单平等存在的缺陷而坚持用复合平等的原则来看待诸领域的正义和平等问题。整个社会的相互尊重与一种达成共识的自尊将是复合平等的深层力量，而把它们结合在一起将是复合平等可能的持久的源泉，那将会造就一个公正的社会。

───【意义与影响】────────────────────

第一，《正义诸领域：为多元主义与平等一辩》是一部政治哲学领域具有重要影响力的著作。

沃尔泽在多元主义的背景下，以远远超出单纯经济领域的物品理论为基础，建构了他的复合平等观。以建立在特定社群分享的理解基础上的多元正义模式，取代了个人自由的正义模式，从而对权利自由的个体自由和权利优先的观点进行了批判，代表了试图综合自由和平等的社群主义方向。该书于20 世纪 80 年代在众多社群主义著作中脱颖而出，现已被翻译成（包括中文在

① 迈克尔·沃尔泽. 正义诸领域：为多元主义与平等一辩 [M]. 褚松燕，译. 南京：译林出版社，2002：383.
② 迈克尔·沃尔泽. 正义诸领域：为多元主义与平等一辩 [M]. 褚松燕，译. 南京：译林出版社，2002：413.

内的）的八种外文，在国外已经引起了学界的广泛关注，也受到了学者们的好评。本书充满洞见，处处显现出一个人文学者对于人类处境的深切关注，而作者清晰有力的哲学论证更令我们对社会公正问题有更加深刻的了解。

第二，该书的多元正义与复合平等观是当代对分配正义所做的最重要的阐释之一。

围绕着分配正义问题，沃尔泽在对当代新自由主义的分配正义观进行批驳的基础上，提出了自己的理论和主张，即复合平等和多元主义。沃尔泽的多元正义与复合平等观为我们提供了一种解决分配正义的视角，即没有一种普适的正义原则能适用于一切领域。

该书反对以简单的眼光看待正义问题，从一个完全不同的起点提出了一种完全不同的分配正义观。它对我们所交换和渴望得到的物品的敏锐而富有洞见的考察，是我们这个时代中对分配正义所做的最重要的阐释之一。

第三，该书所持的观点没有动摇自由主义在西方社会中的主流地位。

沃尔泽在该书中所阐述的观点虽然指出了自由主义过分强调个人主义，揭示了人格自足的形而上学虚假性，力图遏止由自由主义的过分发展所带来的个人主义的消极影响，并试图赋予社群一个新的意义，但是沃尔泽所强调的社区联系、环境和传统的积极价值以及共同利益的价值，由于其理论是自由主义极端发达的产物，是对其个人主义基础不足的弥补，它的价值也只有在自由主义和个人主义极端发达的前提下才得以凸显，它自己的不足也只有通过自由主义才能得以补偿。

在道德正义上，沃尔泽也并没有逃脱相对主义的困境。在沃尔泽的正义理论中，分配正义是相对于某个特殊社群的社会意义而言的。而从各个具体的领域谈分配正义的原则，从日常实际出发分析分配正义，这种方式存在一个局限，即容易割裂各个领域之间的联系，使各个领域为相对独立的整体，承认各个领域道德标准的合理性，难免具有浓厚的相对主义特色。同时，由于沃尔泽的理论缺乏跨文化的正义和对权利问题批判的能力，因此，仍然是资本主义的理论学说。

──【原著摘录】────────────────────────────

第一章　复合平等 P1－37

P4－5　正义是一种人为建构和解释的东西，就此而言，说正义只能从唯一的途径达成是令人怀疑的。无论如何，我将从对这个标准哲学假设的质疑开始，并且不仅仅是质疑。分配正义理论所提出的问题有许多种答案，并且，在答案范围内，还为文化多样性和政治选择留有空间。这不仅仅是在不同历史背景下实施某个唯一的原则或一组原则的问题。没有人能够否认还存在着一些道德上许可的实施措施。我所要争论的不止这些：正义原则本身在形式上就是多元的；社会不同善应当基于不同的理由、依据不同的程序、通过不同的机构来分配；并且，所有这些不同都来自对社会诸善本身的不同理解——历史和文化特殊主义的必然产物。

P11　就其分配安排的复杂性而言，我们可以把大多数社会看作是在金本位原则上组织起来的：一种善或一组物品在所有分配领域都具有支配和决定性作用。而这种善或这组物品通常都是被垄断的，它的价值被它的拥有者们的力量和凝聚力所维护。如果拥有一种善的个人因为拥有这种善就能够支配大量别的物品的话，那么，我将称这种善是支配性的。当一个男人或女人，或世界上一个重要的君主——或一群男人或女人、寡头——随时都能成功地用一种善来对抗所有敌手，那么这种善就是垄断性的。

P34　简单平等更容易实现：一种支配性的善的广泛分配造就了一种人人平等的社会。而复合平等则很难：在物品所调节的关系能够成为平等的男人们和女人们之间的关系之前，有多少物品在意义上肯定是自主的呢？没有确定的答案，因此没有理想的政权模式。但只要我们开始辨别不同的社会含义并划出不同的分配领域，那么，我们就开始了一项追求人人平等的伟大事业。

第二章　成员资格 P38－78

P75－76　如果不考虑这种国际性安排，政治正义原则就是这样的：一个民主国家用以设计其国内生活的自决过程必须开放，并且平等地向所有生活在其领土内、在当地经济中工作和服从当地法律的男女开放。因此，第二种准入（归化）依赖于第一种准入（移民）并只受时间和资格的特定限制，而决不受关闭国门的根本限制。当第二种准入关闭时，政治共同体就崩溃了，变成一个由不存在政治分界的成员和陌生人组成的世界，其中，陌生人是成员们的臣民。可能成员内部彼此是平等的，但是决定国家特征的并不是他们的平等，而是他们的专制。

第三章　安全与福利 P79－119

P82－83　人们并不仅仅有需要，他们有关于他们的需要的想法；他们有优先考虑的事情，他们有程度不同的需要；而这些优先考虑的事情和不同程度的需要不仅与他们的人性有关，而且与他们的历史和文化有关。既然资源常常是稀缺的，人们就不得不做出艰难的选择。我怀疑这些选择不只是政治选择，它们受一种确定的哲学解释支配，但需要的理念和致力于公共供给本身并不产生任何有关优先考虑之事和需要的不同程度的清晰决定。显然，我们不能也不必在同一程度上满足每一种需要或在最终程度上满足任何需要。

P103 在实践中，再分配是一个政治问题，并且，它所涉及的强制是由涉及分配的特点和范围的冲突所决定的。每一种特殊措施的通过都受某些特殊利益的联盟所推动。但这些争论中的最终诉求却不是特殊利益，甚至也不是作为各种特殊利益的综合的公共利益，而是集体价值观念、有关成员资格、健康、食品和住处、工作和休闲的共享观念。

第四章　货币与商品 P120－167

P120 有两个问题与货币有关：它能买到什么？它是如何分配的？我们必须以这样的顺序来着手研究这两个问题，因为只有在描述了货币运作的领域和货币起作用的范围之后，我们才能清楚地说明它的分配。

P132 金钱的适当领域是什么？什么社会物品是可以正当销售的？显而易见的答案也就是正确的答案；它为我们指出了一个可销售物品的可能范围，不管是所有公共供给之外的物品、商品、产品、服务，还是个别男女认为有用或合意的东西、普通仓储集市、商业中心和商栈。它包括，并且可能常常包括，奢侈品和原材料、漂亮的物品和功能耐用的物品。

第五章　公职 P168－214

P175 我想要捍卫的是一套较为复杂的社会和经济安排。一种一般公务系统只是用国家权力的统治——以及有才能或受过教育或有担任公职必备的任何素质的国家官员的统治——取代私人权力的统治。此处的问题包括抑制职位的普遍化、更具体地关注实际工作及其社会意义、在那些政治共同体应当控制的选择过程和那些留给私人和大学实体去控制的选择过程之间划出界线（在不同文化中界线的划定应当有所不同）。

P214 这是公职领域的复合平等。它要求职业向人才开放，但对有才能的人的特权设定了限制条件。如果男女个人想要计划他们的生活，为自己定做职业，那么，就没有办法回避竞争职位和接受竞争的胜利与失败。但我们可以通过降低赌注来减少竞争的狂热。利益攸关的是公职，仅此而已。……但对我们来说，那可能是对公职的价值和公职人员的优点的误解。致力于复合平等的男女将培养一种关于那些功绩是什么和它们如何在公职领域内运作的更为真实的理解。而他们将认识到其他领域的自主，在那里，其他形式的竞争和合作，其他的形式的夸张、荣誉和服务是合法地占据优势地位的。

第六章　艰苦的工作 P215－241

P216　这些情况中所禀承的是一种残忍的观念：地位低下的人承担消极物品。工作应当由其品质被认为适合它的男女来干。由于他们的种族或性别，或假定的智力或社会地位，他们应得做该工作的资格，或者他们不应得做该工作的资格，或者他们从某种角度适合干该工作。它不是公民们、自由的男性、白种男人等应该干的工作。但这是何种应得，何种资格呢？很难说这个社会或别的社会的苦工所干工作中的危险和耻辱是他们应得的；或者他们，并且只有他们是如何适合干这种工作的。

P218－219　我将不得不考虑更为复杂的分配。消极物品应当不仅在个人中间分配，而且应当在分配领域之间进行分配。有一些消极物品，我们可以按分担福利国家的成本的方式来分担；有一些，如果市场条件大致是平等主义的话，我们可以进行买卖；有一些要求政治辩论和民主决策。但所有这些形式都有一个共同点：分配与（消极）物品的特性相左。除了惩罚情形以外，它不可能符合对物品的社会意义的分配，因为没有一个种族、性别或种姓，以及可想象的人群可以被准确恰当地挑选出来当社会的苦工。没有人具有资格——不存在帕斯加尔连队（Pascalian company）——因此，我们所有的人在不同场合，都可能通过不同方式干这种工作。

第七章　自由时间 P242－260

P260　假日和假期是分配自由时间的两种不同的方式。每一种都有它自己的内在逻辑——或者，更准确地说，假期有一个逻辑，而每一个假日都有一个我们可以从其历史和仪式中发现的特定的次逻辑。我们可以想象一种假日与假期的混合：有点像我们已经知道了好几个世纪的东西。而今天，这种混合看起来是不稳定的，但只要它在继续，它就的确允许一些政策选择。但是，建议这些选择由正义理论来约束将是愚蠢的。

第八章　教育 P261－300

P278　教育公民是一种公共供给，一种福利。我认为：我们通常把一种更为专业化的教育当作一种职位，学生们必须符合它的资格条件。大概，他们通过展示某种兴趣和能力来达到要求，但这二者并不产生接受专业教育的权利，因为必要的专业化是由公众决定的事，而专业学校中可获得的位子也是由公众决定的。学生们拥有和公民们通常在担任公职时一样的权利：即他们在被授予可获得的位子时，都会得到同等考虑。并且，学生们还有这个额外的权利：只要他们为在公立学校中找到位子做准备，他们就应该尽其所能地做同等的准备。

P300　学校教育对政治目的的任何根本屈服都会削弱学校的力量、学校调节的成功，以及作为一种社会之善的学校教育的价值。最后，当学生和教师都屈从于政治的专制暴政时，它所导致的不是更大的平等，而是更少的平等。

第九章　亲属关系与爱 P301—323

P312　我认为，只要家庭在不同的社会和政治世界里被放在不同位置上，只要还有家族事业和根深蒂固的关系网，婚姻将永远有这一面。简单平等将通过消灭家族差别来消灭交换和结盟。

P318　个人恋爱领域决不是一个稳定的领域，商品市场之所以能够起作用，是因为进行商品交易的男女是与别处相联系的（最经常的是与他们的家庭）。但在这里，男人们和女人们所买卖的是他们自己，而他们是根本上互不联系、自由漂浮的主体。这是一种大多数人会选择的生活方式，如果他们只在一个时期有选择的话。从社会是一个整体这个观点来看，个人恋爱是婚姻和家庭的边缘，并寄生于婚姻和家庭。除了在边缘之外，个人生活并不被有效地看作一种私人事务。

第十章　神的恩宠 P324—331

P324　恩宠常常是一种有争议的善，不是因为它必然是稀缺的，我拥有了它，你得到它的机会就少了，而是因为两个不同的原因：第一，它的可获得性有时候被认为依赖于明确的公共制度安排；第二，它被一些人（而不是其他人）所占有，在这种情况下，某种政治特权有时候被认为是与它相伴而来的。

P329　在任何情况下，圣人们的垄断都是无害的，只要它不触及政治权力。他们没有主张统治他们没有建立的国家，而对于那些人的必要工作，神的保证是没有限制条件的。宪法屏障的目的是遏制恩宠，而非对恩宠进行再分配。

第十一章　承认 P332—376

P365　荣誉和不名誉之所以特别重要，是因为它们太容易采取反映模式（reflexive form）了。事实上，有一个古老观点，即自我观念只不过是内化的社会判断。没有别人的帮助，就不会有自知之明。我们从他们的眼睛所构成的镜子中看我们自己。当我们被周围的人崇敬时，我们就对自己表示敬意。

是的，但还需要加一句：不仅是那时，而且甚至不总是那时。承认的循环圈是成问题的。我们来考虑一个自大傲慢的人：他对自己的敬意远超过我们其余的人对他的敬意。再看一个有很深自卑情结的人：他认为自己是卑下的，而我们其余的人则不认为如此。

第十二章 政治权力 P377－416

P406 公民们必须自己统治自己。"民主"是这个政府的名字，但这个词并不描述任何像简单系统一样的东西；民主也不是像简单平等一样的东西。事实上，政府决不可能是简单平等主义的。

P414 政治权利是永久的保证；它们支撑着一个没有终点的过程，是一场没有确定结论的争论。在民主政治中，所有的目的地都是暂时的。任何公民都不能宣称他已经一劳永逸地说服了他的同胞。一方面，总是有新公民；而老公民也有权重开争论——或加入他们以前放弃的争论中（或在边界线上不断找茬）。这就是复合平等在政治领域的意义；人们所分享的不是权力，而是得到权力的机会和场合。每个公民都是一个潜在的参与者，一个潜在的政客。

第十三章 暴政与公正的社会 P417－428

P419 正义扎根于人们对地位、荣誉、工作以及构成一种共享生活方式的所有东西的不同理解。践踏这些不同的理解（常常）就是不公正地行动。

P427 一个平等主义社会的建立将不是争取平等的斗争的结果。我们可以期望的是，随着男人们和女人们学着忍受诸分配领域的自治并承认不同领域对不同人造成的不同结果造就一个公正的社会，这场斗争将变得较容易一些。有一种特定的心理态度支撑着正义理论，它应该被复合平等的经验所加强：我们可以把它看作对人类观点的一种得体尊重。

P428 一个较大的正义观念要求的不是公民们轮番为治，而是他们在一个领域内统治，而在另一个领域内被统治——在那里，"统治"的意思不是他们行使权力，而是比别人享有对被分配的任何善的更大份额。

【参考文献】

[1] 常健，李国山. 欧美哲学通史：现代哲学卷 [M]. 天津：南开大学出版社，2003.

[2] 威尔·金里卡. 当代政治哲学 [M]. 刘莘，译. 上海：三联书店，2004.

［3］应奇. 从自由主义到后自由主义［M］. 北京：生活·读书·新知三联书店，2003.

［4］何包钢. 沃尔泽的多元正义理论评析（外一篇）［J］. http：//www. douban. com/group/topic/1046908.

［5］周艳. 迈克尔·沃尔泽：正义诸领域：为多元主义与平等一辩［J］. http：//www. phil. pku. edu. cn/zxm/pdf/1017. pdf.

九、《谁之正义？ 何种合理性？》

[美] 阿拉斯戴尔·麦金太尔
万俊人，吴海针，王今一　译
当代中国出版社，1996 年

---【作者简介】---

　　阿拉斯戴尔·麦金太尔（1929—　）是当代西方享有盛誉的伦理学家、哲学家。麦金太尔 1929 年出生于格拉斯哥，父母都是医生，他是独子。1949 年获伦敦大学女王玛丽学院文科学士；两年后在曼彻斯特大学哲学系获硕士学位。他先后在曼彻斯特、牛津、利兹、波士顿大学和埃塞克斯大学任教；在此期间，也曾做过牛津大学和美国普林斯顿大学的特约研究员。1969 年，40 岁的他辞去埃塞克斯大学的社会学教授职位移居美国，出任马萨诸塞州布兰迪大学思想史教授；1972—1973 年，转任波士顿大学文学院院长、哲学和政治学教授；1980—1982 年，赴任威尔斯利大学哲学系教授；1982—1988 年，任范德比尔特大学的 W. 阿尔顿·琼斯哲学讲座教授；1988—1989 年，赴耶尔大学怀特利人文科学中心做访问学人；1989—1994 年，任鹿特丹大学哲学系麦克马洪-汉克荣誉教授，1995—1997 年，应邀到著名的杜克大学哲学系担任艺术与科学教授。从 2000 年至今，他一直是美国印第安纳州圣母大学哲学系的奥布莱恩高级教授以及伦理学和文化中心的终身高级研究学者，同时也是杜克大学、美国鹿特丹大学哲学系麦克马洪-哈克荣誉教授。2005 年 4 月被选为美国哲学会成员。

　　麦金太尔是当代西方最重要的伦理学家之一，伦理学与政治哲学中社群主义运动的代表人物，在道德哲学、政治哲学、哲学史和神学等领域都做出了杰出的贡献。他认为，当代西方社会的道德危机，来源于一种严重的道德无序状态，这种状况来源于对亚里士多德哲学中的目的论和德性论的抛弃，提出回归到传统意义的德性论上。他早年思想倾向较为激进，曾短期加入共产党，一度信仰马克思主义，后转向新托马斯主义。其思想一直带有较明显的苏格兰民族传统倾向，有着强烈的历史主义色彩，而在学理风格上则属于典型的以史拓论型学者。麦金太尔的主要著作有《伦理学简史》（1966 年）、《世俗化与道德变化》（1967 年）、《马克思主义与基督教》（1968 年）、《时代自我形象的批判》（1978 年）、《德性之后》（1981 年）、《谁之正义？何种合理性？》（1988 年）、《第一原理，终极目的与当代哲学问题》（1990 年）、《三种对立的道德探究观：百科全书派、谱系学和传统》（1990 年）、《关于费尔巴哈的提纲：一条未踏上的道路》（1994 年）、《依赖性的理性动物》（1999 年）。

───【写作背景】────────────────────────────

德性主义（美德主义）是西方伦理思想史上的重要传统理论，近代以前这种理论一直在西方社会伦理学界占据着主导地位。不过，启蒙运动的兴起与现代性的出现，将神性从道德中剔除出去，人的内在本性即主体理性进入道德规范的合理性证明，同时这种本性为个人提供了道德原则。启蒙思想家们以人性对抗神性，在道德规则与人性之间创建了某种坚实可信的联系。问题由此产生，什么样的人性特征才能找寻到道德法则的合理性与权威性的基础？启蒙思想家们各执一词，争论不休，现代道德陷入多元论与相对主义的无止境的矛盾纷争之中。

1981 年，麦金太尔出版了《德性之后》。在书中，麦金太尔从历史主义角度，提出了自己的美德理论，认为美德是现实正义的基础，而非权利，对罗尔斯的正义理论做出了有力的批判。麦金太尔认为，尽管经过道德哲学三个世纪的努力和社会学一个世纪的努力。我们依然缺乏对自由个体主义观点的一贯合理的辩护性陈述。但是，作者也认识到，这些结论需要来自对何为合理性的解释的支持，按照这一解释，对《德性之后》诸论证的相互对立、互不相容的种种评价就可以得到充分的说明。于是，作者承诺再写一本书，在这部书中，应该试图谈谈，是什么使得以此一方式而不是以彼一方式行动成为合理的；又是什么使得发展相捍卫此一实践合理性概念而非另一实践合理性概念成为合理的。麦金太尔的《谁之正义？何种合理性？》这本著作就是在这一语境中展开的。麦金太尔的观点是，人们能够接受人类经验的历史性，能够在有限的视角和特定的境遇限制中生活，同时仍然能够坚持道德的合理性和客观性。

---【中心思想】---

麦金太尔按他自己的理解方式从西方文化中的四大道德范式来探究传统，即古典的亚里士多德主义传统，《圣经》与奥古斯丁主义传统，以苏格兰启蒙运动文化为典型的奥古斯丁主义的基督教与亚里士多德主义共生互容的传统，在与各种古典传统（狭义的）的对立和抗争中生长起来的现代自由主义传统。本书的框架也是按照这一方式展开的，前八章主要介绍了亚里士多德对正义和实践合理性的论述，第九至十一章主要谈论了奥古斯丁的传统，第十二至十六章论述了苏格兰启蒙运动之中出现的传统观点，最后四章主要介绍了现代自由主义传统。全书共约 40 万字。

该书作者以传统叙事性的解释方法，坚持道德与社会生活、社会历史是具有内在联系的立场，强调从历史传统中探讨正义，主要从实践哲学的角度强调修身养性的伦理脉络下的正义。在该书中麦金太尔指出了正义的德性本质并赋予了正义理论一种厚重的历史感。麦金太尔认为在现代自由主义的正义理论中无论是罗尔斯的公平正义理论还是诺奇克的权利正义理论都是规则的正义。在麦金太尔看来，这是一种规则代替德性的现象，这说明了当代西方伦理学已经陷入了深刻的道德危机，而导致这种现象产生的最根本的原因乃是抛弃了西方以亚里士多德为代表的古典德性传统的结果。麦金太尔站在德性正义的立场上对这两种当代正义理论进行了批评。麦金太尔认为由于每种实践合理性都与一定社会历史时期的传统密切相关，正义及其合理性不是抽象的、超历史的、普遍的、无时间性的，正义及其合理性融于背景构成特定传统的一部分，学说、论点和论证都要根据历史情境来理解，因此，对理解正义及实践的合理性，就要从"构成的传统和传统的建构"来探讨。麦金太尔通过考察几种相互对立的欧洲式正义解释之间的争论，发现在这些对正义的解释中，每一种解释都是从其探究传统内部发展出来的，也都通过诉求于从该特殊传统内部开出的合理证明标准来证明自身。

在探究正义的传统时，麦金太尔突出强调亚里士多德德性学说在德性传统中的核心地位，在充分挖掘古典德性理论的基础上，创造性地建构当代的德性伦理学、重建共同体、重构目的论。由此，麦金太尔以历史主义的批判性的继承态度，依次追述了英雄社会的德性观、雅典的德性观、亚里士多德的德性观以及中世纪的德性观。

────【分章导读】────────────────────────

第一章　诸种对立的正义和互竞的合理性　在本章开篇，麦金太尔就指出，当代社会内部未解决的各种各样纷争乃是围绕着"什么是正义所要求的"这一问题而形成的，因此，他首先论述了有关正义的问题。麦金太尔认为由于人们寄居于各不相同的历史传统之中，而每一种传统都有一种与众不同的正义和实践合理性的解释。因此，正义与合理性的问题就是不可分割的。接下来他要解决的一个关键性的问题，即何谓合理性。麦金太尔在该书中总结了道德争论中出现的三种关于合理性的观点：第一种认为，"在实践上是合理的，就是要在计算每一种可能的选择性行为方针及其结果对人自身的损益之基础上行动"；第二种则认为，"在实践上是合理的行为，就是要在任何有理性的个人——即能够有不带任何自我利益特权的公平个人——都会一致同意去服从的那些约束下来行动"；第三种则认为，"在实践上是合理的，就是以一种能够达到人类终极善和真正善的方式去行动"①。这三种观点可以被认为是西方道德哲学史上出现的三种关于合理性的典型观点。第一种即功利主义的观点，第二种是康德式义务论的观点，第三种则是亚里士多德式的目的论观点。

在这部分中麦金太尔探究了正义的基本思路，即我们只能在历史传统中去探究正义的合理性问题，在对历史传统的探究过程中，合理性的标准就是看后辈的探究是否克服了前辈所不能克服的矛盾和超越了前辈的局限。"启蒙运动使我们在绝大多数情况下盲目无知的、需要我们现在重新发现的，是一种传统，或一种概念。按照这种传统或概念，合理证明的标准本身是从一种历史中突显出来的，也是该历史的一部分。在这一历史中，它们是通过这样一种方式而被证明是正确的：即在同一传统的历史中，它们以此方式而超越了他们前辈的局限，弥补了他们前辈的缺陷。"②

第二章　荷马史诗想象中的正义和行动　由于英雄社会的叙述对于我们

────────────────

　　① 阿拉斯戴尔·麦金太尔. 谁之正义？何种合理性？［M］. 万俊人，吴海针，王今一，译. 北京：当代中国出版社，1996：3.

　　② 阿拉斯戴尔·麦金太尔. 谁之正义？何种合理性？［M］. 万俊人，吴海针，王今一，译. 北京：当代中国出版社，1996：9-10.

探究之后社会的道德生活是至关重要的，因此，麦金太尔接着探究了社会历史的延伸史。他说："雅典人的传统必定是从荷马开始的。而且，我们在雅典人的冲突中发现了我们自己有关正义和实践合理性［讨论］的两个最重要的开端之一，因此我们也别无选择，也不得不从荷马开始。"① 因此，了解英雄社会对于回溯德性的历史是充分而必要的。麦金太尔认为亚里士多德主义的道德探究传统深深根植于"英雄时代"的荷马时代，降至中世纪托马斯的西方社会文化之中，并延伸到了 17 世纪的苏格兰启蒙运动（如赫起逊等人）。这一传统的延伸虽然充满着内在的争论和短暂的中断反复，但它始终遵循着一种共享的道德探究路向和伦理学信念。麦金太尔并未给予合理性一个确切的定义，但他认为不懂得什么是正义，也不会真正理解什么是合理性，因为一个人如果不是正义的话，他也不可能在实践上是合理的。麦金太尔根据西方文化传统，把西方哲学与伦理学对正义及其合理性的认识分为四大道德探究传统，即古典的亚里士多德主义传统，《圣经》与奥古斯丁主义传统，以苏格兰启蒙运动文化为典型的奥古斯丁主义的基督教与亚里士多德主义共生互容的传统，在与各种古典传统（狭义的）的对立和抗争中生长起来的现代自由主义传统。

　　这四大道德探究传统是麦金太尔按照这四个方面的理论要求归纳出来的。而这四个方面的理论要求是为了摆脱道德论证中的不可公度性的困境提出的。他指出："只有牢记以下四点考虑，一种与理智传统和社会传统不可分离的合理性探究概念——该合理性概念具体体现在这种理智和社会的传统之中——才能不被误解。第一点考虑我们已经触及到了：人们所熟悉的以这种探究形式进行的合理证明的概念在本质上是历史的。……第二点考虑是，在这些传统内，与启蒙运动之样式殊为不同的，不仅仅是合理证明的样式。……我们必须牢记第三种考虑，因为正是根据这一考虑，我们将能理解地把握住启蒙运动的信奉者们。……最后，关键的一点考虑是，被构成性传统和构成性传统的合理探究概念不能在撇开其例证的情况下加以解释。"② 在这里麦金太尔实际上阐述了情境化的合理性概念主要包含的几个特征，即历史性、传统性、实践性。可以说，这几个方面的特征具体地阐释了"情境化"的内涵。

① 阿拉斯戴尔·麦金太尔. 谁之正义？何种合理性？［M］. 万俊人，吴海针，王今一，译. 北京：当代中国出版社，1996：19.
② 阿拉斯戴尔·麦金太尔. 谁之正义？何种合理性？［M］. 万俊人，吴海针，王今一，译. 北京：当代中国出版社，1996：11－13.

　　麦金太尔对作为美德的正义，以其深厚的古典语言学根底对其概念进行了考辨。他认为支配着正义秩序的神——宙斯——既是众神之父，也是人类之父；而表达或象征"正义"的两个古希腊语词"dike"和"themis"则更充分地显示出正义内涵的"人"的意味。"正义"的词源学意义告诉我们，对正义的理解绝不只是一种对外部客观的秩序或规则的了解，而且更重要的是对其背后所隐藏的人之主体内在因素的了解。正义的秩序是由人来制定并由人去践行的，它只是人"信以预设宇宙秩序之本性的一种方式"。没有"我"和"人们"的内在基础，也就是说，没有人的正义美德或没有具备正义美德的人，正义的秩序和规则就只能是一纸空文，一如仅有严格系统的交通规则并不能杜绝因闯红灯等违章驾驶而造成交通事故一样。对于正义概念麦金太尔指出："自从荷马史诗第一次被翻译成英文以来，荷马史诗中的'dike'这个词便一直被译为'正义'（justice）。"① 然而，究竟什么是正义？长期以来，这个问题一直是人们议论的热点和争论的中心。"有些正义概念把应得概念作为中心概念，而另一些正义概念则根本否认应得概念与正义概念有任何相关性；有些正义概念求助于不可转让的人权，而另一些正义概念却求助于某种社会契约概念，还有一些正义概念则求助于功利标准。而且，具体体现这些对立概念的各种对立的正义理论，在对正义与人类其他善的关系、正义所要求的平等类型、执行正义的范围和正义考虑所与之相关的个人在没有一种上帝法则知识的情况下正义的知识是否可能等问题上，也各执千秋。"②

　　麦金太尔认为合理性实践是不固定和不统一的。"合理性——无论是理论合理性，还是实践合理性——本身是一种带有历史的概念；的确，由于有着探究传统的多样性，因而事实将证明，存在着多种合理性而不是一种合理性，正如事实也将证明，存在着多种正义而不是一种正义。"③ 由此，麦金太尔对正义概念的类型也进行了区分：即作为美德的正义概念与作为规则的正义概念。麦金太尔指出，在古希腊社会，两种相互对应的正义概念又有着两方面的不同含义：其一是按照优秀或完美来定义的正义，其二是按照有效性来定义的正义。作为一种社会的道德规则，正义既表示一种社会的道德理想，如

---

　　① 阿拉斯戴尔·麦金太尔. 谁之正义？何种合理性？［M］. 万俊人，吴海针，王今一，译. 北京：当代中国出版社，1996：19.
　　② 阿拉斯戴尔·麦金太尔. 谁之正义？何种合理性？［M］. 万俊人，吴海针，王今一，译. 北京：当代中国出版社，1996：1－2.
　　③ 阿拉斯戴尔·麦金太尔. 谁之正义？何种合理性？［M］. 万俊人，吴海针，王今一，译. 北京：当代中国出版社，1996：12.

柏拉图在其《理想国》中所设想的使公民服从严格的社会等级秩序并充分践行各自的社会角色，从而达到社会的理想正义一样；也表示对一种社会合作的有效性规则的服从和践行。作为一种个人的道德美德，正义若按优秀或完美来定义，则表示一种个人的美德品质，即给予每一个个人（包括自己）以应得（desert）的善或按照每个人的功德（merit）来给予善的回应的品质。这也就是人的公道、正直的品质，而如果按照有效性来定义正义，则正义的美德是指个人遵守正义规则的品质。但是，麦金太尔提醒我们，某个人可能会遵守正义规则，但却可能是一个仅仅是出于害怕惩罚而遵守这些规则的不正义的人，因为在德性与规则之间，有另一种非常关键的联系，亚里士多德的"正义"这个词的意义之一，就是被用来指法律所要求的一切，即是说，它是指一个公民与其他公民的关系中要实践所有的美德，而正如其他美德一样，正义使我们能够避免与这种生活的继续不相容的那些邪恶的品格。因此，只有对于拥有正义德行的人来说，才可能了解怎样运用规则。所以，在古希腊，除正义之外，还有一些基本的维护着正义的美德，比如，节制、勇敢、友谊、智慧和忠诚等等。

第三章　后荷马史诗遗产的分化　古希腊人对善的追求使他们不断进步，"我们在一个阶段里看来是完善的履行，可能在后来被认作是不完善的，或者与某种尔后的成就相比是不够完善的。这就是说，在所有这些领域，不仅仅有成就上的进步，而且也有我们对最高完善的概念和认识上的进步"①。在追求善的过程中，人们能够遵守某些正义规则的品行，就是一种美德。不仅如此，真正优秀的人还能够进行自我约束，不允许出现偏颇，每个人的应得和功绩必须相符，这才是正义。"正义的概念是按照功绩（merit）和应得（desert）来定义的。"② 但是，不同行业之间的善却没有一个衡量标准，一个善的士兵和一个善的农民如何比较？由于存在无法换算的标准，这就意味着正义的分配存在不公平。因此，合理的方式是把所有成员的实践活动整合在一起，人们在共同生活中享受每个人的实践之善。这种全面的善秩序靠什么样的合理性原则来维持其合理地位？麦金太尔指出："一城邦的正义——其善的分配正义和纠正错误行动的正义——表现在其公民以不同的方式，不同的奉献程

---

① 阿拉斯戴尔·麦金太尔. 谁之正义？何种合理性？［M］. 万俊人，吴海针，王今一，译. 北京：当代中国出版社，1996：45.
② 阿拉斯戴尔·麦金太尔. 谁之正义？何种合理性？［M］. 万俊人，吴海针，王今一，译. 北京：当代中国出版社，1996：48.

度和不同的追求优秀之善与有关为了取得这些善所需要做什么的理性之善的程度来履行的行动之中。"① 这种善，在麦金太尔看来，不是优秀之善，而是有效性之善。有效性的善有助于优秀的善，在有效性的善的帮助下，人们能够在偶然可能的限制内，成为优秀的人。人们出让或服从有效性之善从而获得优秀的全面的善，在遵循这一原则的基础上，通过交换互惠互利。因此，正义具有相互性，是一种契约的结果。破坏或违背正义原则的人会受到严厉的惩罚。这种惩罚使人们对善的追求出现了分化：一个完全正义的人只不过是一直在遵守正义规则，而另一些不正义的人也可能因为害怕惩罚而遵守规则。有效性之善和优秀之善在此出现了冲突。正义的美德只是遵守这些规则的品质，并不能区分出人们的美德好坏。荷马史诗中的英雄把荣誉看得高于一切，他们会为了荣誉而遵循善的原则，为了荣誉而遵守正义，因而这些英雄具有无上的美德，善、正义以及美德在荷马那里被整合为一体。现实中的雅典人为了国家的利益而付出的忠诚究竟是有限的善还是有效性的善，这是一个关于正义本性的问题。这种忠诚度，取决于交易双方的利益需求。"那些参与者将给予这些正义规则什么样的忠诚，他们将承认什么样的正义规则，要看他们为了达到这种合作，并以让每一参与者都能从该合作中享受到最大限度的利益这样一种方式来维护这一交易过程中所必须相互遵守的规则。"② 这与特殊个人的力量无关，由人们的欲望、需求所驱使。

　　第四章　雅典面临的问题　在这部分，麦金太尔阐述了雅典政治史中的正义概念及正义推理概念。以伯里克利为代表的正义理念沿袭了荷马式的特点，即把雅典本身解释为一种英雄形象，公民身份则解释为具有国王美德的身份。这种美德包括谨慎节制、公正和智慧。在美德的执行过程中，伯里克利通过赞美和规劝实现公民的自律，对拥有美德的人予以重用，使人们为了荣誉而去追求美德，拥有美德的人会被规则限制，不时被警醒。对伯里克利的批评随后激烈展开。索福克勒斯认为，伯里克利的态度过于专横跋扈，是傲慢的暴力表现。这种跋扈权力的使用带着不虔诚的信心，这种信心取代了人们对城邦与神之法则的关系中应有的尊重。索福克勒斯以纽泊托勒姆斯的悲剧为例，指出一旦权力被剥夺就意味着失败，要想生存必须屈服于失败，

---

　　① 阿拉斯戴尔·麦金太尔. 谁之正义？何种合理性？［M］. 万俊人，吴海针，王今一，译. 北京：当代中国出版社，1996：50.
　　② 阿拉斯戴尔·麦金太尔. 谁之正义？何种合理性？［M］. 万俊人，吴海针，王今一，译. 北京：当代中国出版社，1996：46.

或选择做他应当做的事。有效性之善能压倒一切。受到奥德修的挑唆，纽泊托勒姆斯认为只有获取菲罗克特特斯的弓，即选择攻占特洛伊城才能保全希腊人胜利。纽泊托勒姆斯虽然想选择失败——这样做可以保全他自身的善，不成为恶人——但这种选择无法证明他的优秀性，纽泊托勒姆斯的思想中出现了冲突，他"无法论证不该侵犯作为应得的正义或现在应该弥补将菲罗克特特斯放逐到莱姆洛斯岛且试图盗窃菲罗克特特斯的神弓这种不应当的错误"①。索福克勒斯认为解决问题的唯一方法就是求助于神的出现，即采用宙斯的正义标准。柏拉图则从有效性之善直接下手，用修昔底德的主题来说，首先是美德与理智存在区别，伯里克利之后的领导人的缺陷在于他们只追求自己的利益，而没有向伯里克利一样为城邦利益而战。其次是社会中只存在强者自利而立的正义，任何影响到拥有统治力量的人的利益都会引发内战，政治派别中的斗争则会产生宗派谋反。再次，修辞学在社会界和政治界具有操纵性作用，利用语言发起心理战术获得大量追随者。修昔底德对人类事务的关注，只强调了说话者和听众同样具有深思熟虑的决定，这种决定会造成双方对期望实现的东西与实际已经发生的东西之间的差异的关注，从而出现一种片面的因果解释。麦金太尔指出，修昔底德的这种言论必然会引起对忠诚于合作有效性之善的主张提出挑战的人的挑战，因为修昔底德对人类社会秩序和关系的理解以对合作有效性之善的忠诚和对相应正义概念的忠诚之中的东西的合理解释和辩护为先决前提。

　　第五章　柏拉图与合理性的探究　在这一章中，麦金太尔对柏拉图的正义及正义的实践做了研究。柏拉图反对修昔底德的正义思想。第一，关于美德与实践理智的不统一，柏拉图认为一个人如果没有美德就不可能在理论上或实践中达到合理；没有合理性也就不可能有美德，这意味着一个人若不能理解什么是美德，就无法成为有美德的人。第二，修昔底德认为正义和人们具有的正义程度与人们力量允许的程度一致，即正义由强者制定。柏拉图虽然认可强者造就正义，但修昔底德关于正义在世界中的地位却处于幻想的具体化中。因为倘若用真正的美德标准来衡量，缺乏正义的人是达不到优秀的。因为不正义的政策会随着非正义和制定政策的统治者的非正义而破产。这也说明正义和美德在社会和政治界存在着有效性。第三，关于修辞学的本性，

---

　　①　阿拉斯戴尔·麦金太尔. 谁之正义？何种合理性？［M］. 万俊人，吴海针，王今一，译. 北京：当代中国出版社，1996：88.

柏拉图反对高尔吉亚的修辞学，认为这种修辞学是非理性操纵式的，为了获取听众的支持而取悦听众，本身缺乏善。柏拉图继承了苏格拉底的辩驳法，认为对听众的宣传要基于听众可以自行判断何者为真何者为假，不应予以听众有强加的信息。

在《理想国》中，柏拉图认为：首先，善的行为主体必须具有真正的知识和理解的善。其次，每一个事物的本性都要按照它所趋向的善来规定，要把人的本性描述为本性的一部分，要诉诸善，摆脱结论对特殊假定的依赖。再次，逻辑必须保持合理性。人们的欲望、需求受规范引导，永远不能为我们提供有利的帮助。柏拉图的《理想国》正是通过这种方式来探究正义的，这是一种对正义本身的解释，摆脱了片面的例证和片面说明的解释，避免了探究理论的失败。但是，《理想国》也存在一个悖论，即柏拉图采取直接解释和教诲的方式指出："只有那些在数学和辩证法方面受过多年教育的人才能获得对探究对象的充分理解。"① 这表明，只有特殊的教育才是必需的，其他方式都不能获得所需的知识。这一结论固然是不合理的，不过从柏拉图那里，我们可以对正义有更充分的理解，必须把本原充分具体化，才能合理辨明柏拉图的正义解释。

第六章　作为柏拉图之继承者的亚里士多德　《理想国》无法完成的工作在亚里士多德那里得到了延续。为了证明希腊城邦的生活样式更为合理，亚里士多德建构了两种论证：其一为给人们提供一种本原的善，将各种善不断整合，为制度化的成败提供整合的生活方式，使人们能够对不断变化的行为结果做出更好的解释；其二为采用归纳法，从个人的判断和行动进到对真正本原的系统阐述，并用辩证的探究补充归纳。这种方法可以使不同的意见以不相容的方式进行探究，引导行动，这就摆脱了伯里克利和修昔底德求助经验的模式，同时也与柏拉图走向对立。"当柏拉图把理想的政体与现实的城邦对立起来并强调他们的差别时，亚里士多德却这样来理解城邦，他认为，在现实的古希腊政治实践中，这种城邦是最符合业已具体隐含在现实之中并已暗暗获得人们承认的那种标准的，虽然还只是在一些重要的方面获得了人们的承认。"② 麦金太尔认为，这种对立正是亚里士多德对柏拉图工作的延续，

　　① 阿拉斯戴尔·麦金太尔. 谁之正义？何种合理性？［M］. 万俊人，吴海针，王今一，译. 北京：当代中国出版社，1996：116.

　　② 阿拉斯戴尔·麦金太尔. 谁之正义？何种合理性？［M］. 万俊人，吴海针，王今一，译. 北京：当代中国出版社，1996：133.

是在必要范围内对柏拉图做出的修正。因此，虽然麦金太尔承认柏拉图与亚里士多德在有关数学真理的问题上存在着鲜明的差异，甚至是对立，但他同时也反对那种把柏拉图与亚里士多德完全尖锐对立起来的传统观点。在伦理学方面，他把亚里士多德称为柏拉图的同路人和继承者。而且，从一种更广阔的背景来看，亚里士多德是整个古希腊伦理文化的系统理论化者。麦金太尔认为，亚里士多德的德性理论是西方伦理学中最为连贯圆融的知识谱系。

第七章 亚里士多德论正义 麦金太尔认为，亚里士多德对正义及实践推理的解释必须在两者范围内理解，且必须遵照关于城邦的思路来理解。分配正义是将一种应得的原则应用到各种情况中，不同职业的优秀人既善于从普遍的角度去规定善的秩序，也善于在特殊的情况中规定善的秩序。一个好的城邦追求的是获取公民的所有善，这种善在个体生活中是其他所有活动都要因此展开的善。同时，公民美德的追求与个体美德的追求之间没有任何冲突。一个善者的美德处于社会活动中，在他趋向自己的灵魂在沉思活动中获得。因此，亚里士多德关于正义和合理性的解释包括这样两个方面：第一，正义和合理性不仅是外在的规则和秩序，而且更重要的是人的一种内在能力和品质或美德。第二，正如人的本质（一种现实生成了的本性）需要从它生成的具体社会情景（城邦生活实践，尤其是政治生活）中来加以理解一样，对人的美德（以正义为基本范例）的理解也必须诉之于这种社会的历史性情景①。

第八章 亚里士多德论实践合理性 正义的实践从听众中传播，亚里士多德为他的授众者提供了三方面内容：第一，解释行动主体怎样才算合理的行动；第二，为人们提供划分和理解实践合理性的缺陷与错误；第三，力图对合理行动和较少合理性的行动起源做出因果解释。这种因果探究有助于深化政治与实践的理解。亚里士多德的实践合理性表明，驱动人们信念的首先取决于选择哪种最佳的善，然后推导出应该成就什么。要实现这种善，必须具有五种能力：清楚知道所处的情况特征，能够运用归纳推理和其他辩证的推理方法，知道他的善是什么，能从普遍善中推导出特殊善并做出最佳善的选择以及综合运用以上四种能力的能力。这种能力需要经过系统的训练，人们只有在家庭和城邦中，接受教育去获取善，追求自己的全面善。

---

① 阿拉斯戴尔·麦金太尔. 谁之正义？何种合理性？［M］. 万俊人，吴海针，王今一，译. 北京：当代中国出版社，1996：34-35.

美德支配着我们的欲望，指导我们的理性。构成人类最高善的善有很多类型，每个类型在整体中都有相应的位置，为了能介入完善灵魂的活动，我们需要追求外在肉体的善，因此，道德美德和政治美德的生活因为沉思探究的生活而存在，且前者从属于后者。城邦生活必须将两者结合起来，人们也需要把这种结合理解为人与神的联系。在这一过程中，亚里士多德证明了正义和实践推理在制度化的城邦中的意义。

第九章　奥古斯丁的选择　这一章作者主要探寻继亚里士多德之后奥古斯丁的传统德性。虽然中世纪的思想是与亚里士多德思想相冲突的，但是作为亚里士多德传统的延伸与影响是不能忽略的。

麦金太尔认为奥古斯丁对正义行为的本性及起源做出了不同于古希腊传统的新的解释。无论对柏拉图，还是对亚里士多德而言，使行为趋于合理性的只能是理性，理性是不依赖于任何其他因素的动机。但是，对奥古斯丁而言，理智要能进入活动需要有意志驱动。奥古斯丁曾指出："意志先于理性，在最基本的层面上，没有任何理性对意志发号施令。"① 奥古斯丁实际上消解了意志的自由。他正是为了解救意志，才将谦卑作为人的基本美德，因为，如果没有谦卑的话，一个人就不可能有对上帝的爱，他的意志也不能获得自由，因而也不可能拥有其他任何美德。奥古斯丁的这一图式被格里戈利等所继承，并把奥古斯丁的正义概念发展为一种神学政治。麦金太尔指出，这代表着亚里士多德的政治和道德文本被重新介绍到欧洲之前，奥古斯丁传统所达到的最高成就。

麦金太尔认为到中世纪前期奥古斯丁时代，欧洲的文化处于一种"哲学探究在很大程度上是不彻底的，而神学研究在很大程度上是非哲学的"② 状态，以奥古斯丁为代表的神学家们把对《圣经》文本的解释局限于来世和天国，全然忽视了特殊个人及其自由意志的意义。不过，麦金太尔指出，令人奇怪的是，既然亚里士多德的传统与奥古斯丁的神学有如此的不同，但是，当亚里士多德的政治学和伦理学文本重新被引进欧洲时，虽然遭到奥古斯丁的神学代表们的否定，然而两种差别很大的理论竟然被纳入同一思想体系中。

---

① 阿拉斯戴尔·麦金太尔. 谁之正义？何种合理性？［M］. 万俊人，吴海针，王今一，译. 北京：当代中国出版社，1996：216.

② 阿拉斯戴尔·麦金太尔. 谁之正义？何种合理性？［M］. 万俊人，吴海针，王今一，译. 北京：当代中国出版社，1996：230.

第十章　克服一种传统的冲突　在 12 世纪以后的几个时代里，欧洲文化的理智气候由于约翰·索利斯伯利等人在创造大学教育等方面的努力，和 12 世纪阿拉伯伊斯兰文化（以阿维罗依主义为代表）对亚里士多德思想重返欧洲所做出的重大贡献，使亚里士多德主义传统的续接有了可能。托马斯·阿奎那是续接和发展这一传统的代表。他不仅对作为人类行为之实践推理的第一条件的人类终极目的有着充分的认识，而且也对人类善的普遍真理知识与各种特殊化行动之间的关系做出了新的解释，扩充了亚里士多德的美德伦理因式。

阿奎那认同亚里士多德关于善的理解，认为要理解善就得从善本身以及善的向导善和最善之生活的组成部分去把握。比亚里士多德更进一步，阿奎那在神学和哲学体系中，重新构建了亚里士多德和奥古斯丁的观点。"所有在思想上正确的解释和理解，无论是理论的还是实践的，其终点的确定都必得通过诉诸这种实在，且所有从属的解释和说明，其顺序的排列也必得依据它们同这种实在的关系。"① 对事物的理解必须从其本身的本性和特点来说明，这是理解事物的终极方式。在善的获取过程中，阿奎那坚信每个人都有获取的能力，只不过这种能力以潜藏的方式存在，需要道德哲学家的诱导。因为过着道德生活的人，首先会努力使自己变成人类追寻的那种优秀，进而追求它，在追求中对自己的行动和判断有更加明确的认识。这一训练过程使他们不断趋向于善，能根据善的秩序来规导情欲的实现。这类人对他者的诱导可以使双方构建一个推演体系来寻找答案，在诱导过程中人们逐渐认识到事实本身，并不断加深对原初本质的理解。

第十一章　阿奎那论实践合理性和正义　在阿奎那看来，道德美德的实践是帮助我们获得道德美德知识，指导我们的意志。因此正义不仅是遵循自然法，还必须是善的，是指向人的终极目的的，这就赋予正义以一种神学的维度。同时，他指出："'正义'最初用来称呼上帝，是上帝的名称之一。"② 阿奎那的正义不仅是遵循自然法，还要指向人的终极目的，指向神圣的善。因此，阿奎那不仅认为人们不必要遵守不正义的法律，而且，他与奥古斯丁一致，认为不正义的法律不具有法律效力，也不配称为法律。阿奎那的正义

---

① 阿拉斯戴尔·麦金太尔. 谁之正义？何种合理性？［M］. 万俊人，吴海针，王今一，译. 北京：当代中国出版社，1996：235－236.

② 阿拉斯戴尔·麦金太尔. 谁之正义？何种合理性？［M］. 万俊人，吴海针，王今一，译. 北京：当代中国出版社，1996：270.

主要是一种美德，而不是规范，虽然他强调，正义是对自然法的遵循，但是，服从自然法只构成正义的一个方面，最基础的方面是指向神圣的善。

麦金太尔认为尽管他的解释背景主要的不再是城邦社会，而是宗教社会，但这一宗教社会却不再只是来世或天国，而是世俗与宗教相互融合的道德共同体。"特殊的宗教美德是一种道德美德而非神学美德，它要求我们投注、祈祷、崇敬、牺牲、贡献，以支持宗教仪式的建立。"① 人类达到完善目的的途径不是单纯地去服从某些神圣的戒律，而是或更根本的是首先通过完善自我的德行和内在品质致达这一目的。个人的自由意志得到了充分的尊重。阿奎那确保了亚里士多德的传统，并把它融于神学体系，成为一种新传统。

第十二章　苏格兰启蒙运动的奥古斯丁背景和亚里士多德背景　随着物理学和形而上学地位的上升，神学的思想样式受到系统否定。在道德领域，人们发现理解道德和社会生活理论构架完全可以不诉诸任何善的概念，这也意味着宗教和社会的和解变成一种幻想。无论是理论应用到实践或采用武力方式都无法建立其和谐关系。"每一种观点的阐述和辩护方式却日益采用了一种完全世俗化的合理性，通过诉诸这种合理性，人们逐渐排除了神学在道德和政治生活中的任何实在内容。"② 道德学家不能继续维持宗教和社会的和谐，新的任务被提上日程。

从 17 世纪开始，道德探究和道德建设的实践任务出现了变化。人们不再相信互不相容的善可以共存，追求具体哪一种形式的社会秩序成为人们需要解决的问题。在最高权力面前，国家统治者极力宣称自己拥有运用权力的正当性；在利润面前，市场经济的支持者也强调一切土地、劳动力可以正当转化为商品。这就必然要求每一个个体能够普遍共享实践推理的标准，实现一种社会和政治秩序来为他们追求的不同目标制定统一规定。原则的重塑和互惠互利的利益追求对正义的概念和实践提出了新的要求。

第十三章　苏格兰社会秩序中的哲学　苏格兰生活秩序的冲突受到了来自教会成员之间以及教会要员之间的对抗。一派宣传要解救信仰，基督教为中心的信条不能为自然理性提供依据；另一派则认为基督教就是真正的理性。两者的分歧造成了关于哲学地位的分歧。为了捍卫教会内部以及苏格兰文化

---

① 阿拉斯戴尔·麦金太尔. 谁之正义？何种合理性？［M］. 万俊人，吴海针，王今一，译. 北京：当代中国出版社，1996：274.

② 阿拉斯戴尔·麦金太尔. 谁之正义？何种合理性？［M］. 万俊人，吴海针，王今一，译. 北京：当代中国出版社，1996：290.

内部的哲学利益，赫起逊借机提出了他的道德哲学思想，认定由圣职授予权决定的牧师不仅拥有立法权，而且有审判权，对他们认为不信奉国教、叛道者和异教徒予以裁决。这样一来，他们便可以道德哲学的代表身份对道德哲学提出主张和想法。这样一种模式造成了对异教审判结果的争论与不和："通过哲学探究结论所支持的基督教教义，能够或需要以何种方式描述到何种程度。"① 托马斯·霍尔伯顿在此发表声明，当自然理性无法解决问题时，就要借助于神学和形而上学及道德问题上的哲学怀疑论，哲学成为理性探究的主要工具。

第十四章 赫起逊论正义和实践合理性 麦金太尔认为亚里士多德在《尼各马可伦理学》中提出的德性观经过中世纪奥古斯丁主义的改造之后，在17、18世纪的苏格兰思想启蒙运动中由赫起逊赋予了新的内容。在麦金太尔看来，赫起逊是苏格兰思想的主要代表，他的道德哲学贯穿着一种亚里士多德与加尔文融合在一起的古典德性理论，并且符合苏格兰当时的语境，反映了苏格兰历史文化的风貌。而休谟却背离了这种历史语境，把自己出卖给了英格兰的异质社会，并且通过对英格兰市民社会的政治规则的认同从而转变了苏格兰的基本思想状态。

就对于正义的观点来看，麦金太尔分析道：赫起逊把正义理解为一种美德习惯，而这种习惯就是为人们相互之间的"各种自然权利"提供了基础的自然法则。赫起逊认为：正义是"经常关注共同利益的习惯，并在服从这一习惯时，对每个人给予或践行根据自然权利所应做的任何东西"。而这种"习惯"，则包括那些"心地善良的品性，由此可在人与人之间保持友好交往，或导致我们把某些东西奉献给共同利益"。

第十五章 休谟的英国化颠覆 休谟的思想有着鲜明的苏格兰特色，一方面他对宗教有着敌意，要求在神学范围内与苏格兰理智和道德传统相决裂；另一方面，他在法律研究方面有别于哲学研究。休谟抛弃了苏格兰的传统正义观，并批评它是形而上学与苏格兰法律相拼凑的结果。休谟转而投向英格兰，他认为英格兰的哲学家看重人的科学，这就大大推进了哲学的进步。休谟在理念方面上继承了赫起逊的思想，他将道德判断分为两种：先于推理的道德是自然美德的表达，次要的道德判断是人为美德的表达。在此基础上，

---

① 阿拉斯戴尔·麦金太尔. 谁之正义？何种合理性？［M］. 万俊人，吴海针，王今一，译. 北京：当代中国出版社，1996：326－327.

休谟将伦理学解释建立在人性构成的观点上。休谟认为，人的行为可以视作是其性格的标志或征兆来理解，人的爱恨也就依赖于自豪与谦卑的概念，进而我们可以推出对善与恶的初级判断不依赖推理，而是自豪与爱、谦卑与恨的表达，这就取代了赫起逊的道德感，过于强调人的自我性。人通过参照其品质得到相应的评价，当好的品质出现在我们自己身上，就可视为自豪；若出现在他人身上，则成为爱的对象。由此，休谟用自己的理念方法表达了英国社会和文化秩序中的思想与实践概念。

麦金太尔对休谟的思想转变大加指责。麦金太尔认为休谟不但没有延续赫起逊的德性传统，保持和发展苏格兰本土已有的道德哲学，反而把它断送了，将其推向一个更加英国化的社会语境之中，从而展开了一个自由主义的道德哲学和政治经济学。这样的结果是使正义规则所实现的只能是基于个人利益和权利而进行的讨价还价的政治博弈与法律程序，而在经济领域建立起来的只能是一个以经济人和个人偏好为假设的经济秩序，这种以个人主义、法治秩序加市场经济为主要内容的政治哲学，显然与传统的追求美好生活的政治德性是大不相同的，所以，麦金泰尔认为这一思想是不能容忍的。他说："要英国化，甚至是彻底地英国化，并不必须到英国去。典型的英国生活方式在苏格兰的政治、商业和社会领域正日益普及，不断深入。"①

第十六章 休谟论实践合理性和正义 麦金太尔认为休谟的正义同实践合理性一样，是和人的利益相关的。麦金太尔正确地洞见了休谟正义问题的实质，他说："依休谟之见，正义这一问题，其核心是关于财产规则及其实施问题。"② "可强行实施的财产规则，起着影响社会稳定的作用。"③ 因此，休谟的正义是对社会具有功利性的，他的正义其实已经渐渐地将美德含义剔除。麦金太尔认为对苏格兰传统的挣脱，阻断了人类对传统的美德、目的和实践合理性的追寻，对此做法麦金太尔不能容忍，因为它颠覆了亚里士多德以来的西方德性思想的传统。他写道："休谟几乎代表了这一冲突的所有重要方面，而实际上亚当·斯密也代表这些方面。尽管他是赫起逊最尊贵和最受青睐的学生，却偏偏要抛弃奇特的苏格兰思维模式，而去赞成鲜明不同的英国

---

① 阿拉斯戴尔·麦金太尔. 谁之正义？何种合理性？[M]. 万俊人，吴海针，王今一，译. 北京：当代中国出版社，1996：301.

② 阿拉斯戴尔·麦金太尔. 谁之正义？何种合理性？[M]. 万俊人，吴海针，王今一，译. 北京：当代中国出版社，1996：405.

③ 阿拉斯戴尔·麦金太尔. 谁之正义？何种合理性？[M]. 万俊人，吴海针，王今一，译. 北京：当代中国出版社，1996：406.

式和英国化的那种理解社会生活及其道德结构的方式。"①

第十七章　转化为一种传统的自由主义　麦金太尔在价值学立场上，揭示了现代自由主义伦理的"自由主义的个人主义"实质，并与之相对地提出道德共同体主义的主张。自由主义提供的正义乃是在与通过自由政体所规定的条件内进行公共交易所需的实践推理概念结合在一起。自由主义压倒了一切的善，使自由主义的社会和政治秩序得以延续。因此，自由主义不能成为道德哲学的核心，因为"自由主义的主张是提供一种政治、法律和经济的构架，在这一构架中，对同一套合理正当的合理性原则的认同，使那些信奉各种广泛不同的和不相容的人类善生活概念的人们能够和平地共同生活在同一社会里，分享着相同的政治地位，介入相同的经济关系"②。

麦金太尔分析认为：自由主义在近现代演变的一个重要成果乃是建立起了一个自由的政治制度、经济制度和社会制度，但是，在现代自由主义那里，他们并没有建立起一套自由主义的人性哲学，他们没有提供一种自由主义如何成为可能的政治哲学的理论说明，因此，只能是一种基于公共理性的政治自由主义。罗尔斯对此就说过："道德哲学的普遍问题不是政治自由主义所关注的，除非这些问题影响到背景文化及其完备性学说对一立宪政体的支持方式。"③

第十八章　传统的合理性　麦金太尔认为现代自由主义的兴起是以颠覆和否定整个西方古典伦理学探究传统为基本前提和目标的。这种"现代性"的观念是偏执的思维方式，它造成了现代自由主义思想家的非历史与反传统的孤立处境。他们把传统的文化资源当作历史的包袱而毫不犹豫地抛弃了。因而，亚里士多德主义的美德伦理传统成了历史的遗迹，取而代之的是一种没有历史情景联系、没有人格基础，甚至也没有人性和人类善之目的前提条件的纯规范伦理。在麦金太尔看来，现代政治自由主义由于把自己限定在公共政治领域，便面临着一个为自身提供正当性与合理性说明的难题。他尖锐地指出，现代自由主义无法为现行的社会政治制度提供一个合理性的理论说明与正义性的价值基础。麦金太尔对新自由主义的批判不可能不涉及正义问

---

① 阿拉斯戴尔·麦金太尔. 谁之正义？何种合理性？［M］. 万俊人，吴海针，王今一，译. 北京：当代中国出版社，1996：371.
② 阿拉斯戴尔·麦金太尔. 谁之正义？何种合理性？［M］. 万俊人，吴海针，王今一，译. 北京：当代中国出版社，1996：440.
③ 罗尔斯. 政治自由主义［M］. 万俊人，吴海针，王今一，译. 南京：译林出版社，2000：16.

题。而自由主义者所涉及的有关合理性与正义的问题，是和他们论证的核心问题即"自由主义的自我和自由主义社会秩序中的共同善问题"一脉相承的①。

麦金太尔提出了摆脱西方现代伦理学困境的最有希望的路径——回归亚里士多德的美德伦理。他认为，通过重新阐述和解释这一传统，不仅可以解决现代西方伦理学的各种理论争论和疑难，甚至也可以解决现代性社会的道德实践问题。麦金太尔从对西方道德传统的考察中得出的核心主张是：合理的道德探究只有在一定的探究传统中才能够发生。因此，一切合理的道德探究都是依赖于传统的。麦金太尔说："除开由这种或那种特殊传统所提供的东西之外，便不存在任何坚实的根据、余地和方式去进行推进、评价、接受和否定性推理论证的实践。"② "我们所关注的所有传统，在给出某种权威的同时也可以在其理论和实践方面达成逻辑一致。"③ 在他看来，美德内在于人们的实践之中。人类在实践过程中会获得两种利益：内在利益和外在利益。内在利益是人通过实践活动所达到的一种卓越性的感受和对美好生活的向往与追求，人们内在利益获得的多少不会影响其他人的获得。这种获得内在利益的过程就是实行美德的过程。人们通过在实践中践行美德，追求内在利益，追求共同的善，形成一致的道德共识，才能真正实现社会的正义。

第十九章 传统与翻译 不同的信奉者在相互理解程度上的不同，会造成对传统理解的对立和竞争。这种不同理解会直接导致分裂：一方要求另一方摒弃某些东西以使双方达成共识，或由于理解的差异产生难题和问题。麦金太尔认为，任何一种传统都体现在特殊的言行之中，体现在特定语言和文化的特殊性之中。这种特殊性是不可译的，因此，翻译在大多数情况下只是对等的直译和意译，偶尔会在外延上运用阐释性注解和解释以帮助我们理解概念，尤其是在使用某些专有名词的翻译中，虚饰和解释成为重要组成部分。只要内容表达出来，词意的使用便无从进行标准检验，可译性的问题就出现了。

麦金太尔进而表达了他的想法：要想真正了解对方的语义，必须从对方

---

① 阿拉斯戴尔·麦金太尔. 谁之正义？何种合理性？［M］. 万俊人，吴海针，王今一，译. 北京：当代中国出版社，1996：453.

② 阿拉斯戴尔·麦金太尔. 谁之正义？何种合理性？［M］. 万俊人，吴海针，王今一，译. 北京：当代中国出版社，1996：459.

③ 阿拉斯戴尔·麦金太尔. 谁之正义？何种合理性？［M］. 万俊人，吴海针，王今一，译. 北京：当代中国出版社，1996：460.

的语言文化中去把握。例如要改变信仰，就需要有相应的语言转化。同样，信仰本身也具有历史性。我们在获取语言传达的信息时，或通过文本翻译了解其他传统和信仰时，这种历史维度的困难也随之呈现出来。作为翻译者，在实施翻译任务过程中，将语言转化为国际化的现代语言时，历史的维度给他们增加了不少难度。为了达到统一，麦金太尔指出，现代性的命运乃是摈弃传统的束缚，将自己从社会、文化和语言的特殊性中解放出来，使身处现代化的人们实现现代，人们才能最终远离因语言的不可译性带来的种种麻烦。

第二十章 诸种互竞互争的正义和合理性 通过对不同历史时期的德性理论进行系统的梳理和比较，麦金太尔总结了自己的观点，认为要想到达道德上的共识，形成一致，走出当下的道德困境，重塑道德的光辉必须摒弃个人主义，重建亚里士多德时代的共同体的美德，只有个人将自己视为共同体的成员去践行美德和探寻善的生活，人们之间才能真正形成道德共识。

── 【意义与影响】────────────────────────

第一，该书依据历史的变迁，提出了对当代道德哲学的诊断与批判。

麦金太尔在《德性之后》发表 7 年以后发表的又一部史诗般巨著《谁之正义？何种合理性？》是一篇西方古典美德伦理史的长篇叙述或现代重述。本书以诘问句作为书名，针对当代以罗尔斯为首的新自由主义伦理学提出了挑战，其目的是揭示罗尔斯等人的正义规则伦理所存在的内在人格或品德解释力的缺陷（"谁之正义？"），分析当代西方伦理学界盛行的追求道德普遍合理性基础的种种道德论证方式所呈现的多元倾向事实，以及这一事实所内含的不相容性或无公度性困境（"何种合理性？"）。但它又不是单纯的论战式的著作。该书中阐述的道德哲学被认为代表了当代西方伦理学中主张批判近代理性和启蒙传统、实行道德重建的重要思潮。作者也因把伦理学的关注中心从观念领域转到现实生活领域而成为 20 世纪 80 年代以来英美最著名的伦理学家之一。

第二，该书赋予了正义理论一种厚重的历史感，但也暗含着严重缺陷。

麦金太尔在该书中论述了从亚里士多德到苏格兰传统下不同的正义观。按照麦金太尔的观点，一个正义的行为在于通过正义的人表现出来，他把对正义行为的评价还原为对行为者的评价。显然，这种方式是非理性的。而且他从人所处的环境、从历史某一方面去寻找理由，为所提出的正义观提供了依据。但是以这种循经验的感性途径来论证正义却有着严重的缺陷：容易导致相对主义。在麦金太尔突出正义的传统性时，也就无形之中要面对不良的正义传统和历史偏见。这样的实践合理性何在？因此，可以说，虽然麦金太尔想要给出一种依赖于传统的合理性观点，但是他的观点似乎根本不是合理性的，而是相对主义的。

第三，麦金太尔忽视了在现代社会生活的多元化和复杂性的条件下，普遍正义规则在实现正义过程中的重要性。

对于当今纷繁复杂的社会来说，社会的普遍正义规则要比彰显德性正义更具有现实性与可行性。亚里士多德在他预设的政治共同体的社会基础上，把正义视为政治生活的首要德性。这样一个基于城邦国家的政治共同体自近代以来已不复存在。因此，现代社会的正义问题也已与传统社会的正义问题出现差异。虽然思想家们很难描绘出世人普遍认可的现代社会特殊图像和完全放之四海而皆准的正义规则，但现代社会的空前复杂的社会结构、社会关系和社会实践特征，仍然决定了现代社会必须是一种高度法制化、规范化的社会。因此，正义也并非如麦金太尔所认为的，只要回归亚里士多德倡导的传统德性，追寻先验的人类整体之善就能实现。

另外，麦金太尔的这一理论偏离了马克思的理论，麦金太尔没有深入到马克思所揭示的社会关系的阶级根源上去，对阶级因素的错失使麦金太尔从实践到德性的获得过程失之空疏，流于理想化。

───【原著摘录】────────────────────────────

第一章　诸种对立的正义和互竞的合理性 P1－16

P2　我们的社会不是一个一致认同的社会，而是一个分化与冲突的社会——至少在关注正义的本性这一范围内是如此；而且也告诉他们，在某种程度上，这种分化与冲突乃是它们自身内部的。

P3　要了解什么是正义，我们必须首先了解实践合理性对我们的要求是什么……关于一般实践合理性之本性和特殊实践合理性的种种争论，显然和有关正义的争论一样是多方面的和错综复杂的。

P5－6　即便亚里士多德成功地——我相信他是成功的——表明了，任何一个明白逻辑律的人若否认它们，都不可能还足合乎理性的，对逻辑律的遵守也只是合理性——无论是理论的合理性还是实践的合理性——的一个必要条件而非充分条件。

第二章　荷马史诗想象中的正义和行动 P17－43

P19　雅典人的传统必定是从荷马开始的。而且，我们在雅典人的冲突中发现了我们自己有关正义和实践合理性［讨论］的两个最重要的开端之一，因此我们也别无选择，也不得不从荷马开始。

P36　所有的实践推理都源于某人对"我将做什么？"这一问题的提问。只有在某种让他或她做某事，而不是用通常的方式去马上开始或至少是很快开始去做其他事情的理由自身已经向行为主体呈现出来或已被人们向他或她提出来的时候，提出这个问题才有意义。

第三章　后荷马史诗遗产的分化 P44－65

P45　在实际履行和判断中，我们必须获得做出两种不同种类之区分的能力，这两种区分就是：仅仅是在我们此时此刻看起来是善的与此时此刻相对于我们来说确实是善的之间的区分；和此时此刻相对于我们来说是善的与在无限制意义上是善的或最善的之间的区分。第一种区分当然是一种只能在回顾性意义上才能应用的区分。……第二种区分是：对某个人来说，在与他或她的特殊才能和能力相关的现存教育发展阶段上善的（也许是最为可能的）履行是什么，与可以为那些具有最优品质的人所拟想到的最可能的善是什么之间的区分。

P48－49　因此，正义的概念是按照功绩（merit）和应得（desert）来定义的。……唯一可能给它自身提供这一种标准的共同体可能是这样的：它的成员按照这样一种形式的活动来构造他们的生活，这种活动的特殊目标是，在它自身内部尽可能地把它所有成员的实践活动整合起来，以便创造和维持作为其特殊目标的那种生活形式，在这样一种形式的生活里，人们可以在最大可能的程度上享受每个人的实践之善和那些作为优秀之外部奖赏的善。

P56　然而，尽管在这两种正义的概念中，正义美德与正义规则的关系互不相同，但对于两者来讲，下面这一点却是一样的，即：不仅作为美德的正义是整个美德范畴中的一种美德，而且，无论是在社会秩序中树立正义，还是在个体身上把正义作为一种美德树立起来，都要求人们实践各种美德，而不是实践正义。这些支撑着正义的美德的范例是节制、勇敢和友谊。

第四章　雅典面临的问题 P66－97

P73　在雅典人的思维方式中，城邦内部公民与公民之间关系的正义是一码事，而自己城邦与外部城邦关系的正义则完全是另一码事。

P76　因此，在雅典人与其他城邦国家的关系中，有效性的善是至高无上的。而他们给予正义和他们所拟想的正义的极为有限的地位，却只是合作有效性善的至上性所要求的那种地位。

第五章　柏拉图与合理性的探究 P98－124

P98　我已经把修昔底德的思想归结为三个论题：这就是，美德是一码事，实践理智则是另一码事，而它们的连结则是纯粹的巧合；此其一。其二，唯一存在的正义和人们在社会界所具有的正义的程度与人们的强大和力量所能允许的程度相同。其三，那些向高尔吉亚及其弟子学习的人所实践的修辞学沉思，是人类回答有关该做什么的问题之最佳方式。柏拉图成熟的政治哲学之压倒一切的目的，就是否认所有这三个论题，并凭借一种既能揭示这些论题之间的关系，又能揭示这些论题与他用以取代这些论题的新论题之间关系的理论，来否认这些论题。

第六章　作为柏拉图之继承者的亚里士多德 P125－146

P133　因此，在亚里士多德对柏拉图有关普遍和形式与特殊之关系的解释所做的修正，和他对柏拉图的政治哲学和道德哲学所做的修正之间，存在着最密切的平行关系。在柏拉图把形式与特殊领域对立起来并强调它们差别的地方，亚里士多德却认为我们只能在特殊中才能接触到形式，尽管形式在特殊中的实例化经常是不完全的。而当柏拉图把理想的政体与现实的城邦对立起来并强调他们的差别时，亚里士多德却这样来理解城邦，他认为，在现实的古希腊政治实践中，这种城邦是最符合业已具体隐含在现实之中并已暗暗获得人们承认的那种标准的，虽然还只是在一些重要的方面取得了人们的承认。按亚里士多德的理解，这就是为什么政治探究的发现会受到在马其顿风俗、古希腊的政治实践和亚力山大的波斯专制主义所惑这些选择的影响之缘由所在。

P138－139　亚里士多德宣称，正义是城邦的秩序；但他是以一种将他的主张与荷马对正义的用法联系起来的方式来这样理解的。因为，城邦是通过实现其目的而获得完善和完成的人类共同体，而每一种事物的本质本性即是它实现其目的所是的状态。所以，正是在城邦的形式中，人的本性本身才能得到表现，而人的本性乃是最高的动物本性。因此，荷马把正义看作是宇宙秩序的观点又重新出现在亚里士多德把正义看作是最高自然的秩序的观点之中。正义通过给予公正的判断而得到规定；而公正则是城邦用以有秩序规范的规范，离开城邦，这一规范就失去了应用的意义。

P145　对我现在的论证来说，重要的是这样一种主张，即提供使正义与实践合理性相互联系起来的那种情景的不仅仅是城邦，而且还有宇宙本身，亦即事物的秩序本身。

第七章　亚里士多德论正义 P147－175

P148　所以亚里士多德说，"正义"这个词的意义之一，就是被用来指法律所要求的一切，即是说，它是指每个公民在他与其他公民的关系中要实践所有的美德。这种广泛而普遍的要求与作为一种特殊美德之名的、在狭隘意义上使用的"正义"的要求是有区别的。在这一意义上，正义有两种形式，即分配的正义和矫正性的正义。矫正性的正义具有尽可能恢复被某种或某些不正义的行动所部分毁坏了的那种正义秩序的作用。而分配的正义则在于遵守那种规定着受矫正性正义保护的秩序之分配原则。

P156　在亚里士多德看来，美德是人们以特殊方式根据特殊理由而行动的品质。美德教育包含着把握、规导和转变各种欲望和情感。这种教育使一个人能够实践各种美德，以使他不仅能因为美德本身的缘故而尊重每一种美德，而且使他把美德的实践理解为也是为了幸福、为了享受构成人类善和最善的那种生活

P171　由于对任何一种美德的拥有，都要求有一种把单一的善与只是相对于某特殊境况或某特殊个人的善区分开来的能力；所以，正如我前面所指出的那样，成为正义的要求用一种把单一的正义与相对于一种特殊宪法规定的正义区分开来的能力。任何一种对此区别的充分把握都要求有一种更普遍的理解正义之自然因素与习惯因素之区别的能力。

第八章　亚里士多德论实践合理性 P176－202

P178　个体的信念，即坚信这才是他要成就的特殊善，只有在个体具有五种相关的能力时，才是合理的。首先，个体能够详述他所处特殊境况的特征，以使那些与当下行动有关的特征凸现出来。第二，他必须能够运用归纳推理和其他辩证的推理方法，从自己的善中推导出一个多少较为充分的善概念。第三，为了这样推理，他也必须能够理解当他参与适合于他人的各种活动时——这些人与他年龄相当，智力水平相当，担任原本属于他的特殊职务等——他的善是什么。第四，他能够从对普遍善、无条件善的理解中推导出：在一些特殊善中，作为当下的最佳选择，哪一种善是他当即有可能去成就，且实际上应该去成就的。

第九章　奥古斯丁的选择 P203－225

P213　每个人在自己的心灵中都能发现，永恒的正义形式或概念是正当

行为的尺度。

P214　我们已经看到，正义的标准是出正义的形式提供的；符合这种标准的正义行为产生于对公正的爱，事实上这种爱的对象是神圣正义。

第十章　克服一种传统的冲突 P226－249

P241　在道德哲学中，那些参加辩论的人希望回答的中心问题是：指导行为并为所有有理性的人所认可的原则是什么？

P246　因此，这些人的第一个问题必是如何建立与他人的友谊关系，通过这种关系，他们可以知道自己的善是什么。

第十一章　阿奎那论实践合理性和正义 P250－283

P273　在这里，重要的是记住，阿奎那不仅认为人们不必要遵守不正义的法律（如果这些法律要求的内容与神圣的善相反，人们应起来反对它，而如果它们只是不必要的累赘，那么，人们就没有义务去遵守它，这样做也许是审慎的）。

第十二章　苏格兰启蒙运动的奥古斯丁背景和亚里士多德背景 P284－323

P296　正义原则体现了既定秩序之参与者之间利益和激情的协调一致，从这种原则来看，上述反对意见，如果体现在行动中，则只会引发犯罪或叛乱的不正义。

P301－302　一种社会，它的大多数居民认为在其政治秩序和社会秩序中体现了一种独立于并先于激情和利益（构成社会的个人和群体的激情和利益）的原则，那么，这个社会为了它的存在，就必须要求人们普遍地拥有——不必要完全拥有——关于这种原则的知识和一套习俗化了的手段，后者意在使这些原则对实际生活中的问题发生影响。

第十三章　苏格兰社会秩序中的哲学 P324－345

P340　这种等级演绎图式以及它应该怎样建构及理解的观点（二者都对该传统极为重要），使得其信奉者与他们认为的笛卡尔、莱布尼兹和斯宾诺莎过分雄心勃勃的唯理论形上学建构以及洛克的经验主义都大相径庭。

第十四章　赫起逊论正义和实践合理性 P346－371

P348　认识自然与认识上帝，在赫起逊眼里不可分割。依赫起逊之见，既然不认识自然，在很大程度上和主要方面就不能认识上帝，也就排除了任何先于上帝的存在与自然之理性。

P368　因此，要追求正义，人们必须能够超越任何驱使他们追求自身利益的东西，必须超越任何驱使他们考虑其他群体利益的东西，不管这些群体有多大。正义的分配即按功绩分配，并非按利益分配。

第十五章　休谟的英国化颠覆 P372-395

P385　既然从理念方法的立场，我对我自己的描述只能取自呈现给我的东西，取自第一人称的立场，即我的印象和我的思想，于是，所有社会归属的概念便退出了人们的视野，任何能够构成人格认同的东西也必然会退出人们的视野。

P394　在每一语境之内，特定的善才为人们所认可和追求，而在整个社会秩序底下，政治活动以整合的方式为城邦公民提供了理解和追求那些善的方式，以使人们达到善和至善。

第十六章　休谟论实践合理性和正义 P396-427

P415　道德善与恶的区别，建立在快乐和痛苦之基础上，而这又是源自情绪或品格的结果。

P419　它提出了两个中心主题：审美原则是"普遍的，和几乎（如果不是全部）在所有人身上相同的……'而且'所有人的审美观并非处于平等水平，一般说来某些人（无论要特别挑出那些人有多么困难）会得到普遍意见的认可，他们的偏爱会比其他人的更受欢迎"。

第十七章　转化为一种传统的自由主义 P428-456

P445　因此，要得到任何彻底的实践论证就需要附加别的前提，在这些实践论证中，原初的前提是一种偏好的表达，而紧接着所需要的前提形式便是："我想要使情况成为如此这般的"；如此这般地做，特使我能够实现如此这般的目的；没有任何别的方式使我能够实现如此这般的目的，而如此这般地做，也不会使任何同等的或较强的偏好遭受挫折。

第十八章　传统的合理性 P457-482

P468　在某一发展中达到了一定阶段的那些人，通过把他们现在对世界的判断，或至少是对世界一部分的判断，与当时判断的结果进行比较，便能够回顾并找出他们自己以前理智的不足或其前辈理智的不足。

第十九章　传统与翻译 P483-506

P503　对文本的理解，并非由作者的意向所控制，或由任何带有特定共享信仰的听众关系所控制，因为除了阐释的语境之处，它是处在语境之外的。

第二十章　诸种互竞互争的正义和合理性 P507-526

P514　这样，合理性对于这种人的要求便是：通过介入——不论其介入的适当程度如何——这一特殊传统内部持续不断的争辩，并介入该探究传统与其某一对手或某些对手的论证争论和冲突，来确认或否认他或她对他们自己与这一特殊探究传统发生关系的最初的观点。

【参考文献】

［1］阿拉斯戴尔·麦金太尔. 德性之后［M］. 龚群，何怀宏，译. 北京：中国社会科学出版社，1995.

［2］约翰·罗尔斯. 正义论［M］. 何怀宏，何包钢，廖申白，译. 北京：中国社会科学出版社，1988.

［3］阿拉斯戴尔·麦金太尔. 三种对立的道德探究观［M］. 万俊人，唐文明，彭海燕，等译. 北京：中国社会科学出版社，1999.

［4］高国希. 走出伦理困境：麦金太尔道德哲学与马克思主义伦理学研究［M］. 上海：上海社会科学院出版社，1996.

十、《正义诸理论》

[英] 布莱恩·巴里

孙晓春，曹海军　译

吉林人民出版社，2004 年

──【作者简介】──────────

布莱恩·巴里（1936—2009），也译为布莱恩·巴利，英国著名的政治哲学家，曾一度赴美担任多所知名大学的教授。巴里教授早年曾以一部《政治的论证》享誉学界，堪称政治理论界分析政治哲学的典范。1964 年巴里毕业于牛津大学王后学院并在 H. L. A. 哈特的指导下获得了哲学博士学位。其间，他曾随从罗尔斯教授研习政治哲学，《政治的论证》正是在其博士论文的基础上扩展而来的。

巴里曾分别任教于伯明翰大学，基尔大学以及南安普敦大学。在 1965 年，他先后在牛津大学学院和纳菲尔德学院担任过教研员，而后在 1969 年成为埃塞克斯大学的一名教授。虽生于英国，但巴里经常在大洋彼岸进行学术活动。在 1978 年，巴里被选为美国文理科学院的资深会员，而且还短期任教于芝加哥大学的哲学和政治科学系。在此期间巴里担任《Ethics》杂志的主编并提高了其出版标准，从而使其成为关于道德和政治哲学杂志领域里的领头羊。巴里还是哥伦比亚大学和伦敦经济学院的政治哲学荣誉教授。

社会正义主题贯穿于布莱恩·巴里的整个学术生涯，巴里与大卫·布雷布鲁克等人一道将分析哲学和政治科学进行有机融合，而他们的这项贡献也让巴里受到了良好的赞誉，同时巴里还把政治理论与社会选择理论和自己的理论进行结合，力求寻找新的学术闪光点，在公共选择领域巴里是一个坚定的批判者。在 2001 年荣获"政治哲学的诺贝尔奖"。由于本书以及他的另一著作的出版，巴里在 1989 年和 2001 年被英国政治学会授予 WJM 麦肯齐奖。巴里的主要代表作有《政治论证》（1965 年）、《社会学家，经济学家及其民主》（1970 年）、《正义的自由主义理论》（1989 年）、《民主，权力以及正义：政治理论笔记》（1989 年）、《正义诸理论》（1989 年）、《作为公平的正义》（1997 年）、《文化与平等：一个平等主义者对文化多元主义的批判》（2001 年）、《社会正义论》（2005 年）等。

──【写作背景】────────────────────────

自古以来世界从来都是一个在事实上并不平等的社会，正是由于这一原因，正义成为每一个历史时代人们共同关心的主题。我们之所以关注社会正义，就在于它直接关系到我们社会生活的质量。从理论上看，近代以前的西方正义理论发展史可以清晰地分为两个阶段：一个是古希腊时期以苏格拉底、柏拉图和亚里士多德为代表的思想家有关正义问题的讨论；另一个阶段则是以近代卢梭、洛克、休谟、康德等思想家为代表的正义理论的提出。这些不可跨越的思想家的正义理论，奠定了现代正义理论大厦的全部基石。现代人之所以能够享受高质量的社会生活，在很大程度上受惠于近代思想家的成果。因而，离开了对社会正义的理解，就不可能存在公平正当的社会。巴里认为，研究社会正义理论是历史赋予我们的责任，这也是为我们正当的现实生活构建伦理的前提。

当代正义观以罗尔斯《正义论》为标志，社会正义问题重又引起了人们的浓厚兴趣。自那以后，相继出现了一大批有关社会正义的著作，例如阿拉斯戴尔·麦金太尔的《谁之正义？何种合理性？》，威廉·P. 克莱默的《理念与公正》，罗尔斯的《政治自由主义》《作为公平的正义──正义理论》等。从这些论著中，我们可以看到西方学者，特别是当代的西方人，在现代的历史条件下理解社会正义问题的方式。布莱恩·巴里的《正义诸理论》就是有关分配正义的具有艺术表现特质的陈述，也是对这方面一部分文献进行批判的批判性论著，其目的就是为人们的现实社会生活提供基本的指导原则。

──【中心思想】────────────────────────

这本书是巴里正义研究系列三部曲的第一部，另外两部为《作为公平的正义》和《文化与平等》。该书探讨了各种正义理论，主要探讨了有关社会正义的本质问题。本书约 41 万字，共分为 3 编，从一个十分有意思的话题，两个不道德的邻居入手，并对纳什方案进行了清晰的阐述，逐渐切入社会正义这一主题的。在本书中，作者最终对正义的三个问题做出回答。第一个问题：什么是正义？第二个问题：为什么是正义的？第三个问题：如何确定正义的要求？巴里重点评述了两位影响最大的思想家——休谟和罗尔斯的正义理论。巴里清楚地梳理了他们对正义所做的论述，并指出，在这两位正义理论中，实际上存在着两种正义，一种是作为互利的正义，一种是作为公平的正义。布莱恩·巴里通过详细的分析证明，指出在某些情况下，这两个原则是无法兼顾的。也就是说，当分配结果处在帕雷托最佳点上的时候，对于分配结果所做的任何调整，都会发生一方的增益以另一方的减损为前提，在这种情况下，如果坚持公平，就无法保证相关各方均等的效用增益。休谟和罗尔斯却把这两个并不相容的原则作为他们理论的基点，因此也构成了二人正义理论的内在矛盾。最后巴里把作为公正的正义作为论证的起点从而更有效地处理有关理论的解释和应用的问题。

——【分章导读】——

第一编　正义诸理论　第一编作者阐述了两种正义理论——一种是作为互利的正义，一种是作为公正的正义，并进而阐述了什么是公平方案。

第一章　两个不道德的邻居的情形　在这一章中作者阐述了两种主要的正义理论——一种是作为互利的正义，一种是作为公正的正义，并对纳什方案进行了清晰的阐述。这一部分是从两个不道德的邻居入手，逐渐切入社会正义这一主题的。这是因为，稀缺资源在两个人之间的公平分配问题是我们可以接受的最小范围内而且是最为简单的正义问题。这种在两个人之间的公平正义问题虽然与更广泛的社会背景的正义问题并不是可以完全等同的，但是，理解两个人之间的公平分配问题无疑有助于我们对社会正义问题的理解。在有些时候，适用于两个人之间的公平分配原则似乎也应该适用于更广泛的社会背景。

巴里认为："《社会正义论》所讨论的问题是 2500 年以前柏拉图在《理想国》一书中追问的问题：什么是正义？柏拉图提出的这个问题可以说开创了西方社会的政治哲学。不过，在任何一个社会里，无论什么时候，只要它的成员开始对他们的生活赖以依存的制度安排进行反省的时候，这个问题就会不可避免地提出来。通过与其他社会的接触，人们认识到，社会安排不是一个自然现象，而是人们的创造物。可以被人们制定的东西也可以被人们改变。这一认识为正义理论的兴起奠定了基础。因为正义理论是一种有关各种可辩护的社会制度安排的理论。"① 巴里对柏拉图提出的关于什么是正义问题进行了分析，他说："因为正义理论是一种有关各种可辩护的社会制度安排的理论。"② "在《理想国》里，柏拉图讨论了两种主要的正义理论。一种是他自己的，依据等级的观念，一个正义的社会应该是对于秩序良好的人类灵魂的模仿。"③ 另一种理论在《理想国》中由格劳孔提出来，他认为："在人类生活的实际条件下，人们可以期望通过与他们社会中的其他成员的合作而不是与他们竭尽全力的斗争，更有效地增进他们的利益。"④ 巴里认为：正义是社会基本结构问题，是人类社会特有的。这两种理论拥有两个共同的特点："首先，它们都认为，正义问题是在不同的人们或者团体之间发生利益冲突的时候提出来的。第二，他们都认为，正义是每一个人可以在原则上达成的理性契约。"⑤ 这两种思路的差别是："在第一种思路下，契约被允许体现一些人有着比他人更大的商谈实力这一事实。所以这样做，是因为它把利己当作行为正当的动机。如果契约的概念不能反映商谈实力的差异，那些实力与所得份额不成比例的人们在这一契约下将会产生推翻这一协议的动机。然而，第二种思路并不拘于每个人只有发现对自己有利才是正义的这一约束条件。因而，它使正义与商谈实力奢侈地分离开来（当然，这一思路也必须通过发现一种正当的选择动机做出补偿）。"⑥

第二章 什么是公平方案 承接上一章对商谈问题所涉及的博弈问题，巴里进一步提出追问：为什么人们要倾向于认为主张模仿理性商谈的方案是一个公平的方案？公平自何而来？巴里进一步讨论了霍布斯、卢卡斯和高希尔的理论要点，并在此基础上讨论了布莱斯维特方案中的底线问题。

巴里认为一种考察商谈问题的方法是，我们从一个自然状态开始，在这个状态下，人们独立地行动，相互之间阻止各自期望的满足。然后，通过朝向这样一种状态的改变，每一个人都能有所得，并且，那些必须分配的东西

---

① 布莱恩·巴里. 正义诸理论 [M]. 孙晓春，曹海军，译. 长春：吉林人民出版社，2004：3.
② 布莱恩·巴里. 正义诸理论 [M]. 孙晓春，曹海军，译. 长春：吉林人民出版社，2004：3.
③ 布莱恩·巴里. 正义诸理论 [M]. 孙晓春，曹海军，译. 长春：吉林人民出版社，2004：6.
④ 布莱恩·巴里. 正义诸理论 [M]. 孙晓春，曹海军，译. 长春：吉林人民出版社，2004：7.
⑤ 布莱恩·巴里. 正义诸理论 [M]. 孙晓春，曹海军，译. 长春：吉林人民出版社，2004：8.
⑥ 布莱恩·巴里. 正义诸理论 [M]. 孙晓春，曹海军，译. 长春：吉林人民出版社，2004：8-9.

是由合作而产生的盈余——全部特定的资源产生的效用值的总量等同于它们在"自然状态"应该产生的总量。巴里完全同意"最佳威胁的理论"是有缺陷的。他并不想从某种一般的理论中疏导出纳什/布莱斯维特的杂声底线，而只是认为在布莱斯维特举出的特殊问题下，对于相对优势的追求将导向什么地方这一问题是十分清楚的。但是，"这并不意味着，在为移向帕雷托临界点而做准备的过程中，试图为自己做得更好的理性的行为人从来不会使用威胁"①。根据布莱斯维特的标准，允许马修在全部时间都演奏的仲裁是基于这样的事实，即使卢克是在做他最坏的事情，他也不能阻止马修获得他在任何情况下都能得到的最高水平的效用值。他可以做的对马修来说最坏的事情就是在全部时间里都演奏；但是，根据罗尔斯的约定，对于马修来说，杂声与他单独演奏都同样好。根据卢卡斯和高希尔信奉的标准，同样的仲裁也是基于这样的事实，当马修在所有的时间里都演奏的时候，他在尽他所能为自己做得更好，无论卢克做什么——这样自然包括卢克尽可能地为他自己做得更好。

第三章　更广泛的背景下的公平分配　这一章里，巴里在更广泛的背景下考察了布莱斯维特的问题并尝试用小范围的资源分配问题形成有关信息和策略的概念，并对效用问题、均等增益方案等进行考察和重新审视。资源的相对稀缺是人类社会需要正义的基本条件，因而社会正义也就是社会成员之间的公平分配。最后巴里指出了自己在第一编中的重点是在技术层面上而不是在哲学层面上讨论博弈论问题。巴里认为纳什方案是博弈论领域最有成效的贡献之一，但纳什方案为什么就是公平的方案还需要进行大量的探究。如果一个商谈方案能够给予商谈各方从实际商谈过程中得到预期的东西，那这个方案就是公正的。这种主张显然是过于草率的。

第二编　休谟和罗尔斯论社会正义　第二编作者主要阐述休谟和罗尔斯的著作（主要是《人性论》和《正义论》）中的某些论点并进行批评性的考察。

第四章　休谟论正义　从这一章开始巴里将讨论的主题从公平分配转向社会正义。巴里认为，公平分配是指特定环境下（以存在分歧点和合作盈余为标志）关于处理人们之间冲突的方案；而社会正义是指评价社会制度的标准。

---

① 布莱恩·巴里. 正义诸理论 [M]. 孙晓春，曹海军，译. 长春：吉林人民出版社，2004：74.

关于罗尔斯与休谟的关系，巴里的看法是："不止于我所说的两人都以充满创意和值得注意的方式写了有关正义的著作，或者说两人在各不相同的方面发展了多种有关正义的理念。我想要提出的最为重要的看法是，两个人都有两种正义理论，而这些是完全相同的两种正义理论。因为休谟（相当恰当地）被认为是一个霍布斯主义者和原始功利主义者，而罗尔斯又自称是康德的信徒，我所说的两个人有着两种完全相同的正义理论可能是令人惊讶的。不过，我希望能够在第二编对我的说法有所补充。"①

第一种正义理论可以从休谟的《人性论》中关于正义的起源问题的讨论中看到。根据休谟的说法，"假如特定的条件保持不变的话，正义规则起源于对通过对利己追求的相互限制体系中将要获得的普遍利益感"。"就与正义的关系而言，人们是否完全自私并没有什么差别，正义的条件仍然是可以获得的……使正义变得不适用的与完全的仁慈相反的极端，不是完全的利己而是愚蠢的利己。"② 而这被罗尔斯称为正义的环境，罗尔斯认为在原初状态下选择正义原则的人知道，这些条件存在于他们的社会里。所以，巴里把罗尔斯和休谟的正义观念归结为："在正义的环境下以相互得利为目的的理性合作条款。"③ 第二个正义理论可以从休谟的《人性论》中有关正义如何成为一种德性的说明中看到，其基础源于这样一种观念：如果社会中的人们要达成一致，道德判断便需要一个共同认可的标准，这个标准只能是对于所有那些受到影响的人的利益的毫无偏私的同情心。正义是基于一种公正的视野的裁决主题。休谟已经根据希望更多的物质财富几乎是人类本性的普遍特征这一命题建立起了他的全部理论。

在休谟那里，这两种理论的建构是为了产生相同的实践意义，所以只是由于他这样的主张，已建立的财产权制度，无论它们在细节上采用的是什么形式，都是最好的制度。但是，这两种理论明显存在着断裂的可能，这恰恰在罗尔斯的著作里发生了。巴里主要通过考察它的三个方面的意义，揭示罗尔斯的两种正义理论之间的张力。

巴里坚持认为休谟正式的有关作为扩充的同情心的道德的理论，在被他当作有关公正的判断汇聚于其上的品格的评价标准的建立过程中，起了至关

---

① 布莱恩·巴里. 正义诸理论［M］. 孙晓春，曹海军，译. 长春：吉林人民出版社，2004：189.
② 布莱恩·巴里. 正义诸理论［M］. 孙晓春，曹海军，译. 长春：吉林人民出版社，2004：200-201.
③ 布莱恩·巴里. 正义诸理论［M］. 孙晓春，曹海军，译. 长春：吉林人民出版社，2004：189.

重要的作用。如果我们简单地指定人们采用一个公正的观点，这将会与许多
选择是一致的。例如，康德会确切地说，一个人应该在道德思考中采用一个
公正的观点。但是当我们把公正看作是自然的同情心的延伸的想法时，我们
便不可避免地被推向一个特定的方向。同情心的普遍化是普遍的仁慈——一
种对公共善的关注。因此，在休谟看来，公正的意义是某种意义上的功利
主义。

第五章　罗尔斯论正义（1）：国际正义与代际正义　巴里阐述了罗尔斯
的正义观：国际正义与代际正义。罗尔斯认为一个正义的社会应该不同于任
何现实存在的或者曾经存在过的社会。我们可能会相信，正义的社会应该是
什么样的社会。与代际正义相关的仅仅是发生于过去的那些已经实际上成为
正义标准的事情。以正义仅仅是存在于同代人之间这种方式思考这一问题的
意义是令人震惊的（但却是不可避免的）。这并不是一个代与代之间的问题。
（毕竟其他世代不是达成契约的各方）当然，正义是与将来的人们相关的问
题。罗尔斯动机假定的主旨是原初状态下的人们仍然在追求着他们自己的目
的，不过，那些目的的现在包括他们对于至少是子孙两代人的关注。"正义的
需求便依赖于（至少在某种程度上是这样）人们对于未来一代的幸福的关心
程度这一偶然发生的事实。如果他们完全不关心，他们没有理由说，他们必
须关心得更多，或者至少说没有公正地对待他们的基础。"① 他们想要做的一
件事情是增进他们子孙的利益。就人们被认为只是关心他们自己的子孙而言，
这也仍然是"有限的慷慨"。但是，既然他们在原初状态下无法知道他们自己
是谁，无知之幕的机制把那种有限制的关注改变为对于下一代人的普遍关注。
"我们可以想象，在原初状态下的人们包括各不相同的几代人的成员。无知之
幕将和前面一样，向这些代表屏蔽了他们每个人属于哪一代的信息，因此才
能保证必不可少的公正。"② 巴里认为："更可取的解释是，罗尔斯的建议是使
对未来世代寄生虫的义务成为同代人中间的正义。十分古怪的是要注意到，
把这两种立场合并起来的结果是，非人类动物的利益将会得到比将来世代更
好的保护。如果当下的世代对于它遥远的后代的命运是漠不关心的，似乎防
止在某种程度上将会造成他们痛苦的地球污染的唯一理由，只能是难以做这
种在某种程度上不会造成未来的非人类动物痛苦的事情。"③

① 布莱恩·巴里. 正义诸理论 [M]. 孙晓春，曹海军，译. 长春：吉林人民出版社，2004：247.
② 布莱恩·巴里. 正义诸理论 [M]. 孙晓春，曹海军，译. 长春：吉林人民出版社，2004：249.
③ 布莱恩·巴里. 正义诸理论 [M]. 孙晓春，曹海军，译. 长春：吉林人民出版社，2004：272.

第六章　罗尔斯论正义（2）：差别原则　在本章，巴里集中讨论了罗尔斯的差别原则。巴里坚持认为差别原则产生于公平的正义。我们一旦试图把它带入作为互利的正义的范围内考察，它便会完全崩溃。巴里将罗尔斯有关差别原则的基本论点进行了详细的说明。在这一过程中巴里没有在任何意义上援用互利的正义的观念。然后，巴里提出由任何试图混合互利的要求而带来的问题。巴里没有讨论大多数批评者集中讨论的试图从原出状态推导出的差别原则，也没有预测原初状态的发展。相反，巴里根据罗尔斯在《正义论》第二章陈述的一般线索，直接解释和说明差别原则是什么，然后通过说明罗尔斯如何确定作为正义分配基础的平等来奠定这一分析的基础。巴里根据罗尔斯的论点，从平等的分配转到差别原则支配下的分配。社会正义是由一个社会的基本结构决定的，这个基本结构是一系列制度，这些制度创造、转换和增强着在教育资格、出世能力、了解正当的人以及其他方面所拥有的——有利与不利条件，这些条件将导致经济、社会方面的成功与不成功。状况最差的群体是这样的一些人，即使一个社会的主要制度在以正常的方式运作，他们也要面对那个社会所能给予的最低回报的前景。

第三编　作为互利性的正义对作为公正的正义　第三编主要阐述作为互利性的正义对作为公正的正义，对无论是在国内还是在国家间什么样的正义才是经济制度所需要的这一问题得出详尽的结论。

第七章　若干方法问题　首先巴里就道德哲学的某些基本的方法论问题进行了初步的探讨。

一是直觉主义。通常需要一系列历史性的证明。基于此，直觉就是一种对道德实体进行把握的模式。它接近于某种感性知觉，不同之处在于它的研究对象是一种"非自然的"客观领域：道德真理。今天"直觉"一词在道德哲学家中被广泛使用，而事实上它没有必要承担如此惊人的认识论上的重负。说某人存在某种直觉，认为在某种情形下这样或那样做是不对的，这样做不过是意味着某人确信那种后果，而又无法通过论证的方式加以反驳。一般的直觉主义（这里区别于特殊的直觉主义，认为在特定情况下可以形成对道德真理的直观）也可以取得实体性的形式。

二是建构主义。建构主义一词最早是罗尔斯在 1980 年《论康德道德理论中的建构主义》的《杜威演讲录》中提出的。罗尔斯并没有承认建构主义是自己的创新。罗尔斯首先解释了建构主义，并就康德学说的衍生形式进行了梳理，细致入微地阐明了康德建构主义的特别之处。从一般意义上说，构建主义这种学说认为，由在某种特定情景下达成一致的东西才能构成正义。这样一来，这种情景本身是否为了公正的结果而表现为公平的特征就成了一个问题。建构主义的正义理论分为两个范畴，并由达成同意的情境的本质加以界定。

巴里谈论道德、正义与公正的密切联系。他认为道德涵盖了可以公正地加以捍卫的核心，但是仍包含有其他方面，而正义却从总体上被包含在公正的核心之列。"道德的范围无法严格的加以界定。其一，化为成规戒律，其二，融入美学，其三，导入审慎的原则之中。对于大多数人来说，道德包含了个人发展和社会关系的理想。"[①] 正义关注的是利益和负担的分配方式，正义的主题是权利和特权、权力和机会的分配以及对物质资源的支配。从广义的角度审视"资源"的分配，简单地说正义是关注稀缺资源的分配，而稀缺资源的分配往往造成了潜在的利益冲突。

第八章 建构正义的理论（1）：两个阶段的若干理论 巴里通过考察一些关键性的结构变量来阐发替代性选择的建构式正义理论。他认为所有学者都会以直接或间接的方式回答某种可以阐发建构主义理论的问题，而对这些汇聚在一起的问题的解答就构成了对某种结构的界定。巴里关注的不是建构主义正义理论的内容而是其结构。在这一章的其余部分巴里继续描述了两个阶段的理论的结构。巴里指出完全相同的结构性问题的产生既在于理论本身试图在两个当事人之间划定界线，又在于理论本身意图告知我们整个社会的正义准则。巴里将两个阶段的理论家分为两种人，一种人主张将两个阶段的解决方案用于微观层面争端，如马修和卢克或者那两个遗产受赠人；一种人将两个阶段的技巧看成是为社会主要制度得以奠基提供相应原则的途径。巴里成功地将罗尔斯排除之后，唯一剩下的宏观层次的两个阶段正义理论家就是休谟和高希尔。巴里对休谟、高希尔、罗尔斯等人的正义理论的讨论的结论是：仅有一个途径可以创建完全建立在效用最大化动机基础之上的互利性的正义理论，那就是将不合作底线界定为策略性地获取相对优势，为合作性盈余的划分而进行假想的交易达到帕雷托临界点。巴里已经做出论证用以反对追逐自身利益的人们产生的互利性正义观。他认为作为公正的正义是一个优越的观念。

---

① 布莱恩·巴里. 正义诸理论 [M]. 孙晓春，曹海军，译. 长春：吉林人民出版社，2004：373.

第九章　建构正义的理论（2）：**原初状态的诸理论**　如同上一章对两个阶段的理论讨论一样，巴里认为对原初状态的讨论也可以采用二分法，通过对以下两个问题的回答加以界定。第一个问题是：原则的选择是由了解个人身份的人们做出，还是由无知之幕之后至少是不了解自己身份的当事人做出。第二个问题是关于选择原则的行为者的动机问题。他们是追逐自身的利益还是能够通过合理调解进而达成一致。通过分析巴里界定了一种原初状态，置于其中的人们了解他们自己的身份，并受促进自身利益的欲望驱动。巴里将这种原初状态观归属于罗尔斯，他坚决主张坚持正义的原则应该是一种行为的形式，参与者通过这种形式进行的社会实践承认人应具有类似的利益和才能。基于此种观点，巴里认为在正义的环境中，根据合理的选择就能产生出理性的原则的这一主张本身就提供了按照正义的原则行事的动机：我们想做的事情是理性的，因为它调解了我们和其他人之间的利益纠纷，而这从公正的角度来看是可以得到人们的认可的。巴里通过询问在固定的公平情境下可以选择出什么原则就能够发现正义的要求，其中公平是在正义的环境存在的情况下进行界定的。处在原初状态下的参与者之间的公平关系一直延伸至选择出的原则并使之获得正义。这就是：作为公平的正义。

第十章　**结语**　在最后一章里，巴里对前面的章节进行了总结并针对有关正义的三个问题做出回答。第一个问题：什么是正义？第二个问题：为什么是正义的？第三个问题：如何确定正义的要求？巴里对交易进行的博弈论式的分析中出现的问题进行了归类并阐述了它们与作为公平的正义之间的相关性。他通过建构原初状态的类型将罗尔斯的理论样式置于其中的一种特殊形式。同时也试图通过比较作为互利的正义和作为公正的正义探索了休谟和罗尔斯提出的正义理论。巴里清楚地梳理了他们对正义所作的论述。之后巴里把作为公正的正义作为论证的起点，从而更有效地处理了有关理论的解释和应用的问题。巴里接着继续解决一个问题：如何将社会正义的观念应用于收入和财富的分配中去。

───**【意义与影响】**─────────────────────

第一，该书是关于社会正义的一部批判性论著。

在该书中巴里把正义分为交换的正义和分配的正义，并指出分配正义才是真正的正义。不过，巴里并不认可某种正义理论的权威性，他对罗尔斯的契约论的证明就进行了批评。在他看来，古往今来的思想家所理解到的正义，是一个范围不断变化着的正义，在雅典人那里，正义原则仅仅适用于古希腊人；在古罗马人那里，需要得到正当对待的仅仅是罗马的公民；在近代思想家那里，在现代人眼里，正义应该是适用于我们这个星球上的所有人。因此，巴里认为社会正义不单是一个社会内部的分配问题。巴里还对罗尔斯的代际正义与国际正义进行了批评性的分析。他认为"分配的"指的是由社会或国家来分配。

第二，该书不仅是作者最重要的著作之一，也是西方关于正义理论的重要著作之一。

这本书是巴里正义研究系列三部曲的第一部，另外两部为《作为公平的正义》和《文化与平等》。在巴里的作品中，本书是其最重要的著作之一，该书出版后，便在学术界引起巨大的反响，分别于 1990 年和 1996 年被翻译为朝鲜文和西班牙文出版。该书探讨了各种正义理论，在当代西方的正义理论家中，布莱恩·巴里是一位几与罗尔斯、诺奇克齐名的大师级人物。

——【原著摘录】——

第一编　正义诸理论 P1－181

第一章　两个不道德的邻居的情形 P3－62

P12　作为互利的正义的设想是，公正的结果应该体现双方的所得是他们在持续斗争中应该得到的。这意味着，决定一个公正结果的程序不得不分为两步。第一步是建立一个分歧点：双方在不经协议的情况下便可达成的结果。第二步是制定一个从这里向某一点移动的规则，在这一点上，双方都可以保护他们在分歧点上的相对优势。

P17　纳什方案的实际形式是，当非协议结果的效用值被分配为 0 的时候，理性的商谈者将在双方效用值的乘积最大的那一点上达成契约。然而我想强调的是，除非明确地把商谈双方引入帕雷托临界点，纳什方案的基本原理并没有指向最大效率点。不能把它看作是在没有人与人之间同等效用的前提下达到功利主义的后门。它只是用来表示理性的行为人试图为自己谋取最大利益的结果。

第二章　什么是公平方案 P63－121

P65　很明显，一个悬而未决的问题是：我们为什么称这样一种仲裁是公正的？那些从事于这种所谓的公平分配问题的经济学家和博弈论专家，倾向于不加疑问地接受这些支撑其整体框架的假设，而全神贯注于有关方案概念选择的技术问题上。然而，我认为，是否我们在重复一场争论，在这场争论中，我们可能比托马斯·霍不斯（Thomas Hobbes），杰出的理性审慎的政治理论家做得更好。

P67-68　霍布斯所说的公正——仲裁人的正义——与平等之间是什么关系？我确信，与霍布斯的整体学说最一致的答案应该如下：人类太接近于平等的自然权力从而使之能够建立任何规则，而不是平等地拥有在自然状态下任何一般承诺的前景；所以，仲裁人必须对于有纷争的东西进行公平的分配。如果这样解释霍布斯有关平等的观点的解释不错的话，那么，随后也就必须这样理解，如果双方的相对实力极其不对等，分配也将不得不是相应的不均等。

P94-95　这一想法还有一个至为明显的吸引力，那就是，一个结果的正当性并不依赖于各方在某种底线上的处境究竟如何。事实上，人们可能会由于长时期的对于非底线依赖的实例的关注而感到惊讶，为什么世界上竟有人认为那种底线依赖（baseline-dependent）的观念具有道德的合法性。

P102-103　我们也许会说，平等与最大中的最小效用是两个比最大效用原则更为激进的非底线依赖原则。因为至少最大中的最小效用原则可于在（只要其他事情是固定不变的）具体问题具体分析的（case-by-case）的基础上应用，然而，据我们所知，平等原则或最大中最小效用原则却不适用于各方从其他资源中获得的效用。这样，我们必须断定，如果给予我们的全部东西都是有关每一方演奏和倾听，我们便没有充分的信息去说，完全可以推定，平等原则和最大中最小效用原则之中，哪一个适用于马修与卢克问题。我们需要知道，在其他方面他们的处境会有多么好，然后把演奏与倾听作为一种补充去改善整体的结果。

P103　一个极为普通的反对功利主义标准（整体利益的最大化）行动意味着，它要求他人在利益上的"过多牺牲"是可以接受的。尽管这一论点的细节将不得不做出改变，但是，它只是需要用很小的想象力去审视，何以同一类的观点可以依据平等的原则或最大中的最小效用原则加以展开。

P106　与功利主义的社会在这一点上的差别必须是清晰的，它也拒绝任何实质性的善观念，或者任何超出它的成员的偏好这一基础的目标，但是，它假定一个作为个体的善的总和的社会善。一个功利主义的社会没有任何实质的目标，但是却关注个体善的最大总和的实现。一个公正的社会唯一关注的是使每个人实现他自己最大的善，对于所有人来说都是可以接受的。

第三章　更广泛的背景下的公平分配 P122－181

第二编　休谟和罗尔斯论社会正义 P183－330

第四章　休谟论正义 P185－230

P194　我坚持认为，无论是休谟还是罗尔斯都没成功地使这两种方法协调起来。如我们在本章后面看到的那样，休谟避开了通过以很少的理由假定一个公正的富于同情心的旁观者将会承认现存在的财产规则而导致的困难。罗尔斯在以互惠合作的可能说明了各方的前提下，又从这里转而详细说明了符合公正要求的合作条件。

P197　我们可以接受休谟在黄金时代正义将没有用处的主张，而不接受在现实生活中的推论，在资源相对于需求而言短缺的地方，使正义成为一种德性的是它的有用性。正义在存在着冲突的地方起作用的时候，并没有告诉我们任何有关在它开始活动的时候将要采取的方式的信息。

P200　正义的第二个条件是适度的利己。此外，休谟认为，正义的德性只能在这种极端情况不存在的情况下才会出现："如果人们怀着诚挚的友情天然地追求公共利益，他们将永远不会想到这些［正义］规则相互约束；如果他们追求自己的利益，而没有任何防范措施，他们将轻率地陷入各种不正义和暴力。"

P211　按我的理解，休谟的正式理论是，道德情操是我们的自然同情心的延伸。因此，用莫赛尔的话说，休谟在《人性论》中主张："在构成［正义观念］的原初动机是利益的同时，只是通过与我们的同情心联系起来，我们才得以说明德性的观念被附着于遵守正义规则这一事实。"

第五章　罗尔斯论正义（1）：国际正义与代际正义 P231－275

P241　有关正义环境的理论的意义在于，不能简单地把分歧点看作是为我们提供了一个最低限制的价值，在这一点上，信守正义原则所获得的报答一定是最高的。如果这种观念是，应该有一种通过遵守正义原则而共同获益的意识，其含意就一定会是，正义原则应该反映各方的商谈实力。

P241－242　于是，我们可以说，按照互利的观点，罗尔斯的国际道德原则已经距离富国和强国的要求走得太远。与此同时，这也有力地表明，在作为公平契约的立场上看，它们走得还不是足够的远。如我们所见，罗尔斯让我们想象不同国家的代表们汇聚在一个无知之幕的后面，这个无知之幕对他们屏蔽了所有的信息，例如，有关他们自己国家的财富于实力的信息。如我们已经看到的那样，假想他们要尽他们最大限度的能力，对于国际道德原则做出选择，以便增进他们自己国家的利益。根据罗尔斯，现在这些利益被定义为某些"基本善"，如基本的自由和获得商品服务。我们因此可以说，这些不同国家的代表将要为他们自己国家的基本自由和收入之类的东西来选择一些原则。

P243—244　罗尔斯作为国际正义原则而建议的那些原则，是对于作为互利的正义与作为公正契约的正义的僵硬的调和，前者要求的是对于现实的国际关系条件下的各方同样有利，而后者看起来只是对原初状态下的各方有利，而这种原初状态特意建构起来的，以使他们无法知道在选择的原则下他们的期望利益与不利。较之罗尔斯的提议，作为互利的正义较少平等主义，而作为公正契约的正义则有着更多的平等主义。

P247　然而，这揭示了任何使代际正义与正义环境理论相一致的企图的局限。因为它使同时代的人们对于他们子孙的义务完全依赖于当代人对他们子孙的善意。如果他们非常关心的话，现代人做更多的事情以保护和增进他们继承人的利益便会是一种正义的需求；反之，如果不很关心的话，这种需求也就无从谈起。在这一方面，在原初状态下所提供的用来约束各方的信息必须是真实的，否则，他们在无知之幕背后所做出的决定将是不适当的。

第六章　罗尔斯论正义（2）：差别原则 P276—330

P292　现在十分清楚的是，如果每个人都通过不平等而有所得的标准导致了差别原则，某种特殊意义上的词汇便是必需的。因为，如果我们只是想要规定，每个人必须通过不平等而不是平等而有所改善，这个条件可以为许许多多的经济安排所满足。因此，这一要求可能会被一个更为不平等的社会而不是差别原则所要求的社会充分满足：在那个社会里，状况最差的人们要比他们本来应该的状况更差一些，但是却好于平等收入下的状况。差别原则挑选出了全部能够满足每个人都应该通过不平等而有所受益这一要求的帕雷托最佳安排中的最平等主义的结果。问题是，是否有任何似乎合理的方式能够表明，这种特殊的分配便是正义所要求的。

P326　作为公平的正义将提供一个基础，在这个基础上，可以说一种分配是不公正的，即使这种分配是一个帕雷托最佳点并且是通过以天赋要素交换产生的。我们需要能够要求的一切，就是分配不应该抗拒公平审查的检验。当我们想起一种市场分配抛弃了那些缺少生产能力的人们使之饥饿而死，便会很容易地相信，一个未经修正的市场分配是应该受到谴责的，应该彻底离开任何由人们所说的市场失效引起的缺陷。

第三编　作为互利性的正义对作为公正的正义 P331－477

第七章　若干方法问题 P333－377

P347　我想指出，建构主义的正义理论应分为两个范畴，并由达成同意的情境的本质加以界定。在第一个范畴里，我们的同意取决于正义的环境。在此，存在一个分歧点由当事各方的自利性努力之间的互动构成。每个人都尽可能地追求自身的利益，其结果就是以非合作的结局收场。如果正义的环境保证当事各方远离分歧点就可以产生共赢的局面，也就能由此产生合作性的盈余。同时建构主义的正义理论还必须就理想状态下理性交易方的划分方式做出解释。

P374　不管我们是在处理个人行为还是整个社会制度，正义只是关注利益和负担的分配形式。正义的主题是权利和特权、权利和机会的分配以及对物质资源的支配。从适当的广义角度审视"资源"这个词，简约地说正义只是关注稀缺资源的分配——这些资源的分配造成了潜在的利益冲突。同时如果当我们说某某是不正义的，是否是在指谓某个行为或某个制度，我想总的来说答案就是如此。

第八章　建构正义的理论（1）：两个阶段的若干理论 P378－409

P390　从这个讨论中我得出的结论是，仅有一个途径可以创制完全建立在效用最大化动机基础上的作为互利性的正义理论。那也就是将不合作底线界定为产生于策略性的获取相对优势，进而经由为合作性盈余的划分而进行假想的交易达到帕雷托临界点。

P401　现在我们要开始讨论另外一种研究路径，其中各项制度的评定不是根据所能预测的结果而是根据直接创造的资源进行的分配。毫无疑问，这样一来在宏观层面就会产生两个阶段的问题，因为，究其本质，我们拥有权利体系，并且正如我们看到的那样，权利本身就包含着解决公平划分的根据。因此，简言之，问题就变成了什么版本的两个阶段的理论更为可取。

第九章　建构正义的理论（2）：原初状态的诸理论 P410－450

P420－421　《正义论》存在的问题在于，正义的环境从原初状态转向正义的原则获得应用的真实状态。订约人被告知，正义的环境在他们设计原则的条件下发挥作用。这当然也暗示了，不管他们同意的原则是什么，都会对事前和事后的预测产生互利性的后果。当他们从无知之幕后出现时，他们一定会发现正义就是针对在完全信息的情况下进行两个阶段游戏得出的解决方案。

第十章 结语 P451－477

P460－461 公正的基本观念就是要求人们能够站在别人的立场上设身处地地考虑问题，这种观念可以通过两种不同的方式加以充实。其一是询问当事各方如果他们不知道各自所处的位置他们会赞成什么结果。这种观念通过阻止当事各方得出有利自身的回答进而保证了公正的实现。其二是要求当事各方提出他们认为所有人都应该可以接受的分配权益和责任的基本原则，而这里面的所有人不仅偏爱无法达成协议的结果而且处于没有任何交易压力的状态下。

──【参考文献】────────────────────

[1] 麦金太尔. 谁之正义？何种合理性？[M]. 万俊人，吴海针，王今一，译. 北京：当代中国出版社，1996.

[2] 罗尔斯. 正义论 [M]. 何怀宏，何包钢，廖申白，译. 北京：中国社会科学出版社，1988.

[3] 罗尔斯. 作为公平的正义：正义新论 [M]. 姚大志，译. 北京：三联书店，2002.

[4] 彼彻姆. 哲学的伦理学 [M]. 北京：中国社会科学出版社，1990.

[5] 萨缪尔森. 经济学 [M]. 北京：商务印书馆，2012.

[6] 哈耶克. 自由秩序原理 [M]. 北京：三联书店，1997.

十一、《社会正义原则》

[英] 戴维·米勒

应 奇 译

江苏人民出版社，2001 年

【作者简介】

英国学者戴维·米勒（1946—　），现任牛津大学纳菲尔德学院著名的政治哲学教授，著名政治理论家，当代市场社会主义和多元正义理论的主要代表人物之一，也是西方马克思主义学派代表人物之一。米勒从政治经济学的视角，开创了一种崭新的市场社会主义模型——"合作制的市场社会主义"。米勒既是社会多元正义论的推崇者，也是市场社会主义的倡导者，在综合政治哲学研究与社会科学研究基础上，米勒从一个全新的角度考察了社会正义，他的正义理论被称为多元正义理论。1967 年 6 月，米勒获得剑桥大学数学和道德科学的学士学位。1974 年 5 月，获牛津大学哲学博士学位。

在社会正义原则方面，米勒反对诸如罗尔斯、诺奇克等政治理论家的只有一种正义原则的各种学说，辩称不能用单一原则来量度正义，提出了多元正义理论。同时他也参与到了新自由主义与社群主义相互辩驳与争论的过程之中，体现了社群主义的价值观，成为社群主义的代表人物之一。除了《社会正义原则》，其主要著作还包括：《社会正义》（1976 年）、《无政府主义》（1984 年）、《市场、国家与社群：市场社会主义的理论基础》（1989 年）、《一种市场社会主义的构想：它的运作及其问题》（1991 年）、《自由》（1993 年）、《平等和市场社会主义》（1993 年）、《社会正义原则》（1999 年）、《公民与国民身份》（2000 年）、《审慎民主与社会选择》（2002 年）、《政治哲学简明导论》（2003 年）。

───【写作背景】────────────────────────────

社会背景：从 1979 年至 1997 年英国工党经历了 18 年之久的在野生涯，尤其是 1983 年 6 月英国工党的大选失利，使英国工党的支持率创 1918 年以来的最低纪录。当时，撒切尔夫人政府推行的新自由主义经济政策大行其道，掀起了私有化的高潮。为了在工党社会主义理论方面寻求突破，工党领袖金诺克引导全党就关系到工党基本纲领的重大理论问题进行了讨论，工党智囊机构费边社特邀了由社会知名学者和大学教授组成的同情工党的"社会主义哲学"研究班成员，定期集会，希冀通过理论的突破来赢得民心。在此背景下，当时在英国剑桥大学的戴维·米勒，怀揣着复兴当时英国工党的政治抱负，出版了《社会正义原则》一书。在此书中米勒更倾向把自由主义、多元主义与社会主义糅合在一起，希望能通过对社会正义原则的规划来建构合作制的市场社会主义，实现工人劳动者在合理社会中的自由而全面的发展。

学术背景：自 1971 年罗尔斯的《正义论》问世后，该书突破了沿革数百年功利主义政治理论的樊篱，重新引起了西方学术界对社会正义的关注。罗尔斯的理论被认为是西方新自由主义学派的典范，他认为社会正义原则针对的主要是社会不平等问题，其中最著名的便是"差别原则"。差别原则主要是规定经济和社会福利领域的分配，它强调对这些范围内的不平等分配应该对最不利者有利才行，罗尔斯的观点正好支持了当时盛行于欧美的福利主义。然而，以诺奇克为代表的自由主义者也对功利主义政治哲学进行了激烈的批评，诺奇克在社会正义理论的建构方面提出了异于罗尔斯的观点，诺奇克反对罗尔斯的新自由主义正义观，反对福利分配，他用"持有的正义"代替了"分配的正义"。

由于罗尔斯对受惠最少的社会弱势群体的关注已经引起了许多合法既得利益者的不满，而诺奇克为既得利益者的辩解则不符合当今社会对福利政策的推崇，亦无法实现社会正义的总体目标，20 世纪 80 年代以后，针对现实问题对社会正义理论的挑战，社群主义力量突起，提出了与自由主义单一原则不同的多元正义理论，沃尔泽和米勒是这一主要代表。沃尔泽注意到简单平等原则所导致的社会正义在国家主义与私人特权之间的摇摆不定，提出了一种复合平等观。他强调，对分配正义的最好解释，是对它的各部分加以解释，就是对社会不同领域内的"具有决定意义的"物品及其各自的分配原则进行阐释，这正是多元正义所要求的。但是沃尔泽复合平等观所要面对的是，正义原则如何通过对不同物品的意义的解释而获得真正实行，如何真正解决分配正义的问题。对此，倡导市场社会主义的社群主义者戴维·米勒，在1999年发表了《社会正义原则》一书，他放弃了沃尔泽直接诉诸社会物品的意义来阐述正义原则的路径，转而从人类关系的样式入手建立社会正义理论。米勒的正义理论被称为多元正义理论，他通过对现有正义理论的批判继承，逐渐形成独树一帜的正义理论。此著作在西方政治哲学领域尤其是社会正义理论方面具有一定的影响，为我们探讨社会正义问题提供了一个不同于以往的视角。

──【中心思想】──

《社会正义原则》一书共分12章，28万字。针对政治哲学家提出的用以解释正义的现有理论未能把握住通常人们思考社会正义问题的方式，该书冲出了现代性的困境，脱离了普遍正义论，开启一种多元正义理论。

首先，该书确定了社会正义的环境。米勒在这本著作中综合了政治哲学和社会科学研究，从人类关系的模式入手，探讨社会正义的适用环境。米勒认为只有在社会正义的环境内对一些基本的理论问题做出必要的初步的回答，才能详细阐明社会正义理论。本书中米勒提出了构成社会正义的三个原则，即需要、应得和平等。全书主要分析的内容包括：社会正义原则的适用环境，社会正义理论的构造方式，人类关系的三种模式及其所适用的正义原则，分配正义的经验研究与大众信念，程序正义与结果正义的关系。该书的目标"就是去找出当人们把他们所处社会的某些方面评判为正义或不正义的时候所运用的潜在原则，并进而表明无论是独立地看还是把它们放在一起，这些原则都是首尾一贯的"①。

其次，该书从"人类关系的模式"出发把现代人类社会关系可分为三种模式：团结的社群、工具性联合体以及公民身份。在所谓"团结的社群"中，人们之间产生相互理解和相互信任的关系，他们把他们的生活和命运看作是相互交织在一起的。他们的团结产生了相互之间强有力的责任感。所谓"工具性的联合"，是指人们以功利的方式相互联系在一起，经济关系是这种模式

① 戴维·米勒. 社会正义原则［M］. 应奇，译. 南京：江苏人民出版社，2001：1.

的典范。对所谓"公民身份联合体"来说，首要的分配原则是平等。对于缺少作为社群的正式成员发挥作用的必要资源的公民，要求提供给他们那些资源是完全正当的。

再次，该书分析了程序正义和结果正义冲突的理由。为了批驳那些坚持正义只是程序性的而非结果性的激进自由主义者，米勒分析了为何正义的程序难以达到正义的结果。米勒坚持实质的或结果的正义在社会评价中的优先性，但他也试图调和程序正义与结果正义之间的冲突，寻求程序的公正来实现理想的正义结果。米勒还阐述了平等和正义的关系，区分了两种不同价值的平等。

最后，该书的作者表明了在"全球化"或"文化多元主义"的时代背景下所持的正义立场。米勒反对社会正义的怀疑论立场，但对社会正义如何真正可行同样存在着困惑，特别是在我们称之为"全球化"或"文化多元主义"的时代。"全球化"或"文化多元主义"这两种趋势对社会正义提出了挑战。在似乎是相互矛盾的两种趋势下，社会正义的环境得到了超越，民族的政治边境受到了一定的侵蚀，真正的全球正义好像是乌托邦，社会正义的前景似乎是非常黯淡的。米勒深入思考和分析之后，全面评价了全球化论者和多元主义者的观点，认为应当积极应对全球化和文化多元主义的挑战，并提出了社会正义的追求应采取两手策略。

—— 【分章导读】

第一章　社会正义的范围　这一章米勒主要描述了他眼中社会正义原则的适用环境。米勒所谓"社会正义的环境"是"社会正义能够作为可操作的、指导政策的理想发挥作用的环境，这一理想则是具有政治相关性的，而不仅是一个空洞的词组"①。他先向我们阐述了有关分配正义的传统观念，像亚里士多德、阿奎那以及自由主义社会哲学家的社会正义理论。接下来，他指出，社会正义发挥作用是需要一定环境的，这种环境满足下列三个前提："首先，我们得假定具有确定成员的有边界的社会，这一社会形成了一个分配的领域。各种正义理论试图去证明的正是眼下这一领域的公平或不公平。"②"与第一个前提——就是在谈论社会正义时，我们默认地或公开地设想着形成分配领域

---

① 戴维·米勒. 社会正义原则 [M]. 应奇，译. 南京：江苏人民出版社，2001：2.
② 戴维·米勒. 社会正义原则 [M]. 应奇，译. 南京：江苏人民出版社，2001：5.

的人们的一个相互联系的团体——相联系的第二个前提是，我们提出的原则
必须运用到一批可认定的制度，而这一制度对不同个体的生活机会的影响也
是能够描绘出来的。""自然地，从第二个前提派生来的第三个前提是，存在
着能够或多或少以我们赞成的理论所要求的方式去改变制度结构的某些机构。
光提出改革基本结构的原则而没有贯彻这些改革的手段是无济于事的。"① "以
上阐述的这三个前提确定了社会正义的环境，如果我们不是居住在有边界的
社会之中，或者如果人们享有好的东西和坏的东西的份额不以我们可以理解
的方式依赖于社会制度的一种确定的组合，或者如果不存在一种能够调节基
本结构的机构，那么社会正义的观念在这样的世界中就将没有用武之地。"②
米勒认为正是这种环境，使社会正义能够作为可操作的指导政策的理想发挥
作用。

在对上述社会正义环境进行分析的基础上，米勒又提到了正义原则所适
用的社会领域，并且强调民族国家的特殊地位。这一章起到了总领整本书的
内容的作用，可以说之后的论证都是以第一章所设定的正义环境为基础的，
是对这一章内容的进一步分析。

第二章 正义理论大纲 这一章米勒主要分析了社会正义原则的构造方
式。为了解答如何构造社会正义理论这个问题，米勒区分了三种正义理论的
构造方式。

第一种是通常的策略，即寻求潜在和活跃于人们的至少是绝大部分直觉
判断中的一些或一组抽象的原则，这种方式是要通过剥除具体质料，剩下一
般的框架以达到全体一致。在他看来，这种策略或许能换来一致，但要付出
很高的代价。在抽象化的过程中，我们抛弃了正义在具体情形要求我们具备
的许多直觉，其结果则是所达成的原则并不能提供我们所需要的实际指导。

第二种是怀疑论，它暗示没有一种普遍的正义理论可以宣称具有客观性。
怀疑论的一种形式是坚持关于正义的主张只不过表达了做出这种断言的人的
感情而已，这种观点是 20 世纪的逻辑实证主义者所主张的。另一种怀疑论观
点则认为关于正义的信念纯粹是习俗性的，反映的是特定社会的习惯和实践，
它会随社会安排的改变而改变，这正是帕斯卡所主张的。还有就是如柏拉图
《理想国》中的色拉叙马霍斯所主张的，正义即是强者的利益，正义观念不过

---

① 戴维·米勒. 社会正义原则 [M]. 应奇，译. 南京：江苏人民出版社，2001：6.
② 戴维·米勒. 社会正义原则 [M]. 应奇，译. 南京：江苏人民出版社，2001：7.

是那些希望达到维护有利于他们利益的社会关系这一目的的强有力的个人或个别阶级所强加的。

他又提到了一种较少虚无主义的观点，即如果正义的实质性一致无法达成，人们在用来解决其分歧的程序上达成共识仍然是可能的。但米勒认为，这是有一定限度的，对公平程序的依赖会与实质性一致的背景相冲突。针对上述的正义理论的构造方式，米勒提出了第三种构造正义理论的途径，即不是直接从直觉性信念跳跃到高度抽象的原则，而是从发现指导那些信念的实际原则开始，确定人们如何把他们关于正义的思考分门别类。接下来米勒所做的也就是：以此为基础，以理论的方式揭示出正义原则的多元性。对于如何按照第三种方式构造正义理论，米勒提出了以不同的人类关系模式为基础的正义多元论："为了以一种新的眼光观察瓦尔策提出的非常富有启发性的例子，我打算提出一种不同的正义多元论。我的方案不是从社会物品及其意义开始，而是从我所谓'人类关系的模式'（modes of human relationship）开始。人类之间存在各种不同关系，首先通过观察我们的关系的特殊性，我们能最好地理解别人向我们提出的正义要求……"

米勒下面进行的工作便是具体分析三种基本的关系模式，它们分别称作"团结的社群（solidaristic community）、工具性联合体（instrumental association）以及公民身份（citizenship）"①，"团结的社群，它存在于人们共享民族认同之时，而这种认同是由人们作为具有共同的民族精神的相对稳定的群体的一员来定义的"②。在所谓"团结的社群"中，人们之间产生相互信任和相互理解的关系，彼此的社会生活和命运看作是联系在一起的。他们的团结产生了相互之间强有力的责任感。在前现代社会中，它体现为村落社群；在现代社会中，家庭是团结的社群的主要形式，俱乐部、宗教团体、工作小组、职业协会是较为松散的形式，民族则是间接的形式。在团结的社群内部，实质性的正义原则是按需分配。每个人都被期望根据其能力为满足别人的需要做出贡献，责任和义务则视每种情况下社群联系的紧密度而定。如果这种社群不能提供满足其成员需要的支持，或者其成员不能依据其能力为满足别人的需要做出贡献，不能承担相应的责任或尽自己的义务，这样的社群就失去了其正义的性质。这里所说的"按需分配"，并不是以物质极大丰富为前提，

---

① 戴维·米勒. 社会正义原则 [M]. 应奇，译. 南京：江苏人民出版社，2001：27.
② 戴维·米勒. 社会正义原则 [M]. 应奇，译. 南京：江苏人民出版社，2001：27-28.

而是以资源相对匮乏为前提，否则它就不能作为一个正义原则。同时，这里所说的"需要"，是所谓的"内在的"需要，以及所谓"无条件的"或"基本的"需要，它指的是最低限度的东西。这种需要本身并不是工具性的，而是目的性的。对于如何确定具体的按需分配的比例，他指出，没有一种完美的正义原则，因此应当采纳使最终结果中的不正义最小化的政策。为了平衡不正义，应当以未满足的需要为准绳来观察每个人的处境。无论哪一种分配，只要它产生的差距的总和是最低的，就可以断定它是最为平等的，并因此在这种情况下是最为公平的。

工具性的联合是建立在经济关系之上的，它"以功利的方式相互联系在一起，经济关系是这种模式的典范"，人们彼此作为物品的买方和卖方相互联系，或是"我们彼此合作生产准备在市场上出卖的产品"。人们在其中彼此虽然也有团结性的特质，也存在友谊、忠诚和相互的理解等紧密的联系，但主导的关系是工具性的并受功利主义的支配，参与者是为特定的目标进行合作的相互陌生的个体，每一方都把他人认作只是为了互利才与之合作的自主的行动者。"每一个人作为具有用来实现其目标的技术和才能的自由行为者加入到联合体当中来"，为了追求相应的赏酬而联合在一起，对工具性的联合而言，"相应的正义原则是依据应得分配"，"当其所得与其贡献相等时，正义就得到实现了"①。这里的应得，主要是依据行为和业绩，而品质只能作为由行为和业绩派生出的次要根据。

对于公民身份，米勒认为："在现代自由民主制条件下，政治社会的成员不但通过他们的社群和他们的工具性联合体，而且作为同等的公民相互联系。"因此，所谓公民身份是指社会的任何正式成员都是具有"公民地位的一组权利和责任的承担者"。每个公民都具有共同的社会和政治地位，他们享有同等的自由和权利。因此，"公民身份联合体的首要的分配原则是平等。公民的地位是一种平等的地位：每个人都享有同等的自由和权利，人身保护的权利、政治参与的权利以及政治社群为其成员提供的各种服务"②。对于缺少作为社群的正式成员发挥作用的必要资源的公民，要求提供给他们那些资源是完全正当的。这样，从公民身份的角度看，医疗帮助、住房条件和收入支持对有些人来说就是一种需要。米勒不是简单地将三种关系模式与三种正义原

---

① 戴维·米勒. 社会正义原则［M］. 应奇，译. 南京：江苏人民出版社，2001：29.
② 戴维·米勒. 社会正义原则［M］. 应奇，译. 南京：江苏人民出版社，2001：32.

则相对应，而是继续深入地考察了三种关系模式并置可能产生的某种两难处境。米勒认为关系模式并置产生的冲突可以得到协调和平衡，因而也就构建了他所提出的多元主义的正义论。

第三章　社会科学和政治哲学　上一章米勒表明了一种恰当的正义理论必须考虑一般大众理解正义的经验证据，因而在这一章中米勒便要考察当今社会学家、社会心理学家、政治学家和经济学家对这类证据的搜索以及估价其对政治哲学的重要意义。通过这一章，米勒想向我们表明正义的科学研究和哲学研究相互依赖的原因。首先，通过对经验主义的调查者的正义概念的研究，论证了这样的观点：为了区分由正义指导和不由正义指导的信念和行为，对正义的经验研究必须依赖于规范的正义理论。接着，他又转向了政治哲学家的理论，选择了这方面比较有代表性的人物——罗尔斯的正义理论进行了分析，他的论证是以罗尔斯关于深思熟虑的判断的概念为转移的，同时论证的目的在于阐明政治哲学家的理论必须放在社会科学研究所揭示的大众信念的背景下加以考证。这一章中米勒试图综合社会科学和政治哲学，并且说明不同的正义规范理论适用于不同的社会情境。

第四章　分配正义：人们所想的　这一章米勒试图概述关于社会正义的大众信念，并评价那些认为这些信念不必认真对待的反对意见。这一章可以说是为论证第二章所刻画的理论的合理性去整理证据。在关于分配正义的大众信念的分类过程中，米勒提出了两个维度，即小团体情形中的分配正义和整个社会的正义问题。在小团体情形的分析中，米勒考察了小群体对应得和平等原则的态度、这两个原则进行转换的情况以及影响应得—平等选择的因素。米勒认为当对作为分配标准的应得、需要和平等进行比较时，有两个因素有助于我们判别应得标准和平等标准，"其中一个是对群体能够存在多久的预期。暂时性的群体倾向于支持贡献原则，而那些期待未来与他们的同伴相互影响的人则更倾向于赞成平等原则。另一个因素则是在群体中进行的讨论。允许为其自身确定该采纳哪一种分配原则的人更有可能支持平等"①。不过，"支持需要原则比支持平等原则通常要求更高程度的团结。如果说竞争性的或工具性的关系鼓励应得这一分配标准的运用，而高度合作性的或团结性的关系则激发了需要标准的运用，那么平等标准就适用于以下这样的群体，这种群体表现了足够的团结，能使其成员放弃以不同贡献为基础的要求，但又没

---

① 戴维·米勒. 社会正义原则［M］. 应奇，译. 南京：江苏人民出版社，2001：70.

有达到使其成员愿意超出机械的平等而考虑到个别境况（指人们的需要各不相同）的程度"①。而后，他又对整个社会规模上的分配情形进行了论述，指出在其中存在着这样的信念模式：根据贡献进行酬劳的原则占统治地位，而以某种程度的平等主义作为补偿。接下来，米勒对社会心理学家对以需要为基础的正义原则的分析和罗尔斯的差别原则进行了评价，从中他得出了关于社会正义的大众信念的几点结论："首先，人们似乎相当精通社会正义这一观念：他们打算把分配正义的标准运用到现存的社会安排中去，并用概括的术语指明一个正义的社会该是什么样的（即使他们对达到这样的一个社会的可能性持怀疑态度）。……其次，就他们认识到的几种不同的正义标准而言，人们关于分配正义的思想是多元主义的……第三，应得和需要标准在这种思考方式中起到了显著的作用。"②

第五章 程序和结果 这一章米勒向我们表明了他坚持这样一种观点："在一个社会的主要制度符合需要、应得和平等的原则——这些原则一起确定了把利益和损失分配给个体成员的总体模式——的意义上，这个社会是正义的。"③ 不过，将需要、应得和平等作为社会正义的基本原则，在激进自由主义者看来这似乎是将正义作为某种结果，而不是将其理解为程序。他写道："我希望为一种把焦点主要集中在结果上的社会正义观进行辩护：一种把第一位的重要性指派给在个人之间对资源的最终分配，而只赋予用来达到那种分配的机制以次一等的重要性的社会正义观。"④ 米勒对那些坚持正义只是程序性的而非结果性的激进自由主义者进行了批判性的评价，他指出："的确存在着一种程序正义，它被确定为不依赖于这些程序所导致的结果；一个社会的制度和实践应当遵循这些程序，这是社会正义的一个重要的要求。然而，在绝大多数情况下，人们也能够独立于导致产生这些结果的程序而对结果的正义或不正义做出判断，因此，我们能够从程序中发现的一个主要性质恰恰就是程序应当很好地适用于产生正义的结果。"⑤ 程序正义和结果正义有时是冲突的，米勒分析了为何正义的程序难以达到正义的结果：理由之一是"认知上的虚妄"；理由之二是"外在于程序的背景条件会对最终的结果产生影响"；

① 戴维·米勒. 社会正义原则 [M]. 应奇，译. 南京：江苏人民出版社，2001：80.
② 戴维·米勒. 社会正义原则 [M]. 应奇，译. 南京：江苏人民出版社，2001：99.
③ 戴维·米勒. 社会正义原则 [M]. 应奇，译. 南京：江苏人民出版社，2001：102.
④ 戴维·米勒. 社会正义原则 [M]. 应奇，译. 南京：江苏人民出版社，2001：116.
⑤ 戴维·米勒. 社会正义原则 [M]. 应奇，译. 南京：江苏人民出版社，2001：103-104.

理由之三是两种或多种程序相互交叉，使结果成为联合后果①。米勒坚持实质的或结果的正义在社会评价中的优先性，但他也试图调和程序正义与结果正义之间的冲突，寻求程序的公正来实现理想的正义结果。

分析了正义的程序难以达到正义的结果的三个原因后，本章得出程序正义与结果正义的关系是这样的：在绝大多数情况下，不预先知道试图达到的分配结果，从而去确定用来分配某些物品的一种公平的程序是无法进行的；同时，选择一种程序，恰恰是因为它能够很好地适用于产生正义的结果。

第六章 德性、实践和正义 本章是米勒对阿拉斯戴尔·麦金太尔（Alasdair MacIntyre）在《德性之后》（After Virtue）和《谁之正义？何种合理性？》（Whose Justice? Which Rationality?）中提出的正义理论所进行的仔细的、批判性的考察。米勒这一章的大部分内容都是对麦金太尔以实践为基础的德性观的分析与评价。首先，米勒对麦金太尔关于实践的定义——"通过社会确定的合作性人类活动的任何一种连贯的、复杂的形式，通过它，内在于那种活动形式的好在力图达到那些适合于并对那种活动形式具有部分决定性的卓越的标准的过程中得以实现，而这又具有这样的结果，达到卓越的人类的力量和其中包含的人类对目的和好的观念都得到了系统的扩展。"——进行了分析，提出两个要素：内在的好的观念以及卓越的观念。接下来，他向我们描述了麦金太尔是如何把正义观与实践观联结在一起的，又转向了对这样一种方式的具有批判性的考察。他从实践的概念与内在的好的观念入手，指出麦金太尔没有做出自我包含的实践和目的性实践的区分，而后一直要解决这样一个问题：与德性有重要联系的实践是自我包含的还是目的性的。最后，米勒又对《谁之正义？何种合理性？》后面部分所阐述的托马斯主义正义观进行了简单的评价。

第七章 应得的概念 应得的原则是米勒三个社会正义原则中之一，这章的主要任务在于为关于应得原则本身的积极观点进行辩护；次要的任务在于针对关于应得的消极的观点，为多元主义的应得和正义观点进行辩护。这里米勒向我们表明应得概念与正义的关系是十分相关的。首先，米勒从应得概念本身入手，将其区分为主要的应得判断、次要的应得判断和假冒的应得判断。主要应得判断"是应得概念的核心"，次要应得判断是"援引这一概念，但它是寄生在主要的判断上的"，假冒应得判断"运用了应得的语言，但

---

① 戴维·米勒. 社会正义原则［M］. 应奇，译. 南京：江苏人民出版社，2001：104－105.

事实上诉诸某些其他的伦理观念"①。而后，米勒又探讨了应得作为一个制度性概念的情况，他认为应得观念至少以两种方式依赖于制度。"首先，在适当的制度付之阙如的情况下，就不可能存在据称是人们应得的许多利益。"②"其次，在许多情况下，业绩之所以具有这种构成应得的基础的资格只是因为存在着相关的制度。""正是制度的存在使得业绩或能力成为应得的一种可能的基础。"③

米勒所说的应得"首先是一个前制度的概念。当我们援引它时，十有八九是在根据关于构成对个别行为的合适反映的在先的观念对我们的制度运作的方式进行评价。应得是一个批判性的概念：当我们说'他应得这个'或'她不应得那个'时，我们恰恰是在对我们的制度在特定的场合或一般的场合分配利益的方式提出挑战"。不过，米勒应得"要求的逻辑并不是'因为制度现在是这样运作的，这就是 A 得到的结果'，而是'如果运作的制度给予他的业绩以恰当的承认，这将是 A 会得到的结果'"④。

接下来，米勒又转向了对应得和运气的关系的简单考察。通过这一系列分析，米勒认为应得原则不是完全确定的，它为正义的其他原则留下了发挥余地，这也为以后的内容埋下了伏笔。

第八章　应得的工作　这一章米勒所考察的是在最胜任的申请者应得工作的观点中所包含的基本概念问题。他要通过对应得的理解帮助我们弄清是否以及怎样把应得的概念扩展到应得的工作之中。首先，他阐述了关于应得工作的原则的三种大众解释，即西季维克提供的适当性原则（相当于对择优录取原则的重新解释）、对应得原则的报酬解释和应得原则的对表现在委任时刻的才能的奖赏原则，同时分析了这三种解释在应得工作原则方面所面临的困难，并且经过前面的论证做出了对应得原则的最终表述。此后米勒又考虑到了相关的反对意见，对瓦尔策在奖金和公职之间的对比进行了评价。最后，他考察了自己所辩护的应得原则对职业市场中的实际歧视问题产生影响的情形。通过上述论证，米勒试图澄清应得工作的原则，同时也为下一章探讨精英管理的广义观念做了理论准备。

---

①　戴维·米勒. 社会正义原则［M］. 应奇，译. 南京：江苏人民出版社，2001：147.
②　戴维·米勒. 社会正义原则［M］. 应奇，译. 南京：江苏人民出版社，2001：152.
③　戴维·米勒. 社会正义原则［M］. 应奇，译. 南京：江苏人民出版社，2001：153.
④　戴维·米勒. 社会正义原则［M］. 应奇，译. 南京：江苏人民出版社，2001：158.

第九章　为精英管理喝两声彩　开篇米勒就宣称，这一章的目标在于向我们陈述他对精英管理的一种适当辩护。这一章所表明的观点是：在当代社会中，并没有一种很彻底的理由阻止我们实施精英管理这一理想。一开始，米勒便提到精英管理的理想所遭到的攻击，同时在回应这些批评之前，他对其进行了更为细致的区分。之后他回到了最具有代表性的批评——哈耶克的论证，将这种论证分为两个部分：首先，哈耶克在价值和品质之间做出了区分，并认为一个人的品质不能由他或她的行为的价值加以评估；其次，在市场情境中，活动具有一种确定的价值的观念是错误的。接着他又转向了诸如奥菲和扬的攻击，通过对这些反对意见的分析与评价，米勒试图向我们表明这样这种主张：择优原则可以运用到市场环境中，而精英管理与市场经济不存在深刻的对立。这之后米勒考虑到了精英管理会遇到的困难，考虑到对精英管理的辩护可能会遭到削弱的危险，他提出了两个补救办法。最后他表示，精英管理的顺利实施必须坚持平等原则和得到制度补偿，同时品质和平等是兼容的。

第十章　"各取所需"　这一章米勒"所关心的问题是根据作为正义的一个原则的需要的分配"。在三种基本的关系模式内部，人们所遵循的原则或起支配作用的正义观念分别为需要、应得和平等三个原则。需要的原则是指像家庭、村落、宗教团体、工作小组、俱乐部和职业协会，以及民族等这样一些团结性社群所奉行的原则。"在团结性社群的内部，实质性的正义原则是按需分配。"这一章米勒"所关心的问题是根据作为正义的一个原则的需要的分配。之所以要强调这一点是因为我们也会把'各取所需'用作促进其他目标的指导性规则。如果我们是被把人类的痛苦减少到最低限度的人道主义的关怀所驱动的，而且我们得确定如何在申请者之间分配有限数量的资源——例如在饥荒救济的情况中——那么我们就得把需要的强度作为指导性的标准"。"在这样的情形中，正义和人道并不常常是相互一致的，因此我们就会面对在公正地对待个人和遵循从人道主义的理由看会具有总体上最佳结果的政策之间进行选择的两难处境。"① 因此，本章的分析集中在两个问题上。一是在米勒所设定的社会正义环境中该如何理解"需要"；二是在能得到的资源要少于满足根据确定的标准可以算做需要的所有要求的情形中，根据需要分配资源即按需分配是什么意思，需要原则对冲突的解决又是如何进行的。

---

① 戴维·米勒. 社会正义原则［M］. 应奇，译. 南京：江苏人民出版社，2001：227.

米勒认为，应当根据"共享的社会规范"来确定人的需要。米勒所指的是需要能够被当作使得人们在他们的社会中过上一种体面的生活的那些条件。"为了使'各取所需'成为一个可行的正义原则，我们要求的只是希望实行这种原则的社群内部关于需要的共识。我已经给出的解释——并不忽视'需要'的生物学的内核，但强调对充斥在其周围的一种最低限度的体面生活的社会理解——满足这个要求。"① 首先，"每个人的具体需要会各不相同"；其次，"用来定义需要的活动仅仅是人们（除最穷的人外）在任何社会中实际上能够完成的活动的一个小小的子集"；再次，"如果人们确实发现某种活动无价值可言，他们并不会被强迫去使用据判定是他们需要的东西"②。

第十一章 平等和正义 本章米勒的注意力集中在平等的观念上，并着重分析平等和正义的关系。关于平等和正义的关系，米勒分析了其他政治哲学家的观点，认为存在着两种不同价值的平等，一是分配性的平等，即把平等地分配某种利益当作正义的要求，因此，它与正义有联系。另一种是地位的平等，它独立于正义，表达了这样的理想：在谈及社会不公平时，它主要是反对不平等，不适当的社会关系的性质，而不是关于分配的不公平。对这两种平等，米勒认为，第一种是通过指出在个人所得超出他的正当权利的分配来说明不平等的具体表现；第二种则是通过指出大量的不平等的社会性质，阐释了这样的社会理想：只有一个平等的社会才是正义的社会。没有平等，社会正义就无从谈起。米勒认为在两种平等价值里，一种是个人主义的，另一种是整体论的，在平等的价值是以个人主义的还是以整体论的方式才能得到最好的理解的问题上，米勒的多元主义正义论得到了发挥，避免了陷入必选一种的窘境。"对于'平等的价值是以个人主义的还是以整体论的方式才能得到最好的理解？'这一问题，我的回答是'两者兼而有之'。我们不应当陷入认为只有一种有价值的平等而又必须在对那种价值的个人主义的或整体论的解释之间做出选择的窘境。"③

第十二章 社会正义的前景 本章的任务是探讨是否当前的趋势特别是全球化和文化多元主义正在引领我们超越社会正义环境。经过前面几章对社会正义的深入思考和分析之后，米勒在本章全面评价了全球化论者和多元主义者的观点。首先，他对全球化和多元主义概念进行了界定。所谓全球化是

---

① 戴维·米勒. 社会正义原则［M］. 应奇，译. 南京：江苏人民出版社，2001：237.
② 戴维·米勒. 社会正义原则［M］. 应奇，译. 南京：江苏人民出版社，2001：234-235.
③ 戴维·米勒. 社会正义原则［M］. 应奇，译. 南京：江苏人民出版社，2001：260.

"这样一种过程，通过它，民族的政治边界以这样的方式遭到侵蚀，从而使每个地方的人们的生活机会越来越依赖于国家对之几无控制的一种全球市场"。所谓文化多元主义，"指的是这样一种过程，通过它，现存国家内部的各种群体——宗教群体、族群、由性别或性取向定义的群体，如此等等——越来越坚持他们独立的文化认同并要求给予那些认同以政治上的承认"①。

米勒认为在全球化和文化多元的影响下，政治社群不断地沿着文化的界线分裂，而国家则越来越无力改变全球市场产生的资源分配。这样，似乎快速的发展超越了社会正义的环境，因此我们应当积极应对全球化和文化多元主义的挑战。而"全球化"或"文化多元主义"就是对社会正义提出挑战的两种趋势。在似乎是相互矛盾的两种趋势下，社会正义的环境得到了超越，民族的政治边境受到了一定的侵蚀，真正的全球正义好像是乌托邦，社会正义的前景似乎是非常黯淡的。但是，当前的趋势是否由全球化和文化多元主义在引领我们超越社会正义的环境？米勒的回答是否定的。"全球化论者和文化多元主义者都是对错参半的。全球化论者错误地假设在全球化经济中促进社会正义是不可能的，因为社会正义的有些要素对经济效率具有一种积极的影响；但他们正确地指出了就经济行为者能够逃避民族国家施加的限制而言，（社会正义）其他因素特别是减少不平等的要素变得可疑了。文化多元主义者错误地断言文化差异必定会转化成关于正义的意义的分歧，但却正确地指出我们不能理所当然地把文化均质的民族作为分配的首要区域。"基于此米勒提出了社会正义的追求应采取两手的策略："一方面，我们得寻求促进旧原则的新方式，而在有些场合我们必须重新审视原则本身，以便弄清它们是否能在当代世界得到现实的遵循。"另一方面，"民族国家迄今为止是社会正义的主要工具，我们就必须在全球化经济的挑战中寻求强化它们的权威性和效率的方式"②。结尾处他写道："我的结论是：在 21 世纪对社会正义的追求将会比20 世纪的后半个世纪更为强劲；我们所辩护的原则应当是那种不会在面对我已经考察过的经济和社会变迁时立刻消失的原则；而我们得更为艰苦地思考关于范围的问题，思考在一个经济的、社会的和政治的边界不再恰好吻合的世界中，社会正义的领域应当是怎么样的。"③

---

① 戴维·米勒. 社会正义原则［M］. 应奇，译. 南京：江苏人民出版社，2001：275.
② 戴维·米勒. 社会正义原则［M］. 应奇，译. 南京：江苏人民出版社，2001：295.
③ 戴维·米勒. 社会正义原则［M］. 应奇，译. 南京：江苏人民出版社，2001：295－296.

──【意义与影响】──

第一，该书发展了多元正义理论，拓展了社会正义的理论空间。

米勒从"人类关系模式"出发，向以往政治哲学中坚持单一正义原则的观点发起了新的挑战，他的正义思想包含相当多的元素，如市场主义、自由主义、社群主义、社会主义、情境主义、制度主义、国家主义、全球主义以至社会正义方法论等，对现有的正义理论批判后发展了多元正义理论。米勒另辟蹊径，在其著作《社会正义原则》中从他所谓的"人类关系的模式"着手发展其社会正义理论。

第二，该书注重对社会正义的环境考察，使研究正义理论更具有现实性。

米勒的理论以多元的视角应对多样的世界，以基本趋于一致的正义原则保证正义的实现。因此，该书论证的焦点并不像以往的正义理论那么晦涩难懂，作者从日常思考中关注社会正义，认为人类社会关系是多种多样的，然而我们所讲的社会物品的分配实际上就是由人们之间的关系的性质、形式和所包含的内容决定的。只有从人类关系的特殊性来思考，社会正义的实施才是可行的。因此，米勒认为只有在社会正义的环境内对一些基本的理论问题做出必要的初步的回答，才能详细阐明社会正义理论。同样，社会正义的正义环境的确是米勒试图表明社会正义的观念存在实用价值的条件。

──【原著摘录】──

第一章　社会正义的范围 P1—21

P2—3　在绝大多数当代政治哲学家的著作中，社会正义被视作分配正义的一个方面，的确，这两个概念经常被相互替换使用。分配正义是一个源远流长的概念，它在亚里士多德奠基的正义的经典区分中占有一席之地，并通过阿奎纳和其他作家传入基督教传统。在这一传统中，分配正义意味在不同联合体的成员间的公平分配：在亚里士多德心目中，分配正义可能不只是把公共储备分配给贫穷的公职人员和公民，而且只在俱乐部和其他诸如此类的私人团体中对利益的分配。阿奎纳涉及的是在一个政治社群中对荣誉和财富的分配，但也同样涉及（比如说）对教职的任命。正因为这些是我们期望一种社会正义理论会提出的问题中的一部分，很自然地使得我们像这些古代哲学家那样把社会正义的观念简单地当作分配正义的一种扩展形式，也即把它看作是更为系统地追求并涉及更广大利益的分配正义。

P7 如果我们不是居住在有边界的社会之中，或者如果人们享有好的东西和坏的东西的份额不以我们可以理解的方式依赖于社会制度的一种确定的组合，或者如果不存在一种能够调节基本结构的机构，那么社会正义的观念在这样的世界中就将没有用武之地。

我们最终必须追问是否我们生活的这个现实世界尚没有超出社会正义的环境之外。但目前我将假定这种环境仍然存在，并更加细致地考察与其范围有关的某些关键性问题。这些问题是，首先，我们如何确定哪一种利益和负担属于社会正义理论范围？其次，什么应当被包括在理论所应用的基本制度结构之中，这样做将会给自主地追求他们自身目标的个人留下多少空间？第三，把理论的应用对象理解为物质分配是否使得（社会正义）概念过度狭窄化了，或者我们应当开展这一种理论，使其超出艾里斯·扬（Iris Young）所谓的"分配的范式"，并把诸如权力、统治和压迫之类的现象都包括在内？最后，我们是否仍然能够把社会正义视作只在民族共同体的边界内适用，或者我们必须扩大分配的领域，把超民族的组织甚至整个世界都包含进来？

P7-8 从社会正义所调节的正是对利益和损失的分配的意义上，让我们从确定社会正义的论题开始。一个利益的初步清单必须至少包括以下内容：金钱和商品，财产、工作和公职，教育、医疗、儿童救济金和保育事业，荣誉和奖金，人身安全、住房、迁移以及闲暇机会。这些必须与非惩罚性的损失和负担那些较短的清单并置：兵役，艰苦、危险和低级的工作以及照顾老人。

P12 总结起来说，在确定社会正义的主题时，我们不应当持独断主义的态度。我们能够确定，对诸如收入和财富、工作和教育机会、医疗保健等等此类的资源的分配是任何（社会）正义理论所关心的重点。

第二章 正义理论大纲 P22-44

P27 为了以一种新的眼光观察瓦尔策提出的非常有启发性的例子，我打算提出一种不同的正义多元论。我的方案不是从社会物品及其意义开始，而是从我所谓"人类关系的模式"（modes of human relationship）开始。人类之间存在各种不同的关系，首先通过观察我们的关系的特殊性，我们能最好地理解别人向我们提出的正义要求。

P44 正义理论应该向人们提供把他们自己当作公民的观念，就如同把他们自己当作家庭成员和经济行为者以及诸如此类的角色一样，并以这种方式试图去校正关于正义的日常思考中的扭曲成分。其目标应当是构筑具有我已经确定的并能相互协调平衡地得到坚持的三条标准的一种多元主义的正义论。

第三章　社会科学和政治哲学 P45－65

P55　如果用来解释经验证据的正义概念只是权威性地提供出来的，那么这种挑战就将是难以应付的。但是我对正义理论的基础的理解并不是这样的。我坚持认为，经验证据在对规范正义理论的辩护中发挥了重要的作用，或者换句话说，这种理论部分地是由其与我们关于正义的日常信念的证据的符合程度得到检验的。从这一角度来看，正义理论揭示了在表面上具有某种程度的模糊性、混乱性和矛盾性的一系列日常信念的深层结构。因此，一方面，正义理论允许我们通过不同的正义原则之间的区分以及正义和其他社会价值之间的区分来对经验探索的发现进行分类；另一方面，（经验）证据通过揭示人们事实上信奉的是哪一种正义原则帮助我们确证正义理论。

第四章　分配正义：人们所想的 P66－101

P80　怎样才能区分把需要作为优先的分配原则的社会情境与平等得到支持的社会情境？为了使需要被用作分配标准，人们得充分表露自己以便相关的需要得到估价，而其他人须具有信心，认为得到表露的需要是可靠的。……言外之意是，支持需要原则比支持平等原则通常要求更高程度的团结。如果说竞争性的或工具性的关系鼓励应得这一分配标准的运用，而高度合作性的或团结性的关系则激发了需要标准的运用，那么平等标准就适用于以下这样的群体，这种群体表现了足够的团结，能使其成员放弃以不同贡献为基础的要求，但又没有达到使其成员愿意超出机械的平等而考虑到个别境况（指人们的需要各不相同）的程度。

第五章　程序和结果 P102－121

P105　我们已经指出了一种公平程序也许仍然会产生伤害我们的正义感的结果的三个理由：认知的虚妄，背景条件以及交叉的程序。在这些情形中，我们该做些什么呢？在我们关于社会正义的一般思考中，我们应当分别给予程序正义和结果正义多大的分量？让我们从观察答案会随着情形的转移而发生变化开始我们的讨论。一个极端是只有结果才是重要的，另一个极端则只有程序才是重要的。

P112　遵循程序的公平的这四个标准具有改进结果正义的一般倾向，这当然是一件好事，因为程序正义和实质正义的完全分离将会使得实现社会正义成为比目前更为困难的任务。不过，我一直努力强调的是，程序正义是一种监督和高于它所达到的结果正义的价值，当程序包含对受其影响的人们的一种尊重时，我们能够最好地理解它的这个独特性质。

P121　与这种朴素的观点形成对照，我坚持认为，社会正义理论的目标必须是提供用来评价一个社会的主要制度和实践的标准，而不是直接规定资源的分配。

第六章　德性、实践和正义 P122－143

P131　我们必须面对的问题是：与德性有重要联系的实践是（用我已经使用过的术语）自我包含的还是目的性的。在这里，我要提出对自我包含的实践的两点观察。首先，它们只有在更为基本的社会职责已经被履行的条件下才能存在。在这个意义上，它们是一种奢侈的东西：它们只有在一个社会资源和人类的能力不再被要求用来满足物质生产的要求、社会秩序的维护以及诸如此类的东西的范围内才能繁荣。

P132　但是，我的第二个观察恰恰是，德性应当首先根据它们在支持自我包含的实践中的作用加以理解这一点无论在什么情况下都是可疑的。

第七章　应得的概念 P144－172

P152　应得的要求是从制度性的规约中获得力量还是具有先于和独立于制度的力量？……显然，我们的应得观念至少以两种方式依赖于制度。首先，在适当的制度付之阙如的情况下，就不可能存在据称是人们应得的许多利益。

P153　其次，在许多情况下，业绩之所以具有这种构成应得的基础的资格只是因为存在着相关的制度。

P171　总说起来，我已经论证了我们具有一个融贯的应得概念，因为它能充作社会正义的武库中的一种批判的武器，它是充分独立于我们现实制度的。在很大程度上，一个正义的社会是这样的一个社会：其制度被安排成使人们能够得到他们应得的利益，而关于现实社会的许多正当的抱怨可以通过诉求这一原则得以表达。……正因为它不是完全确定的，应得就为正义的其他原则留下了发挥作用的余地，正如效率和社会平等这些与它形成对照的价值一样。

第八章　应得的工作 P173－196

P184－185　总括起来，择优录取是大体上导致人们的贡献和他们的报酬最接近吻合的政策。甚至在实质性的原初就不正义的背景下，这一结果也是相当有力的。因此，这种政策能够通过援引完全不同于功利主义考量的正义（原则）得到辩护。任人唯亲和歧视政策之所以是不公平的就是因为可以预期它们会产生应得和所得报酬不一致这种状态。而且，受到忽视的最胜任的候选人能够正当地抱怨她是不正义的牺牲品，而这种不正义本来是可以通过获得与她的潜在贡献相称的报酬而避免的。

P196 这里我们就具有了这样一种情形：应得原则比后果论的推理更为赞成积极的歧视政策。从后果论的观点看，如果我们知道某人可能在我们的制度中表现恶劣——不管基于什么理由——再选拔那个人就是愚蠢的。尽管我在这一章的主要任务是澄清应得工作的原则而不是为它辩护，我还是确信这一原则在政治论证中具有重要的分量，不管是作为一个独立的原则还是作为在下一章中得到考察的精英管理的广义观念的组成部分。因此，它能够为至少一种形式的积极的歧视提供辩护就具有不可忽视的重要性。与初看起来相反，择优录取有时意味着给予来自于历史上社会地位低下的群体的申请者以特殊的考虑。

第九章 为精英管理喝两声彩 P197—225

P224 总体来看，对品质和精英管理观念的相当多的理智上的敌意似乎来自于它们是反平等主义的这种感觉，就是说，我们必须在对平等的信奉与对应得和品质的信奉之间做出选择。

第十章 "各取所需" P226—256

P245 这表明"各取所需"实际上包含了两个独立的命令。首先是帮助那些贫穷的人的命令。……第二个命令是给予每个人的待遇应视他或她的特定需要而定，如同我们已经看到的，这最好被理解成使在需要的大小方面的得分均等化的一种命令。

P246 如同我们看到的，在物品是能够完全地切分和转让的情况下，需要原则要求我们使人们在需要的大小方面的位置尽可能地相互接近：如果我的需要的一半得到了满足，你也应当这样。

P252 但是我们必须更为仔细地考察一下需要在这种社会中被择作分配的基础的理由。对此似乎有两个可能的答案。首先，按需分配被视作是分配社会准备提供的无论何种利益的公平的方法：我们选择需要而不是其他的标准，是因为我们把它当作是公平的标准。但是如果是这样，"各取所需"就被视作是先于它被包含进保险系统前就成立的一个正义原则：这种系统只不过是把社会中的成员已经看作是独立的原则形式化了。第二个答案则认为需要原则是基于与正义没有任何直接关系的理由而被择出的，例如它超出了合理的自利的范围。

第十一章 平等和正义 P257—273

P273 相反，我们需要考虑两种形式的平等：分配中的平等——它在某些（但不是其他的）情形中是正义的一个要求，以及地位平等或社会平等的相当不同的观念。……但它们仍然是不同的，并且来自于不同的政治传统：分配的平等来自于自由主义，社会平等来自于社会民主和社会主义。

第十二章 社会正义的前景 P274－296

P277－278 一种公正的市场经济会要求一种具有强烈的调节性和校正性的框架，而且……至少要满足以下五个条件。

首先，市场必须在平等的机会的背景下运作。进入市场的人们必须尽可能已经具有发展他们的技能和天赋的平等的机会，必须受到从工作和职业的广泛的范围中进行选择的鼓励，如此等等。尽管正义当下所要求的是应当根据人们的经济业绩进行酬劳，但只有当业绩上的差别来自于所说的个体的天赋、努力和选择而不是背景条件的差别（诸如他们在进入市场前受到的教育的质量）时，这个要求才具有十分的分量。第二，基于相类似的理由，反歧视的立法必须确保人们不管是作为雇员还是作为商品和服务的买方不会因为他人有偏见的态度而失败。第三，市场必须保持竞争性，从而使得人们只是基于他们提供的他人想要的商品和物品的份额而得到酬劳，而不是享用垄断的佣金，不管这些佣金是来自于经济的卡特尔，还是来自只许一定的行业进入的特许性实践。第四，围绕市场的制度应当这样运作，从而减轻而不是加剧运气的影响：既然这些影响不可能完全消除，重要的就是尽可能不要使好的和坏的运气累加在特定的生活过程之中。第五，在经济制度的非市场部门工作的人得到的收入和伴生的利益应当与市场部门中从事类似工作的人的所得具有广泛的可比性。

─── 【参考文献】────────────────

[1] 戴维·米勒. 社会正义原则 [M]. 应奇，译. 南京：江苏人民出版社，2005.

[2] 常健，李国山. 欧美哲学通史：现代哲学卷 [M]. 天津：南开大学出版社，2003.

[3] 威尔·金里卡. 当代政治哲学 [M]. 刘莘，译. 上海：三联书店，2004.

十二、《平等》

[美] 亚历克斯·卡利尼克斯

徐朝友　译

江苏人民出版社，2003 年

——【作者简介】————————————————————

亚历克斯·卡利尼克斯（1950—　　），1950 年 7 月生于津巴布韦，是英国历史学家艾克顿公爵的后裔。他在牛津贝列尔学院学习哲学、政治学和经济学，并获得了学士学位，1977 年获牛津大学哲学博士学位。攻读牛津大学硕士学位期间，卡利尼克斯第一次参与了政治革命，针对这段时期的学生运动，撰写了相关著作。1979 年至 1981 年，他在牛津圣彼得学院当代社会思潮研究所担任初级研究员；1982 年到 2005 年，他在约克大学政治系教授社会政治理论。从 2005 年 9 月至今，他在英国伦敦大学国王学院担任教授，从事社会主义理论和国际政治经济方面的研究。

卡利尼克斯是托洛茨基主义的拥护者，早期著作集中在对南非和法国结构主义的马克思主义哲学家路易·阿尔都塞的关注上。作为才华横溢的演说家，他在 20 世纪 80 年代被选为英国社会主义工人党的中央委员，连任至今。卡利尼克斯曾任英国约克大学教授，2005 年 9 月起任伦敦大学国王学院欧洲研究中心教授，2006 年 9 月升任该中心主任。2010 年 1 月开始担任《国际社会主义》的编辑。他著述十分丰富，涉及马克思主义、社会理论、政治哲学、政治经济学以及种族和种族主义等诸多领域，1976 年至今他完成了 30 余部著作，其中多部著作影响巨大。

卡利尼克斯在国际社会主义运动实践中也十分活跃，从 20 世纪 70 年代开始，他就加入了社会主义工人党中央委员会，是英国社会主义工人党的领导人之一，目前是重要的国际社会主义潮流（国际托派的一支）的总书记。他参加了 2000 年 9 月在布拉格举行的反对 IMF/世界银行首脑会议，并参与了 2001 年 6 月在热那亚举行的针对八国集团的示威游行活动。他还参与组织了欧洲社会论坛运动，是西方著名的左派政论家、活动家，在国际左翼理论学界享有盛誉。卡利尼克斯的作品主要有《阿尔都塞的马克思主义》（1976年）、《马克思主义还有未来吗?》（1982 年）、《马克思主义与哲学》（1983年）、《卡尔·马克思的革命理念》（1983 年）、《南非：革命之路》（1985 年）、《社会主义的革命之路》（1986 年）、《马克思主义理论》（1989 年）、《托洛茨基主义》（1990 年）、《历史的复仇：马克思主义与东欧剧变》（1991 年）、《反对后现代主义：马克思主义的批判》（1991 年）、《种族隔离与资本主义之间：与南非社会党人的对话》（1992 年）、《马克思主义与新帝国主义》（1994 年）、《理论与叙事》（1995 年）、《种族和阶级》（1995 年）、《工会中的社会主义者》（1995 年）、《社会理论：历史的介绍》（1999 年）、《平等》（2000 年）、《反第三条道路》（2002 年）、《反资本主义宣言》（2003 年）、《批判的资源》（2006年）、《帝国主义与全球政治经济学》（2009 年）、《幻想的篝火：自由世界的共生危机》（2010 年）、《卡尔·马克思的革命理念》（2012 年）。

───【写作背景】────────────────────────

进入 20 世纪 90 年代以来，新的科技革命与知识经济开始兴起，经济全球化与世界社会逐渐形成，西欧发达国家第二次现代化（从工业社会向后工业社会的转变）导致整个社会结构发生改变，冷战结束后社会主义日渐式微，传统自由主义对社会问题无能为力。在这些复杂的情况下，将平等主义的目标与新自由主义的经济政策相结合的平等自由主义在欧洲开始兴起，人们号称追求一种新的平等主义，以英国的"第三条路"的推行为例，对平等的追求开始出现忽略"剥削"问题，转而削弱福利，增加教育以实现就业机会增长的趋势，人们对平等的追求出现了对现实妥协的倾向。

与民主社会主义传统的左派观点不同，激进左翼已不再从历史规律的角度去解释资本主义灭亡的必然性，而是从资本主义不符合多数人的利益的不合理性视角来看待资本主义的灭亡。开始关注社会主义理论的重新建构，力图在承认市场经济的基础上，通过具体的制度设计来实现平等、公平和正义。

在这样的背景下，卡利尼克斯呼吁人们要认识到平等自由主义自身存在的缺陷，任何试图增进社会平等的严肃尝试，最终都会与资本主义经济体系的逻辑产生冲突，只有一个根据民主和解除中心化方针构建的社会主义才可以实现平等理想。

──【中心思想】──────────────────────────

本书约 9 万字，共 4 章内容，分别阐述了今日的不平等、平等与革命、平等与哲学家、平等与资本主义等四个大的问题。本书论述的四点主题：一、社会和经济不平等，是当今社会一个积习难改的特征。二、从几乎一代前约翰·罗尔斯的《正义论》问世以来，平等主义的自由主义大大地提高了我们对分配公正性质从哲学意义上的理解。三、但是平等主义的自由主义的最大缺陷在于，它假定公正可以在一种资本主义市场经济框架内实现。这是它与第三条道路思想理论家们的观点一拍即合的一个前提。四、自然，这一结论引发出最棘手的政治难题，即苏联垮台以后，很少有人相信有一种能够吸引人的、可望成功的社会—经济模式，能够对资本主义取而代之。

在该书中卡利尼克斯抓住了当代西方思潮的精髓，从对当今社会的不平等事实的揭露展开，说明阶级斗争虽然已经结束，但是争取真正平等的战争才刚刚开始，指出当今各个国家对平等的承诺均未实现，并且显示出对不平等的无能为力。本书以平等主义自由主义为主介绍了与平等相关的各种理论和尝试的实践，并指出平等自由主义者和"第三条路"一样，都将注意停留在天赋方面的差异，忽视剥削。该书揭示了任何试图增进社会平等的严肃尝试，最终都会与资本主义经济体系的逻辑产生冲突，只有一个根据民主和解除中心化方针构建的社会主义才可以实现平等理想。

在书中卡利尼克斯还提出了要建立"一种高效的、民主的、非市场的经济合作体制"，虽然还没有提出具体的实施路径，但是他在目前反自由主义运动兴起的局势下，对平等和自由的前景提出了美好的希望。

──【分章导读】──────────────────────────

第一章　今日的不平等　在这一章中卡利尼克斯详细地描述了当今世界的不平等现象，并把随着社会发展，不平等所展现的新特征一一展示出来，同时对一些错误的观点进行了反驳。

这一章共分为三个部分，第一个部分阐述了一个不平等的世界里的不平等问题。卡利尼克斯引用了大量经济数据与历史文献来说明当今世界尤其是经济发达国家中存在的贫穷与不平等现象，用具体的调查数字描述了我们所处的这个世界的不平等，以期引起人们"把贫穷和不平等看成是困扰人口中最贫困的少数人的诸多问题来正视"①。作者指出，传统观念认为不平等现象是由于贫富差距引起的，但是如何定义贫困则是一个时代问题。例如拥有挡风遮雨的棚子对于中世纪的农民来说习以为常，而在今天则被视为贫穷。因此，平等与不平等之间存在着一个无法考量的限度。作者认为，这种限度不应由财富的差距来衡量，尤其是现代社会中大多数人比前代人更能享受物质上的便利，人们的绝对生活标准大幅度提高，而相对经济地位出现恶化。这种现象在一个富裕者收入一直比贫穷者收入增长得快得多的经济国家里尤为明显。因而，就平等的实现而言，左派更赞成收入平等，认为缩小贫富差距就能实现平等。右派则试图打发掉不平等问题，或为此辩护。作者则强调了第三条道路的公平理论——机会平等，让"'底层的人的生存机遇'——或者是大多数人的生存机遇——'在稳步地改善'"②。

第二个部分主要阐述了经济发达国家里的贫穷与不平等。作者主要集中在对以美国和英国为代表的发达国家贫穷与不平等的事实的揭露。19世纪末以来，在一些发达国家走向自由市场资本主义经济发展道路的过程中，富裕家庭财富大比例增长的前所未有的势头与贫穷家庭平均收入的下降趋势形成鲜明对比，二者之间收入的比率逐年增加，工资差距逐步扩大，有些学者将这种现象归为是"涡轮式资本主义"发展的结果。

卡利尼克斯在这里通过调查的具体事实集中批驳了几种观点的错误：第一，新自由主义观点，这一观点提出了"增长的收入不平等的现象，可以被不断增长的就业市场机动性所冲消"③。卡利尼克斯指出，收入的机动性是存在的，但是必须受收入力学的"橡皮带"模式所限制，也就是说，收入无论如何变化，都只能在特定的范围内上下浮动。同时，调查的证据材料显示，20世纪70年代以来，收入的机动性是呈下降趋势的，而且出现跨行业收入差距扩大的现象。因此，工资机动性的变化从根本上弥补不了收入差距的扩大，甚至可能会使情况更加恶化。

第二，有些人认为低薪职业的大比例存在可以保障就业，说明经济发展

---

① 亚历克斯·卡利尼克斯. 平等 [M]. 徐朝友，译. 南京：江苏人民出版社，2003：9.
② 亚历克斯·卡利尼克斯. 平等 [M]. 徐朝友，译. 南京：江苏人民出版社，2003：18.
③ 亚历克斯·卡利尼克斯. 平等 [M]. 徐朝友，译. 南京：江苏人民出版社，2003：6.

的良好前景。卡利尼克斯指出，低薪和无薪往往会陷入一种恶性循环，低薪并不是高薪发展的必经阶段，绝大多数的情况是低薪人员会被束缚在低薪的位置难以有什么改善。

第三，一些学者认为，根据调查研究的结果显示，当前社会中绝对生活标准获得了大幅提高，因此说明只有很少一部分人是贫穷的。卡利尼克斯则认为，一是衡量绝对贫穷的尺度，即基本生活需求的内容随着社会变化在不断变化着，不能用中世纪的标准来衡量 21 世纪的人们的生活需要；二是平均工资和家庭实际平均收入的具体数字表明，虽然现在的人享受了更多的物质便利，但是对于大多数人而言经济地位是恶化的。因此，贫穷不应该只是简单地被定义为少数人的不平等的社会现象，而应该将其理解为一种根深蒂固的不平等的社会结构，将不平等和平等以相互关联的角度去理解。卡利尼克斯更指出经济面对国际竞争的的压力，人们正经历着马克思所说的"绝对贫穷化"的过程，不稳定的局势促使形成一种新型的支配模式——"它建立在一种普遍化的、永久性的不安全状况的制度之上，旨在驱使工人臣服，驱使工人接受被剥削的现状"①。

第三个部分不平等事关重大吗？卡利尼克斯通过对看待不平等事实不同态度的驳斥说明不平等是事关重大的。新自由主义者支持无限制的资本主义经济，他们或者将不平等的原因归为个人凭借自身的才智和能力在市场环境下竞争的结果，或者将不平等的事实解释成为"国家插手干预市场运作的不正常结果"②。还有人将不平等归因于人类遗传基因的不同，甚至还有学者，诸如戴维·古德哈特，直接认为不应该纠结于贫富之间的不平等问题，认为这个问题已经过时，因为大多数人的生存机遇已经改善。卡利尼克斯坚决反对这些观点，他引用博比奥的观点，认为应将平等问题对个人问题的关注转向到对国际社会问题的关注上，争取平等的斗争才刚刚开始。在这里卡利尼克斯通过高度赞扬罗尔斯及其《正义论》在自由主义政治哲学中的重要作用，并由此确立了自己在本书中的问题探讨方式——既要有哲学观念又要坚持社会经济分析。同时指出将平等自由主义作为本书主要的分析研究对象以及试图揭露其与资本主义制度存在之间的矛盾所在。

① 亚历克斯·卡利尼克斯. 平等 [M]. 徐朝友，译. 南京：江苏人民出版社，2003：16.
② 亚历克斯·卡利尼克斯. 平等 [M]. 徐朝友，译. 南京：江苏人民出版社，2003：17.

　　第二章　平等与革命　这一章卡利尼克斯主要揭示了不平等作为社会进步的动力所在，并且对三位思想家的社会主义理论进行了介绍。

　　共分为两个部分，第一个部分为"现代社会的动力"。卡利尼克斯从天赋人权开始，说明革命中平等和自由作为政治上的权利被追求，是政府正当性的证明。但是现实却相反，平等作为理想一再被忽视，通过革命所获取的平等只是有限的平等。因此，这里便产生了疑问，为什么理想与现实之间会出现如此的差距？对于这个问题埃蒂安纳·巴里巴尔提出了这样的理论，他认为从经验性上来讲，平等和自由的外延等同，而它们的抽象等同与具体的历史环境相矛盾，"历史地决定按照这一平等自由之主张来制定制度的现实条件，与这一要求夸大的普遍适用性之间，永远会有一种紧张的状况"①。

　　巴里巴尔认为革命之初所提出的理想主要是针对有产者的利益的，但是这种理想却是可以被无限延展的，所以就导致革命之后，确立了资本主义政权之后，更多的主体要求政治权利的实现，因此出现了追求平等和自由的各种政治运动和主张。雅克·比德对此种现象也提出了自己的主张，他将他的理论建立在一种对"亚结构"的理解上，认为"从旧制度遗留下来的支配和剥削结构"② 抵消了在"亚结构"里的对平等自由的追求，这种不平等的结构"只能凭借亚结构来产生，就像它的'逆转'面一样：该结构以违背它提出之原则的方式建构自身（因此只能建构自身）；他是在许诺没有实现，契约没有履行的情形下建立起来的"③。

　　卡利尼克斯认为，资本主义社会之所以会出现此种问题，是由于资本主义社会在法律上将其成员都看成自由和平等的主体，而这与资本主义社会本身的社会经济不平等现象之间发生了冲突。任何统治总是在平等自由范围不断扩大的追求中被颠覆的，因此，对平等的追求是必然的，而且会推动一系列举措的发生来消除不平等，也就是可以这样来说，不平等是社会进步的动力所在。

　　第二部分为"社会主义与平等"。利尼克斯从法国大革命后资本主义社会存在的人的两重性展开，即，人在法律面前平等但法律却又承认其现实不平等的存在，分别介绍了马克思、托尼和克劳斯兰三位学者的理论来说明他们如何解释和消除不平等。

---

① 亚历克斯·卡利尼克斯. 平等 [M]. 徐朝友, 译. 南京：江苏人民出版社，2003：29.
② 亚历克斯·卡利尼克斯. 平等 [M]. 徐朝友, 译. 南京：江苏人民出版社，2003：30.
③ 亚历克斯·卡利尼克斯. 平等 [M]. 徐朝友, 译. 南京：江苏人民出版社，2003：30.

首先是马克思的理论。马克思在工人与资本家的关系上具体地分析了两重性的本质，一方面资本家和工人均是"自由"和"平等"地签订劳动协议买卖劳动力；而另一方面资本家掌握生产资料，工人除了劳动力一无所有，也就是说工人无法真正自由平等地进行选择，所谓的自由和平等的外衣下皆是不平等和被迫的服从。马克思主张生产资料的平等分配，而不是只局限在消费资料的分配上，因此，他主张一种革命性的变革。

其次是英国工党的代表人物之一 R. H. 托尼的理论。托尼主要关注的是在道德上和精神上不平等所带来的后果，认为以财富和收入来评价个人价值是阶级划分的罪恶所在，他认为仅是机会均等或者分配调整改变不了现实中的不平等，只有将经济和实际不平等削弱，才能恢复一致的道德观念。具体而言，他将调整的矛头指向了社会资源，提倡通过税收扩大社会供给，限制资本家的权利，扩大公有制和集体制企业的规模。"这既反映了他的原则性信仰，又反映了他的战略性推断。就前者而言，他认为为保证民主和效益，基本的工业部门应当掌握在集体手中；就后者而言，国有化是消除资本家抵触情绪的必要手段。"[①]

再次，卡利尼克斯介绍的是工党的另外一名著名的学者安东尼·克劳斯兰的思想。克劳斯兰认为，资本主义社会经济结构的调整和政府保障就业的各种举措，确保资本主义社会的生产资料私有制不成问题。他从不同角度思考了特权与公正"报酬"的问题：第一，每个孩子都有天赋权利，也就意味着应该拥有机遇的均等，但是教育资源和财富的世袭践踏了天赋权利给予的平等；第二，"不平等越严重，权力就越集中"[②]；第三，由于天分、劳动内容以及责任的不同，收入的不平等是可以接受的。卡利尼克斯分析了托尼和克劳斯兰二者思想的异同，区别不仅在于二人是从不同角度强调公有制对不平等消除的作用，还在于二人倾向的完全不同。克劳斯兰是典型的享乐主义的个人主义者，而托尼则是对基督教—社会主义的道德一致性有着固有迷恋。但是共同点在于，二人都认为，在国家经济中公有或集体所有的大型企业占主导地位，这样形成了所谓的"安排有序的资本主义"已经改变了民主管理经济的前景，社会民主党只要继续坚持就会削弱一直以来的社会存在的不平等。卡利尼克斯指出，现在的社会形势是：经济增长出现下滑，国家对经济

---

① 亚历克斯·卡利尼克斯. 平等［M］. 徐朝友，译. 南京：江苏人民出版社，2003：38.
② 亚历克斯·卡利尼克斯. 平等［M］. 徐朝友，译. 南京：江苏人民出版社，2003：40.

的控制日渐力不从心，全球经济一体化趋势日益明显。因此，有人提出，是否社会主义的蓝图已经失效？对于这一问题，卡利尼克斯在下面的内容中将予以回答。

第三章　平等与哲学家　这一章主要介绍了不同哲学家的关于平等的相关理论，同时在对不同理论进行介绍和批判的同时，卡利尼克斯提出了自己的观点。

本章共分为五个部分，第一个部分"新工党及社会主义者的价值观念"中卡利尼克斯介绍了新工党的主张及其核心价值观念。新工党是介于传统的"国家社会主义"和新自由主义之间的"第三条道路"的开辟者。他们关注到了20世纪50年代以后社会发生的变化，并且肯定这种变化加重了平等问题的恶化。新工党将自主、共享、民主和平等作为它的核心价值观念，一方面这有助于实现一种价值观的同时不会排斥其他价值观的存在；另一方面由于这种理论的承诺，为让其追随者和左派的批评者评价"第三条路"成为可能。但是，虽然"第三条路"的提倡者一再阐明其对平等的追求，但是不能改变其理论中的"两种变体"，一是将收入平等和机会均等作对比，也就是说，它更倾向于机会平等，认为无差别的收入平等会威胁国家的存在；另一种变体是，它从融入和排斥的角度构思关于平等的观点，以吉登斯的思想为例，他认为富人和穷人都排斥在社会之外，他的理论问题很大，但就实质而言，就是将不平等视为分配公正问题。总之，在卡利尼克斯看来，"第三条路"主要的缺陷在于缺乏对平等理念的系统研究。

第二个部分"罗尔斯与差别原则"中卡利尼克斯主要围绕罗尔斯及其《正义论》中的公正原则展开。在前文中提到了工党领袖在平等问题上对罗尔斯观点的借鉴，在这里卡利尼克斯也主要研究罗尔斯关于平等问题的相应阐述。

首先，罗尔斯的观点是建立在反对实用主义的立场上的，实用主义追求最大限度地实现福利，它很难避免牺牲个别利益为代价去追求社会总福利的实现，也很难避免将富人的利益凌驾于穷人的利益之上，也就是说在实用主义中，不重视个人之间的差别，而将人都视为一个整体。罗尔斯则更倾向于将个人权利视为目的和结果而非手段和束缚。

其次，罗尔斯的正义原则是建立在"原位"的假设的基础之上，即各方在"事先一无所知"的情况下进行选择。于是，罗尔斯为"原位"的行动者设定了"社会的基本构造"来提供选择的基础，又提供了两种公正原则对

"初级社会产品"进行分配。其中第二公正原则是其公正理论的核心，是卡利尼克斯重点考察的对象。卡利尼克斯认为罗尔斯在平等方面较为极端，差别原则比机会平等走得更远。

再次，由于其古典自由主义的传统，一方面，罗尔斯在平等与自由的关系方面，选择了自由优先，同时，罗尔斯并不否认这二者的关系很复杂，要"贯彻实施第一条公正原则，依赖于取得相当大程度上的社会—经济平等"①。也就是说，他在某种程度上承认自由与平等的一致性，他的公正概念带有"普遍概念"的性质。另一方面，在对市场经济进行背景性假设方面也体现了古典自由主义的传统，罗尔斯"相信市场经济可以保证经济的合理性及能动性"②，在此基础上进一步论述了财产民主制度，他认为天赋的差异会带来报酬上的不平等，给天赋高的人高报酬会"激励"他们创造更大的物质收益进而辐射到最无优势的人身上。也就是说，在差别原则下的不平等是合理的。

但是，这种激励是否会变成一种威胁？由此，这种激励机制成为很多人诟病的对象。总之，卡利尼克斯认为，罗尔斯及其正义原则充分地表达了他的平等自由主义的思想，"他提出的公正原则带有偏激的平等主义的内涵，它假定这些原则能够在市场经济环境中派上最佳用场"③。卡利尼克斯指出，虽然罗尔斯的思想受到了很多直言不讳的批评，但依然不能抹杀他在平等自由主义发展中的奠基作用。

第三个部分"对什么平等？"中阿马提亚·森认为"为什么要平等？"和"对什么平等？"是平等问题的核心，而"对什么平等？"成了争议的焦点。人是具有多样性的，因此会产生很多"焦点变量"，基于不同的"焦点变量"对人们之间进行比较然后进行再分配，不同学者对分配的对象有着不同的观点，卡利尼克斯分别介绍了几种主流的观点，并指出了各自的优势和不足。

第一是福利平等理论，这里的福利是强调对个人偏好的满足。针对这一观点，学者们分别提出反对意见，罗尔斯认为偏好是没有相同价值的，所以它们之间无法进行比较；德沃金认为，这种福利平等会造成一种结果，即"满足其中一些所需的代价，也可能会大于其他一些偏好所需的代价"，那样的话则是不合理的；森认为，由于偏好的形成是需要依赖于所处的环境的，因此偏好是不准确的反应。

① 亚历克斯·卡利尼克斯. 平等 [M]. 徐朝友，译. 南京：江苏人民出版社，2003：59.
② 亚历克斯·卡利尼克斯. 平等 [M]. 徐朝友，译. 南京：江苏人民出版社，2003：60.
③ 亚历克斯·卡利尼克斯. 平等 [M]. 徐朝友，译. 南京：江苏人民出版社，2003：62.

第二是资源平等理论，德沃金持此种观点，他提出人需要对"趣味和抱负"负责，不需要对"体力和智力"负责，而且，一旦选择，就需要对自己的偏好负责。这一理论主要是为了消除了"盲目性的运气"对分配的影响，进而实现平等。但是，他依然回避不了偏好性的问题，正像约翰·伦梅尔所说的那样，"让人们'为他们的选择'负责是错误的"①。另外，森也提出每个人可能会因为不可控制的原因在相同的资源中获取不同的收益，也就是"实用型的劣势"在德沃金的资源平等理论中未考虑到。

第三是科恩提出的优势平等理论，这里的优势是指"人希望获得的不同种类的状态，这些状态既不可降低成他的各种资源，也不可降低到他的福利水平"②，这是强调对人力控制之外的劣势进行补偿，这是一种深层次机会平等的尝试，基于这种理论，有些学者认为，社会就应该有义务去确保每个人都具有竞争的资格。

第四种理论是森提出的"未发挥的天资或素质"平等理论，这种理论是基于对成就、成就取得渠道和取得成就的自由之间的区分而展开的。卡利尼克斯认为森的这种理论与之前的几种观点思考问题的角度完全不同，之前的理论无论内容如何变化，都还是从人们拥有资源的角度来思考问题，但是森却是"从他们实际拥有的选择他们有理由珍惜的生活方式的自由的角度来衡量"③。这种把自由与平等联系起来的尝试在哲学上有重大意义，一方面改变了自由主义原有的在自由和平等上的割裂，另一方面为平等提供了积极的伦理维度。但是，这种理论依然有其缺陷，正如理查德·阿纳逊所指出的那样，森的理论并没有提供一种可操作的"量度"，因此很难在人们之间进行比较以寻求平等，陷入了福利主义和完美主义两难的尴尬境地。卡利尼克斯认为，面对争议的平等自由主义者们将公众作为回避争议的挡箭牌，试图将流行在社会上的一些"冲突的观点及情感"作为社会公正的衡量标准，这是没有意义的而且会导致更消极的想法的产生。所以，在卡利尼克斯看来，"平等主义的自由主义，不能仅仅从表面的价值上来对待世纪的偏好以及其合理化的信仰。这样，相当令人惊奇的是，它与马克思的意识形态批判就结合到一起来了"④。

---

① 亚历克斯·卡利尼克斯. 平等 [M]. 徐朝友，译. 南京：江苏人民出版社，2003：67.
② 亚历克斯·卡利尼克斯. 平等 [M]. 徐朝友，译. 南京：江苏人民出版社，2003：68.
③ 亚历克斯·卡利尼克斯. 平等 [M]. 徐朝友，译. 南京：江苏人民出版社，2003：70.
④ 亚历克斯·卡利尼克斯. 平等 [M]. 徐朝友，译. 南京：江苏人民出版社，2003：77.

第四部分"不公正、剥削及报偿"主要讨论了关于剥削和报偿的相关理论以及剥削和报酬与不公正之间的关系。承接前两部分对平等自由主义者中关于"运气平等主义"的批判,伊丽莎白·安德森指出"运气平等主义"一方面强调个人主义要求个人为自己的选择负责,另一方面又居高临下地为运气不好的受害者进行补偿,这是一副极不宽厚的嘴脸。她揭示道,运气平等主义者并没有考虑到实际环境对个人选择的影响,而且将不平等的原因归因于个人天赋的不平等分配,体现了向个人主义让步的倾向。对于这一问题,社会主义者引用剥削对不平等给出了不同的看法,由此,卡利尼克斯将讨论引向对剥削问题的讨论,主要围绕一个问题,即剥削是否为不公正的来源。在之前的内容已经提到,马克思将剥削看成是资源分配不平等的结果,剥削在于资本家对剩余劳动的占有,因此,认为要消灭剥削,消除阶级结构的基础。

而伦梅尔认为,剥削来源于资产分配的不平等,而不是由于资产分配不平等导致的剩余劳动的敲诈。这是将关注的焦点从剥削移至分配公正上来。对此,平等自由主义者们持相对较为消极的态度,诸如拉切尔主张,忘掉"社会不公正的根源是剥削"的这一观念,重回到之前介绍的平等主义思维模式,认为差别是补偿的原因,平等主义分配与劳动贡献不相对应。但这并不意味着平等主义者对剥削失去兴趣,非法与被迫是剥削的构成条件,也就是说,或者自由或者合法地为他人工作不是剥削,因此,对于不公正可以有两种来源:一是物质的初始分配,另一个是剥削。虽然物质的初始分配可以导致剥削,但是剥削的存在对于不公正的产生有独立意义,结合之前列举的贫富极度分化的不平等的事实,我们可以这样总结,剥削导致贫富分化不平等结构的产生,"剥削者的福利与被剥削者的被剥夺有因果关系地联系在一起……不平等和贫穷的增长与资本对不断增长的剩余价值的侵吞之间,有某种因果联系……财富与贫穷及其暗示的优势和劣势的高度不平等的结构,因此有因果关系地联系在一起"[①]。

同时剥削也涉及报酬问题,关于报酬的几种看法,首先罗尔斯是反对根据努力支付报酬的,因为天赋是不同的。运气平等主义者们将报偿和权利与责任联系起来,在为了避免由于盲目运气导致分配的不公所引发的后果时,

---

① 亚历克斯·卡利尼克斯. 平等 [M]. 徐朝友,译. 南京:江苏人民出版社,2003:82.

让报酬"在他们的理论中发挥了一种滞留残效的作用"①，但是当获得优势的途径被平等化时，不平等的结果变成理所当然。

其次，新工党的报酬观念则是建立在承认不平等现象是正当的前提下。以米勒的观点为例，第一，他认为收入不平等现象是正当的，因为真正意义上的完全独立的劳动是不存在的，总要受到其他因素的影响。第二，他将报酬作为分配公正形式的一种，认为如果要使市场实质公正的话，就应该让参与者可以根据一种可以衡量其长处的标准获得其应得的部分。也就是说，通过报酬可以保证市场的公正，"而报偿本身却又反映在市场需求的状态中"②。接着，他将"长处"运用到利润获取的问题之中，也就是说来源于市场的收入是对长处的回报。卡利尼克斯列举了三种现象来反对米勒的这种结论，也就是说明，资本家的能力不是其获得报酬的原因。第三，米勒构建了一种市场经济社会主义，这是以市场为基础又能排除剥削的一种经济制度。卡利尼克斯认为，不管这种制度是否能够可行，它能做的只是将生产资料的分配平等化，并不能排除天赋的影响导致的结果的不公正。

总之，在卡利尼克斯看来借助"长处"概念对不平等作辩护，并未跳脱出之前探讨过的平等的相关理念，这些只是能够为不平等的结果寻找理由的各种尝试。

第五部分"等同与差异"中卡利尼克斯一方面阐述"差异"所带来的复杂问题，另一方面提出了他对"差异"问题的几点看法。

第一，卡利尼克斯指出，探讨平等问题一定不可能回避对于"差异"问题的讨论，平等意味着以一定标准对个人之间的差异进行比较。当然也有人认为，人们之间的差异太大无法比较。但无论如何，差异的存在决定了平等是非单一化的。目前差异集中在两个问题上，一是基于社会中的非阶级的少数派所进行的社会划分，二是文化差异问题。卡利尼克斯从三个层次来分析差异所产生的问题：第一，对传统的平等观念的挑战。这里卡利尼克斯借助马克思的观点，说明"'平等的权利'就是'对不平等的一种权利'"③，也就是说，平等不再纠结于同一标准，可以借助"差异性配给"实现公正的对待，在平等实现的过程中应该考虑到所有的差异。因此，差异不会是实现平等的阻碍。

---

① 亚历克斯·卡利尼克斯. 平等 [M]. 徐朝友，译. 南京：江苏人民出版社，2003：84.
② 亚历克斯·卡利尼克斯. 平等 [M]. 徐朝友，译. 南京：江苏人民出版社，2003：89.
③ 亚历克斯·卡利尼克斯. 平等 [M]. 徐朝友，译. 南京：江苏人民出版社，2003：97.

第二，卡利尼克斯借助南希·费雷泽的观点展开，认为公正有两类：分配的不公正和认同的不公正。第一类主要是涉及根源于社会的政治经济结构的政治经济的不平等，第二类主要是指文化的不平等。在这里，无论是将二者分开对待还是分析二者之间的关系，都能得出结论：差异没有否认平等。

第三，关于文化相对主义问题。卡利尼克斯指出，回答这一问题除了采用哲学上的方法或者向相对主义挑战或者限制相对主义的范围，还可以采用"历史的"方法。在卡利尼克斯看来，从资产阶级革命开始各种社会运动引发了对不平等的批判，这种批判揭露了不平等是社会关系派生的结果，拓宽了平等和自由的范围。在社会不平等现象逐步增长的背景下，多元化的自由理论的构想与反平等的理念并存，任何关于不平等的探讨都必须在这一条件下展开。虽然在历史上并没有出现任何一种正确无误的理论可以保障平等的实现，但是理论家对这方面问题的探讨却能够揭示现代社会结构本身所存在的一些问题。

第四章　平等与资本主义　这一章主要介绍资本主义国家实现平等的理念及资本主义制度固有缺陷的存在。

这一章共分为五个部分，第一个部分"无须流泪的平等"是以英国新工党的"第三条路"为例，说明资本主义发达国家出现的忽略"再分配"的趋势。布莱尔和布朗提出通过改进教育和培训，可以"使获得一种创造性天赋——技术——的途径平等化"[①]。也就是说，通过教育和培训增加人们就业的机会，以解决失业问题，进而实现削减英国社会的贫穷和不平等的目标。卡利尼克斯认为这种尝试的理念是错误的，实际上就是将平等主义和新自由主义相结合，按照新工党的思路，如果政府的宏观经济政策和市场中包含了提高处于劣势的人的能力的政策的话，那么失业状况就是可以接受的，因为此种状况下的失业肯定是个人自己的原因造成的，是自愿的。这种理论显然是站不住脚的，社会经济的不平等问题根深蒂固，仅通过"无须流泪的平等"即不经过社会冲突就实现平等是不可能的。

第二部分"资本主义的过山车"继续对上一部分的问题，关于"第三条路"的问题展开思考，提出这种模式是否能够减少社会不平等的问题回答是否定的，因为新自由主义政策出现后，具体的调查数字表明不平等的范围拓宽了，其中以倡导回归自由资本主义的英国和美国为最，同时新自由党的时

---

① 亚历克斯·卡利尼克斯. 平等［M］. 徐朝友，译. 南京：江苏人民出版社，2003：109.

代是一个典型的产出低增长、失业高水平的时代，这些都说明所谓的"第三条路"的模式对于解决不平等问题是无效的。那么从根本上来分析，资本主义制度本身稳定性的问题就是解决不平等问题需要思考的重要方面了。资本主义市场经济中，投资性投资的剧增导致资金流向的不稳定，事实证明由此会造成经济的崩溃，虽然 G7（Group of Seven，七国集团）对一些其他的国家进行援助，但只是从短期缓解了问题，从长期来看却进入了恶性循环，带来了潜在的更大的危险。还有学者从"利润危机"角度解释了资本主义制度的不稳定性。马克思提出，资本主义生产关系本身的问题造成利润率降低，导致经济在暴涨和暴跌之间循环；罗伯特·布伦南认为，利润率的下降导致投资率下降，进而导致生产力增长率下降，最终导致工资水平的下降。总之，卡利尼克斯认为某个时段的经济增长并不意味着资本主义经济的固有问题得到了解决，人们一直坐在"经济繁荣与衰退的同一辆过山车上"①。

第三部分"平等与市场"主要是说明对平等追求的尝试与资本主义社会本身的发展会发生矛盾。正像前一部分提到的，资本主义经济体制始终处于崩溃的边缘，历史数据证明，经济的增长可以快速恢复产出的增长和宏观经济的平衡，但是却需要长期时间才能使就业和工资水平恢复正常。这就说明财富的增长和收入的不平等是社会发展的总趋势，也证明了新工党的战略是幻想，无法真正解决问题。因此，面对这种形势有人开始寻找其他信仰和新的发展模式，"莱茵河西畔的资本主义""赌金保管人式的资本主义"都是这种尝试的表现。这里还涉及关于基本收入的探讨，但明确的是基本收入理论内容无论如何都改变不了会遭到资本家抵制的事实，因此，作者指出这是"基本收入与运行中的资本主义经济是不一致的"②。这种情况就使得"基本收入"理论陷入了两难境地，卡利尼克斯指出正确的做法不是拒绝"基本收入"，"而是要承认，基本收入做法只能作为更大的迈向社会主义的举措的一部分才可以取得成功"③。总之，任何对平等追求的尝试都会扰乱资本主义经济体制，无论是"天赋平等主义"还是其他的自由主义的观点，其错误在于没有认识到平等的核心是生产资料占有的平等化，是与资本主义生产关系的保持相背离的。

---

① 亚历克斯·卡利尼克斯. 平等 [M]. 徐朝友，译. 南京：江苏人民出版社，2003：135.
② 亚历克斯·卡利尼克斯. 平等 [M]. 徐朝友，译. 南京：江苏人民出版社，2003：140.
③ 亚历克斯·卡利尼克斯. 平等 [M]. 徐朝友，译. 南京：江苏人民出版社，2003：141.

第四部分"现实的考验"中，作者通过对现实中针对平等的各种尝试的分析，指出平等之路就是变革之路，构建一个将平等、自由和民主相结合的社会主义模式，虽然各种社会运动的发展显示出希望，但是变革之路却是艰难和漫长的，社会主义理论本身存在疑惑之处，而且除了特权阶层的反对外，变革的最大障碍是人们相信变革会实现的信仰的缺失，所以改变人们情绪的绝望是抱有平等理想的人的职责之一。同时一定要反对一种倾向，即"把可行性的事物与现存的社会经济结构所提供的范围极其有限的选择两者混淆起来"[①]，这是对罪恶妥协的态度。作者提到，虽然现在还不能提出实现目标的具体路径和详尽方案，但是应该到了在这个资本敲诈的社会中觉醒，采取行动的时候了，发挥"为我们周身的不公正现象所激发起来的勇气、想象力以及意志力"[②]，为世界换上新貌。

【意义与影响】

第一，该书对于认识当代资本主义社会的新特征具有重要意义。

该书是亚历克斯·卡利尼克斯的重要著作，2000 年此书的英文版问世，2003 年该书的中文版问世，该书在世界范围内影响很大。该书追溯了平等观念在 17、18 世纪民主大革命中的起源，探讨了社会主义运动迫使资本主义关于自由、平等、博爱实现的问题，揭示了平等主义的正义理论从罗尔斯、德沃金、阿马蒂亚·森到科恩的发展过程。卡利尼克斯通过对自由主义的平等主义的批判，具体地揭露了二战后欧洲民主社会主义对社会不平等认识的本质，讨论了平等主义各种理论的合理性，对于认识当代资本主义社会的新特征是具有重要意义的。

第二，该书虽然是当代一本关于平等问题的著作，但对平等问题的思考缺乏整体意义。

卡利尼克斯在整个民主社会主义派别中属于激进左翼的一派。左翼知识分子们所持的批判思想对欧洲新左派运动的发展产生了重要影响。但是要清楚的是，左翼知识分子们所构想的种种新社会主义模式，虽具有某种启发意义，但并不具备较为明确的规定性和具体实施的可操作性。他们所设计出的新社会主义模式大都只是力图在实现效率与公平的结合上做文章，缺乏整体

① 亚历克斯·卡利尼克斯. 平等 [M]. 徐朝友，译. 南京：江苏人民出版社，2003：153.
② 亚历克斯·卡利尼克斯. 平等 [M]. 徐朝友，译. 南京：江苏人民出版社，2003：154.

意义上的深入思考。

——【原著摘录】————————————————————————

第一章　今日的不平等 P1－24

P2　不平等不仅仅只是一个把世界划分成北富南穷格局的全球性问题。一些国家内部的不平等现象也呈上升趋势。

P19　在一篇引起广泛关注的优秀论文中，意大利政治哲学家诺伯特罗·博比奥最近对下述观念提出挑战，即共产主义集团国家的解体，已经使左与右之间的区别成为过眼云烟。他从历史与观念构想两个方面入手指出，"经常用来区分左派与右派的标准，真正反映了社会中人民对平等之观念的看法。"

P24　平等主义的自由主义一个吸引人的地方，就在于它提供了一种文化资源，借此有助于弥补马克思传统本身所带来的缺陷。

第二章　平等与革命 P25－42

P25　作为一种具体的社会和政治要求，平等是拉开现代社会序幕的一系列重大革命的产儿。

P26　与一个设定的等级与地位结构被认为反映了神的意志的社会相对立的，是一个所有人都有权赞同并参与其中管理的社会。因此，平等被构想成主要地是政治权利，它通过赞同来确定政府的正当性——像雷恩伯鲁夫主张的那种——而不是通过社会及经济结构方面的任何变革，来证明政府的正当性。

P27　平均派实际上追求的，是仅仅赋予有产阶级以公民权。

P36　事实是，持平等主义观点的理论家们，其视野经常集中在收入的重新分配上，而不是生产资料的重新分配上。

P38　公正地说，在托尼倡导的策略中，公有制占有一种优先地位。这既反映了他的原则性信仰，又反映了他的战略性推断。就前者而言，他认为为保证民主和效益，基本的工业部门应当掌握在集体手中；就后者而言，国有化是消除资本家抵触情绪的必要手段。

P41　克劳斯兰更接近马克思的立场，即主张改革的社会主义者，关注的是收入的再分配，而不是生产资料的再分配。

第三章　平等与哲学家 P43－104

P46　机会平等实际上是一种含混不清的概念，至少包含三种互有区别的平等。首先，它可以简单地指依据个人品性而不是与个人地位紧密相关的一些特征来形式上的禁止歧视。

其次，机会平等可以指英才管理形式，收入分配反映出个人才能与努力的程度。

P64　除了罗尔斯划分的初级社会产品之外，平等分配的对象还有福利、资源、对优势（或福利待遇）以及能力的拥有。考虑这些因素，反过来则不但有助于澄清被提议的一系列重分配的性质，而且还有助于澄清寻求平等的深层的伦理上的原因。

P71－72　森把自由和平等联系起来所付出的努力，至少从两种原因来看是重要的。第一，像我们所看到的那样，诸如诺奇克这样的新自由主义者们，基于平等主义之实现会严重地损害个人自由这一立场，对自由主义进行攻击。……第二，能力理论为平等提供了一种积极的理论原理。

P81　因为剥削之不公正，并非取决于劳动贡献原则。一个人受剥削的情形，是而且仅仅是他被非法强迫为他人工作。

P87　我一直在讨论的平等主义的各种公正理论，通过建议我们应当就因生产性资产及天赋的不平等分配给人带来的不利因素而给个人以补偿，提供了一种这样做的方法。

P93　要想试图为收入不平等现象辩护，要么诉诸本章中早先讨论过的关于平等的各种基本观念中的某一种，要么诉诸主张物质刺激是为了保证效率之必需。

P94　任何关于平等的概念，都必须牵扯到就我们前文讨论的某个方面问题在个人之间进行比较——福利、基本商品、资源、获得优势的途径或者未发挥的天赋或素质。

平等不是单一化。平等完全抹去了个人之间的差异，这一观念纯属乌有。

P103－104　从法国大革命以来，平等一直是政治计划的议事日程。这种历史的背景，并没有使任何特殊的理论做到正确无误，更谈不上保证平等的成功，而是意味着平等主义理论家们所努力解决的问题，并非是他们别出心裁的创造，而是一些关于现代社会本身深层结构的某些方面的问题。

第四章　平等与资本主义 P105－154

P111－112　这里表面上有一自相矛盾之处，即布朗一面把经济不稳定归咎于撒切尔时代的政治家们，一面又承袭作为战后第一代英国政府成员的这些政治家所有条不紊地寻求付诸实施的新自由党的正统观念。但是，更深层次的矛盾之处在于他的下列这一信仰（消解了这一明显矛盾性），即新自由党的宏观经济政策，如果得到了正确的贯彻落实（他声称，托利党并没有做到这一点），那么实际上是可以消除商业的不稳定并且由此有助于消除大规模失业现象的——布朗正确地断定认为，是这种现象构成了贫穷和不平等的主要原因之一。

P135　资本主义作为一种经济体制，长期地易于濒临产出和就业方面彻底而具有破坏性的崩溃。其带来的人为结果是严重的。

P137　但是，在资本主义环境下追求平等目标的难度，要比具体经济模式运用的可行性要深远得多。任何旨在取得更大平等的严肃的企图，都有可能在很大程度上扰乱资本主义作为一种经济体制的功能的发挥。

P143　平等主义的自由主义的主要缺陷在于，它没有能够认识到实现这种平等以及实际上为它的拥护者所关注的所有其他形式的平等，是与保持资本主义生产关系不一致的。

P144　如果打消了收入不平等所引起的积极性，经济生活参与者会创造得更少，而随之而来的生产力和产出的降低则会降低所有人的收入，包括再分配过程中为主要受益者的无优势人员的收入。

P147　社会主义必须面对这样一种反对意见：即使原则上讲，其经济上是有可行性的，但由于它必然与根深蒂固的人的动机相冲突，因此它不可能实现。

P150　拜物心态缩小了被看成是可能性的事物的范围，并且因此更难以动员众多的人拥护更大程度上的平等。

P153　但是，对变革的最大障碍，不是变革激起的特权阶层的反抗，而是人们认为变革不可能实现的这一信仰。

后记 P155－159

P155　在结尾部分，我列出这本书所申述的四点主题，或许对读者有所帮助。

一、社会和经济不平等，是当今社会一个积习难改的特征。

P156　二、从几乎一代前约翰·罗尔斯的《正义论》问世以来，平等主义的自由主义大大地提高了我们对分配公正性质从哲学意义上的理解。

P157　三、但是，平等主义的自由主义的最大缺陷在于，它假定公正可以在一种资本主义的市场经济框架内实现。这是它与第三条路思想理论家们的观点一拍即合的一个前提。

P158　四、自然，这一结论引发出最棘手的政治难题，即苏联垮台以后，很少有人相信，有一种能够吸引人的、可望成功的社会—经济模式，能够对资本主义取而代之。

───【参考文献】───────────────────────────────────

[1] 安东尼·吉登斯. 第三条道路 [M]. 郑戈，译. 北京：北京大学出版社，2000.

[2] 蒲国良. 当代国外社会主义概论 [M]. 北京：中国人民大学出版社，2006.

[3] 托马斯·迈尔. 社会民主主义的转型 [M]. 殷叙彝，译. 北京：北京大学出版社，2001.

[4] 艾尔伯特·萨吉斯，张金鉴. 美国左翼和高等教育中的马克思主义 [J]. 马克思主义研究，2001 (1).

[5] 张金鉴. 当代美国左翼现状及其发展前景 [J]. 国外理论动态，2001 (2).

[6] 张思军. 社会民主主义平等追求悖论：从旧平等主义到新平等主义及其启示 [J]. 理论前沿，2008 (11).

[7] 亚历克斯·卡利尼克斯. 激进左翼往何处去？ [J]. 张寒，译. 当代世界与社会主义，2009 (3).

[8] 陈智勇. 当代西方左翼全球化政治理论概述 [J]. 教学与研究，2004 (3).

十三、《作为公平的正义——正义新论》

［美］约翰·罗尔斯

姚大志　译

中国社会科学出版社，2011 年

────【作者简介】────────────

约翰·博德利·罗尔斯（1921—2002），是美国著名的政治哲学家、伦理学家，也是 20 世纪 70 年代西方新自然法学派的重要代表人物之一。他被认为是 20 世纪英语世界最著名的政治哲学家之一，其正义学说使得政治哲学在 20 世纪 70 年代以后重新受到重视和发展，对自由主义式的政治哲学贡献巨大，受到当代政治哲学家们的广泛推崇。

1921 年 2 月 21 日罗尔斯出生于与美国首都华盛顿邻近的美国马里兰州巴尔的摩一个富裕家庭，父亲威廉·李是一位成功的税务律师及宪法专家，并积极参与美国政治。母亲安娜·埃布尔·罗尔斯出生于一个德国家庭，是一位活跃的女性主义者，参加过文德尔·威尔基的总统竞选班子。特别是母亲致力于对妇女平等权利的追求，深深影响了罗尔斯，使他逐渐产生后来在正义论中的自由、平等观念。罗尔斯自小体弱多病，并有口吃，两个弟弟更先后受他传染而病逝。这段经历对他一生有难以磨灭的影响，他的口吃可能亦因受此打击而加剧。童年的不幸经历使他对于那些先天或后天形成的弱者具有强烈的同情心。

1943 年罗尔斯从普林斯顿大学毕业。时值第二次世界大战期间，罗尔斯应征入伍并服役于太平洋战区，退伍后返回大学继续读书。1950 年获普林斯顿大学博士学位，先后执教于普林斯顿大学、康奈尔大学、麻省理工学院和哈佛大学，担任过美国政治与社会哲学家协会主席以及美国哲学协会东部地区主席，并荣获 1999 年度美国国家人文科学奖章。2002 年 11 月 24 日去世，终年 81 岁。罗尔斯的哲学捍卫了洛克、卢梭和康德所开创的社会契约传统，复活了人们对于系统政治理论的兴趣，其核心信念是政治权利与基本公民自由的神圣性。

罗尔斯一生治学极为严谨，他常在作品付梓之前花费几个月，甚至几年时间，数易其稿，斟酌推敲其措辞用语，以清晰表达自己的思想。罗尔斯最早于 1951 年发表了成名之作《适用于伦理学的一种决定程序纲要》，不过，基本观念的确立是《正义即公平》（1958 年），其后他陆续写出不少著作，包括《宪法自由权与正义概念》（1963 年）、《正义感》（1963 年）、《非暴力抵抗》（1966 年）、《分配的正义》（1967 年）、《分配的正义：一些补充》（1968年）、《正义论》（1971 年）、《政治自由主义》（1993 年）、《论文集》（1999年）、《万民法》（1999 年）、《道德哲学讲演录》（2000 年）、《作为公平的正义——正义新论》（2001 年）。尽管罗尔斯的著作不算多，但罗尔斯凭借他的缜密的理论成果，奠定了他 20 世纪最重要的政治哲学家的地位。其核心思想正义理论开创了政治哲学的新纪元，使沉寂良久的政治哲学终于得以复苏。无论赞同与否，他的思想都是政治哲学研究过程中不可避免的重要存在。罗尔斯政治哲学最大的特色在于他对于"作为公平的正义"这种政治原则的思考与探索，坚持正义的首要性，而且重视平等，并由此引领了新自由主义的发展。

——【写作背景】——

社会背景：1971 年罗尔斯出版了《正义论》一书，此后 30 年西方世界发生了飞速的变化，到 2001 年《正义新论》出版，西方世界基本完成了从工业社会向信息社会的转型。随着信息价值的日渐提升，人们的交往维度有了极大的拓展，人与人之间的关系日益碎片化。而随着共同体的消解，又为我们带来新的道德威胁。当我们成为原子式的个人时，我们被奴役的可能性就会变得更大。面对世界的变化，公平的形式也发生了相应的改变，这样使《正义论》中原本的核心概念"作为公平的正义"面对了新的挑战。为了回应现实的新挑战，并力图使自己的理论与当代社会的基本事实相一致，同时也将《正义论》所阐述的正义观念与《正义论》之后所发表的文章中所包含的主要理念，合并成一种统一的论述，罗尔斯发表了《作为公平的正义——正义新论》一书。

理论背景：自启蒙运动以来，霍布斯、洛克和密尔等西方具有代表性的政治思想家所提出的宏伟理论只解决了自由的问题，并没有解决平等问题。同时代的卢梭、托克维尔虽然讨论过平等的问题，但并未提出建设性的平等理论。1971 年罗尔斯发表了《正义论》，建构了一个不同于传统功利主义的理论体系，把自由主义推进到了一个新的历史阶段，当代政治哲学的争论主要是围绕正义这一问题展开的。罗尔斯正义主题的政治哲学从一提出来，就引起了哲学、经济学、法学和政治学界等各方面的广泛回响，也受到了众多批评，这是他始料未及的。

为了应对这些批评和质疑声，罗尔斯在《作为公平的正义——正义新论》中对《正义论》中存在的模糊不清的理念与不足进行了修正，进一步完善了自己关于正义问题的理论。《作为公平的正义——正义新论》的原稿是罗尔斯20 世纪 80 年代在哈佛大学讲授政治哲学这门课时的讲稿。罗尔斯在政治哲学课堂上讲述了历史上重要的思想家的作品，同时也阐述了自己的基本理论，对《正义论》中的错误和不够清晰的地方做了进一步的补充和修正，同时也对针对其思想的批评和质疑做出了适当的回应。随着不断的补充，这本讲稿逐渐据具有了更高的理论价值，到 1989 年已接近完稿。20 世纪 90 年代罗尔斯对这份原稿进行了一定的修改，后来随着他的病情逐渐加重，不得不最终定稿。2002 年罗尔斯去世，这最终成为罗尔斯的最后一部著作。

【中心思想】

全书 33 万字，该书的写作有两个目标："一个目标是纠正《正义论》中的许多严重缺点，这些缺点将作为公平的正义之主要理念弄得模糊不清了"①，另一个目标就是"将《正义论》所阐述的正义观念与自 1974 年以来我发表的文章中所包含的主要理念合并成一种统一的表述"②。罗尔斯澄清了关于作为公平的正义的理解问题，以应对读者的反对。他详细阐述了作为公平的正义原则的基本理念，指出这是一种政治的正义原则而非统合性学说或统合性学说的一部分。在秩序良好的社会里，公平的正义作为一种政治的正义原则受

① 罗尔斯. 作为公平的正义：正义新论 [M]. 姚大志，译. 北京：中国社会科学出版社，2011.
② 罗尔斯. 作为公平的正义：正义新论 [M]. 姚大志，译. 北京：中国社会科学出版社，2011.

到多种统合性学说的支持，而这些统合性学说之间本身也许是对立和矛盾的，但它们在政治原则上达成一致，通过重叠共识得以确认。这种重叠共识仅仅存在于社会基本结构内部，并不源自于某一种特殊的统合性学说，但是能够获得不同统合性学说的认可。这是作为政治的正义原则的优势。正义原则具有政治价值，是理性多元论下的重叠共识，而且这种重叠共识是稳定的，可实现的。

罗尔斯进一步讨论了两个正义原则的问题，他指出社会是一个世世代代维系的公平的合作体系，指导社会合作体系的规则是被公众广泛认可的，公众按照规则合作并获利。与这个核心理念紧密相连的是公民是自由和平等的以及秩序良好的社会的理念。秩序良好的社会是自由和平等的人参与公平的社会合作体系，是由两个正义原则所指导的。罗尔斯对基本结构的两个正义原则做出了具体表述，概括来讲即关于平等的基本自由和公平的机会平等与差别原则。他还对两项原则之间的先后顺序做出区分：第一项优先于第二项，在第二项中公平的机会平等优先于差别原则。在第一个原则中，平等的基本自由包括思想自由、良心自由、政治自由、结社自由、有人的自由和健全规定的权利和自由以及法制涵盖的权利和自由。罗尔斯通过该书对《正义论》中存在的模糊与问题进行了解释和补充，进一步完善了自己的思想。

与《正义论》相比，罗尔斯强调这部著作主要有三方面的变化：一是对两个正义原则的论证和内容方面的变化；二是由原初状态推导出两个正义原则的论证的变化；三是对作为公平的正义理解的变化。全书共分为 5 部分，第一部分阐述了作为公平的正义的基本理念；第二部分论述了正义原则；第三部分以原初状态对两个正义原则进行了重新论证；第四部分讨论了作为基本结构的制度；第五部分讨论了稳定性问题，核心是重叠共识的理念。本书有如下特点：一、它是对正义理论的一种最新阐述。二、它对《正义论》所受到的众多批评给予了全面的响应。三、它表达了罗尔斯正义理论的变化。四、它是对罗尔斯正义理论的一种全面、系统、简略的统一阐述。

——【分章导读】————

第一部分：基本理念 在这部分里罗尔斯具体解释了构成他本人政治哲学思想的重要基本理念。罗尔斯认为，政治哲学具有四种基本作用，即实践作用、定向作用、调和作用以及界定作用。实践作用，"就是关注那些高度争论的问题，并且抛开现象，看一看是否能够揭示出哲学一致和道德上观点一致的基础。或者，即使我们不能发现这种观点一致的基础，至少我们有可能缩小由政治分裂所导致的在哲学和道德观点方面的分歧，以使基于公民之间相互尊重的社会合作得以维持"①。定向作用，"这是一种属于理性和反思（理论上的和实践上的）的观念，它能够在（概念）空间中为我们定向"②。

罗尔斯明确表示，他的正义理念属于政治哲学，而不是伦理学或道德哲学。政治哲学一方面可以探索问题之外的哲学和道德基础；另一方面还可以通过确定理性的目标，为问题的解决提供方向，而且还可以调和社会成员与社会之间的紧张关系，并探索政治实践的可能性的界限问题。而既然作为公平的正义的一个目标是为民主制度提供哲学和道德基础，那就必须求助于一些基本理念。罗尔斯提到了六个基本理念，即社会作为一个公平合作体系的理念，秩序良好的社会理念，基本结构的理念，原初状态的理念，自由平等的人的理念和公共证明的理念。罗尔斯指出在这些理念之中起核心作用的是社会合作理念。在社会合作理念中，罗尔斯又区分了理性与合理两个理念，认为它们是构成合作理念的基本理念，两者之间是互补的，这两个理念是在具体实例中被理解的。在从事平等合作的人中，理性的人愿意提出并遵循符合所有人公平的合作的条约，而不愿意提出则是不符合理性的，但这并不是说这是不合理的。因为处于有利地位的人想要利用优势获得更多利益是完全合理的。理性更多的包含着道德观念，而合理则不同。在罗尔斯的正义观念中，社会是一个世世代代维系的公平的合作体系，指导社会合作体系的规则是被公众广泛认可的，公众按照规则合作并获利。与这个核心理念紧密相连的是公民是自由和平等的以及秩序良好的社会的理念。在谈到自由和平等的人的理念时，罗尔斯指出既然公民在社会中相互合作，那么首先他们必须具有合作的能力。这种合作的能力有两种：拥有正义感的能力和拥有善观念的能力。罗尔斯特别强调了作为公平的正义是一种政治的正义观念而不是统合性学说。因为基于理性多元论的事实情况下，民众不可能接受同一种统合性学说（哲学、宗教等），但是承认相同的政治观念是可能的。因此，就社会的基本结构来说，作为公平的正义只有作为一种政治的正义观念才有可能对其进行指导和规范。所以，在这种政治的正义观念之中关于人的理念不同于统

---

① 罗尔斯. 作为公平的正义：正义新论 [M]. 姚大志，译. 北京：中国社会科学出版社，2011：4.

② 罗尔斯. 作为公平的正义：正义新论 [M]. 姚大志，译. 北京：中国社会科学出版社，2011：5.

合性学说的人的观念，而是一种政治的理念。人之所以能够被看成是平等的，是由于拥有社会合作必需的最基本的道德能力，并以平等的地位参与合作。而人之所以能够被看成是自由的，一方面体现在公民相信自己和他人拥有把握善观念的能力，另一方面体现在公民认为自己有权对制度提出要求以满足自己的善观念。只有在拥有这些能力的条件下，人才可以被当作是自由和平等的。

罗尔斯将正义原则划分为多重等级，即局部正义、国内正义和全球正义（即万民法）。他认为秩序良好的社会的基本结构与结构内部的团体受到不同的正义原则的支配，因为它们具有不同的目标和属性。作为公平的正义是国内正义，所应用的只能是基本结构。更进一步，应用于基本结构的协议如果想要达到公平，那么协议的达成条件必须是自由和平等的人处于公平的地位。这要求达成协议的所有人都要排除一切可能产生影响的外在条件的限制，如宗教、身份、地位、金钱等不平等因素，但这种完全的隔离在现实生活中是几乎不可能的，由此提出了"原初状态"与"无知之幕"的理念。罗尔斯提倡，要解决这个一切契约论的正义原则都面临的共同问题，就必须假设一种原初状态，在这种状态之下，人们不被允许知道自己以及自己所代表的群体所拥有的相关信息（如社会地位及统和所接受的统合性学说），也就是通过将人置于一个"无知之幕"的遮蔽下，所有当事人都处于同等的地位，从而达成平等协约所必要的条件。

在罗尔斯看来，在秩序良好的社会里，作为公平的正义作为一种政治的正义原则受到多种统合性学说的支持，而这些统合性学说之间本身也许是对立和矛盾的，但它们在政治原则上达成一致，通过重叠共识得以确认。这种重叠共识仅仅存在于社会基本结构内部，并不源自于某一种特殊的统合性学说，但是能够获得不同统合性学说的认可。这是作为公平的正义作为政治的正义原则的优势。在罗尔斯看来，在正义的原则中存在着五个事实：理性多元论，国家为了维持统合性学说施行压迫性权力，民主政体需要绝大多数公民支持，运行良好的民主社会可能建立起政治正义观念，政治判断受条件限制而无法达到同样的结论。基于以上五种事实，为了克服种种限制和困难，维持社会良好秩序，就必须寻求一种能够赢得重叠共识的支持的政治的正义原则。

第二部分：正义原则 罗尔斯在这一部分着重讨论了应用于基本结构的两个正义原则的内容及其依据，着重讨论了分配正义原则的相关问题。为了解决公平的社会合作体系之下公民人生前景方面的不平等问题，罗尔斯对基本结构的两个正义原则做出了具体表述，概括来讲就是：（1）关于平等的基本自由；（2）公平的机会平等和差别原则。他还对两项原则之间的先后顺序做出区分：第一项优先于第二项，在第二项中公平的机会平等优先于差别原则。在第一个原则中，平等的基本自由包括思想自由、良心自由、政治自由、结社自由、有人的自由和健全规定的权利和自由以及法制涵盖的权利和自由。其中，前三项必须由宪法保障，是需要支持不同统合性学说的社会成员达成一致的最为迫切的重要事务。他详细解释了公平的机会平等原则，假设了一种自然天赋的分配，无论社会成员的出身如何，只要他们具有同等的自然天赋就应该获得相同的成功前景。罗尔斯将这种公平的机会平等称为自由主义的平等。要实现这种平等就不得不强加于基本制度以某些特殊机制，比如社会要建立抛开成员社会背景的平等的受教育体系。

罗尔斯认为区分两个正义原则很重要，它们应用的阶段不同，功能不同。第一项应用于宪法实质问题，第二项在于调节社会和经济不平等。两项表达的都是政治价值，但解决宪法问题的需要更为迫切。两种正义原则之间分工不同，第一种规范基本结构，保障背景正义；第二种应用于个人和团体之间分散的和自愿的交易。

对于分配正义问题，罗尔斯认为基本结构的收入分配体现了纯粹背景程序正义，也就是基本结构下只要成员依照并履行合法的规则合作，无论分配结果如何都是正义的。既然衡量分配是否正义的标准由背景制度提出，那么保证背景正义就显得尤为重要。在他看来，作为公平的正义将基本结构作为主题有两个理由。第一个理由是可以帮助我们把分配正义看作是纯粹背景程序正义，因而摆脱对个人地位和财富的不平等的困扰。尽管假设初始状态是正义的，而公平的合作协议也在正义的条件下达成，但是由于个人和团体之间繁杂的交易活动存在破坏公平条件的可能，而保护这些条件只能通过不断规范基本结构。作为公平的正义首先应当关注于维持对所有人平等所需要的基本规范，抛开人们所属的年代和地位。维持背景正义所需要的原则和个人与团体之间交易的原则之间应当建立妥善的制度性分工。在这种分工之下，个人与团体可以在基本结构的框架内实现自己的目标，同时也保证背景正义所需要的规范一直发挥作用。第二个理由是秩序良好的社会能够帮助社会成员接受自由和平等的自我观念，政治观念就能发挥教育公民的公共功能。公民的人生前景受到社会各种偶然性的影响以及基本结构的影响，基本制度应当鼓励和教育公民拥有自由和平等的政治正义的理想，而了解和参与这种政治文化能够帮助人们实现这种理想。

为了说明差别原则，罗尔斯提出基本善的理念和最不利者。基本善是从人的政治观念来看所要求的东西。人作为社会合作体系的成员需要基本善来实现自由和平等的人生。这些东西是各种社会条件和能力手段。主要有五种善：基本权利和自由，背景条件下的移居和职业选择自由，管制和职位的权力，收入和财富以及自尊的社会基础。这些都是不完全的善观念。在理性多元论下，拥有不同统合性学说的公民为了符合政治原则会一致赞成这些善观念。罗尔斯认为，在分配正义的时候，不能将道德价值作为标准。因为基于理性多元论的事实情况，社会成员支持不同的统合性学说，其道德价值各不相同，所以道德价值不能体现在政治的正义观念之中，而应该采用一种理性的政治规则来规范基本结构。差别原则指出，一方面，在特定时期里如果社会更有利者对于收入和财富的合法期望降低，更不利者的期望也会降低，那么社会就会处于上升阶段。可容许的不平等下社会生产会处于平衡状态。另一方面，收入和财富的差别无论大小，现存的不平等必须有利于更不利者，否则就不被允许。社会成员从事工作应当由他们本身根据社会提供的刺激来自由决定。从本质上来说差别原则具有互惠性。可允许的不平等是社会成员对生活前景的期望的差别。在自由和平等的公民参与合作的社会里，最不利者指的是那些拥有最低期望的阶层。按照罗尔斯的观点，自然天赋的分配应当被看作是一种共同资产，人与人之间的种种自然差距可以通过互补来加以利用。根据差别原则的互惠性，通过鼓励自然天赋有优势的人获得更多利益来使用他们的天赋，从而相应地为自然天赋占劣势地位的人做出贡献。关于把自然禀赋视为公有财产的问题罗尔斯在这部分第二十一小节是专门回应他最重要的论敌罗伯特·诺奇克的。

在这一部分中，罗尔斯承认在《正义论》中，没有将性别和种族带来的严重问题考虑进去，是一项失误，但并非正义观念方面的错误。他指出，如果自由主义观念无法表达出那些用以确保妇女和少数民族平等的法律制度和社会制度的政治价值，那么这种观念就存在着严重缺陷。

第三部分：从原初状态进行的论证　在这部分里罗尔斯对前文提出的原初状态进行进一步的阐释，并从原初状态出发对第二部分提出的两个正义原则进行论证。罗尔斯认为，原初状态作为一种代表设置模仿了公平条件和对推理施加的适当限制，两种模仿下，公民代表在公平的条件下提出了正义原则。他把从原初状态出发进行的论证分为两个部分，其中第一个部分是参与原则制定的当事人在无知之幕的遮蔽之下不了解其所代表的群体的统合性学说和善观念，被置于完全自由和平等的处境之中，也不受到具体的心理因素的支配。他们通过被假定的能力选择有利于自身和他人的正义原则。第二部分是当事人对选择的正义原则加以考虑并重新选择，如果正义原则能有效规范基本结构的同时也不会令社会成员产生嫉妒等不平心理，那么就完成了论证。

在这一部分中，罗尔斯进行了关于两个正义原则的两种基本比较。第一种是将两个正义原则同功利主义原则进行比较。两个正义原则作为平等的社会合作体系的理念要求平等和互惠性。而功利主义原则则要求最大化的政治正义原则，对平等和互惠性有所忽视。在第一种比较中得出了两个正义原则优于功利原则的结论。第二种是将两个正义原则同它自身的变体相比较。在这个变体中，差别原则被受到最低保障的功利原则取代。

在罗尔斯看来，原初达成的协议除了关于基本结构的正义原则外，还应当包含有关推理和证明的规则所达成的协议，他由此引入公共理性的理念。在民主政体中，尽管政治权利是强制性的，但同时也是公民集体共有的权利，所以每位公民都平等地享有。由于理性多元论的事实，公众受到不同的统合性学说及周围环境的影响，拥有不同的推理方式。但是当面临重大政治问题时，公民在提出政治意见时互相出示对方可以接受的理论，这种理论必须基于公共所接受的政治价值，也就是说社会成员必须根据公共理性来说明他们所共同享有的政治权力的合法性。对于自由和平等的公民来说，公共理性是一种有效而合理的推理形式。罗尔斯也提出了非公共理性与公共理性相区分。社会内部个人与团体所广泛适用的是非公共理性。在社会群体中，群体内部公认的推理方式对其自身而言虽然是公共的，但对于政治社会来说是非公共的。非公共群体的权威性对于成员来说与国家权威之于公民不同，前者是自由的，而后者从某种意义上说是不自由的。通过这种区分罗尔斯将政治社会与团体区分开来。罗尔斯提出，秩序良好的社会可能达到的公共性有三个层次：（1）公众对于两种正义原则和公共知识的相互承认。（2）在设定的原初状态中，在正义原则被选择的基础上，公众对一般事实的相互承认。（3）作为公平的正义基于自身而得到的完全证明的相互承认。在秩序良好的社会中，这三个公共性的层次都会得到满足。这种公共性条件具有重要的作用，它使得政治观念获得教育的功能，社会成员从公共文化中获得自己作为公民的观念。对于正义观念的稳定性问题来说，要具有稳定性就必须产生出自己的支持力量，至少在完全有利的条件下制度会自我强化。也就是说，公民必须处于政治观念自身的原因而支持它，他们必须认可现行制度的正义性并遵守其规范。在民主政体中，只有多数成员认可政治程序并自愿遵守才能保证稳定的社会合作。尽管从表面上看更有利者可能会感到不满，但罗尔斯假设了三种理由会压倒其不满的念头。第一个理由是政治观念的教育结果。由于在良好秩序的社会中成长，公民产生了对分配原则互惠性的自我设定。第二个是更有利者认识到差别原则中的互惠性，发现自己由于自然天赋的优势已经获得较多利益，只要坚持就可以继续获益。第三个是立宪政体的三个要求表明通过制度培养出倡导合作的公共政治文化，差别原则能发挥同样的作用。

第四部分：正义的基本结构之制度　在这一部分里罗尔斯试图对两个正义原则的制度性内容进行探讨。罗尔斯认为无法从政治观念内部的内容出发来探讨是否合乎理性，只有通过考察政治观念的背景制度，在实践中澄清政治观念的具体含义，从而进行深入思考。对每一种政治制度来说，都不得不面对四个基本问题：制度是否正当，是否能够有效地被设计以达到目标，公民能否遵循制度和规则，任务是否超出公民的能力。真正正义的制度是能够促进满足自身需要的发展的制度，这样的制度才是被有效地设计的。公民所接受的职能和任务不能超出他们实际拥有的能力，能够避免腐败和低效率等实际问题。罗尔斯列出五种政体：自由放任的资本主义，福利国家的资本主义，国家社会主义，财产所有的民主制度，自由社会主义。对这些不同的政体，罗尔斯分别讨论了它们的运作是否符合正义原则的要求。

在他看来，运作良好的政体的基本结构可能会产生某种社会利益使其运作结果与最初所设定的目标相违。自由放任的资本主义保持了形式上的平等，但否认政治自由的公平价值和公平的机会平等。而福利国家的资本主义尽管对机会平等有所关注，但它同样否认政治自由的公平价值，而且缺少实现机会平等的相关政策。国家社会主义则是彻底违反了平等的基本权利和自由，这三种政体都是不符合两个正义原则的。另外两种政体在罗尔斯看来不仅保证了政治自由的公平价值和平等的机会主义，而且能够规范经济和社会的不平等，是符合正义原则的。而对这两种正义原则的政体的选择只需要通过考量社会的具体的历史政治条件等实际情况。针对都容许拥有生产资料的私人财产的两种政体，财产所有的民主制度和福利国家的资本主义，它们之间存在很多差别。前者通过分散生产资料以防止少数人垄断，而后者则允许少数人占有生产资料并控制政治生活。福利国家的目标在于保证所有人都生活在基本生活标准之上，每个时期结束时需要他人帮助的人被挑选出来接受收入的再分配。由于背景正义的缺少，一部分社会成员不具有改变自身发展前景的能力，他们长期依靠社会福利成为被公共政治文化抛弃的消极的人。而财产所有的民主制度的目标是平等的社会合作体系。所以从一开始生产资料就被广泛地分配给社会成员使他们能够成为社会合作的一员，以这种方式满足背景的程序正义。在这种情况下出现的极少数下等阶级是由社会条件造成的，他们的情况很难改变，但并非是社会制度的问题。

罗尔斯指出，作为公平的正义中存在的善观念有六个：作为合理性的善观念，基本善的观念，可容许的善观念，政治美德的观念，秩序良好社会的政治善的观念，社会联合的善观念。这些可接受的善观念必须作为政治的观念相互之间协调一致，才能满足正当的优先性，作为公平的正义才能满足自由主义的合法性原则。同时他还指出，这些善观念是按照顺序提出的，从第一个作为合理性的善观念开始，到政治美德被规定为公民道德品质，这些善观念是逐一的。

为了解释在涉及宪法实质问题等重大问题时国家不应该支持某种特殊统合性观点，罗尔斯试图说明基本结构是否应支持或反对统合性学说。统合性学说被反对的可能有两种：与正义原则冲突或者无法获得信徒。在一种正义的政体之下某种思想消失了或走向式微，并不能说明这是由于这种政治正义观念对其采用了某种不公正的偏见限制。在现实的社会世界中生活方式和基本价值之间的相互排斥是不可避免的，并不能说明在这其中某种价值遭到排挤是由于基本结构的直接影响。在理性多元论的前提下，判断政治自由主义在反对或赞成某种统合性学说时是否带有偏见是由它是否规定了公平的背景条件决定的。只有当这种背景条件是不正义的时候，对某些统合性思想的反对才会是不公正的偏见。

罗尔斯指出，家庭也是基本结构的一个部分，为社会合作体系培养有正义感和政治美德的公民使社会能够维系下去。公平的原则作为政治原则虽然不直接作用于家庭，但是通过规定平等公民的基本权利来对家庭进行某种程度的限制，这些都是作为基本结构的部分的家庭所不可违背的。他在这里力图说明公平的原则对妇女和儿童的作用。

第五部分：稳定性问题　在本书最后一个部分，罗尔斯讨论了作为公平的正义的稳定性问题，最终完成对作为公平的正义的论证。在关于两个正义原则的论证中，第一个论证是关于正义原则的选择，第二个论证关注的是作为公平的正义的稳定性。正义原则的选择为公民提供了制度背景，在这种背景下成长的社会成员是否有能力避免其他外来的负面态度的影响？如果社会成员能够形成足够强烈的正义感，足以抵抗外来影响产生的强烈情绪，始终坚持正义原则，那么论证就实现了。必须考虑在理性多元论的事实前提下政治观念能否成为重叠共识。首先必须确认，作为公平的正义是一种政治观念，具有政治价值，这种价值是同其他价值相区分的。既然政治是特定的领域，那么表现政治价值的政治观念也是独立的。政治观念被应用于基本结构，无须依靠其他非政治价值。要使作为公平的正义这种政治观念称为重叠共识必须获得其他统合性学说的承认和支持，但不能强制推行某一种学说，这是不合理性的。要实现两个正义原则的论证，就必须面对政治观念的稳定性的问题。

政治观念与稳定性发生关系的方式有两种。一种方式是假设稳定性为一种实践问题。政治观念只有具有稳定性，那么实现它的努力才会有意义。但是作为公平的正义追求的是另外一种方式。这种方式认为，生活在基本结构下的成员所形成的强烈的正义感足以使他们应对任何不正义倾向，始终坚持正义的基本原则，这种稳定性有某种动机保障，而这种动机又是由基本结构提供的。在作为公平的正义规范的良好社会秩序之下，假设公民拥有两种观点，一种观点是政治观念，另一种观点是统合性学说。在这个条件下，认可理性的统合性学说的社会成员会支持作为公平的正义，而非理性的统合性学说则不会得到广泛认可。那么这个由作为公平的正义所规范的社会秩序就是良好的。将作为公平的正义当作是政治观念而非统合性学说大大缩小了涉及的范围，其实现的可能性也更大。

政治自由主义将政治价值作为一个特定的领域，认为它是独立于统合性学说之外的价值。那么必须要说明政治之所以能够超过同它发生冲突的其他价值的原因。首先，政治价值非常重要，能够影响社会的基本结构，规定了社会合作的基本原则。其次，历史表现出一种多元性特征，存在合乎理性的统合性学说，能够与政治领域的价值相适合或者不冲突。这种多元性使得重叠共识是可能的。尽管罗尔斯并没有就何种统合性学说是理性的做出定义，但是他指出理性的学说应当承认判断责任，承认政治价值和良心自由的价值。

罗尔斯认为，重叠共识是可能的和稳定的，而不是一种乌托邦。要解决这个问题，先假设作为公平的正义原则由于某种历史偶然性已经"作为一种权宜之计"① 被接受了。也就是说，由于混乱和内战人们不得不接受唯一的选择。问题在于如何使这种被迫的接受最终经过长时间的发展成为一种稳定的重叠共识。政治观念与统合性观点之间有三种可能关系：源于统合性学说，不源于但与统合性学说相容，与统合性学说完全不相容。但在实际生活中，公民是不会考虑其政治观念与统合性学说的关联的。很多人并不认为自己所拥有的道德、信仰等属于统合性学说，所以在做出政治观念的选择时他们并不考虑与自身其他观点相互关联。社会成员更加有可能从观念本身来做出判断，当政治观念与统合性学说发生冲突时，他们有可能会适当调整自己的统合性学说，而不放弃政治观念。作为公平的正义所获得的忠诚可能来源于自我和群体利益，也可能是受到制度的鼓励，但需要寻找更加深层次的基础。自由主义观念能够满足稳定宪政体的本质要求，不仅确定了基本权利和自由的内容，而且推理形式是可靠的，其公共理性观念能够帮助发展合作性的政治美德。于是推测出公民由于自由主义挂念取得的成果而产生忠诚，并理性地将其当作表达政治价值的正义原则。当民主制度成为可能的情况下政治价值就会超过其他价值，于是产生重叠共识。在重叠共识的范例中，三种观点都是从内部出发支持政治观念。社会成员从自己的统合性学说内部出发对政治观念的确认不会损害其哲学或道德部分。

——【意义与影响】————————————

第一，该书是罗尔斯对正义理论全面、系统的阐述，凸显了规范政治哲学问题时代运思的中心性。

《正义论》发表后激起了学术界的广泛讨论，罗尔斯在书中所提出的正义理论也引发了众多反对声浪。针对这些来自不同思想家的批评与质疑，他在该书中一方面结合自己进一步研究的理论成果对《正义论》中存在的失误与问题进行了修正和补充；另一方面对外界的批评进行了回应，为自己的基本理论思想做出辩护，对自己的思想框架进行了进一步的完善。罗尔斯一直以来致力于对正义问题的研究与思考，他从政治哲学的角度寻找解决什么是正义以及如何实现正义的理论方法。该书的出版完成了西方政治哲学的主题转换，奠定了规范政治哲学问题时代运思的中心地位。

① 罗尔斯. 作为公平的正义：正义新论 [M]. 姚大志，译. 北京：中国社会科学出版社，2011：231.

第二，该书中所阐述的正义理论对于资本主义国家有重要的指导意义。

通过直面资本主义社会的各种问题与弊病，罗尔斯坚持不懈地寻找社会问题背后的深层原因。他以两个原则解答自由主义实践所面临的理论与实践问题，是自由主义思想史上的重大突破，为社会秩序的规范提供了理论依据和指导，对西方世界产生了不可磨灭的影响。金融危机以来，诺奇克的极端自由主义受到了极大的挑战，而罗尔斯的相对温和的自由主义迎合了时代的潮流。

第三，该书虽然修正了在《正义论》中所存在的问题，但仍然存在着一些模糊的问题。

针对来自于各种派别，其中特别重要的是来自自由主义和社群主义的严厉批评，罗尔斯对《正义论》进行了反省，思考了所存在的问题，修正了自己的观点并对其中一些批评做出回应。在回应两个正义原则存在的问题时，罗尔斯提出了一种不同的解释。然而，罗尔斯所做的"宪政主义解释"也存在着许多困难，因为差别原则和公平的机会平等原则在很多方面都涉及宪政实质问题，而且关于什么是或不是宪政实质问题，人们之间仍存在争议[①]。关于重叠共识的观念虽然表达了罗尔斯对稳定性证明的修正，但重叠共识顶多证明了合法性，而没有证明稳定性。因为公平的社会合作体系只能是历史发展的结果，而不是理论叙述的前提，所以在对社会合作体系这种宏观问题的把握上，如果仅仅满足于社会成员的"一致同意"的话，实际上是什么工作也没有做，甚至会在实践中造成消极影响。

───【原著摘录】────────────────────

第一部分：基本理念 P7－52

P8　政治哲学的一个任务——也就是说，它的实践作用——就是关注那些高度争论的问题，并且抛开现象，看一看是否能够揭示出支撑着哲学上和道德上观点一致的基础。或者，即使我们不能发现这种观点一致的基础，至少我们有可能缩小有政治分裂所导致的在哲学和道德观点方面的分歧，以使基于公民之间相互尊重的社会合作得以维持。

───────────────

① 姚大志. 罗尔斯正义原则的问题和矛盾 [J]. 社会科学战线. 2009（9）.

P15 正义原则对立宪民主政体的基本政治哲学问题提供了一种回答。这个问题就是：就规定公民之间进行合作的公平条款而言，而这些公民被视为自由的和平等的、理性的和合理的，以及我们再加上世代相继、持续终生的正式的和完全的合作成员，最可接受的政治正义观念是什么？

P16 一种正义观念是否适合于秩序良好的社会，这为评价政治的正义观念提供了一条重要的标准。

P20 政治的正义观念的作用并不是要精确表明这些问题是如何加以解决的，而是要建立起一种思想的框架，在这种思想框架内，这些问题才能够被思考。

P22 一种更完整的政治正义观念的这两个部分——国内社会的正义和民族与民族之间关系的正义——能够在提出它们的过程中得到相互调整。

P23 作为公平的政治赞成最后一种答案：公平的社会合作条款是由这些从事合作的人们所达成的协议决定的。

P30 一个民主的政治社会不具有任何这样能够共同享有的价值和目的。秩序良好社会之公民承认宪法及其政治价值是体现在他们自己的制度中的，从而，正如社会安排所要求的那样，他们共同享有的目的就是相互正义的对待对方。

P34 自由和平等的人的观念是一种规范的观念：它是由我们的道德思想和政治思想及其实践所确定的，也是由道德哲学、政治哲学和法哲学加以研究的。

P43 秩序良好的社会是一个由公共的正义观念加以有效规范的社会。在这样的社会里，每一位公民都被认为已经达到了广义的（与狭义相对的）反思平衡。

第二部分：正义原则 P52－100

P55 用我们最坚定而又深思熟虑的信念，即我们关于民主社会作为自由和平等公民之间一种公平的合作体系——如在原初状态中所模仿的——之本性的信念，来了解这些信念结合在一起所表达出来的主张是否有助于我们发现一种恰当的分配原则，以便解决基本结构中公民人生前景方面的经济和社会的不平等。

P56 每一个人对于一种平等的基本自由之完全适当体制（scheme）都拥有相同的不可剥夺的权利，而这种体制与适于所有人的同样自由体制是相容的。

P63　要理解宪法实质这个观念的要点，一种方式是将它同忠诚的反对派观念联系起来，而忠诚的反对派这个观念本身就是立宪政体的一个实质性观念。在关于这些宪法实质是什么的问题上，政府同其忠诚的反对派之间是意见一致的。它们的这种一致使政府在其意图上是合法的，使反对派在其反对中成为忠诚的。当双方的忠诚都是坚定的并且它们的一致得到了相互承认的时候，这种立宪政体就是稳定的。

P71　即使在秩序良好的社会里，我们的人生前景也深受社会偶然性、自然偶然性和幸运偶然性的影响，以及受基本结构（及其不平等）使用这些偶然性来满足社会需要之方式的影响。

如果秩序良好社会的公民应该相互承认每个人都是自由和平等的，那么基本制度必须教育他们接受这种自我观念，并且公开地展示和鼓励这种政治正义的理想。这种教育任务属于我们所谓政治观念的广义功能。

P73　从基本结构开始的讨论看来同作为公平的正义之其他理念是相互一致的，而这点是我们在开始时无法预见的。关于这个基本结构的明确定义能够通过它同这些其他理念协调一致的方式来获得，正如关于这些其他理念的明确定义也能够通过使它们同它协调一致的方式来获得。

P75　为了突出基本善的客观特征，请注意，视为基本善的东西不是作为一种对待自己的态度的自尊，而是自尊的社会基础。

P76　公民所适当拥有的基本善不能与这样的善混同起来，即这种善是任何特殊的统合性的宗教、哲学和道德学说所表达的，或者是这样一些学说在对我们的（统合性的）善的共同关切中可能拥有的观点所表达的。

P80　差别原则的另一个特征是，为了最大程度地提高最不利者的期望（按照收入和财富来计算），它不需要世代持续的经济增长。持续的经济增长不符合一种理性的正义观念。

P83　当性别和种族的区别在某种方式中被涉及到的时候，它们引起了差别原则所具体应用的相关立场问题（《正义论》第16节第85页）。我们希望，在秩序良好的社会里，在平等的基本自由和公平的机会平等得到保证的有利条件下，性别和种族不会对相关观点产生什么影响。

P86　强加给分配的最简单限制或最简单形式就是所有社会善的严格平等。非常明确，差别原则不是这种意义上的平等主义，因为它承认在社会和经济组织中需要存在不平等，尽管这些不平等的唯一作用就是提供刺激。

P91　脱离对合作体制加以规定的公共原则，就不存在任何合法期望的标准或资格的标准。合法期望和资格（在作为公平的正义中）永远以这些规则为基础。

P93　党委社会安排之公共规则所推动的个人试图有意识地采取相应行动的时候，他们就可以成为应得的。但是，正如在游戏中那样，还存在着竞争者，而且即使竞争是公平的，一个人也不能保证他会成功。

第三部分：从原初状态进行的论证 P100－164

P103　就其可能性而言，我们希望从原初状态开始的论证是一种演绎推理的论证，即使我们实际进行的推理达不到这种标准。这种希望的目的是，我们不想让当事人依据心理假设和社会条件来接受两个正义原则，而这些心理假设和社会条件已经被排除于原初状态之外。

P107　政治正义的首要价值必须是公共的，而且这种要求也是正常的。这个条件一般应用于政治观念，而非道德观念。

P108　无知之幕同原初状态中的其他条件一起，消除了人们在讨价还价地位方面的差别，从而在这方面以及其他方面，当事人的处境是相同的。公民只被展示为自由平等的人。

P109　当事人自己不受具体的心理因素支配：在论证的第一个部分，我们说，他们对自己所代表的这些人也持同样的看法。他们推理的目的在于选择出正义原则，这种正义原则能够最好地保护这些人的善，保护他们的切身利益，而不考虑任何产生于嫉妒、对不确定性的极端厌恶或者其他心理因素的倾向。

P111　关于推理的原则和证明的规则所达成的协议，公民根据这些原则和规则来决定正义原则是否适用，它们在什么情况下和在多大程度上能够得到满足，以及在现存社会条件下什么样的法律和政策能够最好地实现它们。

如果我们要想讨论公共理性，那么当事人选择正义原则时所依赖的知识和推理方式——一般来说对于公民是明显的常识性真理，而且这些真理也是能够得到的——就必须是公民的公共理性能够接受的。

P112　在产生重大政治问题的场合，公民必须能够为他们的政治观点互相出示可公共接受的理由。这意味着，我们的理由应该附属于政治正义观念所表达的政治价值。

P113　这些价值反映了关于公民身份（citizenship）的理想：我们以其他自由平等的人能够承认的方式来解决基本政治问题的这种意愿是理性的和合理的。这个理想提出了公共的公民义务问题（第33节），而当涉及宪法实质和基本正义问题的时候，公共的公民义务指导我们在合法性原则所设立的限制之内进行推理。

P117　在民主思想的历史中，两种相互对照的社会理念占有一种显著的地位：一种是作为自由平等公民之间的社会合作之公平体系的社会理念，另外一种是作为生产出以总额计算的最大善之社会体系的社会理念，而这里的善既是属于社会全体成员的，也是由统合性学说所规定的完满的善。

P127　任何基本自由都不是绝对的，因为这些自由在特殊的场合可能会相互冲突，所以它们的要求必须加以调整以使之成为一个一致连贯的自由体制。要达到这个目标，就要用这样的方式进行一些调整，以使这些更为重要的自由是相容的，而在两种基本情况中道德能力的全面发展和充分使用所涉及的这些自由是更为重要的。

P147　希望在于，秩序良好的社会是一种没有意识形态的社会（这里的意识形态是按照马克思所谓虚假意识的意义上加以理解的），而在秩序良好的社会里，公共性条件被充分地满足了，也就是说，所有三个层次的公共性在这里都达到了。

P148　就我们的目的而言，公共性条件具有一个重要的后果。即它赋予政治的正义观念以一种教育功能（第16.2节）。我们认为，作为常识性的政治社会学的一个普通事实，在秩序良好社会里成长出来的人在很大程度上是从公共文化以及隐含在这种公共文化中的人和社会的观念来形成他们自己作为公民的观念的。由于作为公平的正义是从属于这种文化的基本直觉观念中建立起来的，所以这种功能对它来说是非常重要的。

第四部分：正义的基本结构之制度 P164－217

P166　显然，我们所喜欢的是正义的、有效设计的基本制度，这种基本制度能够有效地促进使其自身得以维持所需要的目标和利益。除此之外，人们所面对的任务不应该过于困难，以致超出了他们的能力。

P167　福利国家的资本主义也否认政治自由的公平价值，而且，尽管他对机会平等还有某种程度的关切，但是缺少实现机会平等所需的相应政策。

P168　财产所有的民主制度和自由社会主义的政体两者都建立了民主政治的宪政框架，保证了基本自由以及政治自由的公平价值和公平的机会平等，而且使用相互性原则——如果不是差别原则的话——来规范经济不平等和社会不平等。

P171　让我们记住，只有接受这些限制，作为公平的正义才能够满足自由主义的合法性原则：即当宪法实质问题和基本正义问题处于危险的时候，强制性政治权利的使用，也就是自由平等公民作为一个集体的权力的使用，只有在符合他们自由的公共理性的情况下，才能够对所有人来说都是正当的。

P173　即使政治自由仅仅是保护和维持其他基本自由的重要制度性工具，它们仍然能够被视为基本的。当政治上的弱势群体和少数派被剥夺了某种特有权利，并被排除于政治职位和政党政治之外的时候，他们可能仍然拥有他们的基本权利和自由，只不过这些基本权利和自由受到了限制，如果还不是被剥夺了的话。

P187　任何社会在自身之内都无法包容所有的生活方式。我们可能确实为社会世界特别是我们的社会世界的有限空间而感到悲哀，我们也可能为我们文化和社会结构的某些不可避免的结果而感到遗憾。

第五部分：稳定性问题 P217—238

P219　政治自由主义主张，存在着一个特定的政治的领域，这个领域能够根据（在其他特征之中的）这些特征来加以识别，而以适当的方式加以规定的某些价值典型地适用于这些特征。

P225　重叠共识的理念能够以一种更加现实的方式使我们思考作为公平的正义之秩序良好的社会。

P229　正义的价值和公共理性的价值一起表达了自由主义的理想：由于政治权力是公民作为一个集体的强制性权力——每个人对这种权利都享有平等的份额——所以当涉及宪法和基本正义问题的时候，只有以有理由期望全体公民都能够赞成的方式，这种权力才能够加以施行。

P233　对制度和规范制度之观念的忠诚可能在某种程度上依赖于长期的自我利益和群体利益，依赖于习俗和传统习惯，或者仅仅依赖于与通常所期望之物和所做之事相一致的愿望。

───【参考文献】────────────────────────────

[1] 薛传会. 论罗尔斯对两个正义原则的修正：从《正义论》到《作为公平的正义——正义新论》[J]. 中共杭州市委党校学报，2003（4）.

[2] 徐清飞. 罗尔斯正义理论的发展 [D]. 长春：吉林大学，2008.

[3] 赵双剑. 论罗尔斯的正义原则 [D]. 四平：吉林师范大学，2012.

[4] 刘莘. 罗尔斯的"政治"转向 [J]. 社会科学，2007（8）.

［5］姚大志. 打开"无知之幕"：正义原则与社会稳定性［J］. 开放时代，2001（3）.

［6］姚大志. 罗尔斯正义原则的问题和矛盾［J］. 社会科学战线，2009（9）.

［7］林道海. 正义的原则欲证明：罗尔斯正义论评析［J］. 山东社会科学，2006（5）.

十四、《至上的美德：平等的理论与实践》

［美］罗纳德·德沃金

冯克利　译

江苏人民出版社，2003 年

──【作者简介】──

　　罗纳德·德沃金（1931—2013），是美国著名法理学家，当代新自然法学学派的代表人物，出生于美国罗得岛州普洛威顿斯。幼年时期父母离异，德沃金跟随母亲生活在罗德岛，靠母亲教授钢琴维持生计。中学毕业后，德沃金获罗德奖学金进入哈佛大学研习哲学，大学四年期间获得全 A 成绩，之后获得牛津大学曼德琳学院奖学金前往牛津大学攻读法学。先后在牛津大学和哈佛大学获得学士学位，随后在耶鲁大学获得硕士学位。1967 年，德沃金在《芝加哥大学法学评论》第 14 期发表了《规则模式》一文，向英美法理学界享有盛名的哈特的实证主义发起挑战，从此一举成名。1969 年，德沃金应邀担任英国牛津大学法理学首席教授，直至 1998 年；1975 年开始，德沃金任美国纽约大学法学与哲学教授，直至去世；同时，德沃金还不定期担任过哈佛大学、康奈尔大学和普林斯顿大学的教授；1984 年以后，德沃金担任伦敦大学客座教授。德沃金于 2013 年 2 月 14 日因血癌在伦敦不幸辞世，享年 81 岁。

　　德沃金是公认的当代英美法学理论传统中最有影响的人物之一，他积极介入社会事务，积极捍卫法治与民权、自由与平等、民主与人权，为世人留下了珍贵的思想遗产。他的时事评论所树立的标准，是绝大多数公共知识分子难以超越的。美国社会的诸多重要问题，他都有撰文论述。德沃金关注人类尊严与权利，他的每一部重要的著作都引起广泛的讨论，其中既有赞同，亦有批判。他最重要的政论文章都发表在《纽约书评》上，在他去世之后，《纽约书评》立即开了个栏目，回顾了德沃金半个世纪以来为《纽约书评》撰写的重要著作。德沃金也是当代新自然法学派的代表人物，当今世界最伟大的思想家之一。英国的《卫报》在讣闻中将其与 19 世纪世界上最重要的思想家之一的斯图尔特相提并论。纽约大学的法学院网站这样说：德沃金可能是两百年之后其著作还可以被读的两三个人之一。就深度、系统性和原创性而言，他的正义理论足以和罗尔斯的正义理论相提并论，他的法律理论，相较于哈特的法律理论，可以说有过之而无不及。德沃金不仅是当代法政哲学家的典范，而且也将是未来法政哲学家的典范。德沃金的主要著作：《认真对待权利》（1977 年）、《原则问题》（1985 年）、《法律帝国》（1986 年）、《生命的自主权：关于堕胎、安乐死以及个人自由的辩论》（1993 年）、《自由的法：美国宪法的道德解读》（1996 年）、《至上的美德：平等的理论与实践》（2000 年）、《身披法袍的正义》（2006 年）、《民主是可能的吗？新型政治辩论的诸原则》（2006 年）、《最高法院的阵形》（2008 年）。

──【写作背景】────────────────────────

平等是政治理想中一个面临困境的理念，平等问题也成为当代伦理学以及政治哲学关注的重点，并被不厌其烦地加以讨论。当今社会思想家们讨论的焦点不是人们是否应该得到平等而是人们该如何得到平等，或者说人们该怎样被平等地对待的问题。然而，20 世纪中期以来，美国在这一问题上无论从理论还是实践上都遇到了大的挑战并冲击着美国的统治秩序。

20 世纪 60 年代，美国经济危机、通货膨胀、种族歧视、反越战争、女权运动等问题频发，社会陷入混乱之中，诸如隐私权、生育自由权等一系列以前尚未涉及的权利开始进入学者的视野，而对这些社会现象的反思与思考极大地冲击了美国社会的统治秩序。

尖锐的社会矛盾还动摇了美国传统政治哲学的理论基础。自 19 世纪中期以来，在西方政治哲学领域占统治地位的功利主义学说受到了来自右翼和左翼的攻击，一度几乎是所有政治家都采取的"自由主义"的政治态度，已丧失了它的巨大魅力，被奉为至上的法律制度也陷入了前所未有的困境之中。美国人开始重新审视长期存在的法律制度和政治实践。关于什么是法，谁需要守法，什么时候守法，成为当时政治争议的焦点问题。适应时代的需求，1971 年罗尔斯出版《正义论》一书，在书中罗尔斯以"新契约论"和康德的自由主义哲学为基础，对公正分配、福利国家和个人权利等问题进行了阐述，运用差别原则来调解社会和经济的不平等，罗尔斯认为在分配时如果无法避免不平等，就需要在分配过程中将利益分配倾向于处于不利地位的人们。德沃金不满于这样一种平等理论，他指出罗尔斯的差别原则并不平等，这种差别原则是一种集体性的分配主义原则，不是个人主义原则。德沃金试图更彻底地实现自由主义的个人分配原则，提出真正合理的自由主义的分配主义是资源平等。德沃金认为，真正合理的自由主义的分配主义，是他自 20 世纪 80 年代以来提出的资源平等论。

1977 年，德沃金出版《认真对待权利》一书，尖锐地批判了美国法律传统中的实证主义和实用主义，提出政府必须平等尊重和关心个人权利，不得为了社会福利或社会利益牺牲人权。如何确保整个社会的政治法律制度的有效运转，政府在公民权利的实现中应承担什么责任保障平等的实现成为德沃金关注的焦点，也正是在这一背景下，德沃金出版了《至上的美德：平等的理论与实践》，全面阐述了他的平等思想。

——【中心思想】——

该书 40 余万字，论证分为两大部分。第一部分从理论问题开始，德沃金从平等的资源分配、政治平等与自由主义共同体三方面开展讨论。在理论部分，德沃金将平等关切诠释为资源平等，并且在这种诠释中，将资源平等与自由协调在平等关切之中，通过荒岛理论和虚拟保险理论实现资源的平等分配。第二部分是实践探讨，其起点是当代热烈的政治论战，囊括了保健措施、福利计划、选举改革、种族教育中的优待措施、基因实验、安乐死、同性恋等全国性讨论的话题。这一部分由外及里，从这些尖锐的政治问题到似乎适合于表述它们并有助于对其做出判断的理论结构，都做了深入的讨论。该书的中心内容包括：

第一，围绕平等话题，提出了资源平等理论。

作为"至上的美德"，平等的关切是一个政府必须拥有的。在导论中，作者明确指出，该书的主题乃是对平等关切的要求做出解释。"本书认为，平等的关切要求政府致力于某种形式的物质平等，我把它称为资源平等（equality of resources）。"① 资源平等的目标在于使人们所能支配的资源在数额上相等，使每个人都能够享有同等的资源，并去实现自己心目中的良善生活或理想人生。这种分配方式依靠的是人们的利益诉求，要真正实现平等只能从源头上把握，即对所有社会成员给予平等的资源分配，保障天生不健全的人也能和健全的人一样拥有资源和机会。实现资源平等的方式有"拍卖""保险""市场"等形式。简单说来就是要求理想的平等分配要满足他设想的妒忌检验，即没有人会嫉妒别人的资源。在同等起点面前，人们可以根据自己的喜好、愿望选择自己的生活并对这种选择负起绝对的责任。个人的选择带来的不平等的后果完全是合理的，可以接受。

第二，在批判罗尔斯差异原则基础上批判了传统福利观，强调政府要从资源上而非福利上保证社会成员的平等。

德沃金不满足于罗尔斯的差别原则，认为任何干预收入不平等的行为都会制造出更多的不平等。他指出差别原则只关注那些基本物品最少者的处境，企图从最终分配上改善他们的处境，而不理会这种行为对拥有较多资源的人所造成的后果。这样一种分配方式必然会招致人们的怨愤。"虽然无论做出怎样的定义他们都不是生活最差者，但必须努力奋斗才能保证自己家人有体面的生活，当他们好不容易挣来的一部分工资被征收并送给根本不工作的人时，他们会感到忿忿不平，这丝毫也不让人奇怪。"② 这种公正理论只关注生活上不能得以保障的人，损害了辛勤工作的人的利益，因而是不合乎人情的。

第三，平等和自由是政治正义的两个方面，平等具有优先于自由的地位。

首先，平等是政治共同体的基本政治道德，是衡量政府合法性的标准，一个政府如果不能平等对待公民就是不合法的政府。其次，自由的价值相对于政治共同体而言不是根本性价值，保障自由的前提是保护公民平等，平等才是政府至上的美德。德沃金将自由与平等的关系分为两种形式："制度战略"和"利益战略"。"利益战略"将自由和平等视为两种独立的具有竞争关系的价值。平等价值要求国家采用某种平等的方式分配物质资源，同时，在分配资源时，不考虑附着在这些资源之上的自由。但是，如果参与者没有任何自由权利，那么资源平等分配是很难达到的。所以，当自由和平等是两个

---

① 德沃金. 至上的美德：平等的理论与实践 [M]. 冯克利，译. 南京：江苏人民出版社，2003：4.

② 德沃金. 至上的美德：平等的理论与实践 [M]. 冯克利，译. 南京：江苏人民出版社，2003：384.

相互独立、相互竞争的价值体系时，资源平等很难实现。要想达到资源平等，就必须让参与者享有自由。而"制度战略"则将自由的价值纳入到平等的价值之中，自由只是实现平等的一个方法和手段。在获得物质资源的同时，也获得了附着在该物质资源之上的自由权。这样，自由就成为平等的前提条件，平等就成为自由的目的，二者通过机会成本联系在一起。德沃金指出，自由放任的平等观就是一种制度战略，它将基本的自由纳入到理想分配的政治结构中，以此为基础产生的任何结果，都不会对自由及平等构成限制，自由与平等不会发生冲突，对自由的侵犯，也就意味着对平等的破坏。

──【分章导读】────────────────────────────

导论：平等重要吗？　　在导论中，德沃金试图建构一种整全性的自由主义（comprehensive liberalism）。德沃金在开篇指出，政府如果对全体公民的命运没有表现出平等的关切，它就不可能是个合法的政府；当一国的财富分配像甚至非常繁荣的国家目前的财富状况那样极为不平等时，它的平等关切是值得怀疑的，"平等的关切是政治社会至上的美德"①。那么，真正的平等关切所要求的是什么？这是德沃金讨论的主题。德沃金以为："平等的关切要求政府致力于某种形式的物质平等，我把它称为资源平等。"②

德沃金认为，应当期盼一个包括所有核心政治价值的言之成理的政治道德理论，而且这一理论还应反映着更为基本的信念：人生价值、个人责任。这与政治哲学中的两大势力──罗尔斯的政治自由主义和柏林的价值多元论的精神刚好相反。柏林认为，重要的政治价值（如自由和平等）之间存在剧烈的冲突，而德沃金则试图把平等和自由整合在一起；罗尔斯的社会契约方法"旨在使政治道德脱离有关美好生活之性质的伦理预设和纷争"③，而德沃金的政治主张的根据则是更一般的伦理价值，譬如良善生活和个人责任原则。因此德沃金提供的是完备的自由主义理论（comprehensive liberal theory），在这个完备理论中，个人主义的两条原则，即重要性平等原则和个人责任原则支撑着有关平等的论述。

────────────

① 德沃金. 至上的美德：平等的理论与实践［M］. 冯克利，译. 南京：江苏人民出版社，2003：1.

② 德沃金. 至上的美德：平等的理论与实践［M］. 冯克利，译. 南京：江苏人民出版社，2003：4.

③ 德沃金. 至上的美德：平等的理论与实践［M］. 冯克利，译. 南京：江苏人民出版社，2003：6.

第一部分　理论　第一部分作者从理论上探讨了平等观。德沃金通过对罗尔斯差别原则的批判，得出资源平等论。本部分包含第一至第七章共七章内容。

1. 福利平等　本章德沃金着重讨论了分配平等的问题。在分配平等中存在着两种方案：福利平等和资源平等。福利平等初看很有吸引力，因为福利这个概念"提供了一个尺度，以便给资源确定恰当的价值"[①]。随着对福利定义的不同，相应地存在若干种福利平等的观点。最著名的福利平等理论有两类：一类是"福利的成功理论"，这一理论假定个人的福利就是他在实现其偏好、目标和抱负上的成功，因而把成功的平等作为一种福利平等的观点，主张资源的分配和转移应达到进一步的转移无法再降低人们在这些成功方面的差别的程度；另一类是感觉状态理论，主张分配应当努力使人们在其有意识的生活的某些方面或质量上尽可能达到平等。

福利成功理论局限于使人们在个人处境上达到平等，即"在分配能够使每个人的生活和处境的偏好得到满足的程度上，使人们尽可能接近平等"[②]，其标准是"某人在实现自己以那种方式确定的无论什么偏好方面，在多大程度上成功了或失败了……他在实现这些自我设定的分立目标上的成功的问题"[③]。德沃金认为，要区分出个人对其人生总体成功的评价十分困难，并且由于人们的追求和信念不同，对成功的理解也各不相同，难以建立统一的标准。"试图加以比较的价值判断，是在关于赋予人生以价值的是什么的大异其趣的理论基础上做出的，这无异于对苹果和橘子进行比较。"[④] 因此成功的福利平等理论陷入死胡同。

关于福利平等的第二类观点即享受的平等，德沃金认为："坚持资源的分配应尽可能使人们在直接得到的享受和因相信自己实现了个人偏好而得到的享受上达到平等。"[⑤] 然而，没有人会为了享受而大量牺牲他所看重的其他东

---

① 德沃金. 至上的美德：平等的理论与实践 [M]. 冯克利，译. 南京：江苏人民出版社，2003：7.

② 德沃金. 至上的美德：平等的理论与实践 [M]. 冯克利，译. 南京：江苏人民出版社，2003：23.

③ 德沃金. 至上的美德：平等的理论与实践 [M]. 冯克利，译. 南京：江苏人民出版社，2003：25.

④ 德沃金. 至上的美德：平等的理论与实践 [M]. 冯克利，译. 南京：江苏人民出版社，2003：32.

⑤ 德沃金. 至上的美德：平等的理论与实践 [M]. 冯克利，译. 南京：江苏人民出版社，2003：40.

西，因此这种论点错误地假设最有价值的生活就是享受最大化的生活，违反了我们关于生活之美好性质的最深刻的信念。

除去这两种主要观点外，德沃金还考察了第三类观点即客观的观点，认为"这种观点拒绝承认个人对福利的评价，坚持认为确定一个人的福利至少要根据他可以自由支配的某些基本资源"①，这种客观的观点只是一种用福利语言对资源平等的阐述。在"奢侈的爱好"这种特殊情形中，福利平等不能很好地否定这种正当的对资源的要求行为。在"残障（handicaps）"的情形中，福利平等虽然能够解释有生理或精神残障的人为何应得到额外的资源，但解释残障者需要更多资源并不依赖于福利观。由此德沃金指出福利观的缺陷：假设极度残障者纵使消耗大部分资源也无法获得正常福利；作为小提琴师家的截瘫患者应该获得治疗呢，还是应该得到最好的斯特拉迪瓦里（Stradivarius）小提琴呢？这些问题福利观都无法提供好的裁决。

最后，德沃金总结说，福利平等观并不像通常看起来那样具有内洽性或吸引力。而且德沃金也相信，自己反驳的论证也一般地适用于其他福利观。

2. 资源平等　在这一章德沃金通过定义出一种资源平等观的方式提供了对资源平等的辩护。"本书认为，平等的关切要求政府致力于某种形式的物质平等，我把它称为资源平等（equality of resources）。"② 资源平等理论建立于伦理个人主义的两个原则基础之上：一个是重要性平等原则，另一个是具体责任原则。德沃金的重要性平等原则强调无论人的生命以什么样的方式存在，生命本身具有同等重要的价值，每个人都具有客观的重要性。这样一种原则的实质乃是要求政府能够以中立的立场对人的生命的本质予以同等对待。在这样一个平等原则下，每个公民都享有平等权，社会中的每个成员都享有政府对他们保持平等关切和尊重的平等权利。在重要性平等原则基础上，德沃金指出每个人有权对自己的生活做出多样性选择，每个人的生活选择并不一样，但个人对这种选择负有具体的和最终的责任，这就是具体责任原则。"就一个人选择过什么样的生活而言，在资源和文化所允许的无论什么样的选择范围内，他本人要对做出的那样的选择负起责任。"③ 该原则要求个人对自己

① 德沃金. 至上的美德：平等的理论与实践 [M]. 冯克利，译. 南京：江苏人民出版社，2003：45.

② 德沃金. 至上的美德：平等的理论与实践 [M]. 冯克利，译. 南京：江苏人民出版社，2003：4.

③ 德沃金. 至上的美德：平等的理论与实践 [M]. 冯克利，译. 南京：江苏人民出版社，2003：7.

的选择承担后果，强调个人必须有道德责任也有道德权利面对人们良知和信念等与生命意义和价值有关的本质性问题。从这两个原则出发，为了实现人们对于成功的同等机会，资源平等观对政府提出了两大要求："平等关怀"的道德要求，即政府应该把每个人的人生视为同等重要，应该让每个人都有同等的资源去追求他心目中的美好人生；"平等尊重"的道德要求，即在资源平等的条件下每个人都可以自主追求其所要实现的人生理想，这是个人自己的责任，政府不应加以干涉。"第一项原则要求政府采取这样的法律和政策，它们保证在政府所能做到的范围内，公民的命运不受他们的其他条件——他们的经济背景、性别、种族、特殊技能或不利条件的影响。第二条原则要求政府在它所能做到的范围内，还得努力使其公民的命运同他们自己做出的选择密切相关。本书所赞同的核心理论或方法——选择非个人性资源和个人性资源作为平等的尺度；把他人的付出的机会成本作为衡量任何人占有非个人性资源的尺度；以一个虚拟的保险市场作为再分配税收的模式——可以被看作是由这两个要求所形成的。"①

德沃金进而展开了他的资源平等论的实现途径：非人格资源和人格资源。在非人格资源平等分配中，德沃金引入了"市场"手段，用某种形式的拍卖或其他市场程序来解决。而人格资源的平等分配采取了虚拟保险的方式，通过区分两种运气——选择的运气和无情的运气——来实现。

接下来德沃金比较了资源平等与其他正义理论。德沃金重点比较了罗尔斯的正义理论。首先，罗尔斯的差异原则可算做对资源平等的一种解释，却不具备微调功能，也不足以反映生活最差的经济阶层之上的分配多样性。差别原则与群体处境相关，而不是与拥有权利的个人相连。另外，资源平等也不能由罗尔斯的契约论证方法所推导。因为罗尔斯的设定是无知之幕，而德沃金这里的个体具有完整的个性意识。而且，罗尔斯的契约设计不完整，因为它需要更深层的理论支持，即权利理论。因而，德沃金认为差别原则并不能解决平等问题。

3. 自由的地位 针对分配主义对自由的挑战，本章中作者强调了自由与平等具有和谐的一面。德沃金说："假如我们赞成资源平等是分配平等的最佳观点，那么自由就变成了平等的一个方面，而不是像人们经常认为的那样，

---

① 德沃金. 至上的美德：平等的理论与实践 [M]. 冯克利，译. 南京：江苏人民出版社，2003：7-8.

是一个与平等有着潜在冲突的独立的政治理想。"[①] 德沃金提出一种主张：自由与平等之间任何真正的竞争，都是自由必败的竞争。这是因为他认为大家已经一致同意一条抽象的平等主义原则："政府必须让它所统治的人过上更好的生活，它必须对每个人的生活给予平等的关切。"[②] 凡是接受这一抽象原则的人，也就接受了作为一种政治理想的平等，尽管对平等会有不同的认识。德沃金认为："现代西方政治文化的主流传统接受抽象平等原则……这一传统中有关政治正义的话语，就肯定能被理解为有关平等关切的真实意义或它如何产生的话语，换言之，能够被理解为对抽象意义上的平等的解释或认识。"[③] 如功利主义、自由放任主义、福利平等主义、资源平等主义都是对平等关切的诠释。

德沃金进而区分出两种处理理想的资源分配和自由权利关系的策略，一种是"两步骤的以利益为根据的策略"，另一种是"一个步骤的构成性策略"。利益战略先定义出独立于自由的利益，然后将自由权确定为满足利益的一种工具，典型的是功利主义；而自由放任的平等主义则是构成性战略的典型，在理想分配的定义中考虑到自由："所谓理想的分配，就是在保护他们所认定的基本自由的政治结构内，生产和交换实际导致的无论什么结果。"[④] 粗糙版的契约论的正义理论依赖于利益策略，而罗尔斯版本的则是利益策略和构成性策略的混合：原初位置上的受托人被构造得对自由有着基本的关切。

德沃金认为利益策略使得自由基于更根本的利益基础之上，可能无法使自由得到确保。就算是罗尔斯的混合策略也可能有这个危险：罗尔斯之所以能强调自由的优先性，是因为人的自尊以及相关的两种道德能力，这被认为是人的真正利益。但这种对人的真正利益的理解可能是有争议的。譬如有人可能主张，在由不受怀疑的良善生活的共同理论主导的社会里，生活才有价值；而更自由的社会则动摇了道德同质社会所促进的信念。

接下来，德沃金依据已经描述的理想，提出了一种回到现实世界的构想，

---

① 德沃金. 至上的美德：平等的理论与实践［M］. 冯克利，译. 南京：江苏人民出版社，2003：131.

② 德沃金. 至上的美德：平等的理论与实践［M］. 冯克利，译. 南京：江苏人民出版社，2003：139.

③ 德沃金. 至上的美德：平等的理论与实践［M］. 冯克利，译. 南京：江苏人民出版社，2003：142-143.

④ 德沃金. 至上的美德：平等的理论与实践［M］. 冯克利，译. 南京：江苏人民出版社，2003：147.

"构想一种改进理论，它符合资源平等，并且能够成为使我们自己的社会比现在更加平等的指南"①。在真实的现实世界中我们会遭遇到意志力、想象力和正义的失败。在这样的丑陋处境中，或许限制选择自由就是改进平等的合法手段。为了防止在现实世界中侵害自由，德沃金提出了一个牺牲品原则，"当无人蒙受牺牲时，即当公民拥有的自由之价值至少同他在可为之辩护的分配中拥有的不受限制的自由一样多时，它否认自由受到了侵害"②。这些策略都是德沃金沟通理想世界和现实所设计的。

最后，德沃金强调说："自由和平等不是相互独立的美德，而是政治合作组织的同一个理想的两个方面，因此当我们宣布自己的自由信念时，我们不过是在肯定我们所赞成平等的一种形式，也就是说，我们只是在宣布平等意味着什么。"③

4. 政治平等 本章阐述了抽象平等原则对共同体内的政治权力分配的影响。民主要求人民选举官员。而德沃金的问题在于：哪一种民主形式最适合于一个平等主义社会？

民主有一些核心假设，譬如把政治权力授予全体人民而不是任何个人或团体，在民主社会里言论和表达的自由受到保护等。对这些核心假设有两种解释，一种是依赖解释，一种是分离解释。依赖解释采取结果至上的理解方法，认为："民主的最佳形式，就是最有可能产生对共同体所有成员给予平等关切的实质性决策和结果的形式。……普选权和言论自由——之所以公正，是因为……更有可能以平等主义的方式分配物质资源以及其他机会和价值。"④而分离解释则主张："在判断政治过程的公平性或民主性时，只观察这一过程本身的特征，只问它是否以平等的方式分配政治权力，不问它所许诺的结果。"⑤ 总之，民主的分离解释提供了一种输入检验：民主的本质是一个平等分配政治决策权的过程；而依赖解释则提供了一种输出解释：民主本质上是

① 德沃金. 至上的美德：平等的理论与实践 [M]. 冯克利，译. 南京：江苏人民出版社，2003：179.

② 德沃金. 至上的美德：平等的理论与实践 [M]. 冯克利，译. 南京：江苏人民出版社，2003：192.

③ 德沃金. 至上的美德：平等的理论与实践 [M]. 冯克利，译. 南京：江苏人民出版社，2003：200.

④ 德沃金. 至上的美德：平等的理论与实践 [M]. 冯克利，译. 南京：江苏人民出版社，2003：209.

⑤ 德沃金. 至上的美德：平等的理论与实践 [M]. 冯克利，译. 南京：江苏人民出版社，2003：209.

一套产生正义结果的机制。

德沃金认为分离解释不可能成功，而支持并描述一种纯粹的依赖解释。他首先批评和剖析分离解释。分离解释视权力平等为基础。有纵向和横向两个维度可以比较权力。德沃金区分出作用的平等和影响力的平等。作用平等虽可以解释到一人一票，却无法解释言论和结社自由等。而影响力平等的理想却不值得追求。因此分离的民主观必须放弃。德沃金转而描述一种依赖的民主观。这种依赖解释既重视民主的参与价值，又重视其分配价值。平等投票权具有宣示的象征价值；而言论自由和政治自由等则为道德生活延伸到政治生活提供了条件。在分配的价值中，要区分对选择敏感的问题和对选择不敏感的问题。前一类问题更需要平等的政治过程，而后者则否，这可以解释历史上的宪政主义，像司法审查等看似非民主的做法。

总体而言，在打算对每个成员给予平等关切的平等主义共同体内，作为资源的政治作用和影响力不能按照分配土地或资金的平等标准来分配。因为政治是一个责任问题，而不是一个财富问题。

5. 自由主义共同体 本章德沃金论述了政治共同体不仅要保障人们的基本生活，而且要有道德伦理规范的主张。人们在摆脱自然秩序进入社会秩序之后，相互间结成的共同体对于人们来说不仅仅是一个能够满足其衣食保暖、安全繁衍之需的物质资源提供者，人们也要求共同体确认、维护其人格尊严，从共同体的道德完善中使自己的人生价值得到增益。在"合伙制"民主制度之下运行的共同体，其"政治是一种非常严格意义上的合资项目"。所有人都以参与合伙制企业的责任心与热情参与到对政治共同体的自治过程之中，而治理的好坏反过来也会直接影响公民政治生活的道德评价。由于所有成员在"合伙企业"中的目标一致、行动协调、风险共担、成果共享，政治共同体便具有了某种拟人化的特征。每一个成员的政治活动其作用体现在整个政治共同体中，而共同体的所有政治特征与道德意义也在每一个成员身上得到完整体现。

6. 平等与良善生活 这一章作者重点给出了良善生活的标准。德沃金讨论良善生活所关切的主要是谁——共同体或公民自己——对良善生活真正承担责任的问题。德沃金认为共同体与公民个人在伦理生活上的紧张关系产生于公民个人的伦理自主性与自觉性的主张。理性的自由的思想超越时空，对人之为人的意义的探寻既追溯至某种高度抽象的终极理念，又返身观照于现实的生活。因此，对良善的探究最终还是要回归到对人的伦理自主性与自觉性的充分尊重上来。德沃金借助柏拉图的思想，将人的良善生活分为意愿的利益和反省的利益。"如果一个人确实拥有或得到了他需要的东西，他的意愿的幸福便因此而得到改进。如果他拥有或得到了使他的生活更良善的东西，他的反省的幸福就得到改进。"

德沃金的重点就是给出良善生活的标准之理论。德沃金诉诸一种简单的哲学伦理学，首先区分出意愿的利益和批判的利益并将后者作为基础性概念："我由此假设，为自由主义寻找伦理基础的任何尝试，都必须集中在独立于意愿的幸福的反省的幸福上。"① 进而，在批判的价值或幸福中，他区分出作用模式和挑战模式并且赞赏后一种模式。所谓的挑战模式，"采用亚里士多德的观点，即良善生活具有一种技能表现（skillful performance）的内在价值"②。德沃金主张说，挑战模式的良善生活标准要求一种自由主义政治道德观。"最合理的哲学伦理学建立了一种自由主义信念：自由主义平等既不排斥也不威胁也不忽略人们的生活的良善，倒不如说它来自并回馈于（flow from and into）一种有关良善生活的有吸引力的观念。"在挑战模式下，政治和经济会平等地对待每一个人，每个人的利益不会得到破坏，公正和伦理会融为一体，"反省的自我利益和政治平等是同盟军"③。

7. 平等与能力　作者讨论了平等与能力的关系。德沃金认为每个人的人格资源是不平等的，健康状况、体格大小等方面的外在人格存在差异，性格、信念、嗜好等方面的内在人格也各不相同，政治共同体的作用在于减少人们之间在人格资源上的差异，但无法弥补人格差异，因此科恩等人认为资源平等和福利平等一样并没有解决这些问题，第三种理想——机会或能力的平等——就能更为有效地解决这些问题。

德沃金认为，平等来自于选择而不是机遇，平等更重要的是体现在因果责任上而不是先天基因上：有着生理缺陷的人是由于运气不好导致的，理应为自己的不幸遭遇获得相应补偿。德沃金首先批判了科恩的理想化平等观。科恩理想中的平等乃是"在确保福利或其他一些有利条件的能力或机会上使

---

① 德沃金. 至上的美德：平等的理论与实践 [M]. 冯克利，译. 南京：江苏人民出版社，2003：280.

② 德沃金. 至上的美德：平等的理论与实践 [M]. 冯克利，译. 南京：江苏人民出版社，2003：290.

③ 德沃金. 至上的美德：平等的理论与实践 [M]. 冯克利，译. 南京：江苏人民出版社，2003：322.

人们达到平等"①，这就意味着人们会为自己一些"昂贵"的嗜好不承担任何责任，例如买不起昂贵镜头的摄影家就该受苦，因为他的生存境遇并不能支撑他选择这一职业，因此这一"昂贵"嗜好不足以成为他的选择，由此社会就有责任对他的窘迫进行补偿，保证他不会造成任何经济损失。这种平等观自然不会为德沃金所接受，德沃金指出，人们的偏好和抱负不是运气而是选择，他一再强调，人们有自由选择权并对选择后果负责，社会应尽量为人们的选择提供平等的前提而不是保障结果的平等。

接着，德沃金批判了阿马蒂亚·森的观点。森认为，人们之间的差别不仅来自于拥有资源的多少，同时来取决于人所能达到的"功能表现"的水平即生理差别，"森相信，不去比较人们的资源，而是比较他们不同的功能表现或参与各种活动的能力，能更充分地有利于平等的自由"②。德沃金指出，森的"能力平等"实际上强调的乃是对能力低下的人的同情，试图让人们能够有自尊地、有意义地参与到共同体生活中。而人们对幸福的理解、对生活的追求各不相同，政府无法保证人们的生活达到同一模式。由此，试图采取"能力平等"实现平等的方式最终还是要依靠政府对社会成员的平等生活的保障，这就陷入了福利平等的形式。"政府应当努力保障的是，人们在实现幸福和其他'复合'成就的平等能力方面任何程度的差别，可以归因于他们的选择和人格方面的差异以及别人的选择和机会，而不可以归因于他们所支配的人格和非人格资源方面的差异。"③

第二部分　实践　在这一部分德沃金从保健措施、福利计划、选举改革、种族教育中的优待措施、基因实验、安乐死、同性恋等全国性讨论的话题中展示了其平等观和道德观，强调政府对公民的平等保护不应侵犯到公民的个人权利，宪法的制定应尽力保护公民的自由平等权。

8. 公平与保健的高成本　在这一章里，德沃金对克林顿的保健计划做了阐述，指出全民医疗保健是一种理想。医疗保健依据的是拯救原则：其一为生命和健康是一切利益之首，一切都要为生命和健康做出牺牲；其二为在平等的基础上分配医疗服务，无论贫穷，任何人都享有医疗保障。德沃金指出，

---

① 德沃金. 至上的美德：平等的理论与实践［M］. 冯克利，译. 南京：江苏人民出版社，2003：333.

② 德沃金. 至上的美德：平等的理论与实践［M］. 冯克利，译. 南京：江苏人民出版社，2003：346.

③ 德沃金. 至上的美德：平等的理论与实践［M］. 冯克利，译. 南京：江苏人民出版社，2003：349.

健全的社会不应遵守这一标准，原因在于人们在疾病面前可以选择治疗或选择不治疗，而定量配给方案无法实施。例如把补牙列在阑尾切除术之前，因为一次手术的价格可以补许多牙齿，这一规定就是错误的。人们应该根据利益和风险对治疗的预期价值进行权衡，把钱用在使他们获得美好生活的选择上，而不是遵守拯救原则，在面对渺茫的救命机会面前只能选择治疗。

9. 公正、保险和运气 这一章德沃金批判的是福利改革。德沃金指出，人们的命运是由人们的选择和环境决定的。功利主义寻找能导致整个社会最大功利的福利方案，使人们获得幸福，这种功利实际上不存在。德沃金再次将罗尔斯的差别原则提出来，强调不能为了社会最底层人的利益而牺牲中间层的利益。保险应该是让人们在失业或出现变故的时候生活得到保障而不是让人们从中获取以此为生的收益，借故不上班或选择轻松但工资较低的工作。"一项没有终止条款的、可以或必须提供培训和就业援助的、根据可信的就业努力声明对补助做出限制的福利方案，要比更为严厉或更为宽松的方案更可取。"①

10. 言论自由、政治及民主的各个维度 在本章中，德沃金对美国的政治做了批判，认为美国的政治受到金钱的影响，对民主和政治言论自由做了很大的干涉和限制。为了赢得选举，需要募集和花费的钱越来越多，而公民参与性却越来越低。为此，美国宪法《第一修正案》提出了四点改革建议：（1）经费封顶；（2）捐款和协助性开支；（3）独立经费；（4）用于政治广播的有条件的公共资金。围绕这四点，德沃金展开了民主观和言论自由的讨论。

言论自由是实现民主的基础，但关于民主是什么长期以来一直存在着分歧。民主是民治，而不是某个阶层、某个将军的统治。对民治的理解主要有两个方面：其一是"多数至上论"民主观，指的是最大多数人民的统治。这种观点下的民主有着政治决策符合多数的意见的多元性。其二是"合伙制"民主观，强调作为充分平等的合伙人在自治事业中共同行动。不论何种观点，都必然重视公民的重要性。在多数至上论民主观中，民主要求给予公民机会，使他们能对自己的选择进行充分思考和了解，这就意味着公民享有个人自由。事实却是在选举过程中，立法机构向公民发出指示告诉他们应注意什么，组织公民个人观看某个候选人愿意且有能力提供的政治广告，这就与理论本身

---

① 德沃金. 至上的美德：平等的理论与实践 [M]. 冯克利，译. 南京：江苏人民出版社，2003：394.

发生矛盾。在合伙制民主观中，公民采用人人平等的合伙人的合伙制进行集体自治的制度，不仅保障人民主权和公民平等，而且要求民主对话，这就要求受法律约束的每个公民是平等的，即便其观点遭人厌恶他仍旧拥有平等的发言权。事实却是假如公民中的某个多数人对其同胞的观点反感，那么该公民的表达权利将会被剥夺，这个人在权力竞争的辩论中就会处在不平等的位置。

德沃金指出，任何一种民主观都存在缺陷，《第一修正案》的目的就是将两种民主观结合起来，尽可能地实行民主，减少金钱对政治的影响。例如不受限制的竞选经费是富人可以把钱用于大量媒体广告，制造更大的影响力，从而误导公众。而经费限制却管制了公民的言论自由，因为公众无法了解候选人或团体的想法，从而破坏了人民主权，没有让公民在平等的基础上参与到政治过程中，也没有促进公众的政治对话之民主性。在此基础上德沃金提出了"区分战略"，"我们有充分的理由去努力构想一种保护政治言论的战略"①。该战略禁止任何有可能损害公民主权或公民平等的言论管制，防止金钱的侵害。不过，德沃金也指出，美国的统治方式有着民主的正当性，也有明显的缺陷，"我们无法完全实现这一理想——任何国家都不可能"②。政府所能做的就是在实践中不去损害民主的任何一个维度。

11. 优待措施有效吗？ 这一章主要探讨了美国高校实行的种族因素的录取政策。保守派和政客长期以来一直攻击这一"优待措施"政策，认为该政策会增加黑人、拉美裔美国人、美洲土著和其他少数民族的学生录取数量，使不合格的学生可以享受教育的益处，降低教育标准。同时也会加剧种族问题，因为该政策的目的不是为了增加黑人入学数量，而是在白人和黑人中强化黑人低一等的意识，促进了黑人的分离主义和有种族意识的社会的形成。因而反"优待措施"的政治活动一直不间断地开展。支持者则认为，从长远来看要消除种族影响，那么短期内考虑种族因素的政策就成为必然。

德沃金以黑人录取数量和其未来生活的状况为事实，指出优待措施确实有助于成就更成功的商人、教授和社会领袖。接受优待措施政策的黑人其收入水平得到明显提高，他们也更愿意参与到公民和专业团体中，在他们自己

---

① 德沃金. 至上的美德：平等的理论与实践［M］. 冯克利，译. 南京：江苏人民出版社，2003：426.

② 德沃金. 至上的美德：平等的理论与实践［M］. 冯克利，译. 南京：江苏人民出版社，2003：443.

的社会和国家生活方面发挥作用。德沃金援引鲍温和博克的话："优待措施'也受着这样一种认识的鼓舞，即国家对受过良好教育的黑人和拉美裔美国人有着迫切的需要，他们能够在自己的社区和国家生活的方方面面发挥领导作用'。"① 而反"优待措施"政策的人士最担心的种族问题，在黑人自身看来并不构成威胁。德沃金指出，精英学校的大多数黑人研究生否认该观点，他们认为通过种族因素的录取政策去落实种族多样性对于黑人种族来说其实是有益的。"大多数黑人研究生认为，通过考虑种族因素的录取政策去落实种族多样性，对于他们和他们的种族是一件好事，那么即使少数有不同意见的人真正受到了伤害，也不能认为它大到足以抵消多数人相信这个种族所得到的好处。"②

因此，即便是优待措施是不公平的，即使它侵犯了白人和其他被拒绝的候选人，或让黑人觉得他们的权利受到损害，但不可否认的是，这项措施确实使国民生活得更好。

12. **优待措施公平吗?** 作者回答了"优待措施违宪吗?"的问题。虽然有不少法官承认该措施是合宪的，但仍有不少法律界人士认为是违宪的，因为它违反了平等保护条款——某个阶层会受到有意的不平等待遇，或陷入政治上无权无势的地位。法律界人士提出要把这一方案划定为需要进行审查之列。德沃金指出，这一建议不适用于该方案。考虑这一计划是为了帮助处境不利的群体，并非计划本身包含不公平歧视的高风险，或计划的制订是为了确定立法类型。正因为如此，这项政策并不需要进行审查。"如果我在法庭上为这种方案辩护，我肯定会强调这种学生多样性的利益，仅以它本身作为理由就足以经受住严格审查。"③ 德沃金认可大学优待措施的有效性，认为它能带来社会经济和社会结构的自然发展，有助于消除现存的社会断裂。因而大法官们需要做的不是单纯争议方案的合法性，而是允许至关重要的教育创新精神继续存在，帮助制定更美好的教育政策。

13. **玩弄上帝：基因、克隆和运气** 这一章主要探讨了有关流产、克隆等医疗手段是否侵犯了人类生命的神圣性，触犯了道德底线的问题。道德和伦

---

① 德沃金. 至上的美德：平等的理论与实践 [M]. 冯克利，译. 南京：江苏人民出版社，2003：456.

② 德沃金. 至上的美德：平等的理论与实践 [M]. 冯克利，译. 南京：江苏人民出版社，2003：460.

③ 德沃金. 至上的美德：平等的理论与实践 [M]. 冯克利，译. 南京：江苏人民出版社，2003：493.

理的反对是否能为终止研究提供恰当的理由。

关于流产，德沃金认为，在两种情况下，流产表现出人类对生命的尊重：第一，孩子的未来生活可能挫折重重；第二，孕期的孩子可能对母亲或其家人造成负面影响。鉴于此，流产在什么情况下是道德错误是一个无法解释清楚的问题。国家不能对流产给予绝对的否定和禁止，除非是保护某种有宗教性质的超然价值，否则予以禁止本身就是不正当的。

而克隆本身有悖于对人的尊重，是对基本人权的侵犯。克隆的风险主要体现在三个方面：第一，克隆不安全，有可能克隆出有缺陷的或畸形的婴儿；第二，克隆体现出不公正，克隆会成为富人的特殊待遇，加剧了不公正的财富优势；第三，违反了美学价值，克隆出的生物在外形上几乎一样，使世界缺失了多样性。

那么流产和克隆违背了自然规律，有没有违反道德和伦理？德沃金认为，对这一问题的解答需要认清人们对道德观性质的理解。对道德信念持实用主义态度的人们认为道德观是"面对潜在冲突时以有益或和平方式调整我们行为的一种手段"①，人们做出的这些行为是可以理解的。另一种"现实主义"观点认为道德观"有着更为独立的地位和权威性"②，不赞成人们的这种行为。德沃金的观点是我们的基因身份由自然负责，我们因选择而承担的事情由机遇、自然或上帝决定，作为自然人是不可控制的。人们的这项科研是"玩弄上帝"的体现。如果"玩弄上帝"可以完善人类，使人们的设计参与到自然创造中，科研的结果不涉及具体人群的利益，则科研的发展应予以支持。

14. **性行为、死亡和法庭** 作者指出了性道德观对于人们的生活和人格至关重要。既然在许多领域里法律保障平等对待黑人、妇女和残疾人，那么对待同性恋者也理应平等。目前，同性恋者在美国遭受的不公正待遇使美国人深感羞愧和困惑。由于多数人反对同性恋者，在道德上将其定位为犯罪，使同性恋问题介入到立法中，成为各州法律争论不休的话题。德沃金指出，这种立法过程本身就把同性恋者置于法律上不利的地位，对待同性恋的态度违反了平等保护条款，侵犯了基本政治权利的主张。把一切同性恋性行为归为犯罪的做法除了不正当的目的外不会有任何益处。法律最终选择了保护同性

----

① 德沃金. 至上的美德：平等的理论与实践［M］. 冯克利，译. 南京：江苏人民出版社，2003：522.

② 德沃金. 至上的美德：平等的理论与实践［M］. 冯克利，译. 南京：江苏人民出版社，2003：522.

恋者的公民自由权，在德沃金看来，"这一裁决无论怎么说都是整体派的胜利，是平等不仅为公正之原则而且是宪法之原则这种信念的胜利"①。

同样的争论存在于有关协助自杀的问题上。医生对病人采取协助自杀是否需要禁止，是否合宪，是法律界一直争论的问题。从法律上来看，几乎所有州都禁止协助死亡，但支持者认为不同的人有不同的宗教和伦理信仰，个人有自由选择最尊重他们生命价值的死亡方式。对于这一问题的争论无休无止，德沃金的意见则是任何宪法权利都只是限于摆脱痛苦，法院必须承认垂死的病人有权用药物解脱痛苦。判断由这种缓解痛苦所带来的仅仅是缓解痛苦还是死亡则是一个复杂且困难的问题。

——【意义与影响】——

第一，该书所阐述的平等理论在自由主义阵营中独具风格。

作为自由主义阵营中旗帜鲜明的平等主义者，德沃金提出了区别于其他人的独特的平等权理论，即自由主义平等理论。在关于对自由与平等问题的解决途径上德沃金认为，自由与平等之间是不存在冲突关系的，两者也不应该存在冲突关系。如果确实产生了冲突，那么失败的一方必然是自由。在德沃金的政治理论核心中，平等是最重要的概念，他将自由理解为平等的一个方面，认为平等自身就具有内在的价值，并且和自由相比具有优先性。

第二，该书中所阐述的平等理论对西方具有重要的意义。

从公民基本权利的保障上看，德沃金认为一个正义的社会需要给人提供机会，给弱势群体设定相应的社会保险方案。这就要求我们必须完善对残障群体的社会保障和救济。德沃金认为造成不平等的原因主要有社会条件和自然天赋的原因及个人的选择。前者的原因德沃金认为应该由政府来买单负责。在他看来，一个合法的政府应该是把平等当作最重要美德的政府，一个公平的社会应该是社会中的每个人都可以作为平等的人的社会，在这个社会中每一个人都受到了同样平等的对待。德沃金的平等理论强调政府对民众的关怀，要求政府对人民保持平等的关切和尊重，这一要求为社会的发展提供了相对平等正义的理论支撑。

---

① 德沃金. 至上的美德：平等的理论与实践 [M]. 冯克利，译. 南京：江苏人民出版社，2003：542－543.

第三，该书在处理理论与实践关系问题上具有保守与激进两重性。

德沃金的平等理论具有一定的保守性，体现为否认对社会制度的根本性变革，也就认可了社会根本制度的正当性。这一点多少体现了他为美国现行制度辩护的倾向，也反映了其理论的保守性。而对现实社会不平等的体认，以及试图通过改进，对富有者和统治者过多的自由和资源加以限制，尽可能趋近于理想平等状态，则体现了德沃金理论的激进性。所以，德沃金平等理论的保守性与激进性并存于一体。另外，德沃金理论的基本立足点是抽象的平等权利，这是一种个人所享有的道德权利，但是，在理论阐述的过程中常常"从个人的道德平等出发，当理论完成时就总会变成关于公民的道德平等的理论"①。因此，他的资源平等论显然没有照顾到具有性别、民族、社群、种族和宗教，甚至生活方式等之类的差别，因而，他的平等权利的要求就显得过于膨胀。平等权利就无权要求一切资源都必须在公民之间平等分配，而应该是有限度的。

──【原著摘录】────────────────────────────

导论：平等重要吗？P1－9

P1 平等的关切是政治社会至上的美德——没有这种美德的政府，只能是专制的政府；所以，当一国的财富分配像甚至非常繁荣的国家目前的财富状况那样极为不平等时，它的平等关切就是值得怀疑的。

P4 我强调政治理论与实践论争的相互依存关系，因为我相信政治哲学的根本意义在于反映政治。

第一部分 理论 P1－352

1. 福利平等 P3－66

P24 人们赋予个人的成败以不同的价值，这不仅是因为他们这样做时会对照自己的政治信念、道德信念以及他们的非个人目标，而且因为他们把这种成败作为他们个人处境的一部分。

P32 我们的办法试图加以比较的价值判断，是在关于赋予人生以价值的是什么的大异其趣的理论基础上做出的，这无异于对苹果和橘子进行比较。

P39 按照确定总体成功的尺度内在地运用平等资源的观念，然后进行实际分配以达到总体成功的平等而不是资源平等，这两者之间并不存在矛盾。

────────────

① 威尔·金里卡. 当代政治哲学：下 [M]. 刘莘，译. 上海：三联书店，2004：467.

P57-58　公平份额的概念要想发挥作用，就必须诉诸某种对分配公平的独立解释，而任何独立的解释，如我所说，都会同它所依据的观点产生矛盾，因为它占据了那种观点为自己要求的全部空间。

P59　如果有人很想捍卫某种福利平等观，又希望防止培养奢侈爱好的人获得更多的后果，他最终就会接近一种十分不同的平等理论。他会发现，他必须以其他某种理论为前提，而这种理论会使他的福利平等观失效或不攻自破。

P63　从原则上说，任何形式的福利主义都可以从两方面来证明其正当性。可以从目的论的基础上捍卫福利主义理论，即经过规定的福利观中所规定的功能本身就是美好的，因此以它本身为由也应当让它产生。也可以把它作为一种特殊的福利观加以捍卫，把它视为一种有关平等对待每个人的特殊理论。

2. 资源平等 P67-129

P68　我认为，资源平等分配的前提是某种形式的经济市场，它主要是一种分析手段，但在某种程度上也是一种实际的政治制度。

P75　我们的兴趣主要在于设计一种理想，一种描述这个理想并检验其内洽性、完备性和吸引力的方法。所以我们会忽略那些无损于这些理论目的的实践困难，譬如信息收集问题；也会简化那些不会推翻它们的反事实的假设（counterfactual assumptions）。

P87-88　我们的最终目的是给每个人的生活以平等的资源份额，并为此选择了拍卖作为计算对个人生活有价值东西的正确方式，这种价值是来自他本人的决定。

P94　一方面，我们必须承受违反平等的痛苦，允许任何特定时刻的资源分配（我们可以说）反映人们的抱负。也就是说，它必须反映人们做出的选择给别人带来的成本或收益，例如那些选择了投资而不是消费的人，或消费比较节俭的人，或以收益较高而不是较低的方式工作的人，必须允许他们保留从拍卖后的自由交易条件下做出的这些决定中得到的收益。但另一方面，我们不能允许资源分配在任何时候反映天赋（endowment-sensitive），即让它受到有着相同抱负的人在自由放任经济中造成收入差别的那一类能力的影响。

P115　资源平等是个复杂的理想。它很可能（如我们这里作过考察的各种论点所示）是个不确定的理想，在一定范围内接受不同的分配方式。然而这似乎更清楚地表明：对这一理想的任何站得住脚的观点，必须顾及它的不同维度，不能轻易放弃应当关注一个人的生活给别人带来的成本这一要求。这里的建议，即真正的平等理论必须仅仅关注一个人在特定时间内拥有的可支配物品和流动资产的数量，是一个未加分析的教条，它其实无法捍卫平等概念的边界不受其他概念的侵扰，反而有碍于把平等描述为一种独立而强大的政治理想。

P119－120　在资源平等条件下，市场一旦出现，它就会表现出更为积极但也更为顺从的面貌。它的出现是因为平等观承认，至少在一定程度上它是用来落实如下基本要求的最佳手段：只把社会资源的平等份额分给其每一个成员，其衡量标准是这些资源给别人造成的机会成本。

3. 自由的地位 P130－206

P130　我在前两章阐述了一种平等观，根据这种平等观，平等指的是这样一种环境：人们不是在福利方面平等，而是在他们支配的资源方面平等。

P131　然而，我想捍卫的是一种更为一般的主张：假如我们赞成资源平等是分配平等的最佳观点，那么自由就变成了平等的一个方面，而不是像人们经常认为的那样，是一个与平等有着潜在冲突的独立的政治理想。

P132　我有若干个理由认为，自由具有道德上的重要性的观点，必须用另一种不十分常见的方式加以说明：不是坚持自由比平等更重要，而是证明按照何为分配平等的最佳观点、按照社会财产的分配要对每个公民表示平等关切的最佳观点，这些自由必须得到维护。

P145　根据资源平等观，被我们视为至关重要的自由权利，是分配平等的一部分或一个方面，因此只有做到了平等，它们也会自动受到保护。

P184　由于资源赤字和自由赤字是不可比的，因此也无法证明这样的主张正确：以穷人的言论自由作为代价使他们得到更多蛋白质的计划，是社会在平等对待其全体成员的程度方面的整体收益。

P199　在资源平等条件下，自由的优先性是建立在使自由独立于这些考虑的层面上。自由对于政治公正至关重要，因为一个不维护其成员的自由的社会，就是没有——也不可能——在最恰当的意义上给予他们平等关切。

4. 政治平等 P207－237

P218　假如政治权力平等观是要提供一种相当完备的民主观，以便把这种观点从实质性目标分离出来，那就必须把权力平等理解为影响力平等。

P236　假如一个共同体是真正的抽象原则意义上的平等主义共同体——假如它同意共同体必须对每个成员给予平等的集体关切，那么它对于作为资源的政治作用或影响力，就不能按照某种可以用来分配土地或物质或资金的平等标准进行分配。在这个共同体里，政治是一个责任问题，而不是一个财富问题。

5. 自由主义共同体 P238-270

P250　现在我们必须指出一种更为巧妙的论证：人们需要一个道德同质性的共同体，作为道德和伦理生活的一个必要的观念背景。他们需要这一背景，用塞尔兹尼克形象的语言说，是因为伦理学必须有一个定泊之锚——一个处在行动者信念之外的立场，而唯一可能的锚就是行动者的政治共同体的不受怀疑的共同信念。

P251　我的观点仅仅是，当一个社会培养出了这种批判的态度，认为它自身的风俗习惯要不断地根据某种更高的、独立的标准加以检验和修正，这个社会便无可挽回地失去了以传统习俗为基础的客观性，后者只能存在于缺少批判精神的较小的共同体中。

P267　因此，从这个有限但重要的角度说，我们的私生活、我们在和我们一样的人都应当拥有的生活中的成败，取决于我们政治上的共同成功。政治共同体具有这种相对于我们个人生活而言的伦理优先性。

6. 平等与良善生活 P271-328

P276-277　我认为，最合理的哲学伦理学是以一种自由主义信念为基础的，自由主义平等既不排斥也不威胁或忽视人们的生活的良善性，倒不如说它就是来自一种有关良善生活的有吸引力的观念。

P298　生活之美好，恰如绘画之卓越一样，意味着以恰当的方式对环境做出反应，尽管某个特定时代和地点的伦理挑战非常不同于它的艺术挑战。

P304　假如生活美好包括我们在生活中能够面对公正的挑战，这反过来又意味着要求作为参数的公正的资源，那么我们的任何有关资源公正分配的规范性信念，似乎不可避免地与此具有相关性。

P319　因此，只要我们接受挑战模式，我们就必须坚持分配公正是一个人们有多少资源的问题，而不是一个他们利用这些资源获得了什么样的幸福的问题。

7. 平等与能力 P329-352

P349　因为我们知道，对于大多数人来说，无法获得幸福、自尊和在共同体生活中发挥良好的作用，是因为缺少资源——主要是包括教育在内的非人格资源，但是在许多情况下也包括人格资源。这使我们情不自禁地想说，我们通过资源再分配和创造机会而要做到的事情，就是改善人们在这些重要权益上获得保障的能力。

第二部分　实践 P353—554

8. 公正与保健的高成本 P355—370

P358　拯救原则确实包含着一些有用的因素，虽然是消极性的，它有助于回答公正的另一个问题，即应当怎样分配医疗保健。

P365　拯救原则认为，只要有一线救命的机会，不管它是多么渺茫，社会就应当提供治疗。

P368　一个致力于资源平等、使人们能够自己决定什么样的生活对他们最好的共同体，应当落实而不是破坏恰当的个人责任原则。它同意，为了提供一个可以公平地要求每个公民为自己的生活承担责任的环境，政府的干涉有时是必要的。但是它尊重公民实际做出的或在适当条件下以负责的态度可能做出的有关需求和价值的个人判断。这一目标是资源平等观和它所建议的虚拟保险战略的核心所在。

9. 公正、保险和运气 P371—405

P397　当共同体允许每个人按相同的条件购买自己所选择的水平上的保险时，它给予了他们平等关切，即使他们投保的厄运已经秘密发生。

P400　但是阶层和偏见却是一个不公正的问题，而非运气的问题，它们也对现代民主国家中的职业和收入分配起着重要作用。

10. 言论自由、政治及民主的各个维度 P406—445

P409　言论自由和民主之间不是一种工具性的关系，而是有着更深层的关联，因为言论自由所保护的尊严，是正确理解的民主之要素。

P423　但是，公民平等确实要求，不同的公民团体在努力赢得人们对其观点的注意和尊重时，不应因为一种环境而处于不利地位，在这种环境中他们远离意见和辩论的本质，或远离正当的影响力资源，譬如财产。

11. 优待措施有效吗？ P446—476

P466　因此，优待措施在追求学生的多样性和社会公正这两个目标方面，丝毫无损于只应根据合理而恰当的素质奖励学生这一原则。

P470　可见，根据现有的最佳证据，优待措施并非没有积极的效果。相反，它似乎相当成功。优待措施也并非不公平：它没有侵犯个人权利，也没有危害道德原则。

12. 优待措施公平吗？P477－499

P479　平等保护条款受到侵犯，不在于某个群体对事情的利弊或政治失去重要的决策权，而在于它由于易受偏见、敌意或陈规陋习的伤害而在结果上失败，从而导致在政治共同体中的地位降低——它的二等公民身份。

P495　也就是说，优待措施有助于达到的权力和地位的分配，是随着千百万人为自己做出的选择而流动和变化的。如果政策有助于促进任何少数族群的整体地位——比如《河流》一书认为它有助于促进黑人的地位——这完全是因为另一些人选择了利用这种政策的成果：具有动机、自尊和教养的大量各种类型的毕业生，在有效地为自己的生活做出贡献时有着更大的范围和多样性。大学的优待措施以这种方式使社会经济和社会结构更为自然，而不是更不自然；它并未引起社会分裂，而是有助于消除现在严重存在的社会断裂。

13. 玩弄上帝：基因、克隆和运气 P500－528

P518　在机遇和选择之间的这种关键区分，是我们的伦理学和道德观的基石，这一分界线的任何巨大变化都会引起严重的混乱。

P524　我本人的关键性道德观，是建立在两个人道主义伦理理想上，我把它们成为伦理个人主义，它们规定了与人类生命有关的价值。第一条原则规定，任何人类生命一旦开始，它的成功而不是失败——这一生命的潜能得到实现而不被浪费——便有着客观的重要性，并且每一个人类生命都有着同等的客观重要性。……第二条原则承认这一客观重要性，但是认为一个人——拥有这一生命的人——对其生命承担着特殊责任，根据这种特殊责任，他或她有权做出关于何为成功生活的基本决定。如果我们把这两条伦理个人主义的原则作为建立政治道德观理论的基本指南，它就会是一种平等主义的理论，因为它会坚持政府必须把它所统治的每个人的生命视为有着平等的重要性，根据平等原则建立其经济结构和政策；它也会是一种自由主义理论，因为它将坚持政府必须让人们自由地为自己做出最后决定，以确定他们的生活成功的标准。

14. 性行为、死亡和法庭 P529－554

P536－537　因此，基于平等保护面对任何立法发起的挑战，必须要么证明进行这种立法的"加强审查"有恰当的理由，要么证明这种立法的不合理性是因为它与正当的政治目标甚至缺少抽象的关联。

──【参考文献】────────────────────────

[1] 罗纳德·德沃金. 至上的美德：平等的理论与实践 [M]. 冯克利，译. 南京：江苏人民出版社，2003.

[2] 罗尔斯. 正义论 [M]. 何怀宏，何包钢，廖申白，译. 北京：中国社会科学出版社，1988.

[3] 罗尔斯. 作为公平的正义：正义新论 [M]. 姚大志，译. 北京：三联书店，2002.

[4] 戴维·米勒. 社会正义原则 [M]. 应奇，译. 南京：江苏人民出版社，2001.

[5] 威尔·金里卡. 当代政治哲学 [M]. 刘莘，译. 上海：三联书店，2004.

十五、《社会正义论》

[英] 布莱恩·巴利

曹海军　译

江苏人民出版社，2012 年

───【作者简介】────────────────────────

布莱恩·巴利（1936—2009），也译为布莱恩·巴里，英国著名的政治哲学家，曾一度赴美担任多所知名大学的教授。巴利教授早年曾以一部《政治的论证》享誉学界，堪称政治理论界分析政治哲学的典范。20 世纪六七十年代，巴利教授在牛津大学法学家哈特教授的指导下撰写博士论文并获得了博士学位，其间，他曾随从罗尔斯教授研习政治哲学，《政治的论证》正是在其博士论文的基础上扩展而来的。

巴利早年毕业于牛津大学王后学院并在 H. L. A. 哈特的指导下于 1964 年获得了哲学博士学位。巴利曾分别任教于伯明翰大学、基尔大学以及南安普敦大学。而在 1965 年，他先后在牛津大学学院和纳菲尔德学院担任过教研员，而后在 1969 年他成为埃塞克斯大学的一名教授。巴利虽生于英国，但他经常在大洋彼岸进行学术活动。在 1978 年，巴利被选为美国文理科学院的资深会员，而且还短期任教于芝加哥大学的哲学和政治科学系。在此期间巴利担任 Ethics 杂志的主编并提高了其出版标准，从而使该期刊成为关于道德和政治哲学杂志领域里的领头羊。巴利还是哥伦比亚大学和伦敦经济学院的政治哲学荣誉教授。

政治哲学一直是巴利所热衷的研究领域，巴利尝试将分析哲学与政治科学融合，他还在政治理论与社会选择理论相结合方面走在了世界的前列。巴利这种开创性的研究得到了学界的认可，巴利在 2001 年荣获"政治哲学的诺贝尔奖"——"Johan Skytte Prize in Political Science"①。社会正义问题是巴利研究的重点问题之一，他也因为在此问题上所取得的成果在学界获得过众多殊荣。由于本书以及他的另一著作的出版，巴利在 1989 年和 2001 年被英国政治学会授予 WJM 麦肯齐奖。巴利的作品有《政治论证》（1965 年）、《社会学家，经济学家及其民主》（1970 年）、《正义的自由主义理论》（1989 年）、《民主，权力以及正义：政治理论笔记》（1989 年）、《正义诸理论》（1989 年）、《作为公平的正义》（1997 年）、《文化与平等：一个平等主义者对文化多元主义的批判》（2001 年）、《社会正义论》（2005 年）等。

── 【写作背景】 ──────────────────────────

从社会现实来看，20 世纪 30 年代的经济危机，不仅让世界经济停滞不前，甚至让许多国家的经济出现了严重的下滑。由于资源的减少，从 20 世纪 70 年代以来，英国、美国等一大批福利国家开始遇到财政困难，开始不断缩小福利的规模，并引入市场机制进行福利分配。这在资源有限的情况下，分配的方式发生了巨大改变，由原来的平等均一的分配方式，变成了现如今每个人都是"备选者"，国家在备选者进行筛选的分配方法。这种方法的改变给人们和社会带来的影响是巨大的，每个人为了自己的利益保障，都必须去"主动争取"，而不再像以前一样只要被动接受就万事大吉。之所以会出现"主动争取"的情况是因为通常国家所提供的福利资源的份数少于满足备选者人数。这样在分配过程中，如何保证公平正义就成为至关重要的问题，所以现如今有关"正义"学说在西方备受关注。为了保障分配的公平性，国家成了资源分配的"主体"，由此，贫困、失业、疾病、养老和各种伤残障碍，以及教育、就业、健康和医疗等问题，不再仅仅是个人的困扰，也成为社会公众的议题。因而，积聚社会力量来解决人们面临的各种风险，通过制度化的社会福利来保障公民的权利，消除社会不平等，促进人类福祉，保障社会正义的实现就成为整个社会的议题，由此社会正义问题进入到作者的视线。

从理论上来看，西方国家学术界对社会保障制度的研究重点不仅仅包括

────────────────────────────────

① http：//en. wikipedia. org/wiki/Brian_Barry 与 Utilitas，Vol. 21（No. 3，September 2009），Editorial.

经济学，还包括了以社会正义为核心的政治价值研究。哈佛大学哲学系教授罗尔斯的名著《正义论》的出版标志着政治哲学的复兴，使人们开始在政治哲学领域重新探讨我们制定的政策应该遵循什么样的价值取向，哪种价值取向对人们来说是最好的等的关注。理论界也逐渐发出了这样的声音：在社会福利体系之内，人们无法逃避各种价值选择，以中立的价值立场讨论社会政策是没有意义的事情。布莱恩·巴利的这部《社会正义论》就是在这样的背景下，对西方社会关于正义问题的反思。

——【中心思想】——

《社会正义论》共计 27 万字，分 6 个篇章，20 个章节。该书结合现实的政策问题，论证和阐释了作者对正义问题的见解，内容涉及机会平等、优绩统治、个人责任、全球环境等问题。在该书的开篇巴利引用了哈德罗·品特的这样一段话："目前，世界上弥漫着一种宣传，认为社会主义已经消亡了。但是如果成为一名社会主义者就是要成为这样一种人，他确信'公益'和'社会正义'事实上是有意义的；如果成为一名社会主义者，就意味着不会容忍成千上万的人遭受掌权者、'市场势力'以及国际金融体制带来的耻辱；如果成为一名社会主义者就是要成为这样一种人，他或她决定以自己的能力去消除这些不可宽恕的卑贱的生活，那么社会主义就永远不会消亡，因为这些渴望永远不会消亡。"① 这段话表明了该书的主题，巴利要为消灭全人类的不公正、不平等而斗争。

在这本书中巴利运用大量范例，表明了一种具有浓烈平等主义色彩的社会正义观，并对那些拒绝以这种正义观为目标的政客们进行谴责。他说："各种口头承诺都用来宣传机会平等的各种优点，但是常见的口头禅却是'机会平等变成了不平等'……而且平等的机会只有在一个将不平等的范围控制在狭小的限度内的社会中才能实现。"② 巴利深入观察现存社会中的种种现象，认为现在西方世界所盛行的种种社会正义理论尤其是一些政府所倡导的理论实际上并不能真正代表正义，也根本不能体现出人类平等。而且现在社会中所执行的许多所谓的社会正义理论，其实是以利益为核心的，而不是以尊重人的价值为核心。所以巴利集中对现行的西方教育、医疗等体系中存在的不

---

① 布莱恩·巴利. 社会正义论 [M]. 曹海军，译. 南京：江苏人民出版社，2012：2.
② 布莱恩·巴利. 社会正义论 [M]. 曹海军，译. 南京：江苏人民出版社，2012：2.

平等进行了剖析，并批判它们没有体现出正义性、平等性。巴利要变革这一社会现状，建立一种以人的价值为核心的正义观。这种正义观让人们抛弃所谓的只是追求利益的而不考虑人的生存状况的旧理论模式，而试图建立一种尊重人，倡导人人平等的理念的社会正义观。巴利认为人类只有遵循新的正义观才能解决现在人类所面临的众多危机，如全球变暖、资源枯竭等众多危机。

该书强调了制度是实现社会正义的关键。巴利的社会正义论所关注的焦点就在于制度提供给人们的生存机会。他指出："我们不得不从制度对于公正结果（outcomes）的助益来考察制度的正义性，而且，结果的评估根据的是它们是否有助于权利、机会和资源的公正分配。"① 因此，正义的主题并不是罗尔斯所指出的制度本身，而是存在于社会之中的权利、机会和资源的分配。

——【分章导读】————————————————————

第1编　社会正义：基本观点　在这一编里作者论述了有关社会正义的基本观点。

第1章　为什么我们需要一种理论　在这一章巴利首先明确了写作目的就是要努力回答这样的问题："我们希望为之奋斗的是何种社会？我们这些社会主义知识分子是否能够提供某些对于社会转型具有不可估量价值的导向？"② 巴利之所以要对这个问题进行回答是因为他认为在政治生活中人们实际上是缺少社会正义观的，而这种正义观的缺位会导致在现实中所实行的政策是经不起推敲的。巴利举出了美国曾经实施过的减税政策作为例证。减税通常意味着国家财政收入的减少而居民收入的增加，可是巴利却看到美国的减税政策曾一度让居民间财富不平等状况进一步加剧，造成这一结果的主要原因是从居民那里所收上来的税款在再次分配过程中的不平等。58％的给付在再次分配中又回到了那些只占总人数 8.6％ 的年收入超过 10 万美元的人手中。而超过一半的年收入仅在 3 万美元左右的家庭只从给付中拿走了 5％，甚至有36％ 的相对贫困家庭根本就没有收益。巴利认为问题的关键不能只看对富人所征收的税率有多高，而要看这些税金之后的最终去向。因此，减税政策需要进一步的更加审慎的模型，以防止不公正的事发生。但是人们在设计这一

---

① 布莱恩·巴利. 社会正义论［M］. 曹海军，译. 南京：江苏人民出版社，2012：21.

② 布莱恩·巴利. 社会正义论［M］. 曹海军，译. 南京：江苏人民出版社，2012：15-16.

模型的依据应该是社会正义理论的内容。巴利认为在目前的现实生活中，社会正义理论的缺失促使他力图建构一种具有实用性的社会正义理论。

第 2 章　社会不义的机器　在阐述了本书的目的后，在这一章中，巴利阐述了自己的核心观点：社会实际上是一个生产"社会不义"的机器，而每种"社会不义"有多个维度和多种不同的样式。这些促使社会产生"社会不义"的因素之间相互依赖、相互作用，而这些因素的共同作用又导致了"社会不义"的多样性。可是要想扭转由"社会不义"造成的不利后果，不能归于造成社会不义的原因，而应该从"不义"造成的结果出发来解决问题，否则问题将不能得到改善。巴利列举了诸多社会不义的现象。比如在孩子出生之前的受精过程中由于母亲的营养问题就可能导致下一代出现众多问题；新生儿由于他们父母的生活条件不同，他们在出生时所面临的境遇基本上会伴随一生等。

作者在通过这些不义的现象去追寻正义的主题时批评了罗尔斯的观点，罗尔斯认为政治的主题是"社会的基本结构"，即由配置（或导致配置权力）、机会以及资源的主要制度构成的结构。巴利不同意罗尔斯的观点，他认为："我们不得不从制度对于公正结果（outcomes）的助益来考察制度的正义性，而且，结果的评估根据的是它们是否有助于权利、机会和资源的公正分配……正义的主题并不是制度本身而是存在于社会之中的权利、机会和资源的分配"①。找到正义的主题也就找到了导致不义的情况的根由，社会之中权利、机会和资源的分配不具有正义性，由此导致种种问题的出现。

第 3 章　社会正义的范围　在这一章中巴利列举了大量类似于此的例子，目的是确立"一套精致而环环相扣的国际制度（机构）确实存在"②。这种国际制度（机构）在分配权利、机会还有资源，它们在导致社会不义的产生。肯尼亚咖啡种植占到了出口总数的 60％，可是只要当地人想要对咖啡进行深加工，增加咖啡的附加值时，咖啡产品的关税就会增加，导致当地人出口的只能是咖啡初级产品。而咖啡的深加工工序被美国和欧洲国家控制着。这就是存在于国际贸易中的不平等。导致的结果就是国与国之间的极度不平等，还有国内与日俱增的不平等。巴利认为他所确立的社会正义原则不仅适用于国内，在国际依然适用，是一套具有普适性的理论。

---

① 布莱恩·巴利. 社会正义论 [M]. 曹海军，译. 南京：江苏人民出版社，2012：21.
② 布莱恩·巴利. 社会正义论 [M]. 曹海军，译. 南京：江苏人民出版社，2012：41.

第2编　机会平等　在这一编中作者主要阐述了机会平等的问题。

第4章　为什么需要机会平等？　这一章巴利回答了为什么需要机会平等这一问题。首先巴利表明自己不认同被大家广为接受的机会平等的定义：最有资格的人得到他所希求的事物。巴利却认为如果只是采取客观的评判方式来判断比赛的结果的话，那么其实在比赛开始之前，比赛的结果就已经确定了，并且几乎是毫无变数。可是实际上在竞争中总是有许多其他因素让竞争变得不那么客观。例如面试过程中评判者的喜好，面试者与评判者之间的友好气氛等等。巴利认为客观上最优秀的人获得胜利并不是一个必然的结果，决定比赛结果的还有许多其他因素。他举了赛马的例子，在赌马时实际上每个人都掌握着每匹马和每个旗手以往的战绩，如果最优者一定获胜，那么事实就不会存在"悬念"，但是"悬念"确实存在，最好的组合也可能会输，这是因为在比赛中有许多不确定因素，如马匹失控、对手的联合施压等，这些都让比赛的结果存在变数。

整个社会生活过程实质上就像是赛马一样存在着结果的不确定性，可是在社会中却同时存在着另一种状况，这就是类似于每次"赛马结果"在社会中的长期积累而出现的"福音效应"，而随着有利资源的不断积累，成功的人在社会上获取成功实际上是更有优势的，而失败的人逐渐走向堕落。巴利认为"一个公正的体系应该给人们第二次（或更多的）机会，这样，开始失败的人就不会永远被关在本可以通过进一步努力就进入的大门之外"[①]。

第5章　教育　在分析了机会平等的含义基础上，作者阐述了教育问题。巴利认为在现今的西方社会，一定程度上，一个孩子的一生是贫穷还是富有，在他们出生之前就已经"注定"了，这是因为在社会中存在积累性的优势与劣势。一个孩子未来是一个成功者还是一个不成功者这在他们生命的早期就有了雏形，随着时间的推移，各种资源开始在每个孩子身上进行累加，这种累加导致具有成功要素的孩子所具有的优势在逐渐扩大，而不具有优势的孩子的劣势在不断增加。

巴利用一连串有力的例证，证明了一个孩子从孕育到成长的整个过程中实际上都存在着不平等的因素。这些因素也许在他们小的时候只是一个小雪球，但是随着他们不断地成长，雪球就会越来越大。这是一个非常有说服力的论证过程，一个孩子从他的母亲开始孕育他时就会面临卫生状况和环境给

---

① 布莱恩·巴利. 社会正义论 [M]. 曹海军，译. 南京：江苏人民出版社，2012：54.

他带来的种种威胁。家庭贫困的父母通常是居住在穷人区，而在这区域内，父母遭受环境危害的概率是远远大于富人的概率的。如暴露在铅、汞等化学物质之下会对胎儿产生极其有害的影响。不仅仅是环境，还有医疗方面，政府没有为每个人提供同样质量的医疗服务，这是不公正的。而且孕妇缺少必要的课程学习，这些都应该是免费的。同时政府还缺少制度保证每个孕妇都能得到这些资源，因为有许多母亲为生活所迫必须工作，根本就没有时间获得这些服务。孩子出生后，由于父母之间经济实力存在差别，致使孩子们得到的营养是不同的，这影响到了孩子的发育。贫困的父母由于经济上的压力，而不能有足够的时间像富有阶层那样照顾孩子，这样贫困家庭的孩子不得不进入非正规的保育机构，这样的境遇损伤了孩子的发展。而一旦进入学校处于优势地位的孩子会继续保持他们所具有的有利地位，而他们与贫困的孩子间的差距基本上是得不到有力的扭转，而几乎是不断加大。经济上有优势的地位的孩子，可以利用补习来取得分数上的优势，可以利用家长的经济实力进入好的学校。家庭贫困的孩子只能进入了一般的学校，而相比之下富裕家庭的孩子进入了更好的学校，而这样导致两者的学习成绩之间的差距不断拉大。在一流的大学中有一半以上的生源都是来自费用高的私立学校中的孩子。而当孩子们毕业时，中产阶级的家长会利用他们的资源为他们的孩子找到相比之下更加优质的工作。

巴利认为对于孩子成长过程中不平等的累加现象，如果政府不加干预，所有的资源都会向具有优势地位的人集中。而一个具有社会正义的社会应该努力克服孩子们由于不利条件给他们发展带来的障碍。"如果有什么宿命论的话，那就是这个值决定论：要设计可以转向相反路向的强大的利益排列，以便打断一代的优势可以转向下一代的过程。"[1]

第6章　卫生　巴利在这一章中讨论了卫生方面的不平等这个重要的社会正义问题。对于卫生中的平等问题作者认为是至关重要的，卫生状况与人类健康关系密切。巴利认为："卫生的不平等是可以追溯到并来自社会基本结构的因果链条的结果……实际上，一个社会的所有重要特征都会根据处于社会基本结构之内的不同定位造成的冲击力而对卫生产生不同的影响。"[2]　近些年来，肺结核在纽约死灰复燃，这是由于无家可归者他们不得不与其他人聚

① 布莱恩·巴利. 社会正义论［M］. 曹海军，译. 南京：江苏人民出版社，2012：86.
② 布莱恩·巴利. 社会正义论［M］. 曹海军，译. 南京：江苏人民出版社，2012：87.

居生活所造成的；在美国收入最高的 5％那部分人群比占到人口数 10％的那部分底层公民寿命长 9 岁。巴利认为假如人们承认卫生的不平等是可以追溯到并来自社会基本结构的因果链条的结果，那么只要人们发现了由阶级（无论如何衡量）、族群、种族或任何其他在卫生品质中体现了差别的结构性特征所界定的各种团体，该社会就明显具有不公正的卫生分配。刚刚所叙述的现实的案例已经证明卫生不平等的存在，巴利认为造成这种不平等的原因是由社会基本机构造成的。事实证明那些在社会中处于较高地位的人由于他们占有各种资源（知识、金钱等）得到了更好的照顾，并且收入差距越大，卫生不平等就越广。巴利认为穷人与富人在医疗方面所遭受的分配不均，在一定程度上是由于政治意愿造成的。这种分配方式没有体现出正义，因为医疗资源的分配不应该针对那些有资格者，而应该针对那些需要者。

第 7 章　黑人集中营的形成　接着，作者谈到了黑人集中营的形成问题。巴利认为随着社会中劣势的不断积累，处于社会底层的人处境基本上只能向着更加糟糕这个向度发展。在美国就有这样一群人，他们是这一群体的代表——黑人。比如说芝加哥，"一半的城市中学位于底层，11％学生参加美国大学考试，城市贫民窟中的 2/3 学生无法毕业，平均来说，那些毕业的学生只读到了 8 年级（共 12 年级）"①。

黑人走向社会后会面临着各种不公正。比如说，在美国白人吸毒人数大约占到了吸毒总数的 75％，黑人占到了 15％，而黑人却占到了因为吸毒而被逮捕人数的 35％。在进行控告时黑人往往因为起诉人带有歧视性的偏见而被以更重的罪名起诉。在审讯阶段，陪审团的绝大多数成员都是白人，这就导致了即使白人和黑人犯了同样的罪，但是二者的结果却是不同的。而且，黑人往往因为付不起高额的律师费用，而只能依靠国家付酬的公众辩护律师为他们辩护，可是这些律师由于超负荷的工作，只能粗略地了解案情，而不能全身心地为黑人辩护。这些因素导致，在进行自由裁量的案情中，黑人被监禁的可能性是白人的三倍。同时由于美国的监狱功能由过去的康复救治变为剥夺权利资格的做法，加之"惯犯"应该重判的兴起，导致美国在 2002 年的囚犯人数达到 216.6 万，这一人数是 20 多年前的 5 倍。在这些犯人中，有近一半的犯人是因为"惯犯"，可是他们中有的人只是因为偷了一款比萨饼或几罐啤酒。黑人监禁率更是令人吃惊，"每 21 个黑人中就有 1 个人入狱，20 岁

① 布莱恩·巴利. 社会正义论 [M]. 曹海军，译. 南京：江苏人民出版社，2012：119.

和 34 岁之间就有 1/9 入狱。自从 2002 年以来，这一比例还在持续增长，一年后，这一年龄段的群体中有 12％入狱，与此相比，白人的比例是 1.6％"①。导致这一比例如此悬殊的原因就是累积性劣势。不仅如此，这些入狱的黑人即使刑满回归社会，也会因为他们原先的劣势和是"犯过罪"的人而基本失去了赚到最低工资收入的机会。监禁会给社会带来巨大负担，以加利福尼亚州为例，每年监狱占到州预算的比例已经达到 10％，而这一数字超过了高等教育的花销。不仅如此，"入狱期间，1/3 的人家庭破裂，2/3 的人失去了家庭的联系。丝毫不令人感到惊讶的是 2/3 的人在两年之内又重新遭到审判，在 18 岁到 20 岁的男性之间，这一比例增加到了 7/10"②。"一旦社会走向了这一自毁长城的道路，对于政府来说，唯一的挽救办法就是转变大众的惩罚措施，着手转向其他国家的方向。但我并没有看到这一迹象的出现。"③

第 3 编　优绩统治有什么错？　在这一编中作者主要阐述了优绩统治的思想和科学的滥用问题。

第 8 章　优绩统治的思想　作者认为所谓优绩统治是指，在一个存在不平等的社会中，获得社会最优地位的人应该是那些最有才华的人，他们获得这一地位的评判标准应该是他们天然的能力，而不是种族、性别或者其他因素。优绩统治观点是一个看似对所有人平等的观点，也是一个广为接受的观点。可是巴利却不赞同这种观点。巴利认为一个人在社会中获得有利地位不能如优绩统治所认为的只是凭借天然的能力。他举了高尔夫球星泰格·伍兹与社会工作人员的例子。伍兹之所以比他人赚取更多的财富不能只是归功于他的个人能力。伍兹成功与他拥有一个一生致力于开发自己儿子高尔夫球技能的好父亲和他自身的运气都是分不开的。这是一个综合作用的过程，而不能只是看到一个方面，就是所谓的"个人优绩"。巴利认为优绩统治者们并没有弄清楚什么才是真正的优绩，而只是把它看作是一种狭隘的认知性的能力。优绩来自基因的抽象推理和解决问题的能力。有的优绩统治的拥护者认为这种优绩在最初阶段是天生的、固定的，并且家庭或邻居几乎不能对它造成影响。所以应该把优绩者从众人中选拔出来，让他们处于优势地位，这样才能让他们发挥出最大的功效。这样的思想从 1958 年以后被政府采纳并建立起了教育体系，可是在这样的教育体系内，那些处于优势地位的孩子占据了绝对

① 布莱恩·巴利. 社会正义论 ［M］. 曹海军，译. 南京：江苏人民出版社，2012：125-126.
② 布莱恩·巴利. 社会正义论 ［M］. 曹海军，译. 南京：江苏人民出版社，2012：132.
③ 布莱恩·巴利. 社会正义论 ［M］. 曹海军，译. 南京：江苏人民出版社，2012：132.

优异的教育资源，而那些没有被选中的孩子则被冷漠。而这一选拔过程仅仅是以孩子们在 11 岁时进行的所谓的 IQ 测试为依据，这一测试影响了孩子一生。

第 9 章　科学的滥用　作者认为关于优绩统治的问题存在两种观点。一派优绩统治的拥护者认为人们的 IQ 是天生的，由遗传决定，它不会受到环境影响。它是内在的、一般的、认知性的能力的可靠的尺度。如果真像这派优绩者所认为的那样，那么他们如何解释同卵双生的双胞胎，他们之间的智力差异？他们如何解释荷兰人在 1952 年到 1982 年间的平均 IQ 值增长了 21 点？而实际上在这 30 年间荷兰人的遗传没有发生根本的变化。这实际上是因为荷兰有一段时间由于被纳粹占领而造成的营养环境极其恶劣造成的。另一派优绩统治的支持者赞同这样的观点，IQ 是可以继承的。巴利认为这是一种错误的理解，实际上，人在不同的环境中表现出来的智商是不同的，有的人擅长在顺境中解决问题，有的人在逆境中更有能力。实际上人的智商是受到环境影响的。"可以继承良好的优势智力的人"也许是那个擅长在顺境中处理问题的人，表现得比其他人优秀，可是在逆境之中，他却不能像以往那样比别人强。

在本章最后巴利抛出了一个令人深思的问题：人们是否可以合法地要求得到他们生来所拥有的任何有利成果？

第 4 编　个人责任的崇拜　在这一编中作者主要阐述责任与平等的关系、权利与责任关系以及不负责任的社会三个问题。

第 10 章　责任与平等相对吗？　作者在这章论述了个人责任的问题。一些人认为，人们从出生就是平等的，但是后来人们的生存状态却存在着很大的差距。有的人穷困潦倒，有的人却富可敌国。是什么导致了这一切的发生？他们认为是每个人的个人责任。富人具有进取心，每天辛勤劳作，而且过着节俭的生活。而穷人道德品质恶劣、懒惰、不负责任。正是由于每个人的责任意识不同，努力程度不同才造成了社会上的不平等。巴利认为用这种办法来说明社会上的所有或者退一步讲即使是绝大部分的不平等是不可取的，在众多不平等中可以由这种个人责任来得到充分证明的实际上很少。

第 11 章　权利与责任　作者在这章论述的是权利和责任的问题。在美国和英国，当权者们在大肆向大众宣扬个人责任，每个人都要为自己所做的事情负责；穷人与富人之间的差距就是因为富人更加勤劳而穷人更加懒惰；一旦人们做错了事，就应该受到惩罚。这些舆论让大众们尤其是穷人们感到他们现在的处境并不是由于社会造成的，而主要是由于他们自身造成的。在这种舆论的鼓吹下，穷人们都在大众监督下承担着自己的责任，如果有"失责"情况出现就有可能受到社会的惩罚。可是巴利看到，那些拥有权势的人，那些实力强大的公司甚至是国家，它们却没有完全执行这种"个人责任"。这些团体没有所谓的社会责任，没有促进社会更加平等的意识，它们在逃避责任。具有权势的人、大型公司、国家这些团体所具有的权利可能会影响他人的现在和未来，可是它们的决策经常是不负责任的。例如1996年美国废除了对生活在贫困之中的父母和儿童的收入联邦保障机制，这就造成要么贫困的父母出去工作赚钱来养活孩子，要么父母失去工作在家照顾孩子。这项制度只考虑自己的权利，而没有为自己加上义务，如免费提供全日制高质量的日托给贫困的父母。在社会中其实存在着很多这些应该承担责任的团体失责的现象，而他们却不断地强调大众应该承担起自己的职责。

第 12 章　不负责任的社会　在这一章巴利对政府逃避责任的现象进行了批评。他说："如果无家可归者的唯一根源是缺乏审慎和首创精神，那么，就无须为'买得起的'住房供应担忧了。寿命长短以及卫生状况中的令人难堪的阶层矢量可以归因于没有采取'卫生的生活方式'。"① 这些社会不平等都可以归结为四个字："个人责任"。政府可以把这些不好的现象说成是由于公民的个人责任造成的，政府认为在这些现象背后自身没有责任的话，那么它就不是一个负责的政府。

政府有责任处理各种公共领域中的事物，还有要为社会中的不公正、不平等的事尽职尽责。可是，在现实中有的时候政府却逃避了这种责任，而只是把造成社会不公正、不平等的事归给大众的个人责任。直到个人在任何时间，都百分之百地专注于自己的事情从而保证不发生错误，这是不公正的。个人不可能承担起例如想在社会中防止传染病流行这样的事情，更不可能为这项事务投入足够的经费。在这些领域当中，这是政府应该肩负起的责任。

可是政府有的时候用强调个人责任的方式推卸自己的责任。例如1995年发生的芝加哥热浪，这场热浪造成了大约740人死亡，可是政府在救援过程中并没有尽全力，他们认为所有人都能够保护好自己，可是一些穷人，由于过于贫穷而无法开空调最后悲惨地死在家中；政府认为只是例行的救援就可以应对这场灾难，还是按照平常的救护车轮岗制度进行工作，最终导致一些

---

① 布莱恩·巴利. 社会正义论 [M]. 曹海军，译. 南京：江苏人民出版社，2012：188.

人因为没有救护车的及时救援而遇难。政府认为这样的灾难就该死人，每年美国有 1500 人死于热浪。

第 5 编　社会正义的要求　在这一编中作者主要阐述了不平等的病理学分析、财富、工作与收入以及我们是否能提供社会正义的问题。

第 13 章　不平等的病理学分析　在这一章中作者主要对不平等的病理学进行了分析。作者提出了这样一个问题：在富裕的社会中却存在着贫穷这种现象，那引起这种现象的是不平等还是只是因为贫困本身导致了这种不好的现象出现呢？对于这一问题有两种回答，有人认为并不是不平等造成了这种不好现象，所以无须进一步降低不平等。另一种观点认为，必须降低不平等，即使解决问题的目的不是要降低不平等，而是要减少贫困。但是降低不平等却至关重要，因为降低不平等是实现许多价值目标的必要条件。

巴利对现在西方国家所普遍认为的第一种观点进行剖析。有人认为在社会中无须消除不平等，而应该通过教育来消除贫困。巴利认为这种办法是不可取的。据调查，在 20 世纪 80 年代，"大约有 20％的大学毕业生所从事的工作正常情况下根本不需要大学水平"①。这是因为现在的工作岗位实际上是充足的，而新增的就业人群不会为社会创造更多的价值。在这种情况下，民众接受的培训和教育越多，不充分就业的现象就会越明显地暴露出来。所以教育并不是一个有效途径来解决贫困。

在这种不平等的社会中，每个人追求自己的利益而社会呈现出之前章节中所描述的那种由于人们资源的不同而出现的累加性，导致整个社会分层明显。而处于劣势积累中的人生活在社会的底层，过着贫困的生活。社会中的人对他是一种冷漠的态度，因为整个社会的价值取向是财富。在这样的环境中，底层的人就可能出现犯罪或者自杀等一些不良的倾向。而富人们却对此漠不关心，认为这不是他们造成的，继续过着享乐的生活。在整个社会中，人和人的责任感衰退，信任感也大幅度降低。

第 14 章　财富　在这一章中作者主要阐述了财富应当属于正当的来源的观点。作者指出如今的社会，人们的收入是不平等的，那么人与人之间这种具有差异性的收入是否是正当的？当人们讨论这一话题时，许多人都认为这里的收入仅仅指的是工资收入。巴利不同意这种观点，他认为人们的财富带来的收入也应该在讨论的范围内。所以讨论上述收入不平等时，收入不仅仅

---

①　布莱恩·巴利. 社会正义论 [M]. 曹海军，译. 南京：江苏人民出版社，2012：206.

指的是工资收入还应该包括财富收入。巴利认为现存的人们之间的收入差异在很大程度上是不正当的，因为他们没有体现出平等性来。这种收入的差距会给社会带来许多恶果，这一点在前面的章节已经介绍过。巴利认为"社会正义最大的敌人仍然是巨大的财富不平等及其增长趋势"[①]。想要应对这个敌人就得征收合理的财富税和资产税，与之并行的是资本拨款。资本拨款会给境遇较差的人带来机会，更能体现出社会公平。

第 15 章　工作与收入　在第 15 章中，巴利讨论了关于工作与收入的社会正义问题。巴利首先列举了在工作与收入方面存在着很多的不公正现象。例如在超市中所谓的取消打卡制度，实际上是不给员工加班费；雇主利用因为他们拥有解雇权而具有的优势地位来让工人无条件加班；在工作中工人的权利有时难以得到保障；员工没有法律上承认的工作时间内短暂的空暇的权利，甚至员工没有去洗手间的权利。员工在工作中不得不放下自己的自尊。巴利认为一些人只是简单地认为工人们所承受的这一切是为了获得工资必须付出的代价，而实际上工人正在承受的是建立在资本主义的背景下在不平等的权利基础上所建立起来的"不公正"的体系。

巴利认为要想摆脱这一体系，第一，失业威胁应该降低；第二，应该让资本主义所建立起来的这种不平等失去它存在的正当理由。巴利认为应该采用普遍受益的方式来为社会提供更多的公平性。不仅要提供普遍的交通供应，还应该提供普遍的公共服务。这项公共服务包括为每个人提供一项无条件的基本收入。这种收入能够克服原来把获得补助金的人视为消费的个人而不是视为拥有个人权利公民的弊端。这笔资金给每个人实现自我的希望，让处于低端的人因为有了这部分资金从而有了更多发展的机会。

第 16 章　我们能够提供社会正义吗?　在这一章中，巴利讨论了他所向往的社会的状态。他指出："当财富的积累不再具有高度的社会意义时，道德礼法中就会出现巨大的变化。我们就能够祛除充斥在我们身上 200 年之久的许多虚假的道德原则，由此，我们就可以将人类最低级的趣味的品质提升到最高德行的地位。我们就能够用于评价金钱驱动的动机的真实价值。将金钱作为所有物的爱慕——区别于将金钱作为真实生活的享乐手段的爱慕——得到了承认，虽然这在某种程度上是一个病态，其中存在着半犯罪、半病态的意向，人们颤抖地将这种病态向精神病专家吐露。各式各样的社会习俗和经

---

①　布莱恩·巴利. 社会正义论［M］. 曹海军，译. 南京：江苏人民出版社，2012：241.

济活动是影响财富和经济奖惩的分配，不管这些东西本身如何低级趣味和缺乏公正，我们仍然在坚持着它们，因为它们在促进资本积累方面具有巨大的用处，但最后，我们会毫不犹豫地将它们抛弃掉。"① 这是巴利引用凯恩斯的一段话，来揭示现存的西方社会以资本为中心而造成的人们被扭曲的社会现实。这种扭曲体现在社会中就是社会中不平等的根源。巴利所要建立的具有正义性的社会，是要打破现在资本主义对权利、机会和资源的不平等分配。

这种具有正义性的社会是由强大的公共服务系统来保证的。这个公共服务系统通过具有公平性的税金来作为保证。这个公共服务系统把社会中的权利、机会和资源平等而合理地分配。比如说不会像美国那样为监狱系统提供高额的财政支持。"我们也会拥有更为安宁的社会，这就是收入保障以及每个人在教育、医疗、交通以及所有其他公共服务方面拥有同等机会共同产生的包容性的结果"②，这就是巴利所向往的社会。

第 6 编　社会正义的未来　在这一编中作者主要阐述了观念的力量、变革如何发生、全球环境恶化研究造成的结果等问题。

第 17 章　观念的力量　在这一章中作者主要阐述了观念的力量。他认为只有当我们反复地努力思考知道了现代社会的真正病症所在之后真正对症下药，才能让社会朝着好的方向发展。否则如果找不对方向就好像是患者头疼，而开的药方却是治疗脚一样荒谬。而在现代社会中可以像医生一样起到治疗作用的媒体，这个号称可以自由发表言论，对社会进行监督的神圣职业，实际上并没有人们想象的那样崇高。媒体实际上是为它的老板或者政党服务的。在西方，所谓的言论自由只是一种虚伪的谎言。媒体在报道中没有完全的价值中立，而是带有倾向性，它保护了那些可以给它带来好处的或者是在它的生存过程中不得不屈从的利益团体。没有公正地引导舆论导向，致使民众没有认识到现在社会各种不公正现象的实质，媒体实质上也变成了社会众多利益集团的保护伞和与它们一样的利益集团。

第 18 章　变革如何发生　在这一章中作者主要阐述了变革的力量从何而来的问题。巴利认为现代社会的利益格局造成了要想改变这个世界是非常有难度的，因为既得利益者会顽强地捍卫现存的、可以获得利益的现存社会方方面面。现在的社会是以利益为核心的，既得利益者他们在这种社会体制下

---

① 布莱恩·巴利. 社会正义论［M］. 曹海军，译. 南京：江苏人民出版社，2012：274.
② 布莱恩·巴利. 社会正义论［M］. 曹海军，译. 南京：江苏人民出版社，2012：274.

获利，他们就会阻碍人们破坏这种体制，他们关心的核心是利益，而不是正义。无论正义也好，不正义也罢，在既得利益者眼中，只要可以获得利益就应该受到保护，所以这种模式必然阻止变革的进行。既然改变事实如此困难那么变革的力量从何而来呢？巴利认为变革的可以由危机中找到。会带来一些无法解决的问题，例如现在的全球变暖。当这场危机爆发的时候，全人类会痛心地反思自己的所作所为，而这时人们会接受社会正义的理论，虽然现在社会正义理论没有被大家所接受但是它还是有它不可估量的作用的。第一，正义理论让人们有了一个切实可行的努力的方向，而不是仅仅停留在纸面的空谈。第二，正义理论让人们做事时，不像以往一样只是基于利益行事而是更加全面地考虑问题。第三，正义理论能够激励那些不期望从正义的实现中获得个人利益的人的支持。第四，一旦发生了变革，正义理论会让那些反对者开始逐渐接受这一理论。

即使这种正义理论最初会受到抵制，认为社会正义只是在道德上具有正当性，可这种抵制实际上也是向社会正义理论前行了一步，因为人们正在了解这一理论，相信他们一定会慢慢接受它的。

第 19 章　彻底垮掉了吗？　在这一章中巴利主要是介绍了许多全球环境恶化的案例，例如生态系统的破坏——"在墨西哥湾使用打捞网，每打捞一磅虾就会杀死八磅丢弃的鱼"[①]；人们因为水源地的争夺而引起战争；全球变暖，"最具灾难性的前景是，当全球变暖达到一定程度之时，现在冷冻在海洋下面的大量甲烷氢氧化合物——超级温室气体——就会上升到表面，并释放到大气之中"[②]。巴利所列举的这些例子是想说明问题的严重性，如果人类不采取有效的措施，那么真的会面临无法挽回的后果。

第 20 章　正义还是走向破裂　面对全球生态系统恶化的严峻形势，巴利提出了要遵循社会正义路线来解决问题。解决问题时应该体现这四个方面的原则：第一，制定的政策要遵照全球正义的要求。例如在解决温室气体排放问题时，把二氧化碳视为平等分割的全球物品让它具有稀缺性，公正地进行分配，并体现出资源有偿使用的原则。第二，在处理问题时要由政府来成为第一责任人；要全社会有一种共同命运感；人们应该放弃单纯的经济增长狂想而走向平等。第三，应该尽可能扩大正义方面的范围，只要大家团结一致

---

① 布莱恩·巴利. 社会正义论［M］. 曹海军，译. 南京：江苏人民出版社，2012：299 - 300.
② 布莱恩·巴利. 社会正义论［M］. 曹海军，译. 南京：江苏人民出版社，2012：309.

联合起来就非常有可能使问题得到很好的解决。第四，要努力让各种政治力量接受社会正义理论，促进它们成为这一理论的拥护者，并希望带动各方力量成为社会正义的动力。让人类抛弃旧有的以对利益的追求为核心的社会体制，而让社会正义成为每个人心中的可敬之物，神圣而不可触碰！

---【意义与影响】------------------------------------

第一，该书是最早的一部评论《正义论》的著作，是关于社会正义理论的重要文献。

巴利是一位杰出的政治哲学家，是可以和罗尔斯比肩的学者，书中首次将罗尔斯所开创的正义理论称为自由主义左派的平等主义理论。巴利关于社会正义的理论与罗尔斯从制度出发不同，他是从制度的结果出发，即从现实问题出发，看到现实制度分配结果的不平等从而改变这种不平等达到正义。

第二，该书中所阐述的具有社会主义倾向的正义观丰富了正义理论的内容。

巴利在整篇著作中批驳最多的就是现实的以利益为核心的社会体制给人们带来的种种不平等。他力图为人们的这种不平等而疾呼，并构建了一种更能体现平等的具有社会主义倾向的正义观。这种正义观要消除不平等、消除不公正。批判资本主义以利益为核心的社会运行模式所造成的社会不平等，资本主义社会运行所追求的最高目标是全社会整体的利益的最大化，而不是人的平等。实际上和资本所追求的利益相比，环境的承受能力和弱势群体的状况等问题远远没有利益重要。巴利所追求的具有社会主义倾向的正义观，是把人放在首位的社会运行模式，丰富了正义理论的内容。

第三，该书是一本不可多得的理论与实践相结合的著作，对我国现阶段的发展具有一定的理论参考价值。

巴利教授结合现实的政策问题，深入浅出地论证和阐述了他对社会正义问题的深刻见解。虽然巴利批判的是现代西方社会，但是其中的有些问题我国在发展中也会遇到，我们在处理这些问题时应该学习研究巴利的理论，少走弯路。比如说在书中提到的美国教育资源获取不平等的现象，巴利认为在解决这一问题时应该注重平等原则给弱势地位群体以机会。此外，巴利的整部著作对资本主义社会中的不平等现象的揭露可谓十分彻底与深刻。不过巴利所提出的"理想社会分配方案"在可操作性上还是略显单薄。

——【原著摘录】————————————

第1编　社会正义：基本观点 P1－44

P2　目前，世界上弥漫着一种宣传，认为社会主义已经消亡了。但是如果成为一名社会主义者就是要成为这样一种人，他确信"公益"和"社会正义"事实上是有意义的；如果成为一名社会主义者，就意味着不会容忍成千上万的人遭受掌权者、"市场势力"以及国际金融体制带来的耻辱；如果成为这样一种人，他或她决定以自己的能力去消除这些不可宽恕的卑贱的生活，那么社会主义就永远不会消亡，因为这些渴望永远不会消亡。——哈罗德·品特

第1章　为什么我们需要一种理论 P3－16

P25　资源是由人们拥有或他们可以获得的外在之物构成的——这些外在之物的特征在于，它们能够使人们实现他们的目的，或者，至少可以提高他们实现目的的机会。

第2章　社会不义的机器 P17－32

P21　我们不得不从制度对于公正结果（outcomes）的助益来考察制度的正义性，而且，结果的评估根据的是它们是否有助于权利、机会和资源的公正分配。

正义的主题并不是制度本身，而是存在于社会之中的权利、机会和资源的公正分配，我们就会确认，制度通常具有矫正的功能。

第3章　社会正义的范围 P33－42

P41　一套精致而环环相扣的国际制度（机构）确实存在，对此，我希望我已经充分地建立了这种论点。这些制度（机构）具备界限明确的全力分配机制，它导致了美国在世界银行（其干事是由全体会员国家任命的）和国际货币基金组织中（表决规则赋予了它否决权）的特殊地位，而且，这两个机构在形式上完全掌控在富裕国家的手中。

第2编　机会平等 P44－133

第4章　为什么需要机会平等？P45－55

P54　"一个公正的体系应该给人们第二次（或更多的）机会，这样，开始失败的人就不会永远被关在本可以通过进一步努力就进入的大门之外。"

第5章　教育 P56－86

P75　"一个中产阶级的子女保持中产阶级的地位的可能性，是一个工人阶级的子女进入中产阶级的行列的可能性的15倍……"

P86 "如果有什么宿命论的话，那就是政治决定论：要设计可以转向相反路向的强大的利益排列，以便打断一代的优势可以转向下一代的过程。"

第6章 卫生 P87—118

P87 卫生的不平等是可以追溯到并来自社会基本结构的因果链条的结果。实际上，一个社会的所有重要特征都会根据处于社会基本结构之内的不同定位造成的冲击力而对卫生产生不同的影响。

"不健康和长寿在人口中的分布取决于相对收入、种族和族群特征，在工作场所的自主性还是无助性，以及社会基本结构其他方面的多样性。"

P92 卫生的不平等是可以追溯到并来自社会基本结构的因果链条的结果，"只要人们发现了由阶级（无论如何衡量）、族群、种族或任何其他在卫生品质中体现了差别的结构性特征所界定的各种团体，该社会就明显具有不公正的卫生分配"。

第7章 黑人集中营的形成 P119—132

P119 一半的城市中学位于底层，11％学生参加美国大学考试，城市贫民窟中的2/3学生无法毕业，平均来说，那些毕业的学生只读到了8年级（共12年级）。

P125—126 每21个黑人中就有1个人入狱，20和34岁之间就有1/9入狱。自从2002年以来，这一比例还在持续增长，一年后，这一年龄段的群体中有12％入狱，与此相比，白人的比例是1.6％。

P132 2/3的人失去了家庭的联系。丝毫不令人感到惊讶的是2/3的人在两年之内又重新遭到审判，在18岁到20岁的男性之间，这一比例增加到了7/10。

"一旦社会走向了这一自毁长城的道路，对于政府来说，唯一的挽救办法就是转变大众的惩罚措施，着手转向其他国家的方向。但我并没有看到这一迹象的出现。"

第3编 优绩统治有什么错？ P133—159

第8章 优绩统治的思想 P135—144

P135—136 优绩统治由此被设想为一种存在着诸多不平等的社会，但在这种社会中，那些获得最优地位的人将会"基于个人的优绩"获得最优地位，这些地位不是"基于诸如种族、性别等属性特征，或者强者的密谋而随机配置的"。

第9章 科学的滥用 P145-158

P155 在正常的范围内，IQ是某些以遗传因素为基础的反应与环境标准之间的交互作用导致的。但我们无法猜测每个人的最大限度的IQ在最优的环境下可能是什么样子的。

P157 由遗传导致的机会平等的缺乏与由社会造成的机会不平等的缺乏混在一起，这就造成了双重不义。一种观点认为，人们可以合法地要求得到他们生来拥有的任何有利成果，我希望，任何反对本章中采取的论证思路的人都会停下来考虑这一想法的深意。

第4编 个人责任的崇拜 P161-203

第10章 责任与平等相对吗? P161-173

P161 霍布斯曾说："我们宗教的奥义就像治病的灵丹一样，整丸吞下去倒有效，但要是咀嚼的话，大多数都会被吐出来，一点效力也没有。"

P163 慈善团体是不能指望的，即使那些缺乏收入的家庭也不可能被视为慈善团体成员的责任。因为要想成为"值得帮助的对象"，仅仅不是由于自身的过失而贫穷是不够的；还要必要经过节制、性"道德"以及借鉴的检验。

第11章 权利与责任 P174-187

P177 当前英国和美国的公司精英不但没有承诺他们的责任，反之，他们感兴趣的仅仅是"底线"——他们在多大程度上能够从公司中获利，以及在多大程度上（即使公司亏损了）他们能够成功应对这些底线。

人们还常说，商业中发现的只有罪恶。

我们的社会变成了这样的社会，你在同辈人（非常富有的人）之间的地位并不受到贪婪、腐败、违法行为以及故意令数万人或者数十万人破产的行为的影响——只要你富有如故。

第12章 不负责任的社会 P188-202

P188 "如果无家可归者的唯一根源是缺乏审慎和首创精神，那么，就无须为'买得起的'住房供应担忧了。寿命长短以及卫生状况中的令人难堪的阶层矢量可以归因于没有采取'卫生的生活方式'。"

P197 我们不能坚信个人责任，我们应该采用公共卫生模式，并改变他们所处的环境。

P201 建立在贪婪基础之上的经济体系从根本上就会产生说谎、欺骗和偷窃的激励机制，因此，只有精心设计和严格实施的政府措施才能遏制这一体系基于本性产生的持续的滥用行为。

第 5 编　社会正义的要求 P203－275

P204　正如一位外国观察家的评论，对不平等的漠视与其说是特定阶级的特征，不如说是一个民族的特征。这不是一个划分政党的政治问题，而是一个在二者之间架起桥梁的共同心绪与习惯。因此，甚至那些根据其信条致力于减轻不平等之令人讨厌的后果的一群人，也绝少将它们的厌恶感引向一种观点，即按照他们判断成功以及将其他利益置于从属地位的方法，取消不必要的不平等是他们的主要目标。

第 13 章　不平等的病理学分析 P205－225

P206　"大约有 20% 的大学毕业生所从事的工作正常情况下根本不需要大学水平。"

民众受到的培训和教育越多，不充分就业的现象就会越多地发布出来。

P208　我们需要重新考虑尽可能保证每个孩子完成中学教育，同时额外的资源应该给予不利者而不是最有利者这种做法的必要性。只是意味着，教育水平的提高加上劳动力市场所得的收入不是万能药。如果我们认为，收入和财富的分配是不公正的，而且，要是收入和财富更加平等，分配会更为公正，那么我们不能认为金钱要从富人手中重新分配给穷人。

第 14 章　财富 P226－241

P231　课税和国家收入可能通过两种可能的途径缩小财富差距。一个途径是让富人减少富裕程度；另一个途径是给那些缺少财富或赤贫的人提供财富或获得财富的可能。

P234　在现有的世界秩序下，仅仅在有限的范围之内，通过对富人征税的方式才能实现根本的均衡化。

目标不是最大程度地扩大税收，而是尽可能地降低不平等。

第 15 章　工作与收入 P242－257

P242　仅仅存在两个与工作相关的正义问题。其一是：谁应该得到工作，以及根据什么标准。

其次，好工作的资格限制应该来自获得工作的平等机会。

第 16 章　我们能够提供社会正义吗？P258－274

P274　"当财富的积累不再具有高度的社会意义时，道德礼法中就会出现巨大的变化。我们就能够祛除充斥在我们身上 200 年之久的许多虚假的道德原则，由此，我们就可以将人类最低级趣味的品质提升到最高德行的地位。我们就能够用于评价金钱驱动的动机的真实价值。将金钱作为所有物的爱慕——区别于将金钱作为真实生活的享乐手段的爱慕——得到了承认，虽然这在某种程度上是一个病态，其中存在着半犯罪、半病态的意向，人们颤抖地将这种病态向精神病专家吐露。各式各样的社会习俗和经济活动是影响财富和经济奖惩的分配，不管这些东西本身如何低级趣味和缺乏公正，我们仍然在坚持着它们，因为它们在促进资本积累方面具有巨大的用处，但最后，我们会毫不犹豫地将它们抛弃掉。"

"我们也会拥有更为安宁的社会，这就是收入保障以及每个人在教育、医疗、交通以及所有其他公共服务方面拥有同等机会共同产生的包容性的结果。"

"一旦我们认识到，我们已经达到了生产的极限——的确使它们超过了威胁到人类生存的水平——那么就没有人会说，他的富裕不会令任何其他人变得更穷。在有限的世界里一个人拥有的东西就是他人无法拥有的东西。"

"从更长的时期来看，这是为了所有人的更大的善。"

第6编 社会正义的未来 P275－323

第17章 观念的力量 P277－287

P277 至少来说，你必须对前途有充分的想法，有信心相信，第一步就是沿着基本正确的方向走的。

除非对现状以及发展方向的不满获得了一种具体的形式，否则提出进步的问题是没有价值的。

P279 假定，在"观念的市场"中，好的想法会驱除坏的想法，即使这些观念与既定的利益是背道而驰的。

P283 在过去的艰难岁月里，追求利益完全无需考虑尊严或人道，人们拥有一个适当的雇佣合同可以保证每周数小时的按周计算的工资，这就是这一约束下的管理流程。

第18章 变革如何发生 P288－296

P289 观念的力量——在这种意义上就是流行的意识形态的替代方案——可以由危机感驱动。

P292 关于未来，我们唯一可以成熟地加以思索的就是参考过去。事实上，我们正在面对一次史无前例的情势，但从某种程度上来说，历史的所有重大危机都是史无前例的。

第19章 彻底垮掉了吗？ P297－309

P299－300 "在墨西哥湾使用打捞网，每打捞一磅虾就会杀死八磅丢弃的鱼。"

P309　最具灾难性的前景是，当全球变暖达到一定程度之时，现在冷冻在海洋下面的大量甲烷氢氧化合物——超级温室气体——就会上升到表面，并释放到大气之中。

第 20 章　正义还是走向破裂 P310－323

P313　平息这些冲突要求国际机构有能力强制实行对这些资源的公平分配。保证需求（needs）优先于欲求（wants），这必然意味着，与拥有最多资源的人相比，拥有最少资源的人必然会要求提高，这就是正义的要求。

───【参考文献】──────────────────────

[1] 布莱恩·巴利. 作为公道的正义 [M]. 曹海军，允春喜，译. 南京：江苏人民出版社，2008.

[2] 布莱恩·巴利. 社会学家、经济学家和民主 [M]. 舒小昀，等，译. 南京：江苏人民出版社，2007.

[3] 布莱恩·巴利. 正义诸理论 [M]. 曹海军，译. 长春：吉林人民出版社，2011.

[4] 罗尔斯. 正义论 [M]. 何怀宏，何包钢，廖申白，译. 北京：中国社会科学出版社，2001.

[5] 塞缪尔·弗莱施哈克尔. 分配正义简史 [M]. 吴万伟，译. 南京：译林出版社，2010.

后　记

　　本书在丛书主编南开大学杨谦教授、阎孟伟教授的精心组织策划下，全体参编人员经过不懈努力，三易其稿，终于完成了还算满意的版本。当然，作者们多年的对公平、正义经典著作的研读与理解，最终与读者能够见面，要特别感谢广西人民出版社社长温六零先生、副总编白竹林女士、副总编罗敏超女士以及编校、装帧设计人员的大力支持和辛勤努力！

　　公平、正义问题是政治哲学的核心问题。自苏格拉底以来，正义问题一直困扰着包括霍布斯、洛克、卢梭以及康德在内的经典政治哲学家。1971 年罗尔斯《正义论》的问世再一次掀起了公平、正义问题研究的热潮，此书被看作是政治哲学在当代复兴的标志。《正义论》的发表使整个世界哲学的发展发生了根本性的理论转向，这种转向使西方一直占据统治地位的古典自由主义的自由主题转移到了以新自由主义的公平、正义为主题。然而，究竟正义体现为平等？权利？善？应得？程序？还是社会意义？这是当代政治哲学研究和争论中最引人注目的问题。几乎所有的当代西方政治哲学的思想流派和政治哲学家都围绕着正义的主题展开过激烈的争论，这种争论构成了政治哲学演进和发展的动力，也深化了政治哲学学科的理论内容。为公平、正义问题的研究，奠定了政治哲学学科的基础。

　　公平、正义问题是构建和谐社会、实现中国梦的关键问题。就当代中国社会的现实而言，随着我国改革开放步伐的日益加快、社会结构的调整和控制、社会道路的多样选择，不可避免地会遇到一些表现为"公平、正义"的问题，如贫富差距、城乡差距、区域差距、行业之间的收入差距拉大，就业局面依然面临长期困难，腐败现象仍然较为严重，可持续增长受到资源、能源和环境的严重制约等问题，这些问题的解决都亟须正义的标准的支撑。然而，在现实生活中，似乎不可能找到一个众口一词的答案，每一个阶级、阶层、集团，乃至每一个自以为有某方面优越性的个人，都有不同的、有利于自己的标准。因此，通过借鉴当代国外各种正义理论研究的成果，可以使我们对公平、正义问题的研究带有理性的思考。只有放宽我们的考察视野，从众多角度、层面和视角对公平正义问题进行立体考察，才能发现公平、正义问题不同维度的丰富内涵，从而洞察到社会生活的现状及其历史发展的基本走向，减轻一些负面影响，抑制住社会动荡因素的生长，保证和谐社会建设的正常运转和健康发展，从而实现我们强国的中国梦。

按照著作出版时间的先后，本卷精选了当代西方学者关于公平、正义问题研究的 15 本著作，主要是围绕正义"应当是什么"的价值之争展开的，它忠实地记载了当代国外关于公平、正义问题的学术思想和理论经典文献。我们相信仔细研读当代西方重要学者围绕公平、正义问题的讨论，将使我们对公平、正义问题的认识朝着清晰化、明朗化方向发展，毕竟思想家们对公平、正义问题的研究可以给我们提供大量的知识基础。

本书适合大学本科生、研究生作为公平、正义问题和社会政治哲学问题研究的参考书，同时可以作为从事伦理学、社会学、政治学、法学、经济学、思想史、学术史研究者的重要参考书。与本书密切相关的著作有《自由与自由主义问题研究经典著作导读》《当代社会哲学研究经典著作导读》等。本书的整体框架由杨谦教授设计，并组织进行了书目和资料的筛选。本卷的具体分工如下：天津师范大学的王桂艳（二、三、四、十一）；天津工业大学的朱士凤（五、八）；无锡城市职业技术学院的王茜（六、九、十四）；天津师范大学的博士生田华（七、十）；南开大学的博士生董伟伟（一），褚清清（十二），孙恺临（十三），董秋鹏（十五）。参与本书前期部分资料整理的有南开大学研究生汪水英、蒋明艳、段浩、董妍、马超、张丽、温娜等同学，天津师范大学研究生张玮、孟翔宇等同学。本卷由王桂艳编辑整理和写作，杨谦教授、阎孟伟教授通读了本卷并做了重要的修改。在本卷的编写过程中，我们参考和吸收了学术界许多专家学者的成果，获益匪浅，在此谨向这些作者表达诚挚的谢意。由于编者水平和能力有限，错讹在所难免，敬请专家学者批评指正。

2017 年 10 月